그리스도의 몸을
이루는 목회

도서출판 사랑마루

그리스도의 몸을 이루는 목회

박종석

도서출판 사랑마루

저자 박종석은 서울신학대학교 기독교교육과(B.A.), 연세대학교 대학원 신학과(Th.M.), 그리고
한국4개신학대학교(감신, 서신, 장신, 한신) 공동학위과정(Ph.D., 논문『기독교교육학은
무엇인가?』로 간행)을 졸업했다. 월악교회 담임을 했고, 기독교대한성결교회 총회본부 교육국 간사로
한국에서 처음으로 교회학교 학년별 교재를 편집했으며, 역시 한국교회 역사상 처음으로
기독교대한감리회, 기독교대한성결교회, 한국기독교장로회, 대한예수교장로회(통합)와 연합하여,
JPIC(정의·평화·창조질서의 보전)를 주제로 한 여름성경학교 공동교재를 3년간 편집했다. 이후
서울신학대학교로 자리를 옮겨 기독교교육연구소장으로서 기독교대한성결교회 교단창립 100주년
사업의 일환으로 BCM 교육목회제도를 개발했다. 학과장으로서 신학대학 최초로 대안교육 교과목과
통일, 예술, 다문화 등 사회변화를 반영하는 과목들을 개설하였다. 기획처장을 하면서 한국 대학의
바른 재정 사용을 위해 일했다. 한국복음주의기독교교육학회장을 하면서 학회의 체계를 세웠으며,
한국기독교교육학회, 한국복음주의기독교교육학회, 한국복음주의신학회, 서울신학대학교 신학연구소
편집위원(장)과 이사를 역임했으며, 한국연구재단 등 여러 기관의 학술논문, 학위논문, 교수임용과
승진 심사위원으로 활동했다. 현재, 서울신학대학교 기독교교육과 교수다.

저서로는 기독교교육학의 기본 내용들을 다룬 『기독교교육의 지형도』, 『기독교교육학의
선구자들』, 『기독교교육심리』, 성서 교육에 관한 『성서교육론』, 『구약성서의 교육』, 교단교육
관련 『기독교교육과 프락시스: 성결교회를 중심으로』, 『성결교회 교육의 비전과 실천』, 그리고
논문집 『기독교교육의 현실적 정초』, 『성서적 신앙공동체 교육』 등이 있다.
　　그 외 청소년설교론인 『십대, 말씀으로 바로 세우기』, 설교집으로 『청소년을 위한 비타민
설교』외 2권이 있고, 『교회의 의식과 교육』(John H. Westerhoff III and William H. Willimon,
Liturgy and Learning through the Life Cycle) 외 3권의 역서와 다수의 공저가 있다.

그리스도의 몸을 이루는 목회

지은이_박종석
초판1쇄_2015년 9월 1일
발행인_김진호

편집인_유윤종
책임편집_강신덕
기획/편집_전영욱 강영아
디자인/일러스트_권미경 오인표 김호정
마케팅/홍보_강형규 박지훈
행정지원_조미정 박주영 신문섭

펴낸곳_도서출판 사랑마루
　　　　출판등록 제2011-000013호(2011. 1. 17.)
　　　　주소 | 서울시 강남구 테헤란로 64길 17(대치동)
　　　　전화 | (02)3459-1051~2/FAX (02)3459-1070
　　　　홈페이지 | http://www.eholynet.org

ISBN 979-11-86124-14-7　93230

이 책은
2014년 서울신학대학교 교내학술연구비 지원에 의하여 연구되었음

내게 교회는 안쓰럽다. 연애, 결혼, 출산 세 가지를 포기한 삼포세대를 바라보는 느낌이다. 교회는 성장이라는 꿈을 접고 현상유지에 만족해야하고, 신학대학원을 나온 전도사들은 갈 교회가 없으며 부교역자들은 교회의 담임을 맡기위해 수십 대 일의 경쟁에서 이겨야 한다. 교회 성장이 정체되었으니 하나님의 종이 되겠다고 신학교를 찾는 발길이 급격히 줄어들었다. 교회는 지금도 그리고 미래도 암울하다.

지금 안팎에서는 교회가 왜 위기를 맞았는지, 어떻게 이 위기를 극복해야할지에 대한 여러 의견들이 제시되고 있다. 하지만 그 속을 들여다보면 속빈 강정이 대부분이다. 교회 현장에서 어려움을 겪고 있는 목회자들은 이 난관을 어떻게 헤쳐 나가야 할 지 몰라 쩔쩔매고 있으며, 일부 인사들은 위기야말로 기회라면서, 아직도 늦지는 않았으며 하면 된다는 거짓 희망을 불어넣고 있다. 한마디로 교회가 위기라는 인식은 있지만, 위기의 해결책은 누구도 모르는 칠흙 같은 상황이다.

나는 교육이 마치 침몰하는 배와 같은 우리 교회들에 대한 퇴선 명령과 같은 역할을 할 것이라는 신념을 갖고 있다. 목회를 교육적 관점에서 접근할 때 교회 위기를 자초한 목회의 체질을 바꿀 수 있다고 보았기 때문이다. 한편으로는 교회는 지금처럼 정체불명의 신앙과 영성에 바탕을 두고 지탱하는 것에 만족해야 하는가, 상가라면 어김없이 들어선 개척교회의 교역자들을 저렇게 버려두어도 되는 것일까, 그리고 목회 현장에 나설 신학생들을 지금처럼 훈련시키는 것으로 충분한가. 그리고 위기의 교회는 시간이 걸리더라도 다시 회복될 수는 없는 것일까. 이런 문제들을 이겨내는데 작은 도움이라도 됐으면 하는 마음도 있었다. 이 책이 목회의 방향을 상실한 채 길을 잃은 목회자들과 목회 전선에 나서야 할 신학생들에게 도움이 되길 바란다. 기독교교육학을 공부하는 사람들에게는 기독교교육이 목회에 대해 어떻게 접근할 수 있는지에 대한 하나의 예가 될 것이다.

이 책을 집필할 수 있도록 연구년을 허락해준 서울신학대학교에 감사를 드린다. 출판을 맡아준 기독교대한성결교회총회본부 교육국장 유윤종 목사에게 고맙다는 말을 전한다. 이 책을 기획하고 집필하도록 도와 준 강신덕 목사에게도 고마운 마음을 전한다.

2015년 초여름
저자 박종석

목 차

1부 교육적 목회

1장 섬기는 목회

2장 신앙의 차원

3장 섬김의 도구

4장 목회자의 정체

5장 신자 이해

6장 목회의 환경

5장 나누는 디아코니아

3부 그리스도의 몸과 목회

1장 교회의 뿌리, 성경과 전통

2장 또 하나의 교회, 개인

들어가는 글____

　　지금, 교회가 위기라고 한다! 도대체 무슨 위기란 말인가? 그 원인은 무엇이고, 그 위기 극복 방안은 무엇인가? 교회가 위기라는 말들은 하지만 그 대처 방안은 모호해서 혼란스럽다. 그러므로 교회 위기 관련 내용들에 대한 정리가 필요하다. 첫째, 무엇을 위기라고 보느냐. 위기의 정체를 분명히 해야 위기를 극복할 수 있다. 위기의 내용에 대해 누가 뭐라고 말하든 내 생각에, 신자수가 예전만큼 증가하고 있지 않다는 말일 것이다.[1] 둘째, 위기 대처 방안이다. 교회의 위기를 극복하기 위해서 다양한 사람들이 다양한 말을 다한다. 그 중에서 눈에 띠는 방안은 교육이다. 이제 교회 성장은 어렵게 되었으니 양이 아닌 질로 승부해야 한다는 것이다. 이제라도 그런 생각을 하게 된 것은 다행이다. 하지만 교육을 들먹이는 이런 말들은 일종의 물타기다. 왜냐하면 교회 위기의 원인이 무엇인지 규명하지 않고 처방을 먼저 말하기 때문이다. 제대로 된 방안이라면 당연히 원인을 파악한 뒤에 나와야 한다. 따라서 셋째, 교회위기의 원인은 무엇이며, 누가 책임을 져야 하는가이다. 교회 위기의 원인에 대해서 여러 의견이 있을 수 있다. 그러나 가장 큰 원인은 목회자다. 한국 교회의 이미지를 오늘날처럼 추락시킨 것은 교회 세습, 교회 헌금 유용, 성추문 등 대형교회 목회자들이다. 그들이 교회 위기의 주범이다. 하지만 그런 부도덕한 행위들만 빼놓으면, 우리 역시 교회 위기의 책임에서 자유로울 수 없다.

---

1) 한국 교회는 1960년대 이후 놀라운 양적 성장을 이루었지만[1] 1980년대 후반부터 성장이 둔화되기 시작하면서 1990년대 후반에 들어서면서 성장이 정체되었고 2000년대 이후에는 감소의 징후가 나타나기 시작하였다. 이미 교세 감소가 시작된 지 10년을 훌쩍 넘기고 있다.

왜 목회자가 교회 위기의 범죄자로 몰려야 하는가. 첫째, 그는 늘 다른 사람들이 하는 그런 식으로 목회를 했기 때문이다. 통상 목회 방식은 거의 모든 목회자가 유사하지 않을까. 그런데 실은 '목회는 다 그렇게 하는 거'라고 생각하는 그 목회 방식이 교회의 위기를 불러온 것이다. 목회자들은 세상이 어떻게 변하든, 사람들이 어떻게 변하든 늘 '목회는 이런 거다' 하는 소신을 꿋꿋하게 지켜왔다. 그게 잘못됐다는 거다. 그 이유는 세상이 바뀌었는데, 언제적 목회를 하느냐이다. 당신들이 하는 목회는 최소 수십 년 전 것이고 세상은 하루가 다르게 변하고 있다. 그리고 당신들의 양들은 실은 당신들이 아는 그런 양들이 아니다. 세상도 신자도 모르는 목회자들은 유효기간이 끝난 나름대로의 '이것이 목회다'라는 소신 하나로 이 난국을 헤쳐 나가려 하니 교회의 위기는 당연한 것이다. 그럼 어쩌자는 말인가?

어떻게 받아들일지 모르겠지만 필자가 교단 본부에서 10여년 일했던 까닭인지 교회에 대한 애증이 조금 깊은 것 같다. 그런데 애증이 교차하는 교회라는 배가 침몰하고 있는 것 같아 마음이 너무 아프다. 내가 이런 상황에서 곰곰이 생각하는 중에 내린 결론은 '교회는 결국 목회자 한 사람 바로 서면 되겠다.' 하는 것이었다. 지도자가 제일 중요하다는 것이다. 사람들은 좋은 참모를 두면 된다는 말도 하지만 절대 그렇지 않다. 좋은 참모의 도움을 받을 수 있다면 그는 괜찮은 지도자다. 그러나 좋은 참모가 아무리 좋은 말을 해도 듣지 않는 지도자라면 문제 중의 문제. 결국 '지도자가 전부다'라는 말이다. 그래서 나는 이 책을 교회의 지도자인 목회자를 대상으로 썼다. 더 구체적으로 이 책은 목회자가 신자들에게 가르쳐야할 내용이 아니라, 목회자가 알아야 할 내용이다.

한국 교회의 위기 극복 방안 중에 요즘 너도 나도 언급하는 것이 교육이다. 교육이 무엇인가? 교육은 일반적으로 인간의 전인적 변화를 위한 시도로 본다. 즉 교육은 인간 성장과 성숙을 위한 노력이라는 것이다. 교회가 교육을 그런 관점에서 한 적이 있는가? 그런데 교회가 위기를 맞았다고 갑자기 교육을 말하니, 단순히 장래 신자 확보를 위한 아동 수를 늘리기 위한 꼼수가 아닌가 하는 의구심이 든다. 목회자는 신자들이 인간이라는 것을 알아야 한다. 그들은 영적 차원을 갖고 있지만 육체를 가진 심리적 사회문화적 존재이기도 하다. 당신은 영적인 것에 대해서는 잘 알지 모르겠다. 그런데 인간의 다른 차원에 대해서는 얼마나 아는가? 그 사람들이 살아가는 사회에 대해서는 어떤가? 그리고 목회를 하는 당신 자신이 어떤 사람인지 아는가? 사람을 모르고 사회를 모르고 나도 내가 누구인지 모르는 상황인데, 그 목회가 잘 될 리가 없다.

문제는 명확해졌다. 해결책도 분명하다. 한국 교회 위기의 중심에는 목회자가 있다는 것이고 그들은 이제 목회에 대한 인식의 변화, 즉 목회는 다른 것이 아니라 신자들의 신앙을 전인적 차원에서 성장시키고 성숙시키는 것이라는 인식을 가져야 한다. 이 같은 목회적 관점을 구체화시킬 수 있는 매개는 교육이다. 교육의 본질은 참다운 인간의 육성이다. 기독교적으로는 하나님 형상의 회복이며 그리스도의 제자로 양육하는 것이다. 목회는 어떤가. '목회'라는 말은 '회중을 친다.'는 뜻이다. 대표적인 교회론에는 '그리스도의 몸', '선택된 사람들의 무리', 그리고 '성도의 교제'가 있는데, 이 같은 교회론들은 교회가 사람들의 모임이라는 사실을 분명히 한다. 목회의 대상인 회중은 사람이고, 사람은 교육의 목적이기도 하다. 이런 면에서 교육과 목회는 모두 사람을 양육하고 친다는 면에서 공통점을 갖는다. 한편, 아래에서 언급하겠지만 목회의 목적인 신앙은 여러 차원을 가진 실재다. 그러므로 그와 같은 차원들에 접근할 수 있는 도구가 필요한데 교육이 그 본질상 가장 적절한 도구가 될 수 있기 때문이다.

교육을 목회의 도구로 삼는다는 말은 목회에 대해 교육적으로 접근한다는 말이다. 이 책에서 이와 같은 접근은 세 부분으로 나누어 논의된다. 1부에서는 목회를 교육의 범주에 따라 검토한다. 목회가 규모가 없고 체계적으로 이루어지지 못하는 이유는 기준이 없어서다. 교육의 범주는 무엇을 왜 하는지에 대한 목적, 그 목적을 이루기 위해 어떤 내용들을 선정해야 하는 지, 그 내용들을 이루기 위한 적절한 방법은 무엇인지, 누가 그 일을 해야 하는지, 누구를 대상으로 하는지, 그리고 조건이나 환경은 어떤 지 등이다. 목회를 아무 생각 없이 했다면 교육의 첫 번째 범주인 목적만이라도, 즉 '왜 이것을 해야 하는가?'라고 묻기만 해도 목회에 논리를 부여하게 될 것이다. 이제까지는 교육의 범주와 같은 기준이 없기 때문에 목회가 잘 되고 있는지 어떤지 조차 평가할 수 없었다. 목회에서 무엇을 하든, 이 교육의 범주를 잘 활용하면 좋은 결과를 낼 수 있을 것이다.

2부에서는 교회의 사명에 대해 교육적 검토를 한다. 목회자들은 건강한 교회, 행복한 교회, 사랑이 넘치는 교회 등 나름대로의 교회상을 설정하고 그것을 이루기 위해 애쓰고 있다. 하지만 교회라면 반드시 해야 하는 사명이 있다. 초대교회부터 이어져 내려온 케리그마(kerygma), 디다케(didache), 레이투르기아(leitourgia), 코이노니아(koinonia), 그리고 디아코니아(diakonia)다. 이 사명들은 어느 교회가 건강하고 건전한 가를 판단하는 기준이다. 의외로 많은 교회가 이 다섯 가지 사명 중에 한두 가지에 치중되어 있음을 볼 수 있다. 병든 교회다. 여기서는 교회의 사명을 교육적 관점에서 구체적으로 검토할 것이다.

마지막으로, 3부에서는 목회는 결국 교회를 그리스도의 몸(body of Christ)으로 세워가는 행위로 보고, 그것을 교육의 도움을 받아 어떻게 이루어갈 수 있는 지를 모색한다. 여기에서 제안하는 목회가 취하는 교회론은 바로 이 '그리스도의 몸'(corpus Christi)으로서의 교회다.[2] 바울은 교회를 '그리스도의 몸'으로서 갖가지 은사를 받은 사람이 유기체적으로 협력하는 기관으로 본다(롬 12:3-8).[3] 바울이 교회를 '그리스도의 몸'으로 지칭할 때(고전 12:27; 롬 12:5 참조), 그것은 단순히 하나의 비유가 아니라 '그리스도 안에 있는 존재'에 상응하는 하나의 현실을 지칭한다.[4] 바울의 교회에 대한 '그리스도의 몸' 비유에 나타나는 두 가지 기본 사상은 첫째, 각 몸에는 상이한 지체가 있다는 것(고전 12:14-20), 그리고 그 지체들은 서로 연관되어 있으며 따라서 어느 것도 중요하지 않은 것이 없다(27-30절)는 것이다.[5]

이 같은 '그리스도의 몸'으로서의 교회론은 교회 구성원 전체가 상호 연관 속에서 교회의 사명을 이루어 나가는 것을 목표로 하는 목회에 시사하는 바가 크다. 우선 '그리스도의 몸' 교회론은 한 편으로 '선택된 사람들의 무리'(coetus electorum) 교회론[6]에서 보여주는 비역사성과 다른 한 편으로 '성도의 교제'(communio sanctorum, communio fidelium)교회론[7]에서 보이는 주관성과는 달리 객관적-역사적 성격을 띠게 된다. 따라서 이 '그리스도의 몸' 교회론에서는 교회를 구성하는 것은 살아 있는 몸을 지닌 활동하는 자로서의 신자들이라는 아주 현실적 존재들이다. 이로써 목회는 비역사성과 주관성이 아닌 신자라는 현실성과의 관계임이 분명해진다.

목회에 대한 이와 같은 삼차원적인 교육적 조명은 목회를 교육의 범주를 통해 체계적이고, 교회의 사명을 통해 본래적이게 하며, 그리스도의 몸 교회론을 통해 현실적으로 바꿀 것이다.

---

2) 이는 중세 로마 가톨릭의 교회론으로서 교회의 근거를 신비적인 비전이나 추상적 사상에 두는 것이 아니라, '갈릴리 어부'를 불러내어(ekklesia) 그들을 제자와 사도로 삼으신 '예수 그리스도의 사역'에 그 근거를 두고 있다.

3) 『독일성서공회판 성경전서』(서울: 대한성서공회, 1997), 384.

4) 『독일성서공회판 성경전서』, 414.

5) 바울은 이 그리스도의 몸을 머리이신 그리스도와 교회와의 관계(엡 1:22-23), 그리고 전 우주와의 관계로도 설명한다(골 1:17-18). 『독일성서공회판 성경전서』, 456, 476.

6) 이것은 존 칼빈(John Calvin)의 교회론으로, 교회의 존재는 '영원하신 하나님의 선택과 의지'(롬 8:28; 엡 1:9-11)에 근거를 둔다.

7) 이것은 마틴 루터(Martin Luther)의 교회론으로, 교회는 '신자 한 사람 한 사람의 신앙'에 그 근거를 둔다.

1부
교육적 목회

"여러분은 자기 자신을 잘 살피고 양 떼를 잘 보살피십시오. 성령이 여러분을 양 떼 가운데에 감독으로 세우셔서, 하나님께서 자기 아들의 피로 사신 교회를 돌보게 하셨습니다."(행 20:28)

지오토 디 본도네(Giotto di Bondone), 〈그리스도의 생애: 세족〉,
1304-06년, 프레스코, 200x185 cm, 파두아, 스크로베니 채플(아레나 채플)

1장 섬기는 목회

I. 목회의 이유

목회를 보는 시선

지금 우리에게는 목회를 보는 새로운 시선이 필요하다. 기존의 목회관의 결과인 작금의 교회 상황이 과거 목회관의 유효기간이 끝났음을 보여주기 때문이다. 그래서 우리는 지금 목회를 어떻게 보아야 하는지 다시 물어야 한다.

여기서는 교육의 범주인 목적, 내용, 방법, 교사, 학습자, 그리고 환경의 차원에서 목회를 검토하려고 한다. 그렇다고 목회를 교육에 뜯어 맞추려는 것이 아니라 목회적 관점에서 교육을 생각해 보려는 것이다. 아래의 그림을 보자.

〈그림1〉 야스트로우의 '토끼-오리 머리' 그림

이 그림은 비트겐슈타인(Ludwig Wittgenstein)이 조셉 야스트로우(Jodeph Jastrow)로부터 차용한 '토끼-오리 머리' 그림이다.[1] 이 그림을 왼쪽을 중심으로 보면 오리지만 오른쪽에 초점을 맞추면 토끼다. 그렇기 때문에 이 그림을 오리나 토끼 중 어느 하나라고 말할 수 없다. 목회 역시 마찬가지가 아닐까. 목

---

1) Joseph Jastrow, *Fact and Fable in Psychology* (Boston: Houghton, Mifflin and Co. 1900). Ludwig Wittgenstein, *Philosophische Untersuchungen*, 이영철 역, 『철학적 탐구』 (서울: 서광사, 1994), 289-93.

회는 분명 단일하게 고정된 형태가 아닐 것이다. 기존의 목회관이 왼편이었다면 여기서는 오른편에서 한번 보자는 것이다. 그래서 목회의 실상에 접근해 보자는 것이다.

목적 있는 목회

당신이 목회를 하는 이유는 무엇인가? 다음의 질문을 자신에게 던져보자.

내가 생존을 위해 이 일을 하는가?
내가 좀 더 안정감을 느끼려고 이 일을 하는가?
다른 사람보다 우월하다고 느끼려고 이 일을 하는가?
내 기분을 좋게 하려고 이 일을 하는가?
내가 이 일을 하는 것은 생존을 위한 것인가?
세상의 위협으로부터 보다 안전해지려고 이 일을 하는가?[2]

목회에서 점검해야 할 가장 중요한 것은 목회를 왜 하는지에 대한 동기 내지 목적이다. 목적은 목회의 시작이다. 목적은 실현하려고 하는 일이나 나아가는 방향을 뜻한다. 목적의 역할은 규범적이고 기능적이다. 규범적 차원에서 목적은 1. 목회자가 수행해야 할 이상을 제시해준다. 2. 또한 목회자가 무엇을 해야 할지를 분명하게 규정해주는 과업의 내용을 알려준다. 목적의 기능적 차원은 1. 목회 행위의 방향을 정해준다. 2. 목회의 성과를 측정하기 위한 도구가 된다. 3. 목회자의 자의식과 사회적 위신을 고양시킨다. 4. 목회자의 활동이 자의적 통제로부터 자유롭게 한다.[3] 그러면 목회의 목적은 무엇이어야 할까? 우리는 그것을 예수에게서 찾아야 할 것이다.

---

2) Gary Zukav and Linda Francis, *The Heart of the Soul*, 윤규상 역, 『감정을 과학한다』(파주: 이레, 2007), 22.
3) 안정수, "교육목표의 개념·목적·기능", 「경희대학교 교육문제연구소 논문집」 17 (July 2001), 95-101.

II. 섬기러 오신 예수

예수께서는 제자들의 발을 씻겨주심으로써 섬김이 제자들의 삶의 자세가 되어야 함을 가르치시고자 하셨다. 그렇게 볼 수 있는 이유는 두 가지 측면에서다. 하나는 예수의 생애의 전체 측면에서 볼 때 그렇다. 예수께서 이 세상에 인간으로 오신 것 자체가 섬김의 사건이다. 또한 공생애 기간 동안에 사람들에게 하나님의 나라를 선포하시고, 가르치시고, 그리고 병든 사람들을 고치신 것 자체가 섬김을 실천하신 것이라고 볼 수 있다. 그러나 예수께서는 당신의 삶의 목표를 섬김이라고 직접적으로 언급하셨다. 그와 같은 경우 중 하나는 마태복음 20장 28절이다. 예수께서는 누가 가장 큰 사람인가로 다투는 제자들에게 다음과 같이 말씀하셨다.

> "인자는 섬김을 받으러 온 것이 아니라 섬기러 왔으며, 많은 사람을 위하여 자기 목숨을 몸값으로 치러 주려고 왔다."(마 20:28;막 10:45 참조)

이 말씀에서 예수께서는 당신이 이 세상에 오신 목적이 섬김에 있음을 분명히 말씀하고 계시며, 장차 십자가 위에서 당신의 생명을 드려 사람들을 섬기려는 계획까지 말씀하고 계시다. 예수께서 제자들의 발을 씻기신 목적이 섬김에 있다고 볼 수 있는 또 하나의 측면은 바로 그 사건 자체를 통해서다. 누가복음은 예수께서 제자들의 발을 씻기시던 그 저녁 식사 중에 일어났던 사건 하나를 보도한다. "또 저희 사이에 그중 누가 크냐 하는 다툼이 난지라"(눅 22:24). 하나님 나라의 성격에 대한 오해로 빚어진 이 사건이 예수에게 충격을 주었을 수 있고, 그래서 예수께서 온전히 섬기는 분으로서 사람들 가운데 거하신다는 것을 가르쳐야 했을 것이다(눅 22:27). 예수께서 제자들의 발을 씻기시는 것을 통해 제자들에게 가르치시려고 했던 것이 섬김이라는 것을, 예수의 생애의 목표에 대한 직접적인 언급과 예수께서 제자들의 발을 씻기셨던 그 저녁에 있었던 제자들 사이의 누가 크냐하는 논쟁을 지켜보아야 했던 예수의 심정으로부터 유추해 볼 수 있다.

그러나 예수께서 제자들의 발을 씻기신 목적이 섬김이라는 것은 그 사건으로부터 알 수 있다.[4] 예수께서는 그의 제자들의 발을 씻어줌으로써 섬김이 그의

---

4) Gerhard Kittel and Gerhard Friedrich, *Theological Dictionary of the New Testament*, 요단출판사번역위원회 역,『신약성서 신학사전: 킷텔 단권 신약원어 신학사전』(서울: 요단출판사, 1986), 199.

직분임을 보여 준다. 왜냐하면 발을 씻어주는 것은 종의 의무이기 때문이다(요 13:1 이하). 그리고 예수께서는 또한 그의 제자들 역시 섬김이 그들의 삶을 이루는 특성이 되어야 함을 말씀하신다. 왜냐하면 종이 상전보다 크지 못하고 보냄을 받은 자가 보낸 자보다 크지 못하기 때문이다(요 13:16).

예수께서 제자들의 발을 씻겨주신 섬김은 상징적이다. 예수께서는 그 이상으로 현실에서 사람들을 섬기셨다. 귀신을 내쫓으시고, 병자들을 고치시며, 눈먼자의 눈을 뜨게 해주셨다.

주님을 따른다는 것은 그를 모방하는 것이고 섬김의 모본을 따르는 것이다.

"기억하라. 섬김에는 능력이 있다. 이것이 십자가의 길이고 빈 무덤의 비밀이며 보좌에 앉으신 만왕의 왕의 빛나는 영광이다. 그분의 불이 당신의 심장에 겸손한 섬김의 불길을 일으키시도록 하라."[5)]

III. 돌보는 섬김

섬김과 유사한 말에 돌봄이라는 말이 있다. 돌봄이라는 말은 주로 목회상담학 분야에서 사용한다. 학대와 외면 등으로 상처 받은 영혼을 치유한다는 의미로 쓰인다.[6)] 목회의 목적은 돌봄이고 돌보는 봉사이다. 사람을 예수의 제자, 하나님의 자녀로 양육해서 성령의 인도를 따라 살도록 하는 것이다. 구체적으로 목회자는 누구를 돌보아야 하는가. 성경은 말한다.

"여러분은 자기 자신을 잘 살피고 양 떼를 잘 보살피십시오. 성령이 여러분을 양 떼 가운데에 감독으로 세우셔서, 하나님께서 자기 아들의 피로 사신 교회를 돌보게 하셨습니다."(행 20:28)

자기 자신은 살피고, 양떼는 보살피고, 교회는 돌보라고 한다. 먼저 우리가 돌보고 살펴야 할 것에는 자신과 자신의 일이 있다. 목회자는 먼저 자신과 자신의 가르침을 살펴야 한다(딤전 4:16). 목회는 자신 "속에 있는 빛이 어둡지 않

---

5) David Cape and Tommy Tenney, *God's secret to Greatness: The Power of the Towel.* 이상준 역, 『종의 마음: 위대함에 이르는 하나님의 비밀』 (서울: 토기장이, 2008).

6) 손운산, 『따뜻한 경험 흐뭇한 이야기: 상처 입은 현대인을 위한 돌봄 목회』 (서울: kmc, 2013); Carrie Doehring, *Practice of Pastoral Care: A Postmodern Approach*, 오오현·정호영 공역, 『목회적 돌봄의 실제: 탈 근대적 접근법』 (서울: 학지사, 2012).

은지" 살펴야한다(눅 11:35). 그러므로 네 자신을 살핀다는 어떻게 살아가야 하는지, 즉 지혜롭게 살아가고 있는지를 살피는 것이다(엡 5:15). 지혜롭게 살아간다는 말은 말과 행위가 일치하는 삶을 말한다. 자유를 주는 율법을 실행함으로써 기꺼이 따르는 삶이다(약 1:25).

이렇게 함으로써 자신도 구원하고, 다른 사람들도 구원할 것이다. 다음으로 목회자는 양떼를 돌보아야 할 것이다. 이에 대해서는 4장에서 다룰 것이다. 마지막으로 목회자는 교회를 돌보아야 한다. 이에 대해서는 5부에서 살펴볼 것이다.

섬김이 아래로부터 행하는 것이라면 돌봄은 위로부터 행하는 것이다. 목회자가 신자인 양들의 목자이고 한 조직의 지도자라는 면에서 볼 때 목회 행위는 섬김보다 돌봄이 더 적절한 묘사인 것 같다. 그러나 한국 교회는 이 위로부터의 돌봄 행위가 왜곡되어 다른 한 편의 섬김을 완전히 상실하였다. 교회가 위기를 맞고 있는 지금, 이런 면에서 교회는 돌봄은 잠시 접어두고 섬김에 더 신경을 써야 할 때다.

한편 섬김은 돌봄에 비해 소극적인 것처럼 보인다. 섬김이 그것을 받는 사람의 요구에 제한되기 때문이다. 반면에 돌봄은 돌보는 이의 의도가 반영되기에 적극적이라 할 수 있다. 돌봄을 위해서는 희생해야 한다. 그 희생이 섬김이다.

섬김이 좋은 것이라는 점은 누구나 다 안다. 중요한 것은 그것을 어떻게 계속할 수 있느냐다. 어떻게 섬김의 목회를 계속할 것인가? 다이어트, 독서, 금연, 운동. 매년 단골 목록에 오르는 새해 목표다. 그런데 작심삼일이라는 말처럼 쉽지 않다. 하물며 목회의 목적인 섬김을 하루 이틀도 아니고 평생 해 나가려면 쉬운 일이겠는가. 뭔가 새로운 것을 하려고 하면, 자신도 모르게 예전대로 돌아와 버린다. 이렇게 사람의 발목을 붙잡는 것, 바로 습관이다. 다른 사람들은 다 편하게 목회하는데 나만 무슨 중뿔나다고 이럴 필요가 있는가 하는 마음도 들고, 그러다 보면 다시 옛날식으로 목회하는 자신을 발견하게 될 것이다. 섬김의 목표를 정하고 이를 지속적으로 끈질기게 해나가려면 섬김을 습관화할 필요가 있다. 즉 과거의 나쁜 부정적 습관을 버리고 새로운 습관을 만들 필요가 있다. 이에 대해 『습관의 힘』의 저자인 찰스 두히(Charles Duhigg), 그의 말을 들어보자.[7]

습관이란 뇌의 편리한 지름길이다. 아침에 자리에서 일어나 세수를 하러 가

---

7) Charles Duhigg, *The Power of Habit*, 강주헌 역, 『습관의 힘: 반복되는 행동이 만드는 극적인 변화』(서울: 갤리온, 2012).

서 수도꼭지를 열어 물을 틀고, 비누에 거품을 내서 얼굴을 씻고, 수건으로 물기를 닦고, 밥을 먹으면 양치를 하는 단순한 행동부터 운전할 때 좌우를 살피는 등 하는 모든 것이 뇌가 자동적인 신경회로 작용이다. 이것들을 뇌가 생각해서 하면 얼마나 힘들겠는가. 그래서 뇌는 이와 같은 반복되는 행동들을 간단히 처리하는 것이다. 그것이 습관이다. 새로운 습관을 만들려면 이 뇌의 자동적인 뉴런의 회선을 재 배선해야 한다. 자극에 의해 새로운 신경 연결을 만들어 내고 또한 새로운 신경을 자라게 하는 능력을 '신경가소성'이라고 한다. 주의 집중과 새로움, 경험, 유산소 체조, 정서적 각성 등은 이 신경가소성을 향상시킨다. 새로운 체험을 반복하게 되면 새로운 습관을 들일 수 있다는 말이다. 의지를 갖추고 새로운 것을 반복하고, 정서적으로 각성하거나, 의도적으로 주의를 집중하는 등의 상황에서 신경이 점화되면 새로운 시냅스 연결을 강화할 수 있습니다. 이렇게 뉴런들 사이에 시냅스 연결이 강화되면서 체험으로부터 새로운 습관이 이뤄진다.

모새골의 임영수 목사는 영성목회를 하려면 라이프스타일을 바꾸어야 한다고 말한다.[8] 영성과 무관한 세속적 풍조를 떠나 하나님과의 대면과 그 음성을 따르는 생활로 바꾸어야 한다는 것이다. 다름 아닌 자신에게 어떤 습관을 들이냐는 것이다. 섬김의 목회를 어떻게 해야 하는지 이미 누구나 알고 있다. 진정으로 섬김의 목회를 하기 원한다면 그렇게 살라. 그렇게 살기 싫으면 섬김의 목회를 하기 싫다는 말이다.

---

8) "임영수 목사 '영성목회, 이렇게 하라'", 〈뉴스파워〉 (2015.5.27).

2장 신앙의 차원

I. 전인적 신앙

신앙이란 초자연적인 절대자, 창조자 및 종교 대상에 대한 신자 자신의 태도로서, 두려워하고 경건히 여기며, 자비 · 사랑 · 의뢰심을 갖는 일이다. 기독교에서는 신앙이 처음에는 하나님의 계시에 대한 인간의 응답 내지는 하나님의 섭리에 대한 인간의 순종(신뢰)이라는 인격적 관계를 의미했으나 중세 이후 교리체계의 완성과 더불어 그 내용에 대한 지적 승인을 포함하게 되었다.

기독교교육학자 토마스 그룸(Thomas H. Groome)은 신앙을 차원을 가진 것으로 말한다. 신앙은 "하나님의 나라에 대한 응답 속에서 생활하는 삶이다."[1] 신앙은 세 가지 차원을 지닌다. 첫째, 지적인 차원이다. 이것은 지적으로 믿는 것으로서의 신앙이다. 이것은 공식적으로 언급된 교리들에 대한 지적 승인이다. 역사적으로 교회는 신앙을 교회의 가르침에 대한 마음의 승복으로 간주해 왔다. 목회에서 이 차원은 주로 설교에 의해 형성된다. 둘째, 정적인 차원이다. 이것은 정서적으로 신뢰하는 것으로서의 신앙이다. 신뢰는 충성, 사랑, 애착과 같은 감정이다. 이 신앙은 하나님의 신실하심과 하나님의 구원하시는 은총의 능력에 대한 무제약적인 신뢰의 관계다."[2] 이 신앙의 정의적·관계적 차원 형성에 도움을 주는 것은 영성훈련이다. 셋째, 행위적 차원이다. "행함이라는 것은 아가페의 삶을 체현하는 것, 즉 자기 이웃을 자기처럼 사랑하므로 하나님을 사랑하는 것이다."[3] 교회는 지적 차원의 진리를 쉴 새 없이 말하지만, 고난과 눈물과 탄식 속에 있는 이웃들은 늘어만 간다. 정서적 차원의 영성을 풍부케 하려고 하지만 덩달아 마음의 벽을 높이 쌓아 이웃의 고통을 느낄 수 없고 그들의 소리는 작아 들리지 않는다. 신앙의 행위적 차원은 사랑 없는 진리에 대한 각성이다. 예수 그리스도 안에 있는 하나님 나라에 대한 응답으로서의 신앙은 하나님의 뜻을 행하는 것을 포함한다.[4] 생동감 있는 신앙은 이상의 세 가지 차원, 즉

---

1) Thomas H. Groome, *Christian Religious Education: Sharing Our Story and Vision*, 이기문 역, 『기독교적 종교교육』 (서울: 대한예수교장로회총회교육부, 1983), 95.

2) Groome, *Christian Religious Education*, 104.

3) Groome, *Christian Religious Education*, 106.

4) Groome, *Christian Religious Education*, 106.

믿는 것, 신뢰하는 것, 그리고 행하는 것을 포함한다.

II. 유기적 신앙

신앙의 세 차원은 통합적이어서 서로 연관되어 있다. 예를 들어, 움베르토 마투라나(Humberto R. Maturana) 등에 따르면, "앎이 곧 삶이요, 삶이 곧 앎이다".[5] 어떤 이가 삶을 부정적으로 본다면 그렇기 때문에 삶은 부정적인 것이 되고 그렇기 때문에 그의 삶에 대한 인식은 부정적인 것이다. 정서역시 실천과 연관된다. 정서는 하나의 감정적 인식 형태다. 다니엘 매과이어(Daniel C. Maguire)에 따르면, 정서적 인식은 감각적 인식에 가까운데, 이 인식은 인식자와 분리된 앎이 아니라 인식자 안에서 하나로 경험되는 앎이다.[6] 그리고 정서적 변화는 행위 기제인 신체와 관계가 있다.[7] 무엇보다 하나님을 포함한 신앙적 지식은 계시에 의해서, 그리고 하나님께 대한 순종에 의해서, 즉 인격적 만남에 의해서 지식이 획득되기에 신앙의 전인적 성격은 분명해진다.

비키 제니아(Vicky Genia)는 신앙이 아닌 것에 대해 말함으로써 신앙을 정의하려고 한다.[8] 첫째, 신앙은 확실하지 않다. 신앙인들은 의심의 겪는데, 이는 역으로 신앙을 활력 있게 하는데 기여할 수 있다. 둘째, 신앙은 감정이 아니다. 감정, 특히 신비적 경험에서 비롯된 흥분이 신앙에 지속적인 영향을 미친다거나 신앙을 견고히 세워주는 것은 아니다. 셋째, 신앙은 맹목적이지 않다. 신앙은 환상적이거나 마술적이지 않다. 신앙에는 내적 확신과 지식이 병행한다. 넷째, 신앙은 단념(resignation)이 아니다. 신앙은 자기를 포기하고 초월적 권위에 복종하는 것이다. 그러나 그것은 강압에 의한 포기가 아니라 신과의 연합을 통해 새로운 자아로 거듭나기 위한 자발적 자기 드림인 헌신이다. 신앙은 무조건적인 복종이 아니라 자아를 초월적 존재와의 조화 안에서 재설정하려는 책임적 모험이다.

---

5) Humberto R. Maturana and Francisco J. Varela, *Der biologischen Wurzeln des menschlichen Erkennens*, 최호영 역, 『인식의 나무: 인식활동의 생물학적 뿌리』(서울: 자작아카데미, 1995).

6) Daniel C. Maguire, "Ratio Practica and the Intellectualistic Fallacy," *Journal of Religious Ethics* 10 (1982), 30.

7) Thomas Ryan, "Revisiting Affective Knowledge and Connaturality in Aquinas," *Theological Studies* 66:1 (Mar 2005), 53.

8) Vicky Genia, *Counseling and Psychotherapy of Religious Clients: A Developmental Approach*, 김병오 역, 『영적 발달과 심리치료』(서울: 대서, 2010), 28-31.

에모리대학교의 인간발달 교수였던 제임스 W. 파울러(James W. Fowler)는 신앙의 차원을 더 깊게 파고든다. 그는 신앙이 무엇으로 구성되어 있는지 말한다. 그에 의하면, 신앙은 크게 이성적 확실성과 확신의 논리라는 두 부분으로 구성되어 있다. 전자는 신앙의 객관성, 논리성 등을 담당하는 부분이며, 후자는 신앙의 감정성, 상징성, 초월성, 전체성 등을 담당하는 부분이다. 그리고 이 두 부분은 다시 7가지 요소로 나뉜다. 전자에는 논리의 형태(form of logic), 관점의 채택(perspective taking), 그리고 도덕적 판단의 형태(form of moral judgement)가 속하며, 후자에는 사회의식의 테두리(bounds of social awareness), 권위의 장소(locus of authority), 세계관의 형태(form of world coherence), 그리고 상징적 기능(symbolic function) 이 속한다.9)

논리의 형태는 사람이 어떤 식으로 사고하고 어떤 식으로 판단하느냐하는 것이다. 신앙은 인간의 사고 행위와 밀접한 영향을 맺고 있다. 논리의 형태는 지식, 신조, 교리 등과 관계가 있다. 신앙의 논리적 측면은 신앙이 주관적인 감정이나 미신으로 빠지는 것을 막아준다. 관점의 채택이란 타자의 입장이나 그가 가진 관점을 채택하는 것을 말한다. 여기서 타자는 자신을 포함한 타인과 자기가 속한 집단과 나아가 타집단을 포함한다. 도덕적 판단의 형태는 신앙이 내면의 지적인 논리와 그것을 근거로 한 관점의 차원을 넘어서 사회적으로 그리고 역사적으로 태도를 드러내고 행동을 하게 되는 윤리적, 도덕적 차원을 말한다. 사회의식의 테두리란 자신의 태도와 입장의 기준이 되고 태도와 입장 등을 결정하여 표현하는 준거 집단(reference of group)의 범위를 말한다. 이 준거 집단은 가정, 동네, 학교, 사회 그리고 나아가 국가 등으로 그 범위가 넓어진다. 권위의 장소란 사람이나 생각, 제도, 경험, 그리고 자신의 판단 과정에 영향을 주어 권위를 부여하고 헌신하게 되는 기반을 말한다.10) 쉽게 말한다면, 한 개인이 그가 가진 지식과 그 지식에 근거한 행동 판단을 하고 그래서 최종적으로 신앙이라는 것을 실천하게 될 때 매우 실제적인 기반이 되는 것을 말한다. 신앙의 실천이 어디에 근거하느냐하는 문제를 다루는 것이다. 세계관의 형태는, 파울러가 소위 "궁극적 환경"이라고 부르는 것으로 각 개인이 처해 있는 가장 포괄적인 삶의 테두리, 또는 의미의 영역을 말한다. 말 그대로 세계를 이해하는 전체적인 관점이다. 상징적 기능이란, 경험이나 논리의 영역으로 수용할 수 없는 무의식적이고 감성적인 영역에 포함된 신앙의 상징들에 대한 우리의 반응, 혹은 이해를 말하는 것이다. 신앙에는 상징의 영역이 있으며, 그것들은

---

9) James W. Fowler, "Faith and the Structuring of Meaning," Christiane Brusselmans, ed., *Toward Moral and Religious Maturity* (Morristown: Silver Burdett Company, 1980), 32-33.
10) Fowler, "Faith and the Structuring of Meaning," 36.

경험이나 논리로는 파악할 수 없는 것들을 깨닫게 한다.11)

---

11) 신앙의 구성요소에 대한 그 밖의 학자들의 견해는 다음과 같다. 그룹: 믿기(Believing), 신뢰하기 (Trusting), 행하기(Doing). Groome, *Christian Religious Education*, 57-66; 마리아 해리스 (Maria Harris): 신비(the Mystery), 거룩함과 경이(the Numinous), 본질적 피조물의 연결성(the Mystical). Maria Harris, *Teaching and Religious Imagination*, 김도일 역, 『가르침과 종교적 상상력』(서울: 한국장로교출판사, 2003); C. 엘리스 넬슨(C. Ellis Nelson): 가치(Values), 인식체계(Perceptive System), 양심(Conscience), 자아-정체성(Self-Identity). C. Ellis Nelson, *Where Faith Begins*, 박원호 역, 『신앙교육의 터전』(서울: 한국장로교출판사, 1996); 사라 P. 리틀(Sara P. Little): 지식처리과정(Information Processing), 그룹 상호작용(Group Interaction), 간접 의사소통(Indirect Communication), 행동/ 반성(Action/ Reflection). Sara P. Little, *To Set One's Heart: belief and teaching in the church*, 사미자 역, 『기독교교육 교수방법론』(서울: 대한예수교장로회총회출판국, 1988).

3장 섬김의 도구

I. 자발적 희생의 섬김

방법은 '일정한 목적을 이루기 위하여 취하는 계획적 조직적인 연구의 길 차례', '어떠한 목적을 달성하기 위하여 취하는 수단 또는 그 계획적 조치'다. 예수께서는 당신의 삶의 목표를 섬김이라고 직접적으로 언급하셨다(마 20:28; 막 10:45). 예수께서는 이 섬김이라는 목표를 이루기 위해 제자들의 발을 씻기는(요 13:1-17) 방법을 사용하셨다. 발을 씻기는 것은 종의 의무이기 때문에 그 것을 섬김이라고 하지는 않는다. 주인이 종의 발을 씻길 때, 선생이 제자의 발을 닦아줄 때 섬김이 된다. 예수께서는 제자들에게 섬김이라는 목표를 제자들의 발을 씻기시는 방법을 통해 이루고 계시다. 목표와 방법이 기가 막히게 일치하고 있다.[1]

섬김의 방법은 구체적으로 행동으로 나타나야 한다. 목회자들은 행동보다 말로 처리하는 경향이 많다. 여기서 위선이 나온다. 그럴 듯하고 듣기 좋은 말로 행위를 불필요하게 만든다. 예수께서는 한 번도 "우리 함께 기도해보자"는 식으로 말씀하지 않으셨다. 그런데 우리는 기도를 행동의 대체 도피처로 삼는다. 물론 기도하자는 말 자체는 잘못된 것이 아니다. 다만 그것이 행동할 수 있음에도 그런 말을 한다면 잘못된 말이라는 것이다. 그러므로 우리는 목회를 섬김으로 이해하고 섬김을 행동으로 이해해야 한다.

누가복음 10장 25-37절에 나오는 선한 이웃의 비유는 우리의 섬김의 구체적 성격을 보여준다. 사마리아인은 강도 만난 사람을 보고 핑계 대지 않고 그를 돕는 것이 자신의 일로 생각했다. 우리가 목회를 하면서 자신의 일로 여길 만한 것이 많음에도 대부분 나의 일이 아니라고 회피하는가. 사마리아인의 행동은 계속된다. 그는 강도만난 사람의 "상처에 올리브기름과 포도주를 붓고 싸맨 다음에, 자기 짐승에 태워서, 여관으로 데리고 가서 돌보아주었다"(34-35절). 강도 만난 사람을 도와주되 올리브기름, 포도주, 그리고 여관비용 등의 물질과 시간을 들여 도와주었다. 맨 입으로 하는 섬김은 없다. 여러 면에서 희생

---

1) 자세한 내용은 박종석, 『기독교교육의 현실적 정초』(서울: 한국학술정보[주], 2010), 132-58 참고.

할 마음이 있어야 한다.

사마리아인은 여관 주인에게 "비용이 더 들면, 내가 돌아오는 길에 갚겠습니다"고 했다. 사마리아인은 '이 정도면 됐다. 내가 할 만큼 했다'라고 손을 털지 않았다. 섬김은 할 수 있는 데까지 하는 것이다. 섬김은 그렇게 적극적이고 능동적으로 하는 것이다. 섬김은 어쩌다 벌어진 상황에서 할 수 없이 하는 일이 아니라 섬길 사람이 없나를 찾아나서는 적극적인 행위다.

II. 신앙과 방법

목회를 신자의 성숙한 신앙 형성을 돕는 행위라고 했을 때 그와 같은 방법에는 어떤 것이 있을까? 리처드 R. 오스머(Richard R. Osmer)는 신앙을 하나님에 대한 신뢰의 관계로 보고, 이와 같은 신앙이 여러 차원을 갖고 있다고 하였다. 그는 특히 이 신앙의 차원들 중에서 네 가지에 주의를 기울인다. 그것들은 우리의 신뢰의 기초가 되는 하나님에 대한 신념(belief), 신앙 안에서 우리를 타인들과의 관계로 인도해 주는 하나님과의 지속적인 관계(relationship), 우리의 시간과 에너지를 투자하는 방법을 결정하는 데 의지할만한 하나님을 향한 헌신(commitment), 그리고 영이신 하나님과 영적 사물과 관계된 신비(mystery)다.[2] 오스머는 이와 같은 신앙의 차원들을 돕는 대표적인 방법들에 대해 말하고 있다. 신념의 차원을 지원하는 방법으로 강의법을 들고 있으며, 관계의 차원을 지원하는 방법으로 토의법을, 헌신의 차원을 지원하는 방법으로 삶의 이야기의 재해석을, 신비의 차원을 지원하는 방법으로 역설을 들고 있다.

강의의 기본

목회자는 늘 말을 잘 해야 한다는 압박을 받는다. 목회 행위에서 큰 비중을 차지하고 있는 것이 강의다. 일반적으로 강의라고 부르는 형태 외에 목회의 모든 행위에는 강의적 성격이 들어있다. 신앙에서 신념차원을 위해서는 신자에게 성경적, 신학적 지식을 전달할 필요가 있다. 이러한 지식이 없다면 성경을 의미

---

2) Richard R. Osmer, *Teaching for Faith: A Guide for Teachers of Adult Classes*, 사미자 역, 『신앙교육을 위한 교수방법: 성인교육 교사를 위한 안내서』 (서울: 한국장로교출판사, 1995), 25.

있게 읽기 어렵고, 더 나아가 자신의 삶과 세계를 기독교적 관점에서 해석할 수 없을 것이다. 지식의 전달에 효과적인 방법은 강의다.

강의법은 목회자가 일방적으로 내용을 전달하기 때문에 목회자와 신자들 사이의 상호작용이 어렵다는 단점이 있으나, 주제에 대한 흥미를 자극하면서, 동시에 빠른 시간 안에 신자들에게 많은 정보를 전달할 수 있다는 점은 장점이다.

강의를 위해 우선 준비가 필요하다. 준비해야 할 내용은 목표설정, 내용 선정, 그리고 내용연구와 숙지다. 강의의 목표는 구체적으로 설정되어야 한다. 강의에서 다루려고 하는 내용은 충분한 조사를 거쳐 가의 시간에 맞추어 선정한다. 50분 강의라면 3-4가지가 적절하다. 이 같은 내용은 충분히 연구해서 '자신의 말'로 표현할 수 있어야 한다.

강의란 학습자들의 기존의 정보를 파악하고, 그것에 기초하여 새로운 지식을 전달하는 것이다. 목회자는 신자의 예비지식을 평가하여 적절한 원리에 따라 강의를 조직해야 한다. 일반적인 원리는 신자들이 이미 알고 있는 것에서 출발하여 새로운 방향으로 이끌어 가는 것이다. 강의의 조직 유형을 몇 가지 보자. 문제중심의 조직은 문제제기에서 시작하여 그 문제를 해결하는 방법이다. 분류체계중심의 조직은 연대기적인 순서, 공간적인 순서, 영역의 크기, 쉬운 내용에서 어려운 내용으로, 단순한 내용에서 복잡한 내용으로 나가는 식이다. 그리고 이슈의 한 면을 제시한 후에 그 반대되는 면을 진술하고 나서, 가능한 해결책을 제시하는 방식도 있다. 또한 익숙한 생각이나 경험에서 시작하여 그것을 비판적으로 고찰하고 나서 그것을 낯선 것으로 만드는 방식도 있다. 새로운 정보를 말한 후에 그것을 삶에서 적용할 수 있는 방향으로 이끌어 가는 방법도 있다.

강의의 단계는 서론-본론-주기적인 요약과 과도기적인 진술-결론으로 이어진다. 서론 단계는 신자들과 친화관계를 형성하고 주의를 집중시켜서 강의가 계획대로 진행되도록 방향을 잡는 단계다. 도입부라 할 수 있는 서론에서는 목회자가 신자로 하여금 이미 갖고 있는 지식을 기억하고 강의에서 얻게 되는 새로운 정보를 받아들일 수 있도록 준비시키는 단계이기도 하다.

본론 단계는 전달할 내용으로 선정된 기본요점들로 강의의 일반적인 골격을 만든다. 그 다음에 부수적인 요점들과 실례들을 보충한다. 제시방법은 주의집중을 위하여 발제형식을 10분 간격으로 바꾸는 것이 바람직하다. 이 때 사용할 수 있는 방식에는 개념설명, 이야기나 예화, 질문이나 논평, 시청각자료 사용, 녹음테이프와 비디오테이프, 강사의 움직임, 칠판사용 등이다.

주기적인 요약과 과도기적인 진술의 단계는 강의의 각 부분들을 연결시켜

주는 단계다. 요약이란 지금까지 다루었던 자료들을 간추린 형식으로 개관하고 앞으로 다룰 자료들을 지적해 준다. 이때는 새로운 정보를 제공하는 것이 아니다. 과도기적인 진술이란 요약의 한 부분으로서 앞으로 다루어질 요점이 이미 살펴본 내용과 어떻게 연결되는가에 대한 설명이며 예고편이다. 그러므로 학습자는 과도기적인 진술에서 앞으로 제시될 내용을 보다 명확하게 이해할 수 있게 된다.

결론 단계는 신자가 교육공간을 떠날 때 학습내용을 그 마음에 담고 가며, 다음 시간을 기대할 수 있도록 되어야 한다. 결론을 맺는 방법으로는 중심요점을 개관하면서 마지막 요약, 질문을 남겨놓는 것, 일상생활과 연결시킬 수 있는 방법을 찾게 하는 것 등이 있다.

강의를 잘하기 위해서는 강의를 연습해야 한다. 그리고 강의 도중에 볼 수 있는 신자의 비언어적인 피드백을 반영해야 한다. 또한 좋은 예화도 준비되어야 한다. 그리고 다른 교수방법들을 함께 사용하면 강의가 더욱 빛날 수 있다.

테드(TED)에서 배우기

우리는 일반적인 강의의 모범을 테드(TED)에서 볼 수 있다. 테드는 Technology(기술)+Entertainment(엔터테인먼트)+Design(디자인)이 합쳐진 말이다. 테드의 인기 비결은 대체로 세 가지로 본다.[3] 첫째, 짧은 강연 시간이다. 시간은 18분. 짧기에 그만큼 청중의 집중도가 높다. 시간 이 짧으니 강사 역시 밀도 높은 강의를 준비할 수밖에 없다. 둘째, 공감이다. 청중이 흥미를 느끼는 주제를 다룰 때 공감의 폭이 커진다. 테드에서 꼽은 가장 인기 있는 주제 상위 5개는 행복, 지식, 윤리, 음식, 심리학이었다. 모두 생활과 밀접한 주제들이다. 이에 비해 가장 인기가 없었던 주제는 건축, 날씨, 미디어, 전쟁, 시간 등이었다. 생활과 무관한 것들이었기 때문이다. 셋째, 소통이다. 파워포인트 등을 시청각 자료를 사용한 사람은 테드 전체 강연자의 절반도 안 된다. 발표자들이 순수하게 본인의 말과 행동 등으로 강연을 이끌어간다는 말이다. 강연자와 청중의 직접적 소통이 몰입도를 높인다. 테드의 소통법은 다음과 같다.

진심으로 전달하라.

---

3) Carmine Gallo, *Talk Like TED: The 9 Public-Speaking Secrets of the World's Top Minds*, 유영훈 역, 『어떻게 말할 것인가: 세상을 바꾸는 18분의 기적 TED』(서울: 알에이치코리아, 2014) 참고.

거침없이 터트리라.
나의 일상에서 길어 올리라.
듣는 사람의 입장에서 매력적으로 구성하라.
이야기, 재미로 감동을 퍼트리라.
살아있는 경험으로 생생하게 전하라.
오감을 활용하여 전달하라.
클라이맥스에서 특정 감정을 느끼게 하라.
신체언어를 활용하라.
마법의 숫자 3을 활용하라.
복장으로 완성하라.
긍정적으로 피드백 하라.
들은 것을 행동으로 옮기라.
가치를 전파하라.

테드는 철저한 시간제한으로 집중도를 높이고, 흥미 있는 주제로 공감을 끌어
내며, 진심 어린 소통으로 감동을 배가 시킨다. 그리고 요즘 사람들은 재미를
추구한다. 그래서 강의도 재미있어야 한다. 강의자들 사이에서는 아예 웃겨야
한다는 말들을 한다. 웃음은 강의 집중도를 높일 뿐만 아니라 건강과 스트레스
해소에도 도움이 된다. 유머 감각을 타고 난 사람이 있지만 어떤 사람은 재미
있는 내용도 썰렁하게 만든다. 유머감각이 없는 사람들은 원리를 익혀 훈련할
필요가 있다. 웃음을 유발하는 유머의 원리는 의외성, 곡해와 궤변, 과장, 바보
행세, 세태풍자, 단어 비틀기, 그리고 독특한 표정과 몸짓 등이다.[4]

III. 목회 행위의 구조

교육은 본질적으로 가르치고 배우는 행위라고 할 수 있다. 목회 행위 역시 이
에서 벗어나지 않는다. 그러나 목회 행위는 일반 교육적 행위와는 구별이 된다.
목회가 신자들의 신앙 성장과 성숙을 돕는 행위라는 면에서 방법에서도 신앙을
고려해야 한다. 가르치고 배우는 행위로 구성된 목회 행위를 좀 더 깊이 들여
다보자.[5]

---

4) 김진배, 『성공하는 리더를 위한 유머기법 7가지』(서울: 뜨인돌, 1999).
5) 자세한 내용은 박종석, 『기독교교육학은 무엇인가?』(서울: 한국학술정보[주], 2009), 132-57참고.

1. 가르침의 구조: 목회 행위는 크게 가르침과 배움의 두 차원을 가진 구조로 나뉜다. 이 구조는 어느 교육적이거나 목회적 상황에서나 공통적으로 숨겨져 있는 구조라고 할 수 있다. 먼저 목회자와 관련된 가르침의 구조를 보면 다음과 같이 도식화할 수 있다.

(도식1) 가르침의 구조

단계:	→ 청함	→ 마련	→ 소개	→ 소원	→
내용:	(환영, 개방)	(준비, 대비)	(직접, 간접)	(격려, 권면)	
방법:	신뢰	사랑	전달	기도	

가르침의 구조의 첫 단계는 "청함"이다. 교육적 관계는 누군가가 배우려하고 누군가가 가르치려하는 협력관계에서 성립할 수 있다. 하지만 어떤 사건이나 성령에 의해 이루어질 수도 있다. 첫 단계인 '청함'에 요구되는 조건은 개방과 환영이다. 목회는 누구라도 변화될 수 있다는 믿음이기에 사람을 가리거나 차별해서는 안 된다. 목회자의 열린 마음이 신자의 목회자에 대한 신뢰를 끌어낸다. 청함의 단계에서 이 같은 신뢰가 형성되지 않을 경우 변화로의 길은 험난할 것이다. 둘째 단계는 "마련"이다. 마련에는 두 가지 차원이 있다. 그것들은 준비와 대비다. 준비는 미리 갖추어 놓는 것을 말한다. 대비는 준비된 상태에서 예측치 못한 상황에 대처하는 자세다. 신자들의 일반적 상태와 특정 신자의 형편을 잘 알아야 한다. 또 목회 도중에 생기는 일들에 대처할 수 있는 목회적 소양을 갖추어야 한다. 셋째 단계는 "소개"다. 여기서 목회자가 신자에게 소개하는 대상은 신적인 것과 사물이다. 여기서 '신적'이라고 하는 것은 삼위일체 하나님일 수 있고 성경이 될 수 있고, 그 밖의 외형적으로 일반적으로 기독교적인 것이라 할 수 있는 것들이다. 여기서 '사물'이라고 하는 것은 의미를 내포한 사건들이다.[6] 그것들은 사소해 보이나 언제라도 궁극적인 것을 열어 보일 수 있는 계기가 되는 그런 의미 가능성의 사물들이다. 목회자는 신자들에게 이 하나님과 사물을 적극적인 방법과 소극적인 방법을 사용하여 소개할 수 있다. 적극적인 방법은 어떤 매체(예를 들어, 성경)를 통한 주도면밀한 전략이다. 소극적인 방법은 암시를 하는 등 신자가 주체적 선택을 할 수 있는 분위기를 조성하는 것이다.[7] 넷째 단계는 "소원"이다. 목회자는 신자가 하나님과 사물의

---

6) 질 들뢰즈(Gilles Deleuze)의 표현을 차용한다면 '시뮬라크르'(simulacre)다. 이 말은 '환각'(phantasma)을 의미한다. 즉 이데아로부터 멀리 떨어져 있는 사물을 말한다. 그러나 이정우는 이 말을 여기서 이데아로부터 떨어져 있으나 이데아를 향하여 가까이 나갈 수 있는 가능성을 지닌 의미 있는 사물에 대하여 사용한다. 그것은 순간적인 것, 사건, 이마쥬(image), 환각 등이다. 이정우, 『시뮬라크르의 시대』 (서울: 거름, 1999), 54-56.

의미와 만나서 긍정적 바뀜의 변화를 겪도록 바라야 한다. 이 소원은 두 가지 형태로 나타난다. 하나는 격려이고, 다른 하나는 권면이다. 목회자는 수용적인 신자에게는 그 순종에 의한 변화를 유지해 나가라고 격려하고, 거부하는 신자에게는 긍정적인 방향을 제시하고 권면한다. 이 일을 위해 목회자는 기도해야 한다.

2. 배움의 구조: 배움의 구조는 가르침의 구조와 상응한다. 신자와 관련된 배움의 구조는 아래와 같은 순서로 진행된다.

(도식2) 배움의 구조

단계:	→	나옴	→	처함	→	접함	→	바뀜	→
내용:		(습관:의도)		(참여:방관)		(인격:의미)		(수용:거부)	
방법:		동기		실천		대화		결심	

첫 단계는 교육의 장으로 나오는 단계다. 여기서 교육의 장은 다양하다. 그것은 예배일 수 있고 여러 가지 내용의 모임(기도회, 성경공부 모임 등)일 수 있다. 또는 교육이 발생 가능한 모든 장이다. 신자가 목회의 장으로 나올 때 그는 가치 체계, 의식적 행동 유형 등, 심리적 준비성과 문화적 환경을 지닌다.[8]

한편 신자는 습관적이거나 타성에 젖어 나오거나 아니면 어떤 문제를 갖고 나온다. 둘째 단계는 "처함"이다. 목회의 장에 처한 신자의 태도는 두 가지다. 하나는 적극적으로 참여하는 것이고, 다른 하나는 소극적으로 방관하는 것이다. 소극적으로 나왔으나 적극적으로 참여를 하도록 이끌어야 한다. 셋째 단계는 "접함"의 단계다. 여기서 접함의 대상은 하나님이거나 사물의 본질이다. 하나님과는 대화를 통해 사물과는 교통을 통해 접함이 발생한다. 넷째 단계는 "바뀜"이다. 접함의 단계에서 신자가 순종할 때 긍정적인 변화를 겪는다. 그러나 만남이 요구하는 내용에 대해 거부할 때 현 상태에서 정체된다. 바뀌기 위해서는 결심을 해야 한다. 현재의 생활양식을 지속하건 바꾸건 새로운 통찰을 자신의 현재 생활양식에 통합시키며, 이와는 다른 가치와 행동을 제거하려는 시도다. 실제적 변화에는 시행착오가 수반될 수 있다. 변화는 오랜 시간에 걸쳐 일어날 수도 있다.[9]

---

7) 이에 대해서는 Sören Kierkegaard, *Practice in Christianity*, 임춘갑 역, 『기독교의 훈련』(서울: 평화출판사, 1978), 190, 196-200; 엄태동, 「교육적 인식론 연구: 키에르케고르와 폴라니의 교화적 방법에 대한 교육학적 고찰」 박사학위논문 (서울대학교대학원, 1998), 92-93 참고.

8) Richard Reichert, *A Learning Process for Religious Education*, 박종석 역, 『기독교교육의 학습과정』(서울: 대한기독교서회, 1997), 13.

9) Reichert, *A Learning Process for Religious Education*, 17.

신자는 하나님과 사물을 접함으로써 어떤 성격이든 변화를 겪게 된다. 이 바뀜의 단계는 더 나은 변화를 향하여 처음의 단계인 나옴의 단계로 돌아간다. 그래서 나옴-처함-접함-바뀜의 배움의 구조는 하나의 폐쇄적 순환체계를 이룬다. 배움의 구조는 가르침의 구조와 유기적 관계를 맺음으로써 하나의 전체적인 구조를 형성한다.

3. 가르침의 구조와 배움의 구조의 관계: 배움의 구조와 가르침의 구조의 각 단계들은 서로 관계된다. 초청과 나옴, 마련과 처함, 소개와 접함, 소원과 바뀜의 단계들은 서로 상응한다. 이 상응하는 단계들은 상대가 없이는 효과가 반감된다. 가르침의 구조와 배움의 구조가 서로 상합적이라는 면에서 가르침과 배움의 구조는 전체적으로 하나의 유기적 전체를 이룬다.

(도식3) 가르침과 배움의 구조의 관계

가르침의 단계: 청함 → 마련 → 소개 → 소원
              ↕   ↕   ↕   ↕
배움의 단계: 나옴 → 처함 → 접함 → 바뀜

이 구조 전체의 배경에는 성령이 환경적 성격으로 작용한다. 가르침의 구조와 관련해서 성령의 역할은 목회자의 정체성에 대한 자각을 주며, 각 단계에서 지혜를 부여하는 역할을 한다. 그리고 성령은 가르침과 배움으로 이루어지는 목회 과정 전체에 걸쳐 우리가 할 수 없는 부문에서 신비로서 작용한다. 배움의 구조와 관련하여 성령의 역할은 권면과 활동이다. 권면은 해당 단계의 의도에 충실하도록 하는 것이며, 활동은 실제적인 사역이다. 성령은 신자에게 배움의 장으로 나가도록 권면하며, 배움에 진지하게 참여하도록 권하며, 열린 마음으로 배움의 주제와 만나도록 하며, 그 결과 신자 안에 변화가 일어나도록 한다.

IV. 사랑과 집중

최고의 방법은 사랑

방법을 방법 되게 하는 정신은 사랑이다. 그것이 바탕을 이루지 않는 방법은 기술로 전락한다. 모든 방법의 배후에는 사랑이 있어야 한다. 일반교육에서도 사랑은 가장 우선시된다. 사도헌장 제1항에는 "우리는 제자를 사랑하고…"라고

말하며, 사도강령 전문 제3절에 "사랑과 봉사"라는 말과 함께 제1장 제1항 서두에서도 "우리는 제자를 사랑하고…"라고 말문을 열고 있다. 목회자의 교육행위의 근본 동기가 사랑이어야 하는 것은 당연하다. 당시 교사로 더 잘 알려져 있던 예수께서 기독교의 정신을 하나님 사랑과 이웃 사랑으로(마 22:37, 39) 즉, 사랑으로 요약하여 말씀하신 것이 그런 사실을 뒷받침해 준다. 기독교는 하나님과 이웃 사랑에 대해 말하며, 부부(엡 5:22-23, 25, 28)와 자녀(시 127:3, 엡 6:4), 그리고 형제(마 5:22-24)를 사랑하라고 한다. 급기야는 원수까지 사랑하라고 한다(마 5:43-44). 바울은 그 사랑의 내용을 구체적으로 말한다(고전 13:4-7). 그는 사랑을 긍정적인 덕목과 부정적인 덕목으로 나누어 말한다. 긍정적인 덕목에는 관용, 친절, 진리를 기뻐함, 인내, 신뢰, 희망이다. 부정적인 항목은 질투, 과시, 교만, 자기 유익, 무례, 분노, 악의, 불의다.

그럼 어떻게 사랑할 것인가? 에리히 프롬(Erich Fromm)은 여러 가지 사랑(생산적인 사랑과 비생산적인 사랑, 모성애, 형제사랑, 이성적 사랑, 자기 사랑, 신에 대한 사랑)에 대해 말한다.10) 프롬에 의하면 인간은 안전한 태내로부터 분리되는 데서 오는 근원적 불안을 갖고 있는데, 이것을 극복하는 방법이 사랑이다. 그렇다고 이 사랑은 남으로부터 받는 것이 아니라 적극적으로 하는 사랑을 말한다. 목회자는 그가 말하는 자신을 줌으로써 넉넉하게 되는 생산적인 사랑의 요소에 주의를 기울일 만하다. 생산적 사랑에는 배려(care), 책임(responsibility), 존경(respect) 및 지식(knowledge)의 네 가지 요소가 포함된다. 사랑하는 대상에게 사람들은 깊은 배려를 하며 관심을 기울인다. 그 앞에서 해야 할 자기 책임이 없는 곳에 사랑은 없다. 존경은 사랑하는 사람이 나에게 봉사하기 위해서가 아니라, 그 자신을 위하여 그 자신의 방법으로 성장하고 발달할 것을 바라는 마음에서 나타난다. 또한 사랑한다함은 그 대상의 주변만이 아니라 중핵까지 알지 않으면 이루어질 수 없다. 그의 불안, 고뇌, 고독, 그의 책임감 등을 속속들이 앎으로써만 그에 어울리는 배려, 책임, 존경이 가능하기 때문이다. 그 앎은 그 대상의 깊숙한 곳에 있는 신비에까지 도달하는 일이고, 궁극의 본질까지 인식하는 일이다. 사랑으로 교육할 때 하나님에 닿는 가르침이 이루어질 수 있다. 그 사랑을 실천하는 방법으로 정신적 연단, 정신통일 훈련, 인내심 함양, 민감성과 신뢰성의 계발 등이 요청된다고 하였다.

---

10) Erich Fromm, *Art of loving*, 황문수 역, 『사랑의 기술』 (서울: 문예출판사, 2005).

집중으로 이루는 성취

20세기 안에는 절대 실용화가 불가능하다고 여겨졌던 '고휘도 청색 LED'를 개발해 2014 노벨물리학상을 수상한 나카무라 슈지. 지방대 출신, 작은 중소기업의 샐러리맨 연구원, 10년간 매출 제로, 500번의 실패에도 멈추지 않는 '독한 실행력'으로 꿈을 현실로 만들었다. 1등이 아니라 끝까지 해내는 사람이 세상을 바꾼다는 교훈을 준다. 시간이 걸려도 상관없다. 멀리 돌아가도 좋다. 서툴러도 괜찮다. 어쨌든 하나를 완성하는 일, 이것이 가장 중요하다.[11] 우리가 하는 목회에 완성이란 없을 것이다. 다만 완성을 향해 나가는 자세가 완성이다.

바울은 자신의 목표를 향하여 집중한 사람이다. 그는 목표를 향한 자신의 전력투구를 당시 고린도에서 행해졌던 경기(isthmian games) 종목중의 하나인 달음박질에 비유했다.[12] 바울은 달리기에서 승리하고자 했다. 그는 승리를 방해하는 모든 것을 오물로 여겼다(빌 3:8). 오물은 배설물이나 쓰레기를 말하는데, 그것들은 쓸모없어 버려야 할 것들이다. 바울에게는 그것들이 할례이고, 베냐민 지파에 바리새파 사람이고, 당대 최고의 석학인 가말리엘의 제자라는 자랑스러운 신분 등이었다. 그것들 자체가 오물은 아니지만 목표에 장해가 된다는 면에서 오물이었다. 사람마다 저마다의 오물들이 있다. 목회자에게 오물은 하나님의 소명을 이루지 못하게 하는 것들이다. 그러한 쓰레기들에는 어떤 것들이 있을까? 무엇보다 흔한 습관이 있다. 습관처럼 아무 생각 없이 매일 하는 일들, 아무 생각 없이 매번 하던 것을 중단해야 한다. 당연히 컴퓨터를 켜놓는 행위, 켜놓았으니 이리 저리 인터넷 서핑을 하고, 여러 사회관계망서비스(SNS, social network service)에 들어가 빠짐없이 둘러보며, 글이나 사진도 올리고, 댓글도 단다.

우리의 삶뿐만 아니라 목회에도 아무 도움이 되지 않는 버려야 할 습관에 TV 시청이 있다. 뉴스, 드라마 등, 시청하지 않아도 당신의 목회에 아무 영향도 없다. '언론 자유국'에서 '부분적 언론 자유국'으로 추락하게 만든 '언론 기레기들'의 무개념, 물타기, 막장 드라마 등. 단언컨대 이것들은 목회를 위해서는 아무 영양가도 없다.

성공적인 목회는 저절로 되는 것이 아니다. 한 시대를 열광케 한 지적, 예술

---

11) 나카무라 슈지, 김윤경 역, 『끝까지 해내는 힘: 세상의 상식을 거부한 2014 노벨물리학상 수상자 나카무라 슈지 이야기』(서울: 비즈니스북스, 2015).

12) Walter C. Kaiser Jr. and Duane Garrett, *NIV Archaeological Study Bible: An Illustrated Walk Through Biblical History and Culture* (Grand Rapids, MI: Zondervan, 2005), 1873 참고.

적 성취와 마찬가지로 목회 역시 열정과 광기가 필요하다.[13] 성취를 위해서는 먼저 열정을 쏟을 수 있는 목표가 필요하다. 목표를 정하는 성향에는 두 가지 타입이 있다. 처음부터 성취하고 싶은 먼 미래의 목표를 세우는 타입('중장기 목표형')과 당장 중요한 것을 목표로 잡아 집중하는 타입('최단기 목표형')이 있다. 히라모토 아키오(Akio Hiramoto)에 따르면 중장기 목표형보다는 최단기 목표형이 성취도가 높다.[14] 눈앞에 목표가 보여 강하게 밀어 붙일 있기 때문이다. 이는 집중이라고 할 수 있다. 산만해서는 아무 일도 할 수 없다.

시간 만들기

무슨 일을 하든 시간이 필요하다. 우리는 모두 바쁘니 시간을 허비하지 말고, 없는 시간은 만들어내야 한다. 설교를 잘한다고 알려진 목사가 한 말이다. "일주일 중 설교를 생각하지 않는 시간은 주일 저녁 집에 돌아와 잠자리에 들 때까지의 불과 몇 시간에 불과하다." 이 말만 들어도 설교를 잘 할 수밖에 없겠구나 하는 생각이 들 수밖에 없다. 그런데 불행하게도 누구나 다 이렇게 일주일 내내 설교만 고심할 수 있는 여유가 있는 사람은 없다. 이것저것 해야 할 일이 많은데 어떻게 일주일 내내 설교만 생각할 수 있겠는가. 하지만 일주일의 시간이 들어가서 좋은 설교가 나오는 것이라면 우리가 할 일은 그런 시간 없다고 회피하는 것이 아니라 그런 시간을 마련하는 것이다. 그러기 위해 우리가 없는 시간을 확보하기 위해서는 잃어버리는 시간들, 즉 쪼가리 시간에 주의를 기울여야 한다.

알렉산드르 류비세프(Aleksandr A. Lyubishev)라는 사람이 있다. 그는 전공인 곤충분류학과 해부학은 물론 유기체의 형태 및 체계, 진화론, 수리 생물학, 유전학, 진화론, 심지어 분산분석 등에 걸쳐 방대한 저서를 남기며 20세기 러시아 과학사를 견인했다. 철저한 시관 관리와 왕성한 지적 호기심으로 '신이 인간에게 부여한 가능성의 최대치를 사용하고자 했던' 그는 생전에 70권의 학술 서적을 발표했고 총 1만 2,500여 장(단행본 100권 분량)에 달하는 논문과 연구 자료를 남겼다. 더욱 놀라운 것은 하루 8시간 이상씩 잠을 잤던 이 학자의 다양한 취미활동. 연극, 영화, 음악 같은 공연애호가에 수영을 즐긴 스포츠맨이었

---

13) 정민, 『미쳐야 미친다: 조선 지식인의 내면 읽기』 (서울: 푸른역사, 2004).
14) Akio Hiramoto, 成功するのに目標はいらない！: 人生を劇的に変える「自分軸」の見つけ方, 정유선 역, 『최단기 목표에 집중하라: 목표만 세우고 행동하지 못하는 사람들을 위한 성공 전략』 (서울: 리더앤리더, 2009).

고, 동료와 가족, 후배. 심지어 그와 다른 이견으로 맞서는 논쟁자들에게까지 엄청난 양의 편지를 썼으며, 결정적으로 생계를 위해 직장에도 다녔다. 물론 그가 누구에게나 동일하게 주어진 시간으로 이처럼 엄청난 일을 해낼 수 있었던 배후에는 굳은 의지와 실천력은 기본이고, 세상사에 미혹 당하지 않는 분명한 가치관, 그리고 꿋꿋한 건강함이 있었다. 그럼에도 불구하고 가장 중요한 것은 그의 시간 기록이다. 그는 자기가 한 일의 모든 시간을 기록했다. 이 괴력을 가진 학자의 시간관리법은 의외로 단순한데, 크게 5년 단위 100살까지 잡혀있었으며 1년에 한번씩은 20시간 정도를 들여 1년 시간을 정리했고, 하루는 크게 3등분으로 하여 8시간은 취침, 8시간은 직장 업무, 8시간은 개인적인 연구시간으로 정했다. 또 1시간은 30분 단위로 쪼개어 기록하였다.(하루 3등분 활용법은 아인슈타인의 시간관리법과 동일하다). 그는 스스로를 분석하고자 매일 한 일들의 시간을 기록했고, 주말과 월말과 연말에 각각 통계를 냈다. 예를 들면 다음과 같다.

*기본 과학 연구: 도서색인-15분, 도브잔스키 저서 읽기-1시간15분.
*곤충분류학: 견학-2시간30분, 두 개의 그물 설치-20분, 곤충 분석-1시간55분.
*휴식(처음으로 우흐타 마을에서 수영을 함)
*이즈베스티야 지-20분.
*의학신문-15분.
*호프만의 소설 '황금단지'-1시간30분.
*안드론에게 편지-15분.
*총계-6시간15분.

단 하루만이라도 류비셰프처럼 시간 기록을 해보라. 30분 단위가 아니라도 좋다. 한 시간 단위로라도 당신이 무엇을 했는지 적어보라. 기록하면 당신이 얼마나 많은 시간을 버리고 있는지 알게 될 것이다. 그 결과 당신은 순간순간 최선을 다해 살아야겠다는 다짐을 할 수도 있다. 그리고 놀라운 일은 빠듯한 시간 기록이 생활을 각박하게 할 것으로 예상했는데, 실제로는 시간을 아끼게 되어 더 여유로워질 수 있다는 점이다.[15]

---

15) Daniil A. Granin, Эма странная жизнь, 이상원·조금선 공역, 『시간을 정복한 남자, 류비셰프』(서울: 황소자리, 2004).

4장 목회자의 정체

I. 소명의 고통과 행복

고통스런 소명

고든 T. 스미스(Gordon T. Smith)는 세 종류의 소명을 말한다. 첫째는 일반소명이다. 예수을 믿고 신자가 되라는 소명이다. 둘째는 고유소명이다. 각 사람에게 구체적으로 주어지는 소명, 즉 세상에서 이루어야 할 개인의 사명이다. 세번째는 일상소명이다. 하나님이 순간순간 요구하시는 의무나 과제를 말한다.16) 하지만 목회자의 경우, 하나님께서는 성직이란 특수한 신분으로 하나님께 봉사하도록 하는 하나님의 부름을 이르는 말이다.

　소명은 신비하다. 그래서 그에 대한 설명이나 이해도 다양하다. 하지만 소명은 단순하다. 내 일이 아니라 하나님의 일을 하라는 부르심이고 그 일은 세속적 성공과는 무관한 길이며 사람들을 변화시키는 일이다. 이 일은 고난의 길이기에 자원하는 사람은 없고 하나님께서 부르신다는 마음의 확신이라는 소명을 의식하지 않은 사람은 걸을 수 없는 길이다. 소명자로서의 길이 인생에서 가장 가치 있고 보람이 있으며 의미 있는 길이기에 걷는다는 생각도 잘못된 것이다. 소명은 철저하게 하나님에 의한 영적 사명이다. 그래서 거룩한 성직이다.

　소명을 받았다 해도 지금 하는 일에 대해 회의가 일어날 수 있다. "이 일이, 그리고 이 곳이 하나님께서 부르신 나의 소명의 자리인가?" 당신도 그럴지 모른다. 하나님께서 나를 불러 이 시골마을에서 소수의 나이 많은 신자들을 돌보라고 하신 거 맞나? 내가 봐도 그렇다. 저 사람은 저 이상의 곳에서 목회를 해야 할 사람인데 하는 마음이 든다. '왜 이 자리가 내 자리인가?'고 의심하는가? 그 자리가 마음에 안 들어서인가? 소명은 내 마음에 들고 아니고의 문제가 아니다. 그냥 그 자리, 그 일이 하나님께서 불러주신 곳이라고 믿는 것이다. '낮은 자리라면 가겠다.'고 하는 목사도 있는데 높은 곳이 아니라고 의심해서야 되겠는가. 소명은 근본적으로 낮은 곳으로 내려가라는 부르심이다. 성경 어디에도

---

16) Gordon T. Smith, *Courage and Calling*, 조계광 역, 『소명과 용기』 (서울: 생명의말씀사, 2008), 8.

하나님께서 높은 곳에 세우기 위해 사람을 부르신 적은 없다. 헨리 나웬(Henri Nouwen)은 소명은 '하향성으로 부르심'이라고 말한다. 사회적 성공, 편판, 영향력을 구가하는 넓은 길은 유혹이며 시험의 상향을 향한 충동이다.[17] 소명을 자신의 꿈을 이루는 것으로 오해해서는 안 된다. 지금 이 곳의 이 사람들을 내게 맡겨주셨다는 확신에서 그들을 위해 자신을 던지는 것이 소명이다. 그러나 우리는 여기서 한 걸음 더 나가야 한다. 우리는 소명하면 인생에서 무슨 일을 하는 것이 의미 있는 일인가로 생각한다. 그러나 적어도 목회자에게 소명은 무엇을 하도록(to do) 부름 받았다기보다 어떤 존재가 되어야 하느냐(to be)로 부름 받은 것이다.[18] 임영수 목사는 목회자들이 목회에 성공하고 큰 교회 목사가 되려는 행위 추구의 목회를 했다면 그것을 버리고 존재 추구의 삶으로 바꿀 것을 권한다.[19] 일을 잘하고 못하고를 떠나 사람 자체가 참되어야 한다는 것이다.

피터 크리프트(Peter Kreeft)는 성문서를 바탕으로 삶의 세 가지 양식에 대해 말한다.[20] 전도서는 허무, 욥기는 고통, 아가서는 사랑을 말하는데, 이를 바울이 말한 기독교의 주덕인 믿음, 소망, 그리고 사랑의 관점에서 보면 허무는 믿음에 의해, 고통은 소망에 의해, 아가서의 사랑에 도달한다. 크리프트의 내용은 삶이 허무와 고통과 사랑으로 구성되어 있지만 사람에 따라 삶을 허무로만 본다든지, 고통으로만 본다든지 할 수 있을 것 같다. 소명 받은 목회자는 때로 허무가 엄습해 올 때도 있을 것이고, 고통에 몸을 떨어야 할 때도 있을 것이다. 그러나 이 같은 허무와 고통을 사랑의 삶을 위한 자원으로 삼을 때 그것들은 의미가 있다. 그리고 목회를 포함해서 인생은 결국 허무와 고통과 사랑으로 되어 있음을, 그리고 그것을 인정하고 초연하게 대처해야 한다. 그래서 인생의 목적은 사랑이라는 것을 깨닫고 허무 안에서도, 고통 속에서도 사랑의 삶을 살아가는 것이 소명의 본질이다.

소명은 의무다. 소명은 나를 불러주신 하나님께 대한 의무이기도 하지만 나

---

17) Henri Nouwen, *The Selfless Way of Christ: Downward Mobility and the Spiritual Life*, 편집부 역, 『세상의 길 그리스도의 길: 소명·시험·자기를 비움』(서울: 한국기독학생회출판부, 2003).

18) Kevin Brennfleck and Kay M. Brennfleck, *Live Your Calling: A Practical Guide to Finding and Fulfilling Your Mission in Life*, 강선규 역, 『부르심에 합당한 삶을 위한 소명 찾기』(서울: 한국기독학생회출판부, 2006), 24.

19) "임영수 목사 '영성목회, 이렇게 하라'", 〈뉴스파워〉(2015.5.27).

20) Peter Kreeft, *Three Philosophies of Life: Ecclesiastes: Life as Vanity, Job: Life as Suffering, Song of Songs: Life as Love*, 박호용 역, 『삶의 세 철학: 전도서, 욥기, 아가서 연구』(서울: 성지출판사, 2000).

에게까지 복음이 흘러들어 오도록 수고한 선배 사역자들에 대해 빚을 갚아야 할 채무다. 빚은 당연히 갚아야 하는 것이다. 소명의 채무 의식이 어떤 역경에도 불구하고 나를 순수한 복음 사역에 매진하게 하는 힘이 되어야 한다. 그러니 거기에는 어떤 내세울 자랑도 공도 없다. 우리가 어떻게 하나님의 구원의 통로, 구원의 도구가 되느냐 하는 것이 우리의 관심이어야 한다. 그리고 그것만을 영광으로 알아야 한다. 유명한 사람이 되는 것이 아니라 하나님의 구원 사역에 유익하고 유용한 사람이어야 한다.

소명의 적들

세상에는 우리가 소명의 책임을 감당할 수 있도록 돕는 것보다는 소명 완수를 방해하는 것들이 더욱 많다. 그러니 늘 경계해야 한다. 케빈과 케이 브렌플렉 (Kevin Brennfleck and Kay M. Brennfleck)은 소명의 장애물을 두려움, 돈, 분주함, 부정적인 생각, 유년기의 상처 등으로 본다.[21] 스미스는 탐욕, 불안, 위로와 편안함을 얻으려는 욕구, 또는 다른 사람들을 이용하거나 통제하려는 욕구 등을 든다. 여기에 일신의 안위, 많은 재산, 위로, 공명심, 인정받는 삶 따위도 소명의 장애물이다.[22] 하지만 진정한 소명은 위로나 부나 명예나 권력을 가져다주지 못한다 하더라도 기쁘게 할 수 있어야 하는 것이다.

우리 대부분은 소명을 신자들과의 관계에서 수행한다. 신자들을 장악할만한 권위를 갖게 될 때, 그는 자신도 모르게 자기가 하고 싶은 대로 한다는 의미에서 하나님이 된다.[23] 교인이 3천 명이 넘으면 그렇게 된다는 말을 들었다. 신자들의 눈치를 보며 목회를 해야 하는 경우에 그는 하나님이 아닌 자신을 고용한 사람들을 위해 목회라는 소명을 수행할 뿐이다.[24] 어느 경우나 우리의 영성은 내게 편하면서, 신자들의 요구에 맞춘, 그리고 목회에 필요한 기술적 영성에 젖게 된다. 자신을 돌아보는 것이 겁나 반성 없는, 하나님으로부터 떠난 비본질적 영성을 고집한다.

21) Brennfleck and Brennfleck, *Live Your Calling.*
22) Smith, *Courage and Calling*, 57-58.
23) Eugene H. Peterson, *Under the Unpredictable Plant: An Exploration in Vocational Holiness*, 양혜원 역, 『목회자의 소명』 (서울: 포이에마, 2012), 133.
24) Peterson, *Under the Unpredictable Plant*, 214.

소명과 시험

우리를 부르신 분은 하나님이시만 하나님은 우리를 좋은 조건에서 평안하게 목회를 하도록 하시는 것 같지 않다. 시험이다. 성경에는 세 가지 종류의 시험이 나온다.[25] 첫째, 유혹(temptation)이다. 마치 마귀가 굶주린 예수께 돌을 빵으로 만들라고 하듯이(마 4:3; 눅 4:3), 유혹은 "꾀어서 정신을 혼미하게 하거나 좋지 아니한 길로 이끎"이다. 마귀나, 다른 사람이나, 자신의 꾐에 빠지는 것을 말한다.

> "사람이 시험을 당하는 것은 각각 자기의 욕심에 이끌려서, 꾐에 빠지기 때문입니다"(약 1:14).

둘째, 시험(test)이다. 이것은 사람이 하나님의 성품이나 생각, 능력을 떠보는 셈이 되는 그릇된 요구를 하는 것이다. 마귀가 예수를 성전 꼭대기에 세우고 시험하듯이(마 4:5-6; 눅 1:9-11), 성경을 자의적으로 해석하여 남용한다거나, 하나님에 관한 사실을 들어 검사하고 평가하는 것이다.

> "그리스도를 시험하지 맙시다. 그들 가운데 얼마는 그리스도를 시험하였고, 뱀에게 물려서 죽었습니다"(고전 10:9).

> "그런데 지금 여러분은 왜 우리 조상들이나 우리가 다 감당할 수 없던 멍에를 제자들의 목에 메워서, 하나님을 시험하는 것입니까?"(행 15:10).

셋째, 시련(trial)이다. 하나님께서는 우리에게 유혹 성격의 시험을 주시지 않는다.

> "시험을 당할 때에, 아무도 '내가 하나님께 시험을 당하고 있다' 하고 말하지 마십시오. 하나님께서는 악에게 시험을 받지도 않으시고, 또 시험하지도 않으십니다"(약 1:13).

하지만 특별한 뜻을 갖고 우리를 훈련하고 단련하기 위해 시험하실 때도 있다. 이는 주님께서 당신의 백성들이 '율법의 준행 여부'를 보시려고 하는 시험이다.

---

25) 개역성경은 이 세 가지를 구별하지 않고 모두 '시험'이라는 말을 사용한다.

따라서 하나님의 시험은 우리에 대한 그분의 평가나 재판(trial)과도 같다.

> "시험을 견디어 내는 사람은 복이 있습니다. 그 사람은 그의 참됨이 입증되어서, 생명의 면류관을 받을 것이기 때문입니다. 그것은 하나님을 사랑하는 사람들에게 약속된 것입니다."(약 1:12)

우리를 유혹하는 성격의 시험이 오면, 주의 말씀으로 뿌리쳐야 한다. 그것이 마귀에게서 온 것이든 자신의 욕심으로부터 온 것이든 말씀에 주목하여 순종해서 죄를 범하지 말아야 한다. 또한 우리는 성경이나 하나님에 대한 부족한 지식을 내세워 하나님을 시험해서는 안 된다. 하나님께서는 우리의 검토나 평가의 대상이 될 정도로 하찮은 분이 아니다. 경외해야 할 대상이시다. 마지막으로 우리가 이유를 알 수 없는 신앙의 성장과 관련된 시련과 어려움을 당하고 있다면 하나님께서 주신 것으로 여겨 감사한 마음으로 신앙을 더욱 굳건하게 하는 호기로 삼아야 할 것이다.

소명과 행복

소명은 고달프다. 때로 소명은 절망이다. 소명이 더욱 절망스러운 것은 거기서 빠져나갈 출구가 없기 때문이다. 목회는 피곤하다. 피곤할 정도가 아니라 당장이라도 그만 두고 싶을 정도로 고통스럽다. 목회자는 돈과 권력과 명예로부터 자유로워야 한다고 한다. 욕심을 부려서는 안 되고 자신을 비워야 한다. 말씀을 사랑하고 생명을 귀하게 여기고 사랑해야 한다. 대중 앞에 비친 내 모습과 개인적인 삶에서의 모습이 일치되어야 한다. 말씀 한 대로 살고 사는 대로 말해야 한다. 사명에 충실하기 위해서는 탁월함, 진실함, 근면함, 관대함을 갖추어야 한다.26) 인격이 되라. 인품이 되라. 낙심하지 말고 하나님만 바라볼 것. 어처구니없는 말을 듣더라도 그냥 넘어가고 참아라. 목회에는 성공이 없는데 교세로 나타나는 성공의 유혹에 빠지지 말아야 한다. 그러나 마음 한 켠에는 큰 교회로 성장시키고 싶은 욕구가 도사리고 있다. 나도 모든 면에서 좀 더 여유롭게 살고 싶다. 늘 거룩한 것과 접촉하며 살아가다보니 경외심을 상실하게 된다. 구원도, 속죄도, 십자가도 기쁘지도 슬프지도 않고 그저 무덤덤할 뿐이다. 이것이 우리 현실의 어두운 다른 한 면이다.

---

26) Smith, *Courage and Calling*.

사실 우리는 목회자이기 전에 매일 은혜를 필요로 하고, 죄와 싸우며, 그리스도의 몸인 교회의 도움을 구하면서 성화를 이루어 나가야 하는 하나님의 자녀다.[27] 우리라고 늘 퍼주기만 해도 계속해서 넘쳐나는 은혜가 있는 것은 아니다. 그런데 사람들은 우리가 그런 사람이기를 바란다. 그런 바람에 나를 맞추려다 보니 어떤 때는 미칠 것 같은 마음이 든다. 우리에게도 힘을 주고 위로를 받을 수 있는 무언가가 필요하다. 그런 면에서 도움을 받기 위한 몇 가지 방법이 있다. 먼저 서로 도움을 줄 수 있는 그룹을 만들어라. 비판과 격려, 위로를 허물없이 해도 상처를 받지 않는 그룹을 만들라. 목회자의 영적 생활만이 아니라 훈련하고, 관계를 맺고, 필요한 경우에는 회복시켜줄 수 있는 소그룹이 절대 필요하다. 그리고 무엇보다 하나님의 세밀한 음성과 위로부터의 은혜와 위로를 받을 수 있는, 그래서 평화를 회복할 수 있는 개인 예배를 회복하라. 늘 하는 식이 아닌 진정한 하나님 앞에서 발가벗은 영혼으로 서는 그런 대면이 필요하다.

사람은 태어나서 3만 일 정도를 산다고 한다. 그 중에 며칠이나 멋지게 살았을까? '사는 게 그냥 사는 거지, 그리고 목회가 얼마나 바쁘고 힘든 데 재미나 행복을 찾을 여유가 어디 있는가?' 라고 반문할 수 있다. 하지만 사람이 힘들게만 살려고 태어난 것은 아닐 것이다. 보람과 여유, 재미, 그리고 행복과 웃음이 있는 그런 삶을 살아야 하지 않을까. 허무를 외치던 전도자도 이렇게 말한다.

> "나는 생을 즐기라고 권하고 싶다. 사람에게, 먹고 마시고 즐기는 것보다 더 좋은 것이 세상에 없기 때문이다. 그래야 이 세상에서 일하면서, 하나님께 허락받은 한평생을 사는 동안에, 언제나 기쁨이 사람과 함께 있을 것이다."(전 8:15)

행복은 소박한 생활에서, 타인을 돌보는 삶에서, 자기실현에서, 자기만족에서, 열정적인 몰입으로부터, 깨어있음으로부터, 용서를 통해, 사랑과 자비를 베풂으로써, 죄책감으로부터 해방됨으로써, 미래에 대한 희망을 가짐으로써 행복해질 수 있다고 한다. 한 마디로 행복은 외적 조건이 아니라 내적 조건으로부터 온다는 것이다. 부자이면서 건강한데도 불행한 사람이 있고 가난하고 병들었어도 행복한 사람이 있다.[28] 그 이유는 우리가 세계를 인식할 때 있는 그대로 인식하지 않고 자기 나름의 방식으로 구성하기 때문이다. 동일한 환경에 대

27) Paul D. Tripp, *Dangerous Calling: Confronting the Unique Challenges of Pastoral Ministry*, 조계광 역, 『목회, 위험한 소명』 (서울: 생명의말씀사, 2013).
28) 乙武洋匡, 五體不滿足, 전경빈 역, 『오체불만족』 (서울: 창해, 1999) 참고.

해 사람들이 다르게 받아들이는 이유다.29) 행복의 경우도 마찬가지다. 행복은 가만히 기다리면 우리에게 다가와 안기는 것이 아니라 능동적으로 찾아가는 것이고 적극적으로 만들어 가는 것이다.30) 그래서 행복하기 위해서는 기본적으로 냉소적이거나 비관적이지 말고 낙관적이어야 한다. 남에게 불평과 불만을 터뜨려 마음을 비관적으로 만들지 말고 기쁨과 즐거움을 찾으려고 해야 한다.31) 특히 우리는 사람들과의 관계가 원만하지 못해 행복을 누리지 못하는 경우가 많이 있다. 갈등의 원인은 차이다. 하지만 그들에게 타당한 것은 우리가 타당하다고 하는 것만큼 그들에게 확실하기 때문에 마냥 내 것만을 고집해서는 안 된다. 나와는 다른 타인을 인정하고 받아들일 때 우리는 사회적 안녕도 이룰 수 있는 것이다.

한편 '긍정심리학'의 대가인 마틴 셀리그만(Martin E. P. Seligman)은 낙관주의로 행복을 설명하는 데 한계가 있음을 인정하였다.32) 그는 최근까지 "행복은 마음먹기에 달렸고 행복해지는 훈련을 통해 증진시킬 수 있다"고 주장해 왔다.33) 그러나 셀리그만은 곧 행복을 긍정적인 '기분'으로 설명하는 데 한계를 느끼기 시작했다. 그는 브리지 게임에서의 성취감 요소에 착안하여 "웰빙은 좋은 감정뿐 아니라 의미 있고 건강한 관계, 성취감 등이 결합된 결과"라고 설명했다. 그가 꼽은 웰빙의 다섯 가지 핵심요소는 긍정적인 감정, 몰입, 관계, 의미, 그리고 성취감이다. 행복을 기분이나 낙관주의로 설명하려던 기존의 입장에서 "행복해지기 위해서는 성취감을 느끼는 일에 몰두하며 관계를 통해 다른 사람의 삶에 가치를 형성하는 일이 필수적"이라고 설명한 것이다.

구체적인 행복 지침에 대해서는 다음과 같은 제안들이 있다. 영국 런던 근교 슬라우(Slough)에서 행해진 심리 실험을 통해 밝혀진 행복의 비밀은 다음의 행복 헌장 10개 조항으로 주어졌다.34)

29) Humberto R. Maturana and Francisco J. Varela, *Baum der Erkenntnis: die biologischen Wurzeln des menschlichen Erkennens*, 최호영 역, 『인식의 나무: 인식활동의 생물학적 뿌리』 (서울: 자작아카데미, 1995).

30) Emile A. Chartier, *Propos sur le bonheur*, 전종윤 역, 『행복론』(서울: 기파랑, 2013) 참고.

31) 최근 '긍정심리학'이라는 이름의 연구는 종전의 정신질환 치료와 상담이 중심이 됐던 심리학 대신에 기쁨, 만족, 행복과 같은 문제를 다룬다.

32) "'긍정심리학'의 대가 셀리그만 '백기' 들다…왜?", 〈헤럴드경제〉 (2011.5.20).

33) Martin E. P. Seligman, *Authentic Happiness: Using the New Positive Psychology to Realize Your Potential for Lasting Fulfillment*, 김인자 역, 『긍정 심리학: 진정한 행복 만들기』 (안양: 물푸레, 2007).

34) Liz Hoggard, *How to be Happy: Lessons from Making Slough Happy*, 이경아 역, 『영국 BBC 다큐멘터리 행복: 행복 전문가 6인이 밝히는 행복의 심리학』 (서울: 위즈덤하우스, 2006).

1. 운동을 하라. 일주일에 3회, 30분씩이면 충분하다.
2. 좋았던 일을 떠올려보라.
   하루를 마무리할 때마다 당신이 감사해야 할 일 5가지를 생각하라.
3. 대화를 나누라.
   매주 온전히 한 시간은 배우자나 가장 친한 친구들과 대화를 나누라.
4. 식물을 가꾸라. 아주 작은 화분도 좋다. 죽이지만 말라!
5. TV 시청 시간을 반으로 줄이라.
6. 미소를 지으라.
   적어도 하루에 한 번은 낯선 사람에게 미소를 짓거나 인사를 하라.
7. 친구에게 전화하라.
   오랫동안 소원했던 친구나 지인들에게 연락해서 만날 약속을 하라.
8. 하루에 한 번 유쾌하게 웃어라.
9. 매일 자신에게 작은 선물을 하라. 그리고 그 선물을 즐기는 시간을 가지라.
10. 매일 누군가에게 친절을 베풀라.

그리고 행복하기 위해서 때로 일상적으로 이루어지는 목회의 일들을 낯선 것으로 만들 필요가 있다. 처음 대하듯 하는 것이다. 한숨을 내쉴 수 있는, 목회와는 전혀 상관없는 활동을 하는 것이다. 목회를 낯설게 하는 행위는 여행이라든가, 제라늄 등의 화초 가꾸기, 사진, 취미활동 등이 있다. 목회에 대해 무심해지기 위해서는 하다못해 요즘 유행하는 컬러링북(colouring book)도 좋다. 마음의 치유를 내세운 '컬러링북'은 어른들의 색칠놀이로서 잡념으로부터의 자유를 선물하는 동시에, 자신만의 예술작품을 완성하는 쾌감도 준다.[35) 포토샵(Photoshop)을 해 보는 것도 유사하다. 하지만 손대면 안 되는 망하는 취미도 있다. 시계, 카메라, 오디오, 그리고 자동차 등이다. 이런 것들에는 일종의 소비 촉진적 행태들이 있어서 한도 끝도 없이 빠져들게 하기 때문에 위험하다. 마음이 복잡할 때, 사면초가와 같은 심정이 들 때는 하던 일에서 피해야 한다. 피해서 쉬고 마음을 다스리고 나서, 다시 돌아와 이길 수 있는 힘을 길러야 한다. 목회자의 소명은 수고와 행복 사이에서 줄타기를 잘 해야 한다. 간단히 말해 목회자 역시 행복해야 한다는 것이다.

---

35) "어른들이 '색칠 공부'에 빠진 이유…", 〈한겨레〉(2014.9.29); "스트레스 날리는 어른용 색칠공부! 내게 맞는 '컬러링북'은?" 〈조선일보〉(2014.11.13).

II. 권력과 섬김

권력의 일상성

목회자에게 가장 문제가 되는 것은 돈과 권력이다. 사람들은 돈도 좋아하고 권력도 좋아한다. 그런데 사실 우리 사회에서는 돈과 권력은 하나다. 돈이 많은 사람은 권력을 얻게 되고 권력을 거머쥔 사람에게는 돈이 따라온다. 여기서는 우선 권력에 대해 생각해보자. 권력은 정치인의 것처럼 크고 강한 것만을 말하지 않는다. 모든 생물에게는 생존을 위한 권력에의 본성이 있다. 우리 역시 권력과 상관없는 사람이 아니다. 우리가 가지려고 하는 권력, 그 권력은 정치인들의 것과 비교하면 보잘 것 없다. 그래서 초라하다. 그럼에도 불구하고 그것을 차지하려고 애들을 쓴다. 더욱이 목회의 현장과 교회의 현장에서 말이다. 창피한 줄 알아야 하는데 오히려 그것을 자랑하니 한심한 일이다.

최근 우리 사회에서 '갑(甲)질'이 이슈다. 힘 있는 갑들의 횡포를 이르는 말이다. 왜 그들은 상대방을 이해하지 않고 그런 식으로 행동을 하는 것일까. 지도자는 권력을 행사하는 사람이 아니다. 오히려 그는 권력을 사용해서 다스리는 사람이 아니라 자기에게 어떤 권리도 없다고 생각하며 사람들이 잘 살도록 섬기는 사람이다. 이 단순한 하지만 사실을 행동에 옮기지 않기 때문에 우리 사회는 여러 가지로 고통을 겪고 있다. 지도자들을 걱정하는 소리가 흔하다. 역대 대통령들만 해도 그렇다. 독재, 부패, 경제 파탄, 그리고 엄청난 혈세 낭비[36] 등을 해서 국민의 생활을 어려움에 빠트렸다. 대통령이 그러니 총리와 장관을 뭐라 하겠는가. 위장전입과 부동산 투기, 군 미필 등은 이제 필수적 요건이 된 것 같다. 우리 국민은 참 복도 없다고 한탄하는 소리가 절로 나온다. 입으로만 국민을 위하고 지키지도 않을 공약으로 국민을 속인다. 교계 지도자들은 어떤가. 현재 맞고 있는 우리나라 교회의 위기의 주요 원인이 지도자들 때문이라고 하지 않는가. 한국교회 위기의 원인이라고 지적되는 금권 선거, 번영주의 설교와 성직 매매, 목회자 성 윤리와 교회 재정 운영 문제, 담임목사직 세습 등의 문제는 모두 지도자들의 문제다. 숭실대학교 김영한 교수는 한국교회의 위기는 교회 지도자들의 섬김 정신의 결여에서 오는 위기라고 정리한다.[37]

---

36) 예를 들어, 이명박 정권의 '사자방'(4대강 사업·자원외교·방위산업비리) 혈세 낭비는 100조에 이른다고 한다. 100조라는 돈은 우리나라 전체 초등학생 무상급식을 60년 이상 할 수 있는 돈이다. "경실련 '사자방 부실사업, 100조 혈세 낭비'", 〈오마이뉴스〉 (2014.11.24).

지도자들은 왜 이처럼 타락할까. 권력 때문이다.

권력과 공감 능력

권력이 있는 서기관과 바리새인들은 늘 다른 사람들을 정죄했다. 안식일에 제자들이 이삭을 잘라 먹는 것을 보면서, 예수께서 병자들을 고치시는 것을 보면서, 또한 예수께서 세리와 죄인과 함께 먹고 마신다고 비난하였다. 그들과 예수의 차이는 공감이다. 예수께서는 "기뻐하는 사람들과 함께 기뻐하고, 우는 사람들과 함께 우십시오."(롬 12:15)라는 바울의 말처럼 굶주린 자, 병든 자, 그리고 즐거워하는 자와 한 마음이 되어 사신 분이시다.

　　사이코패스(Psychopath)라는 사람들이 있다.[38] 이들은 일상생활에 아무런 문제가 없는 평범해 보이는 사람들이다. 하지만 그들에게 없는 한 가지는 공감 능력이다. 그들은 다른 사람들의 감정을 느낄 수 없다. 다른 사람의 고통도 느낄 수 없다. 그래서 웃는 얼굴과 우는 얼굴조차 잘 구분하지 못한다. 사람을 죽인 후에도 동정심, 죄책감이 없다. 따라서 후회도 없다. 이들은 이성적인 능력은 지극히 정상이다. 이들은 감정이 없는 대신 오히려 대단히 이성적일 수 있다. 이들은 자신이 감정이 없음을 숨기며 살기 때문에 누가 사이코패스인지를 알아내기는 어렵다. 공감 능력을 중시하지 않는 사회에서는 오히려 이들은 능력 있는 사람으로 인정받을 수 있다. 타인의 감정에 구애 받지 않고 자신의 욕망을 냉정하고 침착하게 구현해내기 때문이다.

　　그런데 권력이 이 공감능력과 밀접한 관계가 있다고 한다. 학력이 높은 사람, 지위가 높은 사람, 수입이 많은 사람, 상급자와 그보다 낮은 사람의 거울 신경의 활성화를 측정한 결과, 힘이 있다고 생각한 사람들의 뇌 동조화 현상이 낮게 일어났다.[39] 높은 지위에 오르거나, 부자가 되면 타인의 감정을 알아차리고 함께 느끼는 공감능력과 남의 입장이 되어 생각해 보는 능력이 떨어진다는 것이다.[40] 권력은 섬김의 바탕인 공감 능력을 떨어뜨린다.

---

37)　"한국교회 위기 원인, 목회자의 섬김 정신 결여", 〈뉴스앤조이〉 (2013.10.4).
　　　http://www.newsnjoy.or.kr/news/articleView.html?idxno=195293.

38)　이에 대해서는 Robert D. Hare, *Without Conscience: The Disturbing World of the Psychopaths among Us*, 조은경·황정화 공역,『진단명: 싸이코패스=Psychopath: 우리 주변에 숨어 있는 이상인격자』(서울: 바다출판사, 2005) 참고.

39)　D. Keltner, D. H. Gruenfeld, and C. Anderson, "Power, Approach, and Inhibition," *Psychological Review* 110 (2003), 265-84; M. W. Kraus, S. Cote, and D. Keltner, "Social Class, Contextualizm, and Empathic Accuracy," *Psychological Science* 21 (2010), 1716-23.

권력과 도덕

권력의 어두운 힘은 여기서 그치지 않는다. 권력은 불의를 당연시한다. 이 같은 사실을 보여주는 실험들이 있다. 주사위 게임을 통해 복권을 지불한다고 했을 때 힘 있는 그룹은 주사위 숫자를 부풀렸다. 또 과속에 대한 의견을 묻는 실험에서는 자기들은 중요한 사람이라 과속도 필요하다고 생각했다.

권력이 사람의 추론 과정을 잘못 변화시킬 수 있다. 푸코가 지적한 대로 권력의 역학이 인간의 사고방식에 큰 영향을 미친다.41) 우리가 권력의 사다리를 올라갈 때, 우리 내면의 주장들이 왜곡되고 타인을 향한 공감이 사라진다. 권력은 자신이 생각하고 원하는 대로 해도 된다는 생각을 심어준다. 아무도 그런 자기에게 감히 저항해서는 안 된다는 교만이 함께 그를 부추긴다. 권력이 문제가 되는 것은 권력자들은 자기가 무엇이든 할 수 있다고 생각한다. 그래서 모든 것을 할 수 있다고 생각하니 급기야는 자신을 신격화하게 되는 것이다. 우상화하게 되는 것이다. 하나님의 자리를 차지하는 것이다. 권력이 왜 타락인지 알 수 있다. 자기가 할 수 없다고 생각하는 것이 신앙이다. 권력자는 어떻게 행동하는 것이 올바른지 잘 알고 있지만 윤리로부터 벗어나는 것을 합리화한다. 목회자의 경우는 윤리 이상이어야 한다. 그런데 도덕이나 윤리 아래에 있는 법으로 다스려야 하는 목회자가 매스컴에 오르내리니 안타까운 일이다. 이는 사적인 차원에 그치지 않고 선교에 큰 장애가 되고 있다.

겸손과 섬김

권력을 갖게 되면 세상을 자기중심으로 보게 되면서, 마치 눈 바로 뒷부분의 감정 조절을 담당하는 안와전두엽이 손상된 환자처럼, 다른 사람의 입장을 이해하지 못하고, 본인은 어떤 짓을 해도 예외가 될 것이라고 착각하며 생각 없이 충동적으로 행동한다. 이들은 다른 사람들을 판단할 때 고정관념이나 일반화에 더 의존한다. 그리고 권력이 없는 사람과 이야기할 때 눈을 마주치지 않는다.42) 본래 당신은 그런 사람이 아니었는데 권력이 당신을 그렇게 만들었다

---

40) A. D. Galinsky, J. C. Magee, M. E. Inesi, and D. H. Gruenfeld, "Power and Perspectives not Taken," *Psychological Science* 17 (2006), 1068-1074.

41) Colin Gordon, *Power/ Knowledge: Selected Interviews and Other Writings, 1972-1977*, 홍성민 역, 『권력과 지식: 미셸 푸코와의 대담』 나남신서 176 (서울: 나남, 1995).

42) 〈WIRED〉 (2005.11.18). http://www.wired.com/2011/05/how-power-corrupts.

는 소리다. 아무리 유능했던 사람도 그 총명함과 야무짐은 사라지고 독선과 아집만 남게 되고 그 결과는 몰락이다.

그렇다면 권력자는 반드시 파멸할 운명에 처하게 될까? 꼭 그렇지는 않다. '마음의 힘'이란 게 있기 때문이다. 마음의 힘에는 여러 가지가 있지만, 그중 하나가 조절능력이다. 권력이 있더라도 조절능력을 잃지 않으면 된다. 조절능력을 유지하는 방법 중 하나가 겸손이다. 권력과 섬김과 겸손이 상관적임을 알 수 있다.

거만하고 전능한 리어왕이 전에는 생각지도 않던 "헐벗은 가난한 자들"을 돌아보게 된 것은 딸들에게 굴욕을 당한 뒤 황야에서 폭풍우를 만난 후부터였다. 힘이 있는 사람들은 타인을 도울 확률이 낮다는 말이다. 학생들에게 그들의 학과가 대학에서 최고라고 말하고, 다른 학생들에게는 최악이라고 말한 후에, 실험진행자가 펜이 가득 들어 있는 상자를 일부러 실수인척 바닥에 떨어뜨렸다. 그 결과 학과에 대한 자부심이 무너진 학생들이 자부심 강한 학생들보다 펜을 더 많이 주웠다. 또 다른 실험도 있다. 위와 비슷한 방식으로 지위를 일시 조작한 뒤 학생들에게 자신의 가치관과 인생 목표에 대해 물었다. 지위가 낮은 학생들은 지위가 높은 학생들에 비해 다른 사람을 돕는 등의 이타적인 목표를 말하는 경우가 많았다. 세 번째 실험은 학생들에게 임의의 테스트에서 높은 점수, 혹은 낮은 점수를 기록했다고 말했다. 그 후 학생들은 다른 그룹의 학생들과 아파트와 룸메이트를 고르는 방법에 대해 논의했다. 그 결과 낮은 점수를 받은 학생들이 친절과 협조적 태도를 보이는 일이 더 많았다. 미소도 더 많이 짓고 다른 사람을 더 따뜻하게 대하고 공감하는 태도를 보인 것이다. 높은 점수를 받은 학생들은 자신의 능력과 지식을 보여주는 데 더 집중했다. 이 같은 결과는 4-5세 어린이들의 경우에도 동일했다. 다른 친구와 스티커를 나누라는 지시를 받은 아이들에게서 지위가 높은 아이들일수록 나누는 스티커의 양이 줄었다. 힘이 없을수록 섬김의 경향이 높았다. 권력이 없는 사람은 보다 상호 원조적이고, 협동적이며, 이타주의적이었다.[43]

90년대 부흥을 이룬 대형교회의 민주형 목회자와 평신도 리더십 양육은 종래의 유교적 가부장적 모델과 보수적 기독교의 영적 아버지 모델이 결합된 권위적 위계적 카리스마형과 대조를 이룬다.[44] 오늘날에는 권력형 리더십이 먹히지 않는다는 말이다. 사실 우리는 아무에게도 어떤 권리도 없다. 무슨 권리가

---

43) "권력의 심리학: 낮은 지위의 장점", 〈WSJ Korea〉 (2015.3.9).

44) 백소영, "지구화시대 도시 개신교 신자들의 '의미 추구': 1990년 이후 수도권·신도시 지역 '복음주의적 초 교파 교회'로 이동한 개신교 신자들을 중심으로", 「탈경계인문학」 2 (이화여자대학교 이화인문과학원, 2009.2), 97.

있다면 당신과 상대와의 관계는 인격적 인간관계가 아니라 상거래 같은 물건을 사고파는 거래 관계다.

> "그러나 너희는 그렇지 않다. 너희 가운데서 가장 큰 사람은 가장 어린 사람과 같이 되어야 하고, 또 다스리는 사람은 섬기는 사람과 같이 되어야 한다."(눅 22:26)

권력이 아니라 섬김이다. 모세와 바울에게 볼 수 있듯이 진정한 지도자의 특성은 섬김이다(행 7:23, 15:36). 높은 자를 섬기는 것은 누구나 다 할 수 있다. 낮은 자를 섬기는 일은 겸손하지 않고는 어렵다. 그리고 섬김이 단순히 인격적 상징에 머물지 않는 것은 섬김이 위로가 되기 때문이다.[45] 지도자가 겸손하게 낮은 자를 섬겨야 하는 이유다.

III. 교사로서의 목회자

소명으로서의 교육

오늘날 목회자들에게 배타적으로 사용되는 소명이란 말의 역사적 기원을 우리는 흔히 아브라함의 소명으로부터 찾는다. 하나님께서 아브라함을 부르셔서 이스라엘 민족을 형성케 하시고 자기 백성으로 삼으셨다. 그리고 또 하나의 목적이 있었다. 하나님께서는 아브라함을 부르시되 특별한 역할을 하도록 부르셨다. 가장 최근의 한글 번역인 '새번역'은 개역성경에 숨어있던 '가르침'이라는 말을 드러낸다.

> "내가 그로 그 자식과 권속에게 명하여 여호와의 도를 지켜 의와 공도를 행하게 하려고 그를 택하였나니 이는 나 여호와가 아브라함에게 대하여 말한 일을 이루려 함이니라."(개역개정)

> "내가 아브라함을 선택한 것은, 그가 자식들과 자손을 잘 가르쳐서, 나에게 순종하게 하고, 옳고 바른 일을 하도록 가르치라는 뜻에서 한 것이다. 그의 자손이 아브라함에게 배운 대로 하면, 나는 아브라함에게 약속한 대로 다 이루어 주겠다."(창 18:19)

---

45) 장동훈, "힘을 뺀 하나님", 〈한겨레〉 (2015.3.31).

하나님께서 아브라함을 부르실 때 하나님께서는 아브라함을 가르치는 자, 즉 교사로 부르셨다. 이는 대단히 중요한데 그 가르침에 대한 순종 여부가 언약의 백성으로서의 이스라엘 형성 여부를 결정하는 것이었기 때문이다. 하나님께서는 가르침을 통해 이스라엘을 언약의 백성으로 삼으시려 하신 것이다. 가르침이 없이는 언약의 백성이 없다! 하늘의 뭇별들과 바닷가의 모래들을 바라보면서 아브라함은 하나님과의 언약을 기억하고 그 언약을 교육 외에 다른 방법으로는 전할 수 없음을 깨달았을 것이다. 이 같은 교육의 증거는 아브라함이 모리아 산에서 이삭을 하나님께 바치려고 하였을 때 이삭의 순종에서 확인할 수 있으며, 그 같은 교육의 전통이 이삭과 야곱으로 이어졌다고 할 수 있다.

자신의 소명을 아브라함의 소명과 동일시하고 싶은 목회자라면 아브라함 소명의 구체적 역할인 교사로서의 사명을 상기할 필요가 있다. 아브라함의 가르치는 사명을 통해 이스라엘이라는 하나님의 백성이 탄생할 수 있었듯이 목회자의 가르치는 사명 없이는 그리스도의 몸으로서의 교회는 세워질 수 없다.

선생 예수

인간의 모든 행위에는 가르치고 배우는 교육 행위가 스며있다. 목회자가 하는 활동 역시 마찬가지다. 그 안에는 가르침과 배움이라고 할 수 있는 성격과 요소들이 들어있다. 목회자가 목회 행위를 할 때 그는 한편으로 교육을 하고 있는 것이다. 그런 면에서 그는 교사일 수밖에 없다. 목회자가 교사라는 말은 목회행위의 속성으로부터 분명히 알 수 있지만 성경 역시 그것을 증거한다.

예수께서 스스로 '나는 선생이다'라고 29번에 걸쳐 말씀하셨고 제자들도 복음서 전체에서 계속 '랍비'(선생님)라고 부르고 있다. 존 프라이스(John M. Price)는 예수의 교사로서의 자질을 여섯 가지로 말 했다.[46] 1. 진리의 현현, 2. 섬기고자 하는 욕구, 3. 가르침에 대한 신념, 4. 성경에 대한 풍부한 지식, 5. 인간성의 이해, 6. 기술의 통달. 다시 말해 예수께서는 진리의 현현이시므로 본받아야 할 인격을 지니셨으며, 성경에 대한 풍부한 지식과 교수방법의 통달을 통해서 생활 현장에서 부딪히는 문제에 효과적인 해답을 제공할 수 있었다. 예수의 인간성 이해는 자신의 무릎 아래 앉아있는 인간 이해의 초석이 되었을 뿐 아니라 가르치고자 하는 신념과 섬기고자하는 욕구는 뚜렷한 교육의 주제를 설

---

46) John M. Price, Jesus the Teacher, 김철호 역, 『위대한 교사 예수』(서울: 침례회출판사, 1991).

정하는 바탕을 이루었다고 하겠다. 결론적으로 예수께서는 1. 무엇을 가르칠 것인지(주제이해), 2. 누구에게 가르칠 것인지(학생이해), 3. 어떻게 가르칠 것인지(교수방법이해)를 통달하신 권위 있는 교사였다.

교사의 정체성

교사는 먼저 자신이 누구인가를 알아야 한다. 즉 자기 정체성의 문제다. 교회사적으로 볼 때, 교사는 신앙공동체가 경험하고 유산으로 받아온 신앙을 전승하기 위한 직(office)에로 부름 받은 자다.[47] 처음 교회의 교사는 '디다스칼로스'(didaskalos)라고 해서 사도, 예언자, 그리고 목사(고전 12:4-11, 엡 4:11-12)와 더불어 교회 직임중의 하나였다. 이런 면에서 교사는 하나님으로부터 부름을 받은 소명자다. 교사에게 이것이 무엇을 뜻하는 지 자신과 하나님, 그리고 신자와의 관계에서 알아보자.

첫째, 가르치는 것은 누구에게나 의뢰되거나 부여되는 것이 아니다. 그러므로 가르침의 기회가 주어진 것은 자의가 아닌 소명된 것이다. 둘째, 소명된 자로서의 교사는 항상 교육하는 상황에서 하나님의 역할을 인정하며 행해야 한다. 하나님은 생의 모든 상황과 경험에 있어서 활동하신다는 확신이 있어야 한다. 셋째, 교사의 선택은 하나님의 소명이다. 하나님은 인간을 구원하셨고, 특히 그리스도인을 선민으로 택하셨으며, 그 중에 성직자, 제직, 목회자 등을 소명하여 그의 나라를 위한 사업의 일꾼으로 사용하신다. 넷째, 따라서 소명 받은 자로서의 교사는 항상 삶의 모든 문제는 하나님의 주도권에 의한 것이며, 결국 종국적 문제임을 인식하면서 교육해야 한다. 다섯째, 교사는 어떤 경우에나 복음이 인간의 삶에 직결된 것임을 가르쳐주고 그 지식을 넓혀주고, 깊게 해주는 데 최선을 다해야 한다.

인격자로서의 목회자

교사로서 목회자에게는 영성과 전문성이 필요하다. 먼저 목회자는 영성이 있어야 한다. 이 영성은 목회자의 신앙이라 할 수 있다. 사실 신자들은 목회자의 신앙을 배우게 될 것이기 때문에 대단히 중요하다. 신앙은 앞서 말했듯이 궁극과

---

47) 은준관, 『기초교육』 주일교회학교교사교육과정 1 (서울: 대한기독교서회, 1988), 36-37.

의 관계에서 지·정·의의 일관성 있는 조화라고 볼 수 있다. 신앙에서 궁극적 성격을 배제한다면 인격적 성격이 강하다고 볼 수 있다.

목회자는 인격의 사람이어야 한다. 목회자는 인간적으로 좋아야 한다. 그가 아무리 열심히 일하고 재주가 있고 최신의 교육방법을 사용하고 있다 해도 그 모든 것은 '그가 어떤 사람이냐?'라는 것에 달려 있다. '그는 삶 가운데서 진실하고 정직하여 미덕과 친절을 지닌 모범적 인물인가?' 이런 질문이 그의 가르침을 보장한다. 인격적으로 하는 가르침일 때 권위가 확보된다. 무엇보다도 먼저 목회자는 다정하고 숙부드러운 거칠지 않은 목회자, 신자들을 한 사람 한 사람 지켜보며 배려하고 방향을 잡아줄 때, 신자들은 편안한 느낌을 받고, 자신을 갖고 배워 간다. 또한 목회자는 신자들의 요구를 눈치 채고 그것을 충족 시켜주기 위하여 힘쓰며 그들을 보살펴 주어야 한다. 이럴 때 신자들은 충분히 자주적인 행동을 하며 인간적으로 성장할 수 있다.

목회자는 권위가 있어야 한다. 무엇보다 목회자의 권위는 적당한 지식과 기술에 있다. 그러나 인격과 관련된 권위에는 이성적 권위(reasonable authority)와 억압적 권위(oppressive authority)가 있다. 이성적 권위란 인격 속에서 스스로 우러나오는 위신을 말한다. 이 같은 인격을 가진 목회자는 신자에 대한 깊은 애정과 흔들림 없는 신뢰를 지니고 있다. 억압적 권위란 주인과 노비의 관계로, 주인의 만족은 착취의 정도에 있다. 어디까지나 대립적, 독선적이요, 전제적이며 명령적이기에 그 관계는 반항과 증오를 특징으로 한다.

신자들은 목회자가 개인의 사사로운 인정에 흐르지 않고 공평하기를 원한다. 그리고 신자들을 다룰 때 일관성이 있기를 바란다. 이랬다저랬다 하지 않음이다. 신자들은 목회자 자신이 알고 체험한 것을 가르쳐 주기 바란다. 신앙 관련 내용의 상당 부분은 말의 설득이나 설명으로는 깨달을 수 없는 것들이다. 신자는 목회자를 배운다. 그가 가르치는 어떤 내용 이전에 그의 사람됨, 즉 그의 신앙, 인격을 배운다.

스승으로서의 목회자

목회자는 스승이다. 서양에서는 '선생'이라고 하지 '스승'이라고 하지 않는다. 동양에서 학문 개념은 서양의 그것과 다르다. 서양의 학문은 '학(dicipline, science, Wissenschaft)'이라고 하는데, 이는 "세계의 객관적 존재 방식 그 자체를 지식으로서 받아들이는 것을 목적으로"한다. 이에 비해 동양의 학문은 '학문'(學問), 즉 "배우고 묻는다."는 뜻이다. 배우고 묻는다는 말에는 두 가지 뜻이 있다. 우선 스승이 이미 지니고 있는 지식을 배우고 묻는다는 뜻이고, 다음으로는 아직 알려지지 않은 사물의 이치를 배우고 물어 밝혀낸다는 뜻이기도 하다. "학문은 '군자는 배움으로써 이를 모아 자기의 덕을 쌓고, 질문으로써 이를 구별하며, 관대함으로써 이에 굽히며, 인(仁)으로써 이를 행한다.'(역경)에서 보듯, 수양의 수단(또 는 지배의 수단)으로서 천의(天意)를 아는 것이다."[48] 동양의 경우, 학문은 도의 체득을 통한 인격적 완성에 그치지 않고, 따라서 개인의 독선이 아닌 타인의 교화가 항상 요구되는 수기·치인(修己·治人)의 학문이었다.[49] 이런 관점에서 목회자는 먼저 인격적 수련을 거친 후에 삶으로 보여주는 살아있는 지식을 전하는 스승이어야 한다.

언행일치

영성과 반대되는 성향은 위선이다. 중남미문화원 이사장 홍갑표 여사와 대화를 나눈 적이 있다.

> "요즘은 거짓선지자가 많은 것 같아요. 거짓 선지자가 누군지 아세요? 언행일치가 안 되는 사람이에요. 말과 행동이 다른 목회자, 그게 거짓 선지자죠."

거짓선지자는 거짓 교리를 주장하야 사람들을 미혹하는 자가 아니라는 것이다. 듣고 보니 말과 행동이 다른 우리가 가짜라는 생각이 들었다. 목사들은 말만 잘한다. 위선은 예수께서 가장 혐오스러워 한 것이다.

> "율법학자들과 바리새파 사람들아! 위선자들아! 너희에게 화가 있다. 너희는 회칠한 무덤과 같기 때문이다. 그것은 겉으로는 아름답게 보이지만, 그 안에는 죽은 사람의 뼈와 온갖 더러운 것이 가득하다."(마 23:27)

그리고 경계하셨다.

> "예수께서는 먼저 자기 제자들에게 말씀하셨다. '너희는 바리새파 사람의 누룩 곧 위선을 경계하여라.'"(눅 12:1)

---

48) "학", 임석진 외편, 『철학사전』(서울: 중원문화, 1994), 760.
49) 이성규, "동양의 학문 체계와 그 이념", 소광희 외, 『현대의 학문 체계: 대학에서 무엇을 배울 것인가』(서울: 민음사, 1994), 22.

우리는 왜 위선에 빠지는가? 먼저 남에게 잘 보이려는 마음이 있기 때문이다. 성경에서는 위선의 예로 사람들이 보는 데서 자선을 베풀고(마 6:2), 사람들에게 보이려고 기도하며(마 6:5), 금식할 때에 슬픈 기색을 띠고 초췌한 얼굴을 한다(마 6:16). 실제는 그렇지 않으면서 그런 것처럼 해서 남에게 칭찬과 인정을 받으려는 것이다. 위선에는 항시 이 같은 자기 이익이 수반된다. 자신의 신념과 배치되는 일도 거리낌 없이 하는 것은 바로 이 이익 때문이다.

위선은 다른 사람은 모른다. 그러나 자신은 안다. 사회에 만연되어 있는 위선의 뿌리가 바로 이 자기 기만이다. 자신이 위선적이라는 것을 속이는 사람, 즉 자신을 속이는 사람은 남을 속이는 것을 아무 일도 아닌 것처럼 생각할 것이다. 속이지 않고 속지 않기 위해서 이런 위선적인 목회자는 다른 사람을 지도해서는 안 된다.

> "너는 네 눈 속에 있는 들보를 보지 못하면서, 어떻게 남에게 '친구야, 내가 네 눈 속에 있는 티를 빼내 줄 테니 가만히 있어라' 하고 말할 수 있겠느냐? 위선자야, 먼저 네 눈에서 들보를 빼내어라. 그리해야 그 때에 네가 똑똑히 보게 되어서, 남의 눈 속에 있는 티를 빼 줄 수 있을 것이다."(눅 6:42; 마 7:5 참조)

가르치는 전문가

목회자는 가르치는 일에 전문가여야 한다. 목회자는 기본적으로 신자들의 신체적, 정신적, 사회적 특성을 알아야 하며 무엇보다 영적인 특성을 알아야 한다. 이런 특성들을 신자들이 어떻게 배우느냐하는 관점으로부터 이해하도록 해야 할 것이다. 그래야 어떻게 가르칠 줄을 알겠기 때문이다. 그래서 가르치는 일은 배우는 일과 긴밀한 관계가 있다. 가르침을 목회자 차원에서만이 아니라 신자들의 차원에서 함께 고려해야 한다. 신자들은 적당한 의욕과 흥미를 느낄 때에 잘 배운다. 자신의 문제와 연관될 때 잘 배운다. 신자들은 생각함으로써 뿐만 아니라 행동함으로써 배운다. 그렇다면 목회자는 신자들에게 바르게 사고하는 방법을 가르쳐 주어야 하며, 신자들이 직접 해볼 수 있는 기회를 많이 주어야 한다. 또한 신자들은 선택과 결정을 함으로써 배운다. 특히 윤리적 도덕적 분야에 속하는 문제에서 그렇다.

목회자들은 신자들을 직접 가르치는 과정에서 얻어진 경험을 통해서만 그들을 이해하는 데 그치지 말고, 그들에 대한 성실한 연구 성과를 기록한 양서들을 통해 신자들을 이해해야 할 것이다. 더 나아가 목회자는 신자들의 실제 행동에 접함으로써 그들을 보다 적확하게 이해할 수 있을 것이다. 신자들에 대한 이해는 그들과의 교류, 생활, 관계, 취미와 특기, 그리고 생활환경 등 살아있는 자원으로부터 얻을 수 있을 것이다.

목회자는 또한 가르치는 내용의 전문가여야 한다. 목회자의 주요 교육내용은 성경이다. 사실 목회자는 신자들에 성경 말씀을 가르치는 사람이라고 할 수 있다. 그런데 성경은 잘못 가르칠 소지가 많기 때문에 주의하지 않으면 안 된다. 어떤 목회자가 마태복음 25장 31-46절을, 예수의 재림시 양처럼 예수의 오른편에 설 수 있는 사람은 양처럼 목자를 잘 따르고, 즉 순종하고, 양처럼 잘 모이고, 제물로 바쳐지는 양처럼 헌신되고, 양이 새끼를 치듯 전도를 하는 사람이라고 가르치는 것을 보았다. 이와 같은 잘못을 저지르지 않으려면, 목회자는 성경을 무조건 읽는 데서 그치고 마는 것이 아니라, 읽은 말씀이 무슨 의미인지 이해하기 위해 연구를 해야 한다. 성경의 연구를 위해서는 기본적으로 성경사전, 성경지도, 그리고 주석이 필요하다.

우리는 과학 기술의 급진적 발달에 수반되는 새로운 지식과 정보의 홍수시대를 맞고 있다. 이는 신앙 관련된 내용의 경우도 마찬가지다. 신학과 신앙에 관한 이론이 폭넓게 그리고 심도 있게 다루어지고 있다. 예전 대학교수의 오래되어 누렇게 변색된 강의노트와 같은 내용을 들고 신자들 앞에 서서는 안 된다. 홍수와 같은 정보 속에서 신자들에게 절실한 양식을 찾아 전달하기 위해서는 공부를 게을리 해서는 안 된다. 신학대학원에서 한 공부로 평생을 견디려고 해서는 안 된다. 특히 신학대학원에서의 교육 내용은 주로 이론적 성격의 것이므로 교회 현장에서의 실제적 내용이 필요하다. 그리고 그런 성격의 내용은 넘쳐난다. 양식은 풍부한데 우리의 공부가 부족해서 영양이 많은 풍성한 꼴을 제공하지 못한다면 전적으로 나의 책임이다. 목회 현장에서는 사실상 나를 가르쳐 줄 사람은 더 이상 없다. 전문가가 되기까지 내가 내 자신을 훈련하고 교육해야 한다.

IV. 사람 존중의 목회

이해를 위한 상담

대부분의 신자들은 문제를 가지고 있으며 그것을 함께 나눌 신뢰할만한 사람을 필요로 한다. 사람들의 가장 큰 문제는 불안과 외로움이다. 불안해서 피하고 싶고 그 극단이 자살이다. 외로우니까 자기를 알아달라고 사고를 치는 것이다. 이것이 목회자가 상담에 대한 교육을 받았건, 상담을 좋아하든 싫어하든 상담자의 역할을 해야 하는 이유다. 상담의 상황은 흔하다. 신자들은 무엇을 결정하는데 도움을 얻기 위해, 어떤 경우에는 외롭고 난처한 경우를 당할 때 목회자를 찾아온다. 신자들은 목회자를 찾아가 위로를 얻으려고 한다. 그리고 받은 상처가 치유 받기 원한다.[50]

상담은 여러 가지 방법과 다양한 수준에서 진행될 수 있다. 사람들에게 일어날 수 있는 문제들만큼이나 여러 가지 종류의 상담이 있을 수 있다. 그래서 상담을 지나치게 전문적으로 생각할 필요는 없다. 예를 들어 기초적인 교회 생활이나 기도 등에 대한 친절한 한 마디의 충고를 비롯하여 바람직하지 못한 행위에 대한 충고, 신자들의 관심사에 대해 들어주는 것 등, 이 모든 것들이 상담일 수 있다. 실제로 신자들이 필요로 하는 것은 전문적인 상담보다는 약간의 정보와 실질적인 안내인 경우가 많다.

상담 기술 중 가장 중요한 것은 상대의 말을 경청하는 것이다. 하나님께서 인간에게 두 개의 귀를 주신 것은 말하기보다는 들으라는 의도가 있어서란 말이 있다. 진지한 경청은 그 자체가 내가 인정받고 있다는 마음을 들게 하기 때문에 그 자체로 상담의 효과가 있다. 신자의 말을 다 들은 후에는 목회자의 경험을 통해 얻은 내용을 나누어준다. 그 경험이 사적인 것이든, 성경의 교훈이든 성실하고 진지한 답변을 해야 한다.

사람을 생각하는 행정

중대형 교회에는 소위 부목사가 있다. 담임목사는 이 부목사를 자기 수하에서 부리는 사람으로 생각한다. 하지만 목회가 섬김이라는 사실을 상기할 때 부목사 역시 섬겨야 할 대상이다. 그 섬김은 행정을 통해서 이루어져야 한다. 정해진 약속이 없을 경우에 사안의 처리가 모호하고 눈치를 보게 되고 공치사를 하게 되는 일이 벌어진다. 모두 당당하지 못한 처신들이다. 기독교윤리실천운동이 2014년 말 부교역자 949명을 대상으로 한 조사에 따르면 부교역자의 79.3%는 '교회와 사역과 관련한 계약서가 필요하다'고 답했고, '평균 4년 정도는 사역기간이 보장되길 바란다'고 답했다.[51] 우선 목회자는 함께 일하는 사람들을 어떻

---

50) 일상에서의 상담 상황에 대해서는 영화 '세이브 어 라이프'(To Save a Life, 2009) 참고.

게 해서든지 도와주려는 마음이 있어야 한다. 부목사가 담임목사보다 설교를 잘하면 안 된다는 이상한 관례가 있다. 이는 담임목사의 열등감을 나타내는 말이다. 지도자는 자기보다 나은 사람이 있으면 기뻐해야 한다. 그만큼 여유가 있어야 한다.

부교역자도 가정을 갖고 있고, 오늘 대부분의 사모들은 예전과 달라서 말없이 가정에서 소외되는 것을 참지 못한다. 사모들은 부교역자가 가정을 돌보지 않는 것을 이해할 수 없다. 그러니 부교역자 가정의 평화를 위해 가정을 돌볼 수 있도록 배려해야 한다. 그렇지 않을 경우 시도 때도 없이 사택에 드나들 것이고 이는 보는 사람의 눈살을 찌푸리게 할 것이다. 위의 조사에 따르면 부교역자의 평균 근무시간은 하루 10.8시간으로 조사됐는데, 45.8%가 '근무시간이 많다'고 답했다. 내 생각에는 사역자들도 하루 8시간 근무를 원칙으로 세우면 좋겠다. 대부분 새벽기도회도 참석하니 낮에는 7시간 근무가 맞는 것 같다. 여기에 갑작스런 장례 등으로 지칠 정도로 사역을 했을 경우, 그만큼의 시간이 보전되어야 할 것이다.

부교역자들은 경제적으로도 어려움을 겪고 있는 것으로 나타났다. 경제 문제는 상대적이기 때문에 섣불리 판단하기는 힘들다. 교회가 어려운데 도를 넘어 요구해서는 안 되고 교회의 형편이 되는데도 박해서도 안 된다. 그러므로 교역자의 보수를 교회 재정 상태보다는 교인들의 생활 형편을 기준으로 책정해야 한다고 본다. 교역자가 교인보다 잘 사는 것도 부끄럽고 못사는 것은 구차해보이니 딱 교인 평균 정도로 해서 신자들의 삶에 동참한다는 의미를 담으면 좋겠다.

위의 조사에 따르면 '개선되어야 할 부분'을 묻는 질문에 '담임목사의 권위적인 언행 근절'이라는 응답이 가장 많았다(22.9%). 부교역자들은 자신의 삶을 상당수(45%)가 종, 머슴, 노예, 계약직, 비정규직, 인턴, 일용직, 임시직, 담임목사의 종, 갑질 당하는 인생, 부하직원, 힘든 자, 미생 등으로 표현했다. 담임목회자의 부교역자에 대한 비인격적 대우와 인식의 전환이 시급하다. 나는 대조되는 담임목회자 두 사람을 겪었다. 한 분은 주일 저녁에 꼭 나를 사택으로 불러 함께 식사를 하셨다. 반면에 한 사람은 10년이 넘는 기간 동안 사택은 커녕 어디에서건 한 번도 식사를 같이 한 적이 없었다. 그러면서 교회 표어를 '가정 같은 교회'라고 내걸었을 때 코미디를 한다고 생각했다.

사람은 그가 누구든 그에 대한 진정한 평가는 그와 생활을 함께하는 사람들에 의한 것이다. 늘 함께 있는 가족에게 인정받는다면 그는 훌륭한 가장이다.

---

51) "부교역자들 경제적 만족도 및 자존감 정도 '심각'", 〈뉴스앤넷〉 (2015.5.9).

그러면서 함께 일하는 사람들의 존경을 받는다면 그는 훌륭한 지도자다. 하지만 그렇지 못하다면 자기 가정만 챙기는 이기적 지도자다. 부교역자의 불행은 무조건 담임목회자의 책임이다. 성경은 당신의 '작은 자'인 부교역자를 어떻게 상대하는 지를 중시한다.

"나를 믿는 이 작은 사람 가운데서 하나라도 걸려 넘어지게 하는 사람은, 누구라도, 차라리 그 목에 큰 맷돌을 달고 깊은 바다에 빠지는 편이 낫다."(마 18:6; 막 9:42; 눅 17:2)

5장 신자 이해

I. 신자의 은사

프랑스 소설가 미셸 투르니에(Michel Tournier)가 이렇게 말했다.

> "인간의 눈과 코는 앞쪽을 향해 있는데, 귀는 옆을 향해 있다는. 겉귀가 안쪽으로 방향을 약간 틀고 있기는 하지만 이런 사실을 주목해 보았는가. 그리하여 인간은 자기 앞쪽을 바라보면서 좌우의 소리를 들을 수 있는 것이다."[1]

비유적으로 보면 우리는 하나님을 향해 있지만 이웃 곧 양들과 더불어 하나님을 향하여 있는 사람들이다. 귀가 있어 좌우의 소리를 들을 수 있듯이 양들의 소리를 듣고 돌보는 일 없이 우리는 목자가 아니다. 우리가 목자인 것은 양들의 소리를 들어야하는 의무와 사명이 있기 때문이다. 목회를 한다는 것은 양들을 돌보는 것이다. 그런데 돌본다고 해서 다 돌보는 것이 아니다. 하나님께서 우리에게 맡겨주신 양들을 잘 돌보기 위해서는 그들을 잘 알아야 한다.

다중지능의 종류

알프레드 비네(Alfred Binet)가 처음 지능검사를 만든 이후 약 80여 년이 지난 1983년에, 하버드대학교의 하워드 가드너(Howard Gardner)는 그의 저서 『정신의 구조: 다중지능 이론』(Frames of Mind: The Theory of Multiple Intelligences)[2]이라는 책을 통하여 새로운 접근을 시도하였다.[3] 그는 다수의 능력이 인간의 지능을 구성하고 있다고 했다. 가드너는 이 같은 지능을 아홉 가

---

1) Michel Tournier 글, Edouard Boubat 사진, *Vues de dos, Edouard*, 김화영 역, 『뒷모습』(서울: 현대문학, 2003).
2) Howard Gardner, *Frames of Mind: The Theory of Multiple Intelligences*, 이경희 역, 『마음의 틀』(서울: 문음사, 1996).
3) 이하의 내용은 http://www.kmiea.net; Barbara Bruce, *7 Ways of Teaching the Bible to Children* (Nashville: Abingdon Press , 1996), 13-14, 96 참조.

지로 말한다.

1. 언어 지능(linguistic intelligence): 구두나 글을 통해 단어를 효과적으로 사용하는 능력, 언어를 이해하고 실용적 영역을 조작하는 능력.

2. 논리-수학 지능(logical-mathematical intelligence): 숫자를 효과적으로 사용하는 능력, 사물 사이의 논리적 계열성을 이해하고 유사성과 차이점을 측정하고 사정하는 능력.

3. 공간 지능(spatial intelligence: 방향감각, 시각, 대상을 시각화하는 능력, 색, 줄, 형태, 구조에 관련된 지능으로 사물을 인지하는 능력, 내적인 이미지와 사진과 영상을 창출하는 능력.

4. 신체-운동 지능(bodily-kinesthetic intelligence): 신체의 운동을 손쉽게 조절하는 능력, 손을 사용하여 사물을 만들어내고 변형시키는 능력.

5. 음악 지능(musical intelligence): 음악에 대한 전반적인 직관적 이해와 분석적이고 기능적인 능력, 음에 대한 지각력, 변별력, 변형능력, 표현능력.

6. 대인관계 지능(interpersonal intelligence): 다른 사람의 기분, 의도, 동기, 느낌을 분별하고 지각하는 능력, 타인에게 동기를 부여하고 변화에 대해 유추하는 능력, 감각과 대인관계의 암시를 구별해내는 능력, 실용적 방식으로 암시에 반응하는 능력.

7. 자기이해 지능(intrapersonal intelligence 또는 self intelligence): 자아를 이해하는데 관련된 지식과 그 지식을 기초로 적응하는 능력, 메타인지, 영혼의 실체성 지각 등 고도로 분화된 감정들을 알아내어 상징화하는 능력.

8. 자연탐구 지능(naturalist intelligence): 사물을 구별하고 분류하는 능력과 환경의 특징을 사용하는 능력, 사물을 분별하고 그 사물과 인간과의 관계를 설정하는 대처기능.

9. 실존 지능(existential intelligence): 인간의 존재 이유, 생과 사의 문제, 희로애락, 인간의 본성, 가치 등 철학적이고 종교적인 사고를 할 수 있는 능력.

이와 같은 지능들이 꽃 피기 위해서는 자기이해 지능과 결부되어야 한다. 자신의 우세한 지능에 의미를 부여해서 효과를 높이기 때문이다.

다중지능 검사

가드너가 말한 다중지능은 어떻게 확인할 수 있을까. 하버드대학교 인지과학연구팀(Harvard project zero)에 의해 개발된 다중지능 척도(multiple intelligence indicator)가 그 중의 하나로 내용은 다음과 같다.

1. 사람들은 나에게 운동을 잘한다고 한다.
2. 나는 친구이든 선생님이든 누구와도 잘 지낸다.
3. 나는 우울한 기분이 들 때 즐거워지기 위한 나만의 방법을 사용한다.
4. 나는 어떤 문제가 생기면 여러 가지 방법으로 그 원인을 밝히고 해결하려고 한다.
5. 나는 내 생각과 감정을 효과적으로 표현하기 위해 글을 짜임새 있게 구성할 수 있다.
6. 나는 다른 사람들로부터 그림 그리기나 만들기를 잘한다고 칭찬 받은 적이 있다.
7. 나는 악기를 처음 배울 때 그 연주법을 비교적 쉽게 배운다.
8. 나는 내 주위의 동식물 혹은 사물 등에 대한 관찰력이 뛰어나다.
9. 나는 평소에 신체를 많이 움직이는 활동을 좋아한다.
10. 나는 사람들의 계층, 권리, 의무에 관심이 많다.
11. 나는 왜 화가 나는지 곰곰이 생각해 보곤 한다.
12. 나는 무엇이든 실험하고 검증하는 것을 좋아한다.
13. 나는 속담이나 격언, 비유를 사용하여 이야기하는 것을 즐긴다.
14. 나는 방 꾸미기나 조립 모형 만들기를 좋아한다.
15. 나는 다른 사람과 화음을 이루어 노래하거나 악기를 연주하는 것을 좋아한다.
16. 나는 동물이나 식물 기르는 것을 좋아한다.

이들 내용은 1과 9는 신체-운동, 2와 10은 대인관계, 3과 11은 자기, 4와 12는 논리-수학, 5와 13은 언어, 6과 14는 공간, 7과 15는 음악, 8과 16은 자연탐구적 지능과 관련된다. 이와 같은 질문에 대해 1. 전혀 그렇지 않다, 2. 별로 그렇지 않다, 3. 보통이다, 4. 대체로 그렇다, 5. 매우 그렇다 중에서 표기하고 그 점수를 합산하여 피검자가 어느 지능의 경향이 있는지 판별한다.

목회자는 공식적으로 할 수는 없다 하더라도 위의 다중지능에 관한 상식들을 접하여 익힌 후 우리 교회 신자들의 다중 지능을 어느 정도 살피고 목회 활동에서 그것들을 고려해야 한다. 목회자가 역시 자신의 다중지능을 알아야 한다. 그리고 그런 은사를 살려 목회를 하면 개성 있는 목회를 할 수 있을 것이다. 그러니까 신자들의 지능과 목회자 자신의 지능 사이의 균형과 조화가 필요하다.

"각 사람은 은사를 받은 대로 하나님의 여러 가지 은혜를 맡은 선한 관리인으로서 서로 봉사하십시오."(벧전 4:10)

영성의 색깔

다중지능은 신자들의 영성의 색깔과도 긴밀하다. 게리 토마스(Gary Thomas)는 사람마다 다른 성격처럼 영성에도 개성이 있다고 했다. 그것들은 야외에서 하나님을 사랑하는 자연주의 영성, 오감으로 하나님을 사랑하는 감각주의 영성, 의식과 상징으로 하나님을 사랑하는 전통주의 영성, 고독과 단순성으로 하나님을 사랑하는 금욕주의 영성, 참여와 대결로 하나님을 사랑하는 행동주의 영성, 이웃 사랑으로 하나님을 사랑하는 박애주의 영성, 신비와 축제로 하나님을 사랑하는 열정주의 영성, 사모함으로 하나님을 사랑하는 묵상주의 영성, 생각으로 하나님을 사랑하는 지성주의 영성이다.[4] 이들 영성들은 다중지능과 각각 다음과 같이 대응한다. 언어적 지능-지성주의 영성, 논리-수학적 지능-전통주의 영성, 공간적 지능-감각주의 영성, 신체-운동적 지능-행동주의 영성, 음악적 지능-열정주의 영성, 대인관계적 지능-박애주의 영성, 자기이해적 지능-금욕주의 영성, 자연탐구적 지능-자연주의 영성, 실존적 지능-묵상주의 영성.

정서의 발달

정서는 사람의 마음에 일어나는 여러 가지 감정, 또는 감정을 불러일으키는 기분이나 분위기를 말한다. 정서의 수는 대단히 많다. 그것들을 기본적인 것과 부수적인 것으로 나눌 수 있다. 기본정서에 대해서도 다양한 의견들이 있다. 그러나 여러 의견들을 종합해보면 기본정서에는 공포(fear), 분노(anger), 슬픔(sadness), 즐거움(enjoyment), 혐오(disgust), 놀람(surprise) 등이 있다. 기본정서는 생래적으로 타고난 것이며, 연령이나 문화권과 상관없이 동일한 상황에서 모든 사람에게 일어나며, 얼굴 표정을 통해 알 수 있다.[5]

영아기의 정서발달에 관한 고전적 연구로 불리는 캐서린 M. B. 브리지스(Katharine M. B. Bridges)의 연구에 따르면, 신생아는 처음에는 미분화된 흥분 상태의 한 가지 정서만을 보이다가 커가면서 정서 분화가 이루어진다. 3개월쯤 되면 쾌와 불쾌의 두 가지 정서로 분화되고, 6개월이 되면 불쾌정서는 공포,

---

4) Gary L. Thomas, *Sacred Pathways: Discover Your Soul's Path to God*, 윤종석 역, 『영성에도 색깔이 있다: 하나님과의 친밀함으로 이끄는 9가지 영적 기질』 (서울: CUP, 2003).
5) Paul Ekman and Richard J. Davidson, "Affective Science: A Research Agenda," Paul Ekman and Richard J. Davidson, eds., *The Nature of Emotion: Fundamental Questions* (New York: Oxford University Press, 1994).

혐오, 분노로 분화되며, 18개월이 되면 질투까지 할 수 있을 정도가 된다. 한편 쾌정서는 1년쯤 지나 의기양양과 애정의 두 가지 반응으로 분화된다. 생후 18개월이 되면 애정 반응이 다시 성인에 대한 반응과 아동에 대한 반응으로 분화되고, 24개월이 되면 희열 반응까지도 나타난다.6)

부연하면, 처음에 영아에게는 기본정서 또는 일차정서라고 할 수 있는 행복, 분노, 놀람, 공포, 혐오, 슬픔, 기쁨, 호기심 등이 나타난다. 첫돌이 지나면서부터는 수치심, 부러움, 죄책감, 자부심 같은 이차정서, 또는 복합정서가 나타나 2세가 끝날 무렵이면 성인에게서 볼 수 있는 거의 모든 정서가 나타난다. 그 후 계속 분화하여 5세가 되면 불안, 수치, 실망, 선망 등과 같은 반응이 나타나고, 기대, 희망, 애정 등과 같은 반응도 분화되어 나타나는 것으로 알려졌다. 따라서 만 5세가 되면 유아에게 있어 거의 모든 정서가 분화된다고 할 수 있다.

사람이 이성적 동물이라고 하지만 실생활에서는 감정의 영향을 더 많이 받는 듯하다. 이성적으로 판단해서 처신하지 못하고 감정에 치우쳐 일을 그르치는 경우도 드물지 않다. 그래서 감정 처리로 그 사람의 성숙을 판단하기도 한다. 나이가 들었다 해도 감정을 절제하지 못하는 경우 '어른스럽지 못하다'는 말을 듣는다. 어리더라도 감정에 치우치지 않으면 '어른스럽다'는 말을 듣는다. 감정은 절제할 때 아름답다. 목회자는 신자가 좋은 감정은 표현하고 나쁜 감정은 통제할 수 있도록 도와야 할 것이다. 또한 신자들의 감정 표현을 좀 더 객관적으로 살펴 볼 수 있어야 한다. 혹 연령에 맞지 않게 아직도 기본적 감정 수준에 있지는 않은가 살펴서 감정의 발달을 도와야 한다. 때로 목회자의 권위를 내세워 신자의 기분이나 감정을 무시하는 경향이 있다. 목회자는 신자의 감정을 내 편에서가 아닌 그의 편에서 이해해야 한다. 신자의 감정 해소 방법 중의 하나는 공감이다.

II. 바른 신앙

도덕과 신앙

신앙에는 세 차원이 있다고 했다. 인지적 차원, 정서적 차원, 그리고 의지적 차

---

6) Katharine M. B. Bridges, "Emotional Development in Early Infancy," *Child Development* 3 (1932), 324-41, 송준만, "정서발달", 서울대학교 교육연구소 편, 『교육학 대백과사전』 3 (춘천: 하우동설, 1998), 2295-96 재인용.

원이다. 그리스도인의 행위와 관련해서 볼 때, 여기서 신앙의 의지적 차원을 도덕이라고 보자. 보수적 신앙을 가진 사람들 가운데는 신앙은 도덕과 무관하다고 말한다. 신앙은 윤리가 아니며 그것을 초월한다는 것이다. 맞는 말이다. 하지만 신앙의 표현으로서의 도덕은 교회가 분명히 관심을 기울여야 할 문제다.[7] 최근에 잇단 비리에 신앙인들이 관계되어 있는 것을 어떻게 이해해야 할까? 방위산업 비리, 부정한 정치 자금 등에 얽힌 인사들이 모두 장로들이다. 아주 상식적으로 보더라도 그와 같은 탈법과 불의를 행하는 사람을 신앙이 있다고 보기 어렵다. 기독교가 '개독교'라는 비아냥을 받는 시대가 되었다. 그 이유는 무엇일까, 그것은 사회가 우리를 바라볼 때 신앙이 없어서가 아니라 윤리적이지 않아서다. 그들은 신앙에 대해서 모른다. 우리가 어떤 내용과 형식의 신앙을 가졌든 그들이 알 바 아니다. 그들은 단지 우리의 행동을 보고 그것을 신앙이라고 생각한다. 그러니 우리가 교회 안에서 도덕과 신앙은 관계가 없다고 아무리 주장해도 우리는 이미 도덕에 의해 신앙이 판단 받고 있는 사회적 현실에 처해 있다. 교회가 사회를 떠나 하늘에 존재한다면 문제가 안 되겠지만 교회는 엄연히 사회 안에 있고 그 사회가 우리의 선교 영역이라고 볼 때 도덕과 신앙이 별개라는 주장은 시대착오적이며 신앙의 정체가 무엇인지 알지 못하는 데서 오는 무지다.

신앙에서 도덕에 상응하는 것은 죄의식이다. 그러나 죄의식이 사적이라면 도덕은 사회적이다. 죄의식에 기댈 때 우리는 신자에 머물지만 도덕에 근거할 때 우리는 사회적이며 책임적 존재가 된다. 모 교회의 목사가 성추행으로 시끄러웠다. 그는 죄는 하나님께 용서를 구하는 것이지 사람에게 할 필요가 없다 하여 이제껏 자신의 잘못을 인정하지 않고 있다. 사회적 윤리 규범을 사적 신앙화함으로써 책임을 피하고 있다. 그리고 '털어서 먼지 안 나오는 사람이 있냐?'며 비난하는 사람들에게 너희도 나보다 나을 것 없다는 식으로 오히려 비난을 한다. 도덕은 바르고 선한 것에 대한 기준일진대 그 기준을 인정하지 않음으로써 도덕 자체를 모호하게 만든다.

개신교에서 구원을 가져 오는 것은 믿음이지, 선한 행위가 아니다. 전통적으로 이 같은 입장을 견지해 온 한국의 개신교는 최근에 교세 면에서 큰 위기를 맞고 있는 데, 그 가장 큰 원인 중의 하나는 그리스도인들의 윤리문제다. 김세윤 교수는 신학적으로는 칭의론에 대해 법정적 의미만 강조하고 관계적 의미를 간과하고 있다고 말한다. 그는 법정적 의미가 중요하지만, 의는 하나님과 우리

---

7) Jonathan Haidt, "Moral Psychology Must Not Be Based on Faith and Hope: Commentary on Narvaez," *Perspectives on Psychological Science* 5:2 (March 2010), 182-84 참고.

사이의 관계에서 나오는 의무를 다한다는 뜻도 있다며, 그런 의미에서 의는 하나님과의 신실한 관계이고 죄는 하나님과의 관계에서 나오는 의무를 이행하지 않는 것으로 이것이 불의라고 했다.[8] 그런데 기독교에서는 인간의 본성이 악하므로 의를 행할 수 없다고 본다. 죄의 극복이 없이는 도덕적 행위나 판단은 불가능하다는 것이다. 따라서 도덕은 더 이상 법적인 문제가 아니라 은혜의 문제가 된다. 루터의 말대로 율법은 두려움이 아닌 은혜 안에서 기쁨의 순종을 통해 이루어지는 것이다.[9] 신앙과 도덕의 관계에 대한 해석이 우리에게 말해주는 것은 분명하다. 성경적으로 볼 때, 신앙인은 도덕적이어야 한다는 것이다.

교회는 신자들이 바르게 살아야 한다고 말만한다고 해서 그 할 바를 다 한 것은 아니다. 교회는 어떤 사안에 대해 도덕적 입장을 표명한다고 해서 의무를 다하는 것은 아니다. 교회는 도덕에 대해 그 이상이어야 한다. 교회는 목회자와 신자들의 잘못된 행동 때문에 고통을 받아왔다. 이 어려움을 극복하기 위해 바르게 살아야 한다고 말만 하는 사람이 아니라 바른 생활을 보여주는 신자들로 변화시켜야 한다. 이 또한 말이 아니라 구체적인 행동, 즉 교육적으로 접근해야 가능한 일이다. 도덕교육은 도덕적 이슈들에 대한 입장 표명 이상으로, 이들 문제들에 대한 관심을 근거로 한 적극적인 사고활동이다.[10] 도덕교육은 신자들에게 문제의식을 일으키고 그 문제에 대한 감수성(sensitivity)을 증가시키는 일이다.

C. 엘리스 넬슨(C. Ellis Nelson)은 도덕의 본질을 양심으로 보았다. 또한 이 양심을 신앙의 본질이라고까지 보았다. 이 양심은 도덕 발달을 위한 중요한 두 시기인 아동과 청소년기 중에서 초기 아동기와 긴밀하다. 아기는 무력하며 생존하기 위해 본능에 의존한다. 그러나 3세경이 되면 스스로 먹고 옷을 입고 호불호를 표현하고 애정을 보이고, 다른 아이들과 놀고, 하루 할 일을 할 수 있게 된다. 4, 5세가 되면 아이들은 양심이 발달하게 된다. 그들은 벌 받을 일을 하고 꾸중을 들으면 죄의식을 느낀다. 그들은 부모의 기대나 자기를 돌보는 어른들의 기대에 미치지 못할 경우 수치심을 느끼게 된다. 이 시기의 양심은 신앙 성장의 표시이기도 하면서 매개이기도 하다.[11] 양심이 없으면 넬슨이 말하는 신앙 형성이나 성장은 무위로 돌아갈 수 있다. 이 시기에 아동의 도덕적 발

8) 김세윤, 『칭의와 성화』 (서울: 도서출판 두란노, 2013).

9) 사미자, "도덕교육에 관한 소고," 「교육교회」 103 (장로회신학대학교 기독교교육연구원, 1984), 356.

10) Gabriel Moran, *No Ladder to the Sky: Education and Morality* (San Francisco: Harper & Row, 1987) 참고.

11) C. Ellis Nelson, ed., *Conscience: Theological and Psychological Perspectives*, 남철수 역, 『양심이란무엇인가: 믿음의 성장』 (서울: 정경사, 1982).

달은 부모를 중심으로 보모와 어린이집 교사나 주일학교 교사에게 달려 있다.12)

도덕교육

넬슨에 따르면 도덕은 사회화와 관련이 있다. 구체적으로 도덕은 가정과 그리고 교회 안에서 상호관계에 의해서 형성된다는 것이다. 가족과 교회의 회중이 누구냐가 신자 개인의 도덕성에 큰 영향을 준다는 것이다. 마치 함께 살아가며 자연스럽게 언어를 습득하듯 도덕 역시 그와 같은 방식으로 배우게 된다는 것이다.

교회에서 도덕교육은 십대들에게 비중을 두어야 한다. 출생 후 5세까지 아동 초기의 급속한 성장이후 두 번째 급속한 성장의 시기는 12-16세의 청소년 시기다. 이 시기는 자신의 신념과 아동기의 도덕적 표준을 검토하는 시기이기에 도덕적 성장에 중요한 시기다.13) 그래서 넬슨은 도덕교육의 실제를 십대를 대상으로 제안한다. 도덕성이 무엇을 해야 하고 하지 말아야 하는지 하는 목록을 배우는 것이 아니라 구체적 상황에서 어떤 행동을 취해야 할지를 실험하는 실제여야 한다고 보았다. 그러므로 도덕교육은 공동체 안에서 이루어져야 한다. 그는 청소년에 대한 도덕교육 방법의 원리로 참여(involvement)와 토론(discussion)를 제시한다. 공동체에의 참여는 토의보다 더 중요하다고 본다. 우선순위로 각각 네 가지 방법을 제안한다.

참여의 원리14)

1. 능동적인 참여적 공동체 형성: 공동체 참여의 중요성은 언어학습의 경우를 보면 이해할 수 있다. 언어를 배우는 가장 효과적 방법은 그 언어를 사용하는 공동체에서 살아가는 것이다. 10대의 윤리적 성장에 도움이 되는 공동체는 서로 돌보며 신앙의 실천에 관심을 갖는 공동체. 공동체의 성인들의 언행이 십대의 도덕 발달에 가장 영향을 미친다.

---

12) C. Ellis Nelson, *Helping Teenagers Grow Morally: A Guide for Adults*, 문창수 역, 『십대를 위한 도덕교육론』 (서울: 정경사, 1995), 59.

13) Nelson, *Helping Teenagers Grow Morally*, 60. 청소년기에 대한 이해는 Nelson, *Helping Teenagers Grow Morally*, 4-5장 참조.

14) Nelson, *Helping Teenagers Grow Morally*, 61-70.

2. 부모와 성인 지도자들을 위한 도움 제공: 십대는 부모와의 갈등이 많은 시기다. 그럼에도 불구하고 여러 연구들은 십대들의 생각이 부모의 교육, 종교, 가치관과 매우 유사하다는 것을 보여준다.15) 이 같은 연구들을 일반화하면 부모들은 좋던 나쁘건 청소년 자녀에게 중요한 모델이다. 십대의 도덕 발달에 결정적 영향을 주는 부모들을 돕기 위해 회중은 십대 부모를 위한 교실을 개설할 수 있다. 그들 자녀들이 사용하는 동일한 교재를 사용한다. 청소년전문가를 강사로 초청할 수도 있다. 청소년들에게 공동체의 성인들을 알 수 있는 기회를 제공한다.

3. 청소년부 지원: 부모와 성인들 다음으로 청소년에게 영향을 미치는 그룹은 또래들이다. 이들은 가족 대체 그룹으로 볼 수 있다. 또래는 도덕적 문제를 겪는 친구의 말을 듣고, 이해하고, 제안하고, 지원한다. 청소년 그룹은 탁월한 성인지도자가 필요하다. 지도자의 최우선 자질은 기독교적 인격이다.

4. 의미 있는 프로젝트 격려: '의미 있다'는 것은 그 자체로 선하고, 할 필요가 있고, 참여하는 사람들에게 가치가 있는 것을 말한다. 공동체는 청소년들에게 비영리조직에서 봉사하거나 일하도록 하는 기회를 제공할 수 있다. 청소년 참여 프로젝트를 지도하는 성인은 십대들이 사회와 사람들의 도덕적 가정을 이해할 수 있도록 하기 위해 다음의 내용에 유의해서 계획을 세워야 한다. 첫째, 십대가 사회 문화의 어느 부분을 경험할 수 있도록 해야 한다. 그래야 자신들의 생활을 형성하고 있는 도덕적 가정들을 이해할 수 있다. 둘째, 사람들이 당면한 실제 상황에 참여하도록 해야 한다. 그래야 다른 사람들이 살아가는 도덕적 가정들을 이해할 수 있다. 셋째, 십대가 참여하는 프로젝트에서 일어나고 있는 것과 일어나야 하는 것들에 관해 토론할 수 있어야 한다. 그래야 아동기의 종교로부터 성숙한 신앙으로 나아갈 수 있다.16)

토론의 원리17)

참여는 토론을 낳고 토론은 공동체 활동에 참여하는 방식에 영향을 끼친다. 토

---

15) Raymond Montemayor, Gerald R. Adams, and Thomas P. Gullotta, eds., *From Childhood to Adolescence: A Transitional Period?* (Newbury Park, CA: Sage Publications, 1990), 86; John J. Conger and Anne C. Petersen, *Adolescence and Youth: Psychological Development in a Changing World*, 3rd ed. (San Francisco: Harper & Row, 1984), 206.

16) Nelson, *Helping Teenagers Grow Morally*, 69.

17) Nelson, *Helping Teenagers Grow Morally*, 72-81.

론은 무엇을 하도록 요구하지 않기 때문에 참여의 원리보다 덜 효과적이다.18) 실제로 도덕교육을 위해 사용되는 일반적인 교육과정들은 심리학자 로렌스 콜 버그(Lawrence Kohlberg)의 연구 '인지적 발달적 접근(cognitive-development approach)'과 루이스 라트스(Louis Raths) 등이 개발한 '가치명료화 접근 (value-clarification approach)'에 의한 것이다.19) 이 이론들을 이용한 도덕교 육 교재는 모두 도덕적 딜레마와 도덕적 문제에 초점을 맞추고 있다. 이 자료 들에는 학생들이 도덕적 상황에 대해 생각해보고 동료와 교사들과 토론을 한다 면 그들의 실제 생활에서 합리적 결론을 내릴 수 있다는 바람이 담겨 있다. 그 러나 결과적으로 인지발달 방법은 추론에 어느 정도 효과가 있었지만 가치명료 화 방법은 전혀 효과가 없는 것으로 드러났다. 이 방법들이 막상 학생들이 도 덕적 선택을 할 때 학생들에게 영향을 끼친다는 증거는 없었다. 하지만 이 두 가지 접근이 공동체에서 사용되면 효과적이다.20)

1. 십대의 도덕적 상황으로 토론 구성: 토론의 주제를 십대의 도덕적 상황으로 정하는 것이 중요한 이유는 그것들이 풀어야 할 문제이기 때문이다. 십대들의 대표적 관심 사항이 모두 도덕적 주제가 될 수는 없지만 그것들 중에 선정할 필요가 있다. 예를 들어 미국의 경우, 십대들의 대표적인 관심 네 가지는 친구 사귀기, 친구 되기, 나의 특별한 점 찾기, 그리스도인이 된다는 것, 그리고 선과 악의 구별 등이다.21) 이 중에 후자의 두 가지는 도덕적 주제가 될 수 있다.

2. 사회적 윤리 형성을 위한 조력자 되기: 십대와 관련된 문제들은 대체적으로 개인적이다. 그래서 성인이 되어서도 교회에서의 행동과 사회에서의 행위 사이 에 괴리감이 생긴다. 성경과 신학적 내용들이 사회적 도덕을 위한 해석의 원리 로 작용할 수 있도록 돕는다. 넬슨은 기독교적 신념의 기초를 이루는 일반적 원리를 다섯 가지로 말한다. 창조는 선하다; 하나님은 모든 사람에게 관심이 있 다; 정부는 국민을 보호할 뿐만 아니라 국민에게 봉사해야 한다; 행복하고 건

18) Nelson, *Helping Teenagers Grow Morally*, 71.

19) Lawrence Kohlberg, *The Philosophy of Moral Development: Moral Stages and the Idea of Justice*, 김봉소·김민남 공역, 『도덕발달의 철학: 도덕단계와 정의의 관념』 (서울: 교육과학사, 1985); Power, F. Clark, *Lawrence Kohlberg's Approach to Moral Education* (New York: Columbia University Press, 1989); Louis E. Raths, *Values and Teaching: Working with Values in the Classroom*, 정선심·조성민 공역, 『가치를 어떻게 가르칠 것인가: 가치 명료화 이론 과 교수 전략』 (서울: 철학과현실사, 1994) 참조.

20) *Moral Education in the Life of the School: A Report from the ASCD Panel on Moral Education* (Alexandria, VA: Association for Supervision and Curriculum Development, 1988), 27.

21) Search Institute, *Young Adolescence and Their Parents* (Minneapolis: Search Institute, 1984), 40.

강한 가정생활은 자녀의 정상적 발달과 인간관계의 기본이다; 모든 개인은 하나님의 자녀이다.[22] 토론은 먼저 이 원리들에 대해 토론을 하고 나중에 도덕적 문제들에 대한 함의를 나누는 방식으로 할 수 있을 것이다.

3. 가서 보는 활동 제안: 이 방법의 예는 윤리적으로 중요한 무엇인가가 일어나고 있는 곳에 대한 방문이다. 예를 들어, 시의회, 지방법원 등 방문, 유산, 안락사 등에 관한 인터뷰 등이다.

4. 도덕적 딜레마 분석 돕기: '굶어 죽게 되었을 때 음식을 훔치는 것은 옳은가?'와 같은 도덕적 딜레마에 관한 이야기들을 이용할 수 있다. 또는 도덕적 딜레마를 담고 있는 신문이나 잡지의 내용을 이용할 수 있다. 인도자는 왜 그런 식으로 생각하는 지 묻고, 기독교적 신념과 관련해서 분석하도록 안내한다.

도덕과 관련된 뇌과학 연구가 활발하다. 뇌신경과학적 연구에 따르면 인간의 도덕적 행동과 가장 밀접한 관련을 보이고 있는 영역은 전두엽과 대뇌피질이다. 전두엽, 특히 전전두엽 피질의 손상은 계획하는 능력, 감정적 반응을 보이는 능력, 충동을 조절하는 능력을 약화시키는 것으로 알려져 있다.[23] 도덕적 판단에서 감정, 직관, 무의식 등이 중요한 역할을 한다고 한다. 특히 감정은 도덕적 판단에 큰 영향을 미친다. 감정과 관련된 뇌 영역은 편도체와 대상피질, 그리고 안와전두피질인데, 이 가운데서 안와전두피질은 전두엽의 한 부분으로 정서조절을 관장한다. 이 피질은 비이성적 감정을 결정과정에 결부시키는 역할을 한다. 무엇인가에 끌리도록 하여 그것을 선택하도록 한다는 것이다.[24] 이 말대로라면 감정이 아니면 결정도 없다는 말이다. 감정에 대해 뇌신경학자들은 한 걸음 더 나아간다. 즉 감정을 일종의 호르몬의 작용으로 본다. 감정을 일으키는 주요 호르몬은 도파민(dopamin), 세로토닌(serotonin), 그리고 옥시토신(oxytocin) 등이다. 도파민은 사회화와 공감과 같은 도덕적 능력에 영향을 미친다.[25] 세로토닌은 감정조절과 심리적 안정에 영향을 준다.[26] 옥시토신은 신뢰와 도덕성의 근원으로 간주된다. 특히 보살핌과 같은 사회적·도덕적 행동은 옥

22) Nelson, *Helping Teenagers Grow Morally*, 76-79.
23) 박형빈, "도덕성에 대한 뇌신경과학적 접근의 도덕교육적 함의", 「초등도덕교육」 43 (한국초등도덕교육학회, 2013), 161.
24) Antonio M. Battro, Kurt W. Fischer, and Pierre J. Lena, *The Educated Brain: Essays in Neuroeducation* (Cambridge, UK; New York: Cambridge University Press, 2011), 153.
25) John J. Medina, *Brain rules: 12 Principles for Surviving and Thriving at Work, Home, and School*, 서영조 역, 「브레인 룰스: 의식의 등장에서 생각의 실현까지」 (서울: 프런티어, 2009), 347.
26) Patricia S. Churchland, *Braintrust: What Neuroscience Tells Us about Morality* (Princeton: Princeton University Press, 2012), 12-28.

시토신의 작용이라고 한다.[27] 하지만 최근 후성학은 유전자는 절대적 결정자가 아니며 환경에 의해 얼마든지 달라진다고 한다. 즉 유전적으로 타고난 성질도 교육적 환경의 구축에 의해 재건될 수 있다는 것이다.[28]

부도덕은 자신에게 죄의식을 갖게 하여 괴로움을 주며, 다른 사람에게 여러 면에서 피해를 줄 수 있다. 하나님과 이웃 사랑을 요체로 하는 신앙이 도덕적이지 않으면 하나님께는 죄요, 사람들에게는 악을 저지를 가능성이 있다.

III. 개성 있는 신자

성격 차이

성격(personality)은 사람에게 지속적으로 그리고 일관적으로 나타나는 행동 양식이다. 우리가 어떤 사람을 보고 "성격이 좋다", "나쁘다"하는 것은 그 사람이 하는 말이나 행동을 보고서 하는 말인데, 그 때 '좋다', '나쁘다'하는 것은 바로 그 사람 자체를 두고 하는 말이기도 하다. 이런 면에서 성격은 어떤 특별한 경우에 나타나는 특별한 특성을 말하는 경우를 포함해서 다양한 뜻으로 사용되고 있음을 알 수 있다. 심리학자 고든 W. 알포트(Gordon W. Allport)는 이 같은 내용들을 정리하여 성격이라는 개념이 대체로 다음과 같이 네 가지 뜻으로 사용된다고 하였다.[29] 첫째, 성격은 개인의 성질의 집합체라는 것이다. 그 사람이 지닌 몸과 마음의 모든 특성의 합이 성격이라는 것이다. 둘째, 성격은 어떤 사람이 다른 사람에게 보여지는 면이라는 것이다. 실제로 그 사람의 성격이 그렇지 않을 수도 있다. 셋째, 성격은 어떤 사람이 생활 속에서 보여주는 행위를 말한다는 것이다. 그가 마음속에 무엇을 품고 있는지는 알 수 없지만 겉으로 나타난 행동이 그의 성격이라는 것이다. 그리고 마지막으로 성격은 다른 사람의 성격과 다른 그것이라는 것이다.[30] 이것은 소위 그 사람에게만 독특한 성격인 개성을 가리킨다. 이렇게 보면 성격이라는 것은 그 사람이 본래 어떤 사람인지, 그리고 그 사람의 기분이나 태도, 그리고 의견 등이 합쳐져서 나타나는 행동거

27) 옥시토신에 대해서는 박형빈, "도덕성에 대한 뇌신경과학적 접근의 도덕교육적 함의", 158-60 참조.
28) 박형빈, "도덕성에 대한 뇌신경과학적 접근의 도덕교육적 함의", 162.
29) Gordon W. Allport, *Personality: A Psychological Interpretation* (New York: Holt, 1937).
30) 학자에 따른 다양한 성격의 정의에 대해서는, 허형, "성격검사", 서울대학교 교육연구소 편, 『교육학 대백과사전』 2 (춘천: 하우동설, 1998), 1621-22 참조.

지 등이 다른 사람과 차이를 보이며 나타나는 것이라고 할 수 있다.

교회 생활을 하다 보면 혹간 마음에 들지 않는 신자나 목회자들을 발견하게 된다. 그 이유는 대부분 성격 차이 때문일 것이다. 사람은 다른 사람과 관계를 맺고 살아가는데, 그 관계의 내용은 성격에 크게 좌우된다. 가르치는 데 있어서 도 신자와 목회자의 성격이 맞지 않으면 항시 문제가 잠재되어 있는 것이라고 할 수 있다. 그러므로 성격을 잘 이해하는 것은 목회자와 신자의 만남을 바탕 으로 하는 교육에서 중요하다.

종종 교육현장에서 같은 내용을 가르치는 데도 목회자에 따라 그 교육의 방 식이 다르고 그에 따라 그 효과도 다르게 나타나는 경우를 볼 수 있다. 그 이 유 중의 하나는 목회자의 개성, 즉 성격의 차이일 것이다. 그러므로 목회자는 우선 자신의 성격이 어떤 지 확인할 필요가 있다. 아울러 신자가 왜 그렇게 말 하고 생각하고 행동하는 지의 상당 부분도 성격 탓인 경우가 많다. 그러니 적 어도 학습한 내용을 기준으로 목회자인 나 자신과 신자의 성격을 연결 지어 보 는 일이 필요하다.

성격이론

성격이 어떻게 생겨나는 지, 그리고 그것에는 어떤 것들이 있는 지에 대한 의 견들은 분분하다.[31] 하지만 인간과 관련된 내용의 대부분이 유전이냐 아니면 환경에 의한 것이냐로 의견이 양분되듯이 성격 역시 마찬가지다. 성격을 타고 난다고 주장하는 사람이 있는가하면[32] 성격은 환경의 영향에 의해 형성된다고 주장하는 이도 있다. 신체를 보고 '키가 큰 사람은 싱겁다'거나 '작은 고추가 맵 다'거나, 행동을 보고 '활발하다'거나 '얌전하다'거나 하는 식은 성격을 타고 나 는 것으로 보는 것이다.[33] 다혈질, 점액질, 담즙질, 우울질이라고 하는 기질도 마찬가지다. 사람의 혈액형으로 성격을 판단하는 경우도 같다.[34] 하지만 성격

---

31) 성격에 대한 자세한 내용은 민경환, 『성격심리학』(서울: 법문사, 2002)을, 정리된 내용은 박종 석, 『기독교교육심리』(서울: 생명의양식, 2008), 27-43 참조.

32) 유전을 주장하는 사람들은 만약 환경이 영향을 끼친다면, 같은 환경에서 자란 자녀의 성격이 다 른 이유가 뭐냐고 반문한다. Judith R. Harris, *No Two Alike: Human Nature and Human Individuality*, 곽미경 역, 『개성의 탄생: 나는 왜 다른 사람과 다른 유일한 나인가』(파주: 동녘 사이언스, 2007) 참고.

33) Ernst Kretchmer, *Körperbau und Charakter* (Berlin, 1921) 참고.

34) 〈SBS 스페셜: 혈액형의 진실〉(2006.8.20); 류성일손영우, "혈액형 유형학 연구에 대한 개관", 『한국심리학회지: 사회 및 성격』 21:4 (2007 가을), 27-55.

유형 연구 가운데 하나인 MBTI(Myers-Briggs type indicator) 등의 입장은 다르다. 이 성격검사는 스위스의 정신과의사 칼 G. 융(Carl G. Jung)의 성격 유형을 미국의 이사벨 마이어스(Isabel B. Myers)와 캐서린 브릭스(Katharine Briggs) 모녀가 보완한 것이다. 이는 어디에서 에너지를 얻고 그 에너지를 어디에 사용하느냐에 따른 외향형(Extraversion)과 내향형(Introversion), 정보를 받아들이는 방식에 따라 감각형(Sensing)과 직관형(iNntuition), 결정을 내리는 방식에 따라 사고형(Thinking)과 감정형(Feeling), 외부 세계에 대한 반응에 따라 판단형(Judging)과 인식형(Perception)으로 나눈다.

개리 하바우(Gary L. Harbaugh)에 따르면 신자들의 MBTI가 신앙생활에서 드러나는 모습은 다음과 같다. 즉 ST(감각-사고형)는 실용적인 은사로서 '지금 여기'를 중시한다. SF(감각-감정형)는 다른 사람에게 손을 내밀어 일으켜 세우며 남을 돕는 모습을 보인다. NF는 가능성을 본다. 쉽게 절망하지 않고 소망을 갖는다. NT(직관-사고형)는 미래를 중시한다. 그래서 미래적 관점에서 현재를 바라본다.[35] 신자의 성격을 이 같은 은사와 연결시켜 열매를 맺도록 이끌어 줄 수 있다. 해롤드 그랜트(W. Harold Grant) 등에 따르면, 감각은 단순성(simplicity)으로, 사고는 정의(Justice)로, 감정은 감사(Gratitude)로, 그리고 직관은 소망(Hope)으로 나타나야 한다고 본다.[36] 이 MBTI는 일종의 선호도(preference)이기 때문에 바뀔 수 있다.[37]

에니어그램(Enneagram)은 오랜 역사를 지닌 또 하나의 성격 유형이다. 에니어그램은 그 뜻처럼 사람의 성격을 아홉 가지(에니어) 유형으로 나눈다. "완벽형(The Perfectionist, 올곧은 사람)은 바르게 살고자 하며, 자신과 남이 더 가치 있는 인간이 되도록 힘쓰고 화내지 않으려 한다. 베풂형(The Giver, 자상한 사람)은 사랑받고자 하고 '고맙다'는 말을 듣고 남에게 좋은 감정을 표현하고

---

35) Gary L. Harbaugh, *God's Gifted People: Discovering Your Personality As a Gift* (Minneapolis: Augsburg Fortress Publishers. 1990), 333-87; 데이빗 키어시(David Kiersey)와 마리린 베이츠(Marilyn Bates)도 MBTI의 간단한 조합에 대해 말한다. 그들은 히포크라테스의 네 가지 기질-다혈질, 담즙질, 점액질, 그리고 우울질을 사용해서 이 네 가지 기질을 반영하는 유형에 기초한 네 가지의 행동 패턴을 제시하였다. 그것들의 기질 유형은 SP(자유), SJ(의무), NT(능력), NF(성장)이다. David Kiersey and Marilyn Bates, *Please Understand Me* (Del Mar, CA: Prometheus Nemesis Book Company, 1984).

36) W. Harold Grant, Mary Magdala Thompson, and Thomas E. Clarke, *From Image to Likeness: A Jungian Path in the Gospel Journey* (New York: Paulist Press, 1983), 29-177. 이 기질 유형을 영성에 적용한 이들은 체스터 P. 마이클(Chester P. Michael)과 마리 C. 노리시(Marie C. Norrisey)다. Chester P. Michael and Marie C. Norrisey, *Prayer and Temperament* (Charlottesville, VA: The Open Door, 1984).

37) Isabel B. Myers, *Gifts Differing: Understanding Personality Type*, 정명진 역,『성격의 재발견: 마이어스 브릭스(Myers-Briggs) 성격유형 탐구』(서울: 부글북스, 2008) 참고.

도움이 필요한 사람으로 보이지 않으려 한다. 성취형(The Performer, 효율적인 사람)은 생산적이고 성공적이고 실패하지 않으려 한다. 낭만형(The Tragic Romantic, 독창적인 사람)은 자신의 감정을 이해하고 또 이해받고, 의미를 찾고 평범한 것을 거부하려 한다. 관찰형(The Observer, 현명한 사람)은 세상 모든 것을 알고 이해하며, 자기만족을 추구하고, 혼자 있고 싶어 하며 대책 없고 어리석은 인간으로 보이지 않으려 한다. 회의형(The Devil's Advocate, 충직한 사람)은 타인의 동의를 얻어내고 보살핌을 받고 반항적으로 보이지 않으려 한다. 공상형(The Epicure, 밝은 사람)은 유쾌하게 지내고 재미난 일을 계획하고 세상에 기여하고 고통을 피하려한다. 보스형(The Boss, 강한 사람)은 자기 자신을 믿고 강해지고 세상에 영향을 주는 사람이 되고 약해지지 않으려 한다. 조절형(The Mediator, 조화로운 사람)은 평온을 유지하고 타인과 융화하고 어떤 충돌이든 피하려 한다."[38]

우리는 무엇보다 그리스도를 닮은 성품으로 변화되기 위해 애써야 할 것이다. 성경은 성품을 성령의 열매로 본다.

"성령의 열매는 사랑과 기쁨과 화평과 인내와 친절과 선함과 신실과 온유와 절제입니다."(갈 5:22-23)

성격이 타고 나는 것이라면 그것을 고치기는 어렵다. 성격이 형성되는 것이라면 어렸을 때부터 잘 가르쳐야 한다. 성격은 유전과 환경, 두 면을 다 갖는다.[39] 목회자는 신자의 성격을 알 때 돌보는 데 도움이 될 것이다.[40]

---

38) 박종석, 『기독교교육심리』, 39-40. 에니어그램에 대한 일반적 이해를 위해서는, Jerome P. Wagner, *The Enneagram Spectrum of Personality Styles: An Introductory Guide*, 김태흥 역, 『성격의 심리학: 에니어그램으로 본 9가지 성격 유형』(서울: 파라북스, 2006); 신앙적 차원에서의 에니어그램 논의에 대해서는, Richard Rohr and Andreas Ebert, *Discovering the Enneagram: An Ancient Tool for a New Spiritual Journey*, 이화숙 역, 『내 안에 접혀진 날개』(서울: 성바오로출판사, 1993); Richard Rohr, *Enneagram II*, 윤운성 역, 『에니어그램 2: 내 안에 접혀진 날개 후편』(서울: 열린, 2003); 교육과 관련된 논의를 위해서는 Janet Levine, *The Enneagram Intelligences: Understanding Personality for Effective Teaching and Learning*, 윤운성 외역, 『에니어그램 지능: 효과적인 수업과 학습을 위한 성격의 이해』(서울: 교육과학사, 2003) 참조.

39) "성격도 유전이다?!", 〈한겨레〉(2009.2.4); Matt Ridley, *Nature via Nurture: Genes, Experience, and What Makes Us Human*, 김한영 역, 『본성과 양육: 인간은 태어나는가 만들어지는가』(파주: 김영사, 2004); Evelyn F. Keller, *The Mirage of a Space between Nature and Nurture*, 정세권 역, 『본성과 양육이라는 신기루』(서울: 이음, 2013) 참고.

40) "EBS 다큐 프라임 당신의 성격 1부 좋은 성격, 나쁜 성격; 2부 성격의 탄생; 3부 나는 내성적인 사람입니다"(한국교육방송, 2010); EBS다큐프라임 "당신의 성격" 제작팀, 김현수 공저, 『우리

목회에서 성격이 문제가 되는 경우는 이상한 사람들과 이상성격자 때문일 것이다. 모니카 비트블룸(Monika Wittblum)과 산드라 뤼프케스(Sandra Lüpkes)는 열두 가지 유형의 이상한 사람들을 거론한다: 남의 업적을 가로채는 사람, 뭐든지 아는 체하는 사람, 화를 잘 내는 사람, 치근덕거리는 사람, 거짓말을 일삼는 사람, 남의 성공을 시기하는 사람, 까다로운 척하는 사람, 불평불만이 많은 사람, 그때그때 인격이 달라지는 사람, 거저먹으려는 사람, 불행 바이러스를 퍼뜨리는 사람, 긍정을 강요하는 사람 등이다.41)

좀 더 살펴보자면 이런 성격장애에는 나름의 유형이 있다. 1. 편집성: 남을 믿지 못하고 극도로 다른 사람을 경계하고, 근거 없는 의심이 많고, 정서는 메말라 있어 냉정하다. 타인의 선의나 진실을 그대로 받아들이지 못하고 동기를 악의적으로 해석한다. 2. 반사회성: 타인의 권리와 규범을 침해하고 무시하는 행동을 반복해서 한다. 상습적인 기만, 충동성, 공격성, 무책임감의 패턴을 보이며, 자신의 범죄행위에 대한 뉘우침이 없다. 3. 자기애성: 자신이 특별한 사람으로 특별한 대우를 받아야 한다는 생각에서 말하고 행동한다. 사려 깊지 못하고, 자기중심적이고, 자신의 생각을 과장되게 표현하고, 다른 사람의 생각에는 전혀 관심이 없고 타인의 감정에 공감하지 못하며, 타인을 이용하고, 타인의 평가에는 극히 예민하다. 이들의 좌우명은 '최근 당신은 나를 위해 뭘 해줬나요?'다. 4. 연극성: 끊임없이 타인의 주의를 추구하고, 외모에 집착하며, 자기연출적이고, 변덕스러우며, 과도한 정서성을 보인다. 타인의 칭찬과 관심에 너무 의존적이어서 타인의 관심이나 보살핌이 없으면 몹시 불안해한다. 5. 강박성: 완벽을 추구하고, 엄격하며, 원칙과 질서를 지나치게 강조하고, 의례를 중요시한다. 6. 의존성: 일상적인 일이나 결정에서조차 스스로 하지 못하고 남에게 의지하는 성향이 특징이다. 혼자 있을 때 무력감을 느끼고 끊임없이 타인의 보살핌을 요구하며 다른 사람의 요구에 순종적이다. 의존 관계를 지속하기 위해 학대나 무시도 참으며, 자기주장적이고 적극적인 행동을 요구하는 상황에서 적절하게 반응하지 못한다. 7. 수동공격성: 빈둥대기, 늑장부리기, 엉터리로 일하기 등과 같은 수동적이고 간접적인 방식으로 권위, 의무, 요구, 책임 등에 저항하는 성향이 특징이다. 자신이 제대로 대우받거나 인정받지 못하고 학대받고 이용당한

아이를 바꾸는 성격의 비밀」(서울: [주]블루앤트리, 2012) 참고.

41) Monika Wittblum and Sandra Lüpkes, *Woran Erkennt Man ein Arschloch?: Für Jeden Quälgeist eine Lösung*, 서유리 역,『내 옆에는 왜 이상한 사람이 많을까?: 재수 없고 짜증 나는 12가지 진상형 인간 대응법』(서울: 동양북스, 2014).

다는 불만을 갖고 있다. 그런 까닭에 불평, 비난, 분개, 짜증 행동을 보인다. 그러나 직접적으로는 불만을 표현하지 못하고 간접적이고 수동적인 방식으로 돌려서 표현한다.[42]

성격 장애를 고치거나 성격을 완전히 바꾸기란 결코 쉽지 않다. 그런 성격을 스스로 완벽하다고 생각하기 때문이다. 인격 장애가 있는 사람들은 자신의 이상한 성격 때문에 주변 사람들이 모두 떠나면 다음과 같은 독백을 외칠 것이다. "도대체 왜 이놈의 세상에는 이상한 사람들밖에 없는 거야!" 그렇기 때문에 목회자는 참기 어려운 신자에 대해서 참아내는 수밖에 없다. 인내가 성숙으로의 길이다.

> "여러분은 인내력을 충분히 발휘하여, 조금도 부족함이 없이 완전하고 성숙한 사람이 되십시오."(약 1:4)

절제와 화

인내를 말하면 절제가 떠오른다. 절제는 마음의 힘, 마음의 근육이다. 자제력이 포도당과 관계있다는 흥미 있는 연구가 있다.[43] 미국 플로리다 주립대학의 로이 바우마이스터(Roy F. Baumeister) 연구팀은 먹고 싶거나 놀고 싶은 충동을 조절하거나, 고통을 참기 위해서는 포도당이 많이 필요하다는 실험 결과를 내놓았다. 자기조절과제를 수행한 참가자들의 혈중 포도당 농도가 떨어졌다는 것이다. 자기 조절과제 수행을 위해 에너지인 포도당을 많이 소비했기 때문이다.[44]

절제의 반대는 화다. 우리 사회는 사안이 어쨌든 화낸 사람을 잘못된 것으로 본다. 여러 이유에서 화는 내지 말아야 한다. 타산적으로 생각해도 화를 내서 이룰 수 있는 일은 없기 때문이다. 그래서 자기가 하고자 하는 일과 관련해

---

42) 민경환, 『성격심리학』, 269-71; Alan A. Cavaiola and Neil J. Lavender, *Toxic Coworkers: How to Deal with Dysfunctional People on the Job* (Oakland, CA: New Harbinger Publications, 2000), 25-26.

43) T. Gailliot, et al., "Self-Control Relies on Glucose As a Limited Energy Source: Willpower Is More Than a Metaphor," *Journal of Personality and Social Psychology* 92 (2007), 325-36.

44) Roy F. Baumeister and John Tierney, *Willpower: Rediscovering the Greatest Human Strength*, 이덕임 역, 『의지력의 재발견: 자기 절제와 인내심을 키우는 가장 확실한 방법』(서울: 에코리브르, 2012).

서 화를 내는 것이야 말로 가장 어리석은 짓이다. 화는 화를 낸 사람의 마음에 상처만 주고 독소를 뿜어 건강에도 좋지 않다. 화와 유사한 것에 분노가 있다. 화는 몹시 못마땅하거나 언짢아서 나는 성이다. 분노 역시 분개하여 몹시 성을 내는 것이다. 그러나 화가 감정에 치우친 성질이라면 분노는 모욕을 당하거나 정의가 훼손당하는 것을 볼 때 일어나는, 사리가 결부된 격한 감정적 행동이라 할 수 있다. 그래서 분노한다는 것은 자존감과 정의감이 있다는 말이기도 하다. 분노는 세상을 변화시키는 데 필요하지만 이것만으로 충분하지 못하다. 아리스 토텔레스는 마땅히 분노해야 될 일에 분노하지 않는 사람은 어리석고 노예와 다름없는 사람이라고 했다. 하지만 아리스토텔레스는 너무 강하지 않으면서도 너무 무감각하지도 않은 '온화한 분노'를 권한다.45) 지나친 분노는 문제를 해결 할 수도 변화를 일으킬 수도 없으며 자칫 니체(Friedrich W. Nietzsche)가 말한 패배주의적 분노인 '원한감정'(ressentiment)이 될 수 있기 때문이다.46)

분노를 다스리기 위해서는 먼저 자신의 분노 상태를 알아야 한다. 언제, 어 떻게, 그리고 왜 화를 내는지 알아야 한다. 다윗이 전쟁에서 승리하고 돌아왔을 때, 여인들이 "사울은 수천 명을 죽이고, 다윗은 수만 명을 죽였다."(삼상 18:7) 고 했을 때, 사울은 분노하여 창을 던져 다윗을 죽이려고 했다. 사울은 자신이 폄훼됐다고 생각한 것이다. 즉 분노는 왜곡된 인지에서 비롯된다. 분노를 다스 리기 위해서는 다윗의 경우와 나아만의 경우에서 배울 수 있다. 다윗은 시므이 가 저주를 퍼부을 때, 자신을 먼저 돌아보고, 하나님의 뜻으로 여기고, 억울함 을 하나님께 하소연했다(삼하 16:10-13). 나아만의 경우처럼(왕하 5:9-14), 화 가 날 때는 잠시 멈추어 상대방의 이야기를 듣고 공감하며 자신의 주장을 부드 럽게 표현해야 한다.47)

화를 다스리는 실제적인 방법은 다음과 같다.48) 1. 상황에서 잠시 벗어나라. 2. 화를 낸 이후를 생각해 보라. 3. 상대가 반드시 그랬어야 한다는 생각을 버

---

45) Aristoteles, *Rhetorique 2*, 이종오 역, 『수사학 2』(서울: 리젬, 2007); Aristoteles, *Ethica Nicomachea*, 천병희 역, 『니코마코스 윤리학』(고양: 숲, 2013); 손병석, "분노는 정당화될 수 있는가?: 아리스토텔레스의 분노(ὀργή)론을 중심으로", 「철학연구」 93 (철학연구회, 2011.6), 31-60.

46) "분노하되 '절제된 분노'를", 〈주간경향〉1100 (2014.11.11); Friedrich W. Nietzsche, *Jenseits von Gut und Bose: Vorspiel einer Philosophie der Zukunft; Genealogie der Moral: eine Stretschrift*, 김정현 역, 『선악의 저편: 미래철학의 서곡; 도덕의 계보: 하나의 논박서』니체전집 14 (서울: 책세상, 2002) 참고.

47) "분노 어떻게 다스릴까 '성경에 해답있다'", 〈국민일보〉 (2015.3.10).

48) Beth Levine, "7 Ways to Control Your Anger," 〈Grandparents.com〉. http://www.grandparents.com/health-and-wellbeing/emotional-wellbeing/anger-management-techniques

려라. 그 사람에게 어떤 사정이 있었을 수 있다. 4. 타인의 입장에서 한번 생각해 보자. 5. 공격적이지 말고 적극적으로 대응하라. 6. 꾸준한 운동이 화를 참도록 돕는다. 7. 화가 나는 지난 일에 사로 잡혀 있지 말고 앞으로 나아가라.

성격과 신앙

성격과 신앙은 서로 얽혀 있는 것 같다. 외향적이고 사교적인 사람의 신앙은 열성적이며, 내향적이고 조용한 사람은 신앙생활이 소극적인 것처럼 비친다. 또한 사색적이고 반성적 성격의 신앙을 가진 이도 있다. 목회자는 신자들이 이 성격과 신앙의 상호 영향을 통해 성숙한 성격과 신앙을 이루도록 도와야 한다. 존 카터(John D. Carter)는 대부분의 심리학자들이 동의하는 성숙의 개념을 다음과 같이 정리한다.[49] 첫째, 자신과 타인에 대한 현실적인 조망이다. 둘째, 자신과 타인을 있는 그대로 수용한다. 셋째, 현재의 삶에 충실하면서도 목표 지향적이지만 과정을 즐긴다. 넷째, 자율적이고 바람직한 가치관이다. 다섯째, 지속적인 자기 개발과 자기실현의 노력이다.[50]

고든 알포트(Gordon W. Allport)에게[51] 많은 영향을 준 것으로 알려져 있는 윌리엄 제임스(William James)는 바람직한 종교의 상태(신앙)를 이기적이고 편협한 관심을 능가하여 존재하는 삶의 상태에 있는 감정으로서, 지적인 확신뿐만 아니라 이상적인 힘의 현존을 확신하는 상태라고 했다. 나아가 성숙한 신앙은 하나님과 친밀한 관계를 유지하면서 자신을 하나님께 기꺼이 드리려는 마음의 상태다. 또한 이상적 신앙은 인간의 한계로부터 자유롭게 되어 마음이 사랑으로 조화를 이루며 삶을 긍정하는 자세다.[52]

그런데 이와 같은 성숙한 성격과 신앙과는 어떤 관계가 있을까. 성숙한 인간이 성숙한 신앙을 소유하는 것일까, 아니면 신앙이 성숙한 인간을 만드는 것

---

49) John D. Carter, "Maturity," H. Newton Malony, ed., *Wholeness and Holiness* (Grand Rapids, MI: Baker Book House, 1983), 184-88.
50) E. Jerry Phares, *Introduction to Personality*, 홍숙기 역, 『성격심리학』 중판 (서울: 박영사, 1998), 228.
51) 알포트는 성숙한 신앙의 개념을 판별력 차원에서 자기성찰과 자기 비평, 동기면에서 자기를 넘어 갈등이나 충동의 조정, 도덕적면에서 행위의 일관성으로 본다. Gordon W. Allport, *The Individual and His Religion: A Psychological Interpretation* (New York: Macmillan co., 1950), 57-73.
52) William James, *Varieties of Religious Experience: A Study in Human Nature*, 김재영 역, 『종교적 경험의 다양성』 한길그레이트북스 40 (서울: 한길사, 2000).

일까. 아마 이것은 둘 다 맞는 말일 것이다. 성격과 신앙은 서로 영향을 끼치며 변화되어 갈 것이다. 그 변화가 항상 긍정적인 것만은 아닐진대, 요는 그 변화가 성숙한 방향으로 나아가도록 신자를 잘 인도해야 할 것이다. 그리스도 안에서 성숙한 신앙의 인격을 소유하여야 하지만 한 개인의 경우로 보더라도 성격이 부정적으로 형성되어 있을 경우 개인적 성취를 이루어내기 어렵다. 성격이 습관을 형성하고 습관이 인생을 결정할 것이기 때문이다. 그렇다고 해서 타고난 성격만 탓하고 있을 수는 없다. 신앙 안에서 예수의 성품을 본받으려고 하는 끊임없는 노력이 필요하다.

한편 그리스도인은 공동체적인 면에서도 함께 성숙한 신앙공동체를 이루기 위해 힘써야 할 것이다. 클라우스 아이슬러(Klaus D. Issler)와 로널드 하버마스(Ronald T. Habermas)는 그리스도인의 성숙한 신앙을 개인적이기 보다 공동체적인 것으로 본다.53) 그들에 의하면, 성숙한 신앙공동체는 하나님과의 교제(communion with God)를 중심으로 공동체(community), 인격(character), 위임(commission)의 4C로 구성된다. 여기서 공동체는 사랑과 연합의 추구를 말하고, 인격은 올바른 삶의 추구이며, 위임은 하나님의 나라를 위한 봉사다. 뒤의 세 요소들이 하나님과의 교제를 중심으로 균형을 이루어야 한다는 것이다. 교회에서의 신앙과 인격은 그 교회 전체의 분위기, 즉 공동체의 성격에 의해 많은 영향을 받는다. 그런데 교회의 분위기는 목회자의 성향에 좌우된다. 그리고 신자들의 신앙을 직접 다루기 때문에 그들의 성격 형성에 미치는 영향은 매우 크다.

신자의 행위 유형

이제까지 신자의 정체에 대해 살펴 본 내용들이 삶의 현장에서 전체적으로 어떤 모습으로 드러나는지 알아보자. 신자의 행위 유형은 일반적으로 정서성(emotionality), 활성(activity), 그리고 사회성(sociability)의 조합으로 알려져 있다.54) 데이빗 메릴(David W. Merrill)과 로저 레이드(Roger H. Reid), 그리고 밥 필립스(Bob Phillips) 등은 사람의 성격에 따른 행동 유형을 네 가지로 분류하였다. 그것들은 방법에 관심이 많은 분석형(analytical style), 내용에 관심이

53) Klaus D. Issler and Ronald T. Habermas, *How We Learn: A Christian Teacher's Guide to Educational Psychology* (Grand Rapids, MI: Baker Books, 1994), 173-80.
54) Arnold H. Buss and Robert Plomin, *Temperament: Early Developing Personality Traits* (Hilladale, NJ: Erlbaum, 1984), 52-65.

많은 추진형(driver style), 이유에 관심이 많은 상냥형(amiable style), 그리고 사람에 관심이 많은 표현형(expressive style)이다.55) 이들의 행위 유형들은 다음의 [표1]과 같다.

[표1] 성격에 따른 행위 유형

과제중심-감정 통제					
	분석형: 어떻게?		추진형: 무엇을?		
	강점	약점	강점	약점	
묻는다	·근면하다 ·끈기가 있다 ·심각하다 ·꼼꼼하다 ·정연하다	·비판적이다 ·결단력이 없다 ·답답하다 ·까다롭다 ·도덕적이다	·의지가 강하다 ·독립적이다 ·실제적이다 ·과단성이 있다 ·유능하다	·억지가 있다 ·엄하다 ·억세다 ·지배적이다 ·거칠다	말한다
	상냥형: 왜?		표현형: 누구?		
	강점	약점	강점	약점	
느림	·협력적이다 ·공손하다 ·기꺼이 한다 ·믿음이 간다 ·상냥하다	·순응적이다 ·자신이 없다 ·유순하다 ·의존적이다 ·어색하다	·야심적이다 ·활기를 준다 ·열정적이다 ·극적이다 ·정답다	·교묘하다 ·흥분하기 쉽다 ·규율이 없다 ·반발한다 ·자기중심적이다	급함
관계 중심-과장된 표현					

이해를 돕기 위해 이와 같은 성격 유형들이 구체적으로 생활 가운데서 어떻게 나타나는지 보자.56) 성격이 분석적인 사람은 승강기를 탔을 때, 만원이어서

---

55) David W. Merrill and Roger H. Reid, *Personal Styles and Effective Performance* (Radnor, PA: Chilton, 1981); Bob Phillips, *The Delicate Art of Dancing With Porcupines: Learning to Appreciate the Finer Points of Others* (Ventura, CA: Regal, 1989).
56) Issler and Habermas, *How We Learn*, 157-58.

'삐'소리가 나면, 사람 수를 세어보고 사람을 내리게 한다. 슈퍼마켓에 갈 때 쿠폰을 들고 가고 제대로 계산이 됐는지 확인하기 위해 계산기를 갖고 가는 사람이다. 신문을 보다가 잘못을 발견하면 신문사에 전화를 하고, 입장료를 깎아주는 운동경기를 광고에서 찾아내고, 어디서 세일을 하는지 말하는 사람이다.

추진적 성격의 사람은 승강기를 타서 문이 닫히기 전에 단추를 눌러 문을 닫는 사람이다. 이런 사람은 슈퍼에 가서 충동적으로 물건을 구매한다. 깜박하고 사지 못한 물건을 사기 위해 다시 와서 계산대에 서 있는 사람이다. 신문을 읽을 때는 주로 제목만 보고, 보고 나서는 아무 데나 두기 때문에 다른 사람이 보려고 할 경우 신문을 찾아야 하고 찾았어도 보고자하는 기사 면이 없어지는 경우가 많다.

붙임성 있는 성격의 사람은 줄을 서서 승강기를 기다리지만, 늦을 경우에는 계단을 이용한다. 슈퍼에 갈 때는 구매 목록을 가지고 가서 가능한 한 신속하게 장을 본다. 신문은 전체를 훑어본다. 흥미 있는 기사가 있으면 오려둔다. 그러다 보면 어느 때는 신문 전체를 오리는 경우도 있다.

표현을 잘하는 성격의 사람은 다른 사람이 먼저 승강기를 타도록 양보하고, 다른 층에서 타는 사람들에게 "어서 오세요"라고 인사를 건네고, 지체하는 사람에게는 "괜찮아요, 기다릴께요." 라고 말하는 사람이다. 슈퍼에서도 누가 묻지 않아도 어떤 물건이 어디에 있고 어떤 지를 말하는 사람이다. 신문을 볼 때 아는 사람이 있는가 하고 제일 먼저 부고 기사를 본다. 그런 다음에 '상담칼럼', 사람들이 살아가는 흥미 있는 이야기를 본다.

신자는 전인이다. 인격이다. 신자는 지·정·의가 통합된 하나의 전인적 인격체다. 그런데 이 같은 신자들을 대할 때 목회자들은 이들이 마치 영성만 있는 사람으로 대했다는 것이다. 이제 인간이 전인이라는 것을 알았으니 신자들을 변화 시키는데 이를 잘 이용해보자.

6장 목회의 환경

I. 목회의 둥지, 가정

이해 혈연공동체

가정은 원초적인 교육의 장이다. 그것을 의식하든 안하든 가정에서 교육은 현재 진행형이다. 그 이유는 가정은 유기체적 단위(organic unity)이기 때문이다. '유기체'는 '살아있다'는 의미이고 '단위'는 유기체가 서로에게 영향을 준다는 의미다. 이 말이 의미하는 바는 가정보다 가족이라는 말에 더 부합한다. 가정이 가족을 표현하는 형식적인 용어라면, 가족은 가정을 표현하는 내면적인 용어이기 때문이다. 가족의 영향력은 종교적 영역에서의 영적 일치뿐만 아니라 행위와 감정까지 포함한다. "부모들의 성격, 감정, 정신 및 원칙들은 부모들의 의향과는 관계없이 자녀들에게 전파된다."[1]

얼마 전 한 유명한 신학자의 딸이 자기아버지를 비판하는 책을 내서 화제가 되었다.[2] 그런 "슬픈 가족사"가 벌어지게 된 이유는 한 마디로 가정을 신앙적으로만 인정했기 때문이다. 가정은 가족의 몸을 포함한 전인이 쉬고 위로 받고 힘을 얻고 행복한 곳이어야 한다. 가정은 기본적으로 출산, 양육 등의 기능을 해야겠지만, 그것들이 전체적으로 가족들에게 행복을 줄 수 있어야 한다. 이 행복은 결과가 아니라 과정이다. 행복은 그것을 향해 나아갈 때 주어지는 것이다. 사람은 꿈을 이루고 사랑을 할 때 행복하다. 가정은 가족들이 이 세상에 온 목적을 곧 소명을 이루기 위해 지원하는 보급처가 되어야 하고 서로 이해하고 사랑하기 위해 노력하는 친밀감이 넘치는 수용공동체가 되어야 한다.

가족 간의 관계는 절대적인 것으로 인정할 필요가 있다. 가정은 가족들의 모든 것, 잘잘못을 나눌 수 있는 곳이어야 한다. 잘한 것에 대해서는 함께 크게 기뻐하고 잘못한 것에 대해서는 어떠한 것이든 용서가 되어야 하는 곳이라는 점에 합의해야 한다. 그렇지 않더라도 가정은 유기체이기 때문에 누구도 다른 가족으로부터 벗어날 수 없는 혈연공동체이기 때문이다.

---

1) Horace Bushnell, *Christian Nurture* (Grand Rapids, MI: Baker Book House, 1979), 93.
2) 박혜란, 『목사의 딸』 (서울: 아가페북스, 2014).

부모로서의 목회자

결혼을 해서 가정을 갖고 자녀를 두게 된다. 자녀는 조건 없이 사랑해야 한다. 그것이 자녀의 인생을 성공적으로 담보해준다. 즉 행복한 인생을 사는 밑거름이 된다는 말이다. 하버드대가 268명을 75년 동안 추적한 결과를 보고한 바에 따르면, 어린 시절의 경험이 성격 형성에 영향을 미쳐 인생을 좌우하는 것은 물론, 어린 시절 경제적 풍요나 사회적 특권이 아닌 사랑하고 사랑받았던 경험이 중요한 것으로 나타났다. 사랑받지 못하고 자란 아이는 성인이 되어 우울증이나 노년에 치매에 걸린 비율이 높았고, 결혼 생활이 불행했다는 것이다. 어린 시절 부모로부터 받은 사랑의 경험이 가장 중요하다는 말이다.[3] 아이가 부족하더라도 부모는 조건 없는 사랑을 베풀어야 한다.

자녀들은 부모의 사랑을 받기 위해 부모의 인정을 받기 위해 나름대로 애를 쓰고 있다는 사실을 알아야 한다. 축구 국가대표 선수 차두리가 은퇴경기 후 아버지 차범근의 꽃다발을 받고 눈물을 쏟았다. 그는 "아버지가 너무 축구를 잘해 내가 아무리 잘해도 그 근처도 못 갔다. 그래서 속상했고, 한편으로는 아버지가 밉다"고 했다. 차두리의 은퇴사는 어쩌면 위대한 아버지를 둔 모든 아들의 힘겨운 항변 같다. 특히 당신이 큰 교회 목사라면, 또는 모든 것을 포기하고 목회에 모든 것을 바치고 있다면, 당신에게 가족도 있음을 상기하라. 목사가 주를 위해서 충성하면 그 가족들은 하나님이 다 알아서 돌봐 주실 거라는 생각은 하지도 마라. 그런 일은 없다. 가톨릭과 달리 개신교에 교역자의 결혼제도가 있는 이유는 가정을 팽개치라는 뜻이 아니다.

부모 발달 단계

부모가 되는 데도 발달의 단계가 있다. 엘렌 갈린스키(Ellen Galinsky)는 그것을 6단계로 말한다.[4]

1. 이미지 형성 단계(image-making stage, 임신기): 임신을 하면서 부모로서의 이미지와 태아에 대한 이미지를 구체적으로 형상화하는 시기. 태아에 대한 상

---

3) George E. Vaillant, *Triumphs of Experience: The Men of the Harvard Grant Study*, 최원석 역, 『행복의 비밀: 75년에 걸친 하버드 대학교 인생관찰보고서』 (파주: 21세기북스, 2013).
4) Ellen Galinsky, *Between Generations: The Six Stages of Parenthood*, 권영례 역, 『아이의 성장 부모의 발달』 (서울: 창지사, 1997).

상과 출산 준비기로 남편의 배려가 필요한 시기.

2. 양육 단계 영아기(nurtureing stage, 18-24개월): 아기를 자기 자녀로 수용하여 애착을 형성하는 시기. 기존의 남편과 아내 양자 관계에서 자녀를 포함한 역동적 삼자관계 형성기.

3. 권위 형성 단계(authority stage, 만 2세-5세): 규칙을 적용하고 공격적 행동을 통제하는 등 사회화를 위한 일차적 중재자로서 권위를 형성하는 시기.

4. 해석 단계(interpretive stage, 만 5-초등학교 시기): 자녀가 현실적으로 당면한 문 제나 과업 등에 대해 설명하고 일깨워주며 심리사회적으로 독립된 개체로서의 생활을 할 수 있도록 돕는 시기. 여기에 부모의 가치관 및 세계관을 제시함으로써 삶에 대한 이해를 안내하는 시기.

5. 상호 의존 단계(independent stage, 청소년기): 10대 자녀와 원만한 관계를 유지하기 위해 상호 조심스러운 상호관계를 형성하는 시기. 부모는 애정에 바탕을 두되 합리적이고 이성적인 권위를 확보해야하며, 독립된 개체로서의 자녀의 정체감을 수용해가는 시기.

6. 새로운 출발 단계(departure stage, 자녀가 집을 떠나는 시기): 자녀와 부모 자신에 대해 평가하며 성취감과 실패감을 경험하는 시기. 수직적 관계에 기초한 권위로부터 성인 대 성인으로서 수평적 관계로 전환되는 시기.

부모와 자녀 관계

사람들은 부모의 사람됨이 자녀의 사람됨에 영향을 미친다고 생각한다. 그래서 아들은 그 아버지를, 딸은 그 엄마를 보면 알 수 있다고 한다. 부모와 자녀의 사람됨이 밀접하다는 말이다. 하지만 부모가 자녀에게 어느 정도나 어떻게 영향을 미치는 지는 여전히 모호하다. 형편없는 부모 밑에서 훌륭한 자녀가 나오고 훌륭한 부모 밑에서 개차반인 자녀가 나오는 것을 볼 수 있기 때문이다. 일반적으로는 부모가 자녀에 대해 허용적이거나 민주적일 때, 자녀는 자신감이 있고 창의적이며, 독립적이고, 협동적이라고 한다. 하지만 마냥 허용 적일 경우 자녀는 부모가 자기에게 무관심하거나 거부하는 것으로 받아들일 수 있다. 부모가 자녀를 구속하는 경향이 있거나 과잉보호를 할 경우. 자녀는 비굴하거나 의존적일 수 있다고 한다. 부모가 자녀를 거부하거나 습관적으로 처벌을 하면 자녀는 자신에 대해 부정적이 되고, 반항적이며 공격적 성향을 갖게 된다.

부모 자녀 관계가 항상 좋거나 나쁜 것은 아니기 때문에 문제가 있을 경우 원만하게 해결하는 것이 중요하다. 원만하다는 것은 소위 타협을 통해서 이루어지는데, 이 타협이 사실 어렵다. 자녀가 부모의 말을 따라주면 좋을 텐데 자녀가 그렇게 하지 않을 경우가 문제다. 다른 대인관계에서도 그렇지만 양보하고 다가가야 하는 사람은 윗사람이다. 그렇지 않을 경우 윗사람이 권위적이라거나 매정하다는 말을 들을 수 있다. 윗사람이 겪어야 하는 억울함이다. 부모와 자녀가 갈등을 겪을 때 부모가 양보를 하는 것이 좋지만 자녀의 잘못도 분명히 언급할 필요가 있다. 그럼으로써 자녀의 자존심을 건드리지 않으면서 자녀는 나름대로 부모를 이해하게 될 것이다.

자녀 고집 꺾기

아이가 태어나면 아이를 위한 기도 제목을 정하자. 나는 우리 아이들이 '하나님을 알고 사랑하고 건강하고 진실하고 지혜롭기' 위해 날마다 기도한다. 영·유아기에 배워야 할 것은 자제력과 인내다. 요즈음 프랑스육아법이 뜨고 있다. 음식점에서 얌전히 앉아 음식을 먹는 아이, 슈퍼마켓에서 떼를 쓰거나 징징대지 않는 아기들, 치킨 대신 브로콜리, 파프리카를 즐겨 먹는 아이들…. 도대체 프랑스 육아에는 어떤 비밀이 숨어 있는 지 놀란다. 프랑스 육아의 특징을 보자.
1. 아이에게 좌절과 인내를 가르친다. 일부러라도 세상은 네 욕망대로 되는 게 아니라는 것을 가르친다. 원하는 것을 얻기 위해서는 기다리고 무언가를 포기해야 한다는 것을 아이들도 알아야 한다는 게 프랑스 사람들의 생각이다. 프랑스 아이들의 유아기 삶은 기다림의 연속이라고 한다. 엄마의 대화를 끝날 때까지, 엄마가 하던 일을 마칠 때까지 기다리도록 가르친다. 아이들은 기다림을 통해 자기절제를 배운다. 기다리는 과정 속에서 아이는 자신의 욕구 불만을 스스로 조정하고 대처하는 법을 깨치게 된다.
2. 세상에는 나 혼자 있는 게 아니다. 세상은 다른 사람들과 함께 살아가는 곳이기 때문에 해서는 안 되는 것들이 있다는 알아야 한다는 것이다. 안 되는 것은 안 된다. 그러나 허락된 것들 안에서는 아이를 신뢰하며 자유롭게 할 수 있도록 한다. 프랑스 육아에는 자율과 규제가 공존한다.
3. 아이는 왕이 아니다. 프랑스에서 '댁의 아이는 왕이군요'라는 말은 가장 모욕적인 말이라고 한다. 언제든 원하는 것을 얻어내고, 떼만 쓰면 뭐든 용인되는 우리 육아와는 크게 다르다. 이렇게 자란 아이는 가정 밖에서 혼돈과 자제력 부족으로 고통을 받게 된다.[5] 프랑스 육아를 부정적으로 정리하면 어린아이의

---

5) Pamela Druckerman, *Bringing Up Bébé: One American Mother Discovers the Wisdom of*

고집과 혈기를 꺾는 교육이라고도 할 수 있다. 아이가 자라 사회생활을 하게 되면 고집이 대인관계를 망칠 것이고 혈기가 사람들에게 상처를 줄 것이다. 거기서 부모 역시 예외가 아닐 것이다. 그런 아이는 되먹지 못한 인간으로 아무에게도 호감을 얻지 못할 것이다.

코미디의 지존 아담 샌들러(Adam Sandler) 주연의 시공을 넘나드는 판타지 블록버스터에 '베드타임 스토리'(Bedtime stories, 2008)라는 영화가 있다. 조카들을 재우려고 들려준 이야기가 현실이 되는 이야기다. 꿈을 갖고 기다리면 기회가 온다는 교훈을 전한다. 독서를 통한 간접 경험은 유익하다. 그러나 아이가 어리기 때문에 부모가 대신 읽어주어야 한다. 자녀에게 책 읽어주는 시기를 요즘은 복중에서부터도 한다. 소위 태교의 일종이다. 태아는 15주부터 엄마, 아빠의 목소리를 알아차린다. 이 때 태교동화를 읽어줄 수 있다.[6] 아빠가 저음의 목소리로 읽어주면 엄마의 고음에 비해 양수를 잘 통과해 아이에게 잘 들리고 아이와의 유대감도 깊어진다. 부모가 자녀에게 책을 읽어주는 대표적인 경우가 '베드타임 스토리'(bedtime stories)다. '베드타임 스토리는 아이가 잠들기 전 부모가 책을 읽어주는 것을 말한다. 심리학자 에릭 시그먼(Aric Sigman)은 이렇게 말한다.

> "잠들기 전에 책을 읽어주는 것은 아이에게 정서적 안정과 휴식을 준다. 아울러 한 세대에서 다음 세대로 가치와 도덕을 전하면서 이를 부모 세대와 자녀 세대의 두 세대가 공유하는 중요한 수단이 된다."[7]

읽어줄 때 유의할 점은 무엇인가? 첫째, 아이에게 무엇을 가르치기 위해 억지로 읽히지 말아야 한다. 둘째, 그림책을 읽어줄 때 주위 분위기를 산만하게 해서는 안 된다. 셋째, 책을 읽어 줄 때는 부모도 책 속에 빠져 들 수 있어야 하며 부모님의 사랑도 함께 전달해 주어야 합니다. 넷째, 책을 읽어주는 것이 좋다고 아이의 상태를 무시하고 오랜 시간동안 강제로 하는 것은 아주 위험합니다. 아이들에 따라서 다르긴 하지만 하루 30분 정도면 충분하다. 길어도 40분

French Parenting, 이주혜 역, 『프랑스 아이처럼: 아이, 엄마, 가족이 모두 행복한 프랑스식 육아』(서울: 북하이브, 2012); Pamela Druckerman, *Bébé Day by Day: 100 Keys to French Parenting*, 『프랑스 육아법: 파멜라 드러커맨 〈프랑스 아이처럼〉의 실전편』(서울: 경향BP, 2014) 참고.

6) 정홍 글, 김승연 그림, 『하루 5분 엄마 목소리: 태교 동화를 읽는 시간, 사랑을 배우는 아이』(고양: 예담friend, 2014).

7) 문용린, "독서가 도덕을 만든다: 베드타임 리딩, 세대에서 세대로 가치 전수", 〈여성신문〉1107 (2010.11.5).

을 넘기지 않는 것이 좋다.

초등 자녀의 재능 발견

초등학교 시기 자녀 양육에서 유의할 내용은 재능 발견이다. 앞의 학습자를 다룬 장에서 보았듯이 사람의 지능은 여러 가지다. 우리 아이가 어떤 지능을 가졌는지 발견하는 것은 대단히 중요하다. 한 사람이 있다. 어려서 음악을 좋아해서 음악회를 자주 다니고 피아노 연주도 수준급이었다. 그러나 대학에서는 불문학을 전공했다. 그러다가 작곡을 공부하기 위해 과외를 받았다. 그리고 한 때는 미용을 배울까 하는 생각도 했다. 그러다가 신학대학원에 진학을 하게 되었고 지금은 외국에서 신학을 공부하고 있다. 지금 이 경우는 재능이 여럿이라 특별한 경우이지만 그렇지 않을 경우 어린아이였을 때 재능을 발견해서 정진하는 것이 여러 면에서 경제적이다. 아이의 재능은 저절로 발견되지 않는다. 그것을 찾기 위해서는 다양한 경험이 필요하다. 그런 면에서 부정적으로 말들을 하지만 학원을 여러 개 다니는 것도 괜찮을 듯싶다. 물론 교습학원은 제외하고서다. 피아노, 발레, 축구, 태권도나 유도, 검도, 수영 등은 재능의 차원이 아니라 우리 인생이 살아가는 데 필요한 여유와 휴식을 줄 수 있다. 내가 지금도 부러운 것은 피아노나 기타를 치며 노래하는 것이다. 바닷가에 나가 멀리까지 헤엄을 쳐나가고도 싶다. 그리고 적어도 어느 한 가지 운동의 유단자가 되어서 자신감을 가지고 싶다. 그러나 마음 뿐 나는 그 중에 어느 하나도 할 줄 모른다. 그런 것들은 어려서 배웠어야 하는데 하는 아쉬움이 있다. 아이의 재능은 넓은 영역에서 여러 사람이 하는 것이 될 수도 있고 아주 독특한 것에 흥미를 느낄 수도 있기 때문에 여전히 다양한 경험이 필요하다. 경험의 양은 재능을 발견할 때까지 계속되어야 한다. 앙투안느 드 생텍쥐페리(Antoine de Saint Exupery)가 말했다.

"배를 만들고 싶어 하는 아이가 있다면 미치도록 바다를 그리워하게 하라."

공부든 일이든 취미든 강요가 아니라 정말 하고 싶은 열정과 동경과 호기심이 깃들도록 판을 펼쳐주는 것 그것이 부모가 자녀에게 줄 수 있는 최고의 선물이다.

중2병

부모-자녀 관계에서 가장 위험한 시기는 청소년기일 것이다. 북한이 남침을 못하는 이유 중 하나가 중2가 무서워서라는 '중2병'이 대표적이다. 부모가 아무리 이해하려 해도 할 수 없는 대책 없는 시기가 이 때다. 중2병은 빠르게 성장하는 신체변화로 인해 감정의 기복이 심해지고, 생각이 여물게 되면서 현실과 이상 사이의 벌어진 간격을 메우고자 하는 행동이다. 그 특징은 크게 세 가지로 나타난다. 반항, 우울증, 그리고 허세다. 사춘기는 다 그러니까 중2병은 나라님도 못 고친다고 한다. 그리고 인간에겐 누구나 일생 동안 소비해야 하는 '방황의 양', 소위 '지랄 총량의 법칙'이 있다고 하니, 나중에 엉뚱한 방향으로 분출되느니 사춘기 시절에 이를 쓰는 게 낫겠다고 생각한다.[8]

부모가 할 일은 이 시기가 빨리 지나가기만을 기다리는 수밖에 없다. 하지만 그러려니 하고 내버려 두기에는 너무 불안하다. 왜냐하면 왕따 등 학교폭력에 시달릴 수 있기 때문이다. 나도 우리 딸이 왕따 때문에 힘들었다는 것을 고등학교를 졸업하고 나서야 알고 얼마나 미안했는지 모른다. 딸은 여러 가지 방식으로 내게 도움을 요청했지만 나는 "다 그런 거야" 하는 식으로 지나쳐버렸다는 것이다. 그러니까 이 시기의 부모는 적당한 거리두기와 학교폭력에 대한 예민한 안테나를 병행해야 한다.

우리의 자녀는 우리를 닮는다. 결정적인 증거는 자녀들이 부모의 직업을 따르는 경우가 꽤 있다는 것이다. 신학대학교 신학과나 기독교교육과에는 아버지가 목사인 학생들을 심심찮게 볼 수 있다. 자식농사 잘 지으면 인생이 편안하겠지만 맘대로 안되는 게 자식농사다. 최소한의 훈계와 큰 사랑, 인도를 구하는 기도, 그리고 현재에 대한 인정만이 그나마 자식농사의 길이다. 그리고 자녀들은 존재 자체로 사랑 받을 수 있어야 한다.

부모에 의한 신앙 유형

비키 제니아(Vicky Genia)는 신앙은 인생의 초기 경험들 안에서 형성된 심인적 자원들(psychicresources)에 의존한다고 보았다.[9] 즉 제임스 파울러(James W. Fowler) 등의 신앙 발달이 신앙을 외적 환경의 요소보다는 내적인 것으로 파악

---

8) "중2, 넌 도대체 누구냐", 〈중앙일보〉(2013.4.6).
9) Vicky Genia, *Counseling and Psychotherapy of Religious Clients: A Developmental Approach*, 김병오 역, 『영적 발달과 심리치료』 (서울: 대서, 2010), 6.

했지만 제니아의 경우에는 외적 영향, 특히 가정에서 부모의 영향이 신앙 유형 형성에 절대적이며 이것이 유년 시절에 그치지 않고 지속 된다고 보았다. 이 같은 관점에서 신앙은 발달적이기보다는 유형적으로 다음과 같은 형태를 띤다.

1. 자기중심적 신앙(egocentric faith): 이 단계의 신앙은 두려움과 자신의 위안과 긴밀하다.[10] 자기중심적 신앙의 뿌리에는 어린 시절 심리적 외상과 연관된 정서적 불안이 있다. 어린 시절 경험한 학대 또는 무시의 결과로 빚어진 자기중심적 신앙인은 타인과 하나님과 안정되고 신뢰할 수 있는 긍정적인 관계를 형성할 수 없다. 첫 3년 정도 유아는 자신의 요구와 빗나가는 부모에 대한 불만으로 공격성을 느끼지만 의존할 수밖에 없는 처지에서 애착을 보인다. 부모의 잘못을 자신의 잘못으로 수용하여 자기를 멸시하게 된다.[11] 신앙은 이러한 유아기의 재현이다. 이들은 하나님께 자기의 부모상을 그대로 투사한다. 그래서 신앙은 자신의 부족을 고백하며 하나님의 선의를 얻고자 하는 식으로 전개된다.[12] 이 유형의 신앙인은 하나님에게 위로받고 싶고 사랑받고 싶은 강한 열망이 있지만 그들 안에 숨겨진, 정서적 손상을 입은 부모와 동일시되는 하나님께 대한 불신과 분노로 인해 하나님의 선하심을 온전히 경험할 수 없다. 자기중심적 신앙은 다양한 형태로 나타난다.[13] 먼저, 자기소멸적 유형(self-effacing egocentric)이다. 이 유형은 자신이 변덕스럽고 신뢰할 수 없는 하나님의 수중에서 위협당하고 있다고 본다. 다음으로 자기애적 유형(narcissistic egocentric)이다. 이 사람들은 자신이 하나님에 의해 부르심과 선택을 받았다고 확신한다. 그러나 사실은 하나님을 위한 봉사보다 자기를 높이기위해서 종교적 권위를 추구하고 있는 것이다. 마지막으로 망상적 유형(delusional egocentric)이다. 이 유형의 사람들은 자신이 초월적 은사를 갖고 있다고 생각하며 천사와 악마의 영적 세계를 형성하고 시각적 청각적인 환상에 빠진다. 자기중심적 신앙은 과거 유아기의 내면적 상처를 하나님과의 관계를 통해 재현하고 있는 것이다.

2. 교리적 신앙(dogmatic faith): 이 신앙은 권위주의적 부모의 양육에 뿌리를 두고 있다.[14] 이 경우 부모는 자녀를 사랑하되 자신의 소원과 이상을 따를 것을 전제로 한 것이다. 부모를 실망시키지 않고 사랑과 인정을 받기 위해서는 정해진 규칙에 순응해야 하듯 이들은 하나님을 실망시키지 않기 위해 종교적 규약에 순응한다. 한편 교리적 신앙은 과보호 속에서 자란 사람들에게서도 발

10) Genia, *Counseling and Psychotherapy of Religious Clients*, 47.
11) Genia, *Counseling and Psychotherapy of Religious Clients*, 55, 57.
12) Genia, *Counseling and Psychotherapy of Religious Clients*, 61.
13) Genia, *Counseling and Psychotherapy of Religious Clients*, 64-77.
14) Genia, *Counseling and Psychotherapy of Religious Clients*, 115.

견할 수 있다. 거칠고 힘든 현실로부터 보호한다는 명분으로 자녀의 독자적인 생각을 인정하지 않아 자녀는 자신과 확신을 갖지 못하게 된다. 이것이 결정을 내려야 할 때 타인에게 결정을 미루는 의존적인 모습으로 나타난다. 이들은 이 상적인 종교적 기준에 맞추기 위해 노력하는 모범적인 신자로 보이나 만족을 모르는 부모 이미지가 투사된 하나님의 사랑과 은혜를 누리지 못한다. 교리적 신앙의 형태는 다섯 가지 유형으로 나타난다. 먼저 영적 율법주의(spiritual legalist)이다. 이들은 신약성경에 나오는 바리새인들처럼 하나님을 섬기는 것보다 종교적 규범을 지키는 것에 더 관심이 있다. 자기 의지와 훈련을 통해 종교적 격식을 준수하며 자신의 거룩함을 하나님께 보여 인정을 얻으려고 한다. 하지만 이 같은 종교 행위는 형식적이어서 순수한 헌신과는 거리가 있다. 그 다음은 영적 순교(spiritual martyr) 유형이다. 자신보다 타인을 기쁘게 해야 한다는 강박으로 자기부정과 자기희생적인 모습을 보인다. 자신의 욕구에 대한 억압이 도덕적 우월감으로 대체된다. 세번째는 영적 개혁운동(spiritual crusader) 유형이다. 이 신앙을 지닌 이들은 부모에게 무의식적으로 품고 있었던 분노를 종교적 차이점을 가진 사람들에게로 전이시킨다. 자신을 돌아보기 보다는 교리를 포함해 자신이 혐오하는 것들에 대해 다른 사람들을 경멸하며 그들의 신념을 바꾸기 위해 애쓴다. 네번째는 영적 지성(spiritual intellectual) 유형이다. 이 범주의 개인들은 종교에 대해 이념적 개념적으로 접근하는 데 관심이 있다. 이들은 종교적 삶이나 윤리보다는 종교적 지식의 수월성에 관심이 있다. 자기 확신에 차 있고 인간관계가 소원하나 내적으로는 정서적 친밀감을 원한다. 마지막으로 다섯 번째, 영적 은둔(spiritual recluse) 유형이다. 비난 등을 통해 자존감이 상실된 유형으로 사람들과의 관계에서 빚어질 수 있는 상처나 실망을 피해 하나님과의 배타적 관계 속에서 정서적 안정을 찾는다. 하나님에 의해 특별한 선택을 받았다고 생각함으로써 자존감을 회복하고자 한다. 교리적 신앙 유형의 공통점은 서로 다름과 다의성에 대해 너그럽지 못하다는 것이다. 권위에 대해 물음을 제기하지 않으며 그룹에 소속되는 것을 중시한다.

3. 과도기적 신앙(transitional faith): 이 신앙은 이전의 믿음 체계와 문화 혹은 종교적 정체성에 대해 질문함으로써 시작된다. 개인적 정체성과 삶의 통일된 철학을 만들기 위해 이전의 가치와 기준들을 포기하는 데서 오는 불안과 혼란이 따르며 이는 반항과 자기결정으로 나타난다. 개인적으로 의미 있는 영적 가치와 이상을 탐구하는 과정에서 다른 교파나 종교에 관심을 갖기도 한다. 이같은 신앙은 주로 청소년기와 초기성인기에 나타난다.[15]

---

15) Genia, *Counseling and Psychotherapy of Religious Clients*, 159, 163-164.

4. 재구성된 신앙(reconstructed faith): 이 신앙은 건설적이고 내재화된 도덕과 이상에 의해 인도된 삶의 의미와 목적을 추구한다. 그것이 양심과 조화를 이루며 타인을 관대하게 수용하며 감사와 찬양, 그리고 헌신의 모습을 보여준다. 이처럼 건강한 신앙은 어린 시절, 위험이 없고, 순응적인 환경, 즉 신뢰와 사랑 안에서 양육받았고 내적 행복을 체험한 데서 비롯된 것이다. 이 같은 가정 교육의 경험이 하나님의 돌보심을 느끼고 신뢰할 수 있는 바탕이 된 것이다.[16]

5. 초월적 신앙(transcendent faith): 이 신앙은 초월적 존재에 대한 현존 의식 안에서 보편적 진리와 선에 대해 헌신하며, 영적 가치와 삶의 일치를 추구하는 가운데 타인을 포함해 다양한 종교적 가치에 개방되어 있다. 인간을 포함한 우주적 차원에서 생명의 가치를 존중하며 역사와 그 안의 고통과 악의 실재를 인정한다.[17] 이 신앙에 도달하는 사람은 드물다.

II. 삶을 배우는 학교

홈스쿨링(home schooling)

홈스쿨링은 학교에 가는 대신에 집에서 부모한테 교육을 받는 재택 교육이다. 미국의 경우, 학교에 가더라도 일주일에 25시간 미만의 수업에만 참석하고 나머지는 부모가 가르친다. 학교교육을 받지 않는다는 뜻에서 언스쿨링(un-schooling)이라 부르기도 한다. 공교육의 획일적인 교육에 반대하여 부모들이 아이의 적성과 특성에 맞추어 직접 교육을 하기 위한 시도다. 우리나라에서 홈스쿨링은 위법이다. 초등교육법상 의무교육으로 규정된 초등·중등 과정을 무시하면 100만 원 이하의 과태료를 물게 되어 있다. 하지만 실제로 홈스쿨링 중인 가정이 이 법에 따라 과태료를 낸 사례는 없다. 이로 보아 우리나라는 홈스쿨링의 필요성은 인정하지만 공식적으로 인정할 수는 없다는 입장인 것 같다.[18]

홈스쿨링을 하는 부모와 아이들, 그리고 다음에 살펴 볼 대안학교운동은 근대 공교육의 이념을 거부하는 시도들이다. 하지만 공교육의 인정이 필요하다면 중학교, 고등학교 졸업 검정고시를 치러야 한다. 서덕희에 의하면, 특히 홈스

---

16) Genia, *Counseling and Psychotherapy of Religious Clients*, 195.
17) Genia, *Counseling and Psychotherapy of Religious Clients*, 212-35.
18) "학교 떠나 집으로 간 아이들…자유와 나태 사이 스스로 키를 잡다", 〈중앙일보〉 (2014.10.13).

쿨링은 공교육의 이념을 이념으로서 거부하는 것이 아니라 삶으로 거부하고, 공교육 이념의 모순성을 삶으로써 드러내 보인다.[19] 홈스쿨링의 큰 장점은 아이가 자기가 하고 싶은 것을 할 수 있는 여유와 자기가 잘 하는 것이 무엇인지를 발견할 수 있는 기회가 있다는 점이다.

목회에서 신자들에게 구태여 홈스쿨링을 하라고 권할 필요는 없다. 하지만 본인의 자녀를 홈스쿨링 한다는 것에 대해서는 개인적으로 찬성한다. 나도 아들 하나를 홈스쿨링을 했다. 성과를 떠나서 자유롭게 사는 모습이 보기에 너무 좋았다. 매일 아침 졸음을 참고 학교에 가는 모습을 보지 않아서 좋고, 중간고사니 기말고사니 수행평가니 하는 것들이 없어서 좋았다. 홈스쿨링에서는 자녀의 마음이 제일 중요하다. 부모 마음이 아닌 자녀가 마음이 내켜서 해야 한다. 평일에 교회 건물이 비어있다면 홈스쿨링을 하는 가정들을 위해서 필요시 빌려주는 것도 좋겠다. 지역주민을 위한 봉사가 될 수 있기 때문이다.

대안학교의 성격

죽음에 이를 정도로 교육적 질병에 걸린 공교육을 바라보며,[20] 특히 이념과 가치의 다양성에 바탕을 둔 건강한 교육을 모색하는 교육운동이 생겨났다. 소위 '대안교육'(alternative education)이다. 대안교육은 새로운 종류의 교육(new education)을 통하여 기존의 제도교육의 폐단을 뿌리 뽑고, 새로운 사회를 건설하고자 하는 교육을 통한 사회개혁운동이라고 할 수 있다.[21] 그리고 이 대안교

---

19) 서덕희, 「홈스쿨링의 가능성과 한계에 관한 참여관찰」 박사학위논문 (서울대학교 대학원, 2006); 서덕희, "홈스쿨링의 가능성과 한계에 관한 교육인류학적 분석", 「민들레」 33 (2008·7); 서덕희, 『홈스쿨링을 만나다』 (서울: 민들레, 2008).

20) Charles E. Silberman, *Crisis in the Classroom*, 배영사 편집실 편역, 『교실의 위기』 1-2 (서울: 배영사, 1992); Everett W. Reimer, *School is Dead*, 김석원 역, 『학교는 죽었다』 개정판 (서울: 한마당, 1997); Samuel Bowles and Herbert Gintis, *Schooling in Capitalist America*, 이규환 역, 『자본주의와 학교교육』 사계절신서 30 (서울: 사계절, 1999); Martin Canoy, *Education As Cultural Imperialism*, 김쾌상 역, 『교육과 문화적 식민주의』 (서울: 한길사, 1980); Paulo Freire, *Pedagogy of the Oppressed*, 성찬성 역, 『억눌린 자를 위한 교육』 한마당 글집 5 (서울: 한마당, 1995); Paulo Freire, *Pedagogía del Oprimido*, 남경태 역, 『30주년 기념판 페다고지』 그린비 크리티컬 컬렉션 5 (서울: 그린비, 2010); Michael W. Apple, *Ideology and Curriculum*, 박부권·이혜영 공역, 『교육과 이데올로기』 (서울: 한길사, 1985); Kevin Harris, *Teachers and Classes: A Marxist Analysis*, 들불 편집부 역, 『교사와 계급』 들불교육 1 (서울: 들불, 1989) 등은 제도교육의 모순을 지적한 대표적 비판서들이다.

21) Robin Barrow, *Radical Education: A Critique of Freeschooling and Deschooling* (New York: Wiley; London: Martin Robertson, 1978), 4.

육을 실시하는 학교가 '대안학교'(alternative school)다.22) 전통교육이 교과서 중심, 교사 중심, 강의식, 경쟁, 암기식, 지력, 그리고 시험 등의 특징을 갖는 경향이 있다면, 대안교육은 자유, 성장, 흥미, 활동, 발견, 생활, 사회재건, 협동, 발견학습, 그리고 감성 등에 핵심을 두고 있다.

대안교육의 유형

우리나라의 대안교육의 유형은 크게 세 가지다. 1. 학교 인가를 받아 교육을 하는 정규학교형 (제도 속의 대안학교, 예: 거창고등학교, 풀무농업고등기술학교, 영산성지학교, 들꽃피는학교, 간디학교, 영훈과 운현학교 등), 2. 방학을 이용하여 학교를 운영하는 계절학교형(제도 밖의 대안학교, 예: 민들레학교, 부산창조학교, 두림리자연학교, 변산공동체학교, 따로 또 같이 만드는 학교, 물꼬학교, 성남창조학교 등), 3. 방과 후에 이루어지는 방과 후 공부방 프로그램형(제도 '곁'의 대안학교, 예: 공동육아어린이집, 꾸러기학교, 여럿이 함께 만드는 학교, 서울지역 공부방연합회, 함께 크는 우리 등)이 그것이다.

국내외에 현존하는 대안학교들은 다음과 같이 크게 네 가지 유형으로 나눌 수 있다.23) 첫째, 자유학교형이다. 아이들의 잠재성에 대한 신념을 기초로 하는 교육을 하고자 한다. 영국의 섬머힐 학교가 대표적이다. 둘째, 생태학교형이다. 생태와 노작, 그리고 지역사회와의 연합을 중시하는 교육을 하고자 한다. 대표적으로 영국 하트랜드 지방의 '작은 학교'가 있다. 셋째, 재적응학교형이다. 학교 부적응 학생을 대상으로 하는 학교로, 전남 영광의 성지고등학교가 대표적이다. 넷째, 고유이념 추구형이다. 학교 나름의 독자적 교육 이념과 방식을 추구하는 학교들이다. 대표적으로 독일의 발도르프 학교(또는 슈타이너 학교), 우리나라의 풀무농업고등기술학교를 들 수 있다.

교회는 대안학교를 할 수 있는 인프라를 이미 갖고 있다. 공간이 있고 시간이 있고 가용 인원이 있다. 교회의 형편에 따라 정규학교형도 할 수 있고, 계절학교식으로 운영할 수도 있으며, 방과 후 학교식으로 할 수도 있다. 나는 교회의 대안학교 설립이 예수 그리스도의 제자를 삼기에 가장 좋은 방법이라고 생각하며 선교에도 크게 도움이 된다고 생각한다.24) 기독교학교가 있기는 하지만

---

22) 이종태, 『대안교육과 대안학교』대안교육 1 (서울: 민들레, 2001) 참고.

23) 이종태, "대안학교의 운영", 「교육진흥」 10:4 (중앙교육진흥연구소, 1998·여름), 23-25.

24) 민들레 편집실, 『대안학교 길라잡이』(서울: 민들레, 2010); 강순원, 『강순원의 대안학교 기행』 퍼플북 6 (오산: 한신대학교출판부, 2013); 유명한 독일의 발도르프학교(Waldorf schools),

설립 취지에 맞는 교육이 불가능해진 사회 분위기에서 교회의 대안학교야 말로 희망이라고 생각한다. 물론 기독교대안학교들이 있기는 하다.[25] 그러나 우리가 살펴본 위의 대안학교 관련 내용을 기준으로 판단해볼 때, 그것들이 과연 기독교대안학교인가는 매우 의심스럽다.

III. 생활의 터전, 교회

직장으로서의 교회

대부분의 사람은 직업을 갖고 일을 한다. 일을 하는 그곳을 직장이라고 한다. 한때 인기를 끌었던 '미생'이라는 드라마를 보면서 '참 직장이라는 곳이 치열하구나!'하는 생각을 했다. 시키는 일도 제대로 못하고, 안하려고 하는 직장도 많을 텐데, '참 대단하구나!' 하는 생각도 했다. 부정적으로 생각하면 직장은 노예 생활을 하는 곳이다. 자본주의 사회에서 피고용인이 된다는 것은 '돈을 벌기위해 혹은 다른 목적을 위해 스스로를 자발적 노예로 만드는 것이다'[26] 우리는 직장을 위해, 엄밀하게는 고용주를 위해 우리의 시간과 노력을 바친다. 일은 괴

영국의 섬머힐(Summerhill Schools), 슈타이너학교(Steiner schools), 러시아의 톨스토이학교 (Tolstoy schools), 미국의 크롱라라학교(Clonlara School), 일본의 키노쿠니학교(きのくに子ども の村), 태국의 무반덱학교(Moo Baan Dek, The Children's Village School), 일본의 자유학원(自由学園) 등에 대해서는 다음의 DVD 참고. '영국의 대안학교' DVD (EBS교육방송, 2012); '독일의 발도르프 학교' DVD (EBS교육방송, 2012); '이것이 미래 교육이다' 시리즈 1-5부 DVD (시민방송 RTV, 2006); 김명신, 대안교육: 어제-오늘-내일 (서울: 문음사, 2002); 堀眞一郎 「きのくに子どもの村: 私たちの学校づくり」, 김은산 역, 『키노쿠니 어린이 마을: 일본의 새로운 초등학교 이야기』 세계의 대안학교 1 (서울: 민들레, 2001); 堀眞一郎, 『自由学校の設計: きのくに子どもの村の生活と学習』, 김은산 역, 『자유와 교육이 만났다, 배움이 커졌다: 아이들도 교사도 행복한 학교 키노쿠니』(서울: 민들레, 2008); 羽仁惠子, 『自由学園の教育』, 서울평화교육센터 역, 『참자유인을 기르는 학교: 함께 생활하고, 성장하고, 실천하는 일본 자유학원』(서울: 내일을 여는 책, 1999); 정기섭, 『전원기숙사학교: 독일의 대안학교』(서울: 문음사, 2007); Ronald Koetzsch, *Parents' Guide to Alternatives in Education*, 교육이론실천연구회 역, 『대안학교 길잡이』교육이론실천연구시리즈 7 (서울: 교육과학사, 2007); Eliot Levine, *One Kid at a Time: Big Lessons from a Small School*, 서울시대안교육센터 역, 『학교 기성복을 벗다: 학교를 넘어선 학교, 메트스쿨』 (서울: 민들레, 2009) 참고.

25) 기독교학교교육연구소, 『한국 교육의 희망 기독교대안학교 가이드』기독교학교교육연구신서 8 (서울: 예영커뮤니케이션, 2012); 양희욱, 『세상을 이기는 아이들: 크리스천 대안학교 이야기』 (파주: 21세기북스, 2007) 참고.

26) Joanne B. Ciulla, *The Working Life: The Promise and Betrayal of Modern Work*, 안재진 역, 『일의 발견』(서울: 다우출판사, 2005).

롭고 힘들고 지겹다. "버려진 섬마다 꽃이 피었다."는 한 문장으로27) 나를 사로잡은 소설가 김훈은 이렇게 말한다.

> "가끔 옛 직장 동료들을 만난다. 그들은 한 목소리로 내게 부럽다고 이야기한다. 그럴 수밖에. 그들 눈에는 자고 싶을 때 자고, 일어나고 싶을 때 일어나고 상사의 잔소리를 들을 필요 없는 내가 부럽게도 보일 것이다. 나는 그때마다 똑같은 대답을 해준다. '회사나 이 바닥이나 똑같아. 밥벌이는 다 지겨워.' … 꾸역꾸역 밥을 벌자. 무슨 도리 있겠는가. 아무 도리 없다."28)

목회자의 경우도 마찬 가지다. 기분 나쁠지 모르지만 목회자에게 교회는 밥 벌어 먹고 사는 곳이다. 이렇게 말하면 '그럼 밥 벌어 먹기 위해 목회를 하느냐?'고 화를 낼지 모르겠다. 그렇게 예민할 필요는 없고, 현실적으로 교회는 직장이고 하나님의 일을 하면서 밥을 주는 곳이니 감사한 마음으로 일하자는 뜻이다. 그러므로 교회는 목회자들이 일한만큼 마음이 드는 감사한 일터가 되어야 한다. 이 교회라는 직장에서 목회자는 현실적으로 피고용자이면서 고용주 성격으로 근무한다. 우선 목회자는 자기가 피고용자라는 사실을 분명히 해야 한다. 나는 가끔 학생들의 형편을 살피기 위해 페이스북에 접속하는데, 어떤 목회자는 아예 거기서 사는 사람도 있다. '그렇게 할 일이 없는가?'라는 마음이 들었다. 그런데 왜 할 일이 없겠는가, 안 하는 것이겠지. 목회자는 자신을 직장인으로 생각해야 한다. 보이지 않는 하나님을 엄한 고용주로 알고 열심히 정성껏 일해야 한다. 그런데 무슨 일을 하는가?

목회 계획

목회자들은 자신이 교회에서 할 일을 분명히 규정해야 한다. 교회의 사역은 크게 예배, 성경공부, 프로그램, 그리고 목회적 돌봄으로 나눌 수 있다. 이 일을 어떻게 해나갈 지에 대한 구체적이고 분명한 계획이 있어야 한다. 교인들의 신앙 성장과 성숙을 위해 분야별로 위계와 수준을 정하고 그 내용으로 장기계획과 단기계획을 작성해서 목회실에 게시해야 한다. 예를 들어 보자. 먼저 예배라든가 성경공부 등 교회가 발전시키고자 하는 영역을 정해야 한다. 다음으로는 그 영역에서 추진하고자 하는 목표를 정한다. 그리고 그 목표를 이루기 위해

---

27) 김훈, 『칼의 노래』 (서울: 생각의나무, 2001).
28) 김훈, 『밥벌이의 지겨움: 김훈 世說, 두 번째』 (서울: 생각의 나무, 2003).

어떤 과제를 해야 할 지 구체적으로 정한다. 계획의 단계는 다음과 같다. 1단계: 상황 인식, 2단계: 목표 설정, 3단계: 프로그램 결정, 4단계: 방법과 자원선정, 5단계: 책임 분담, 6단계: 평가. 예를 들어 추진과제 중의 하나에 대한 계획을 보자.

[표2] 청년 회원 확대 계획

단계	내용	실천 사항
1단계: 상황 인식	왜?	교회 미래 불확실
2단계: 목표 설정	무엇을?	올해 최소한 6명 확보
3단계: 프로그램 결정	어떻게?	대화시간, 친교시간,
4단계: 방법과 자원 선정	어떻게?	볼링팀 구성
5단계: 책임 분담	누가, 언제?	청년회 부장과 지도교사가 추진, 다음 날 안에 회의, 친교 시간과 볼링팀 희망자 모집
6단계: 평가	결과는?	1년 뒤, 또는 필요한 시기에 점검, 목표가 달성되었는가? 새로운 상황이 발생하지는 않았는가? 계획을 수일정 기간 뒤 모정할 필요는 없는가?

계획을 추진하는 일은 혼자의 힘으로 안 된다. 교역자들이 힘을 합쳐 함께 해야 한다. 아니면 자원하는 신자들과 함께 해야 한다. 일을 할 때 지도자의 유형이 중요하다. 지도자가 권위적이라면 자기주장을 내세울 것이다. 다른 사람의 주장이 더 낫더라도, 전문가가 말해도 무시된다. 이런 분위기에서 계획은 구성원이 합의하는 목표보다는 담임목회자의 소신을 구현하는 일이 된다. 목회자는 함께 일하는 사람들을 어떻게 대할 것인지 미미 마음을 정해야 한다. 목회자가 능력이 있을 경우 수하의 사람들을 못 마땅하게 여길 수 있다. 사실 어떤 이들은 시키는 일도 제대로 못한다. 그럴 경우에는 자연스럽게 그를 비난하게 되기 쉽다. 그래서 일을 할 경우 그 사람의 은사와 분량에 따라 일을 맡기는 것이 중요하다. 최악의 경우는 리더가 권위적이고 독선적일 경우다. 이런 경우에는 구성원들의 의견을 수용하지 않고 자기 생각대로 계획을 추진한다. 리더가 능력이 있을 경우에는 그나마 진행되지만 리더가 무능할 경우에는 계획을 달성할

수 없을 것이다. 그런 사람일수록 좋은 의견을 무시하고, 민주적이지 않기 때문에 구성원의 창의적 추진 행위를 인정하지 않는다. 그럴 경우 구성원들은 능력이 있고 창의력이 있어도 움직이지 않을 것이다. 혹시 잘못되면 그 책임을 다 져야 하기에 차라리 가만있는 것이 낫다고 생각하기 때문이다.

조직에의 헌신

목회자들의 바람 중에 하나는 잠 좀 한 번 실컷 자 보는 것이다. 그 만큼 바쁘다는 말이고 그 만큼 쉴 틈이 없다는 말이기도 하다. 사실 목회자에게 내 시간은 없다. 좀 쉴만하면 일이 터지는 게 교회다. 목회자의 이와 같은 라이프스타일을 당연히 여겨 몸이 부서져라 일하면 좋겠지만 그것도 한계가 있다. 사람이 지치면 회의가 일어나기 마련이다. 교회에서 이런 일이 일어나서는 안 된다. 교회를 직장으로 생각하면 어느 정도는 그와 같은 성격을 띠어야 한다. 그것이 목회자가 탈진하지 않고 장기적으로 교회에 헌신할 수 있는 길이다.

우선 업무 분담이 분명히 되어야 한다. 교회에서는 은혜를 내세워 딱히 정해진 일이 없어 형편이 되는 사람이 주로 일을 하게 되는데, 이러다 보면 일을 하는 사람만 하게 되어 불만이 쌓이게 된다. 업무 분담을 하는 이유는 담당 업무를 발전시키라는 의도가 담겨 있다. 대부분의 교회가 교구목사, 행정 목사, 교육목사 등의 업무 분담을 하나 실제로 자신의 업무를 전문적으로 처리하는 경우는 드물다. 따라서 사역자들은 자기 분야 또는 교회의 발전을 위해 연구할 시간이 있어야 한다. 그것이 장기적으로 교회에 이익이 된다. 월요일에 대학원을 다니고자 한다면 학비를 지원하는 등 후원을 아끼지 말아야 한다. 몸으로 뛰는 것만이 아니라 공부도 교회와 하나님을 위한 일이기 때문이다.

목회자들이 월요일에 쉬기는 하지만 나머지 날들에는 출근 시간, 퇴근 시간이 따로 없다. 저녁 예배나 교회행사로 밤늦게 귀가해도 새벽에 기도회에 참석해야 한다. 매일 그럴 수는 없지만 일단 사역자들의 업무 시간을 분명히 정해둘 필요는 있다. 일반 직장이 8시간을 일하니 교회도 그렇게 하면 어떨까. 그리고 초과된 업무 시간은 보전해 주어야 한다. 예를 들어 장례예배로 지방에 가느라 하루 종일 걸렸다면 다음날은 쉬도록 해주자는 말이다. 교회에서는 일반 직장에서처럼 초과 근무 수당이 있는 것도 아니고 무턱 대고 헌신을 내세워 죽도록 충성을 강조해서는 안 된다.

조직에는 항상 부정과 비리가 있다. 타락한 인간들이 하는 일이기 때문이다. 우리가 교회를 직장으로 생각하면 사역자는 근로자다. 자신이 고용주나 되는 양 주어진 시간을 자기 멋대로 사용할 수 있다고 생각하는 것은 큰 잘못이다. 그런 마음이 잘못을 키우는 것이다. 돈 문제, 여자 문제도 목회자가 교회를 자기 마음대로 할 수 있다고 생각하는 데서부터 온다. 부정도 마찬가지다. 명분을 내세워 결국 자기 뱃속을 채우는 일이 비일비재한데, 교회에서까지 그렇다. 선교지 방문이란 명분을 내세운 해외여행이 아니었으면 좋겠다. 세상은 비리로 얼룩졌지만, 교회에서는 유다처럼 이런 저런 핑계로 돈을 빼먹지 않았으면 좋겠다.

IV. 말씀과 기도의 성스런 공간

정당한 교회 건축

어두운 밤, 붉은 네온의 십자가는 외국인 관광객에게 한국의 명물이 될 정도다. 이 뾰족탑은 중세 유럽에서 경쟁적으로 교회를 크게 짓고자 하는 데서, 그리고 왕이 종교적 권위를 얻고자 하는 마음에서 세운 것이다. 기독교 역사에서 교회 건물에 대한 관점은 크게 두 가지였다. 하나는 교회를 성전(temple)으로서 보는 관점이 있고, 다른 하나는 모임 장소(meeting-house)로 보는 관점이다. 교회는 처음 신자들이 모이는 가정교회로 시작했다. 이후 회당 성격의 바실리카(basilica) 양식의 교회가 세워졌다.[29] 중세에 접어들어 교세가 확장되면서 성전 개념의 웅장한 고딕성당을 짓게 되었다. 그후 종교개혁이 일어나고 종교개혁자들이 추구했던 교회 건축은 미팅하우스였다. 그러다가 19세기 중반 영국국교회를 중심으로 중세부활운동이 일어나면서 교회는 다시 성전의 개념으로 돌아갔고, 이는 당시 미국교회에 영향을 미쳤다. "따라서 미국교회로부터 선교 받은 한국교회 역시 교회건물에 대한 기본 개념은 성전이었고 그 영향이 오늘에 이른 것이라 볼 수 있다."[30] 하지만 이 두 개념은 상합되어야 할 것이지 선택의

---

29) 주후 313년 모든 종교에 관용을 베푸는 밀라노칙령(edict of Milan)이 공포된 후 그리스도인들은 함께 모여 말씀을 들으며 성가를 부를 수 있는 장소를 찾았다. 그렇게 선택된 건물이 바실리카다. 본래 바실리카는 고대 로마제국에서 도시에 세워진 법정, 집회 등에 사용되는 큰 홀 형식의 공공건축을 가리키는 것이었으나 4세기 이후 초기 기독교의 긴 평면 성당건축을 가리키게 되었다. 대표적인 것에는 5세기에 지어진 로마의 성 사비나교회(basilica of saint Sabina at the Aventine)가 있다. 조창환, "세계교회 건축순례(4): 초기기독교 교회건축1 바실리카식 교회", 〈기독공보〉 2285 (2000.8.26).
30) "사랑의교회 건축을 통해 본 한국교회 건축문제" 녹취록, 〈기독교윤리실천운동본부 블로그〉 (2013.12.4).

문제가 아니다.

교회 건축은 기본적으로 건축의 입장에서 보아야 한다.[31] "건축이란 인간의 활동을 돕는 도구이며 그 환경이다. 좋은 건축은 인간의 활동을 촉진시켜준다. 마찬가지로 좋은 교회건축은 교회의 예배, 교육, 교제, 선교, 봉사 등 교회의 사역을 촉진시켜준다. … 교회건축은 기본적으로 기능성, 아름다움, 안전성, 경제성, 공공성, 그리고 교회의 본질을 드러내는 상징성을 가져야 한다." 이중에서 문제가 되는 것은 경제성, 공공성, 상징성이다. 경제성 측면에서, 교회 건축에 막대한 재정이 소요되다 보니, 교인들에게 헌금의 부담을 주고, 교회건축 비용 때문에 교회의 여러 사역이 위축된다. 빚을 감당할 수 없어 년 1,000여개 정도의 교회가 경매에 붙여진다고 한다. 공공성 측면에서, 교회 건물은 지역 사회에 영향을 준다. 어떤 영향이 예상되는 지를 고려해야 한다. 사랑의 교회의 경우, 그처럼 웅장한 교회가 필요했는지. 그리고 그것을 바라보는 사람들의 느낌이 어떨지 고려했어야 했다. 상징성 측면에서, 교회 건물은 교회의 본질과 사명을 드러내야 한다.

교회는 그리스도의 몸의 상징이다. 하지만 교회는 나아가 그리스도의 몸을 이루는 신앙공동체를 형성하는 데 기여해야 한다. 그러기 위해서는 교회는 왜 필요한지, 그리고 교회는 어떻게 지어야 하는지에 대해 물어야 한다. 정기용은 건물을 세우기 전에 땅은 무엇이고 건물은 무엇인지 질문한다. 또한 그 안에서 살아갈 사람들이 누구인지 질문한다. 모든 건축은 삶과 죽음, 시간과 공간 같은 가장 본질적이고 근원적인 문제와 분리될 수 없기 때문이다.[32]

교회는 여력도 안 되면서 신자들에게 부담을 주면서 교회를 건축하려는 마음을 접어야 한다. 건축 후에 대출금 이자를 갚느라고 허덕이다 결국에는 경매에 붙이는 어리석은 짓을 해서는 안 된다. 건물은 크게 짓는다고만 해서 대수는 아니다. 적당한 크기는 바닥면적으로 기준으로 예배실의 경우 성인 최소 1.5-2㎡/인이다. 이 공간의 크기는 단지 넓이만을 의미하지 않는다. 공간 내의 공기의 양을 염두에 둔 것이다. 실내가 탁한 교회는 환기를 고려하지 않았기 때문이다. 교회 전체 면적은 1인당 최소 1.5평 정도는 되어야 한다. 물고기들이 영역 싸움을 하듯 부족한 공간은 감정을 자극하여 갈등을 일으킨다. 장래 신자 수를 예측하거나 목회의 규모를 정하거나 해서 거기에 맞추어 교회를 적당한 크기로 지어야 한다.

---

31) "사랑의교회 건축을 통해 본 한국교회 건축문제".
32) 안찬수, "말하는 건축가'의 눈과 귀", 「문학동네」 71 (2012. 여름); 정기용, 「사람·건축·도시」 (서울: 현실문화연구, 2008); 정기용, 「기억의 풍경: 정기용의 건축기행 스케치」 (서울: 현실문화연구, 2010); 정재은, '말하는 건축가' 영화 (두타연, 2011).

건축의 가장 기본은 주위와 어울려야 한다. 방화동에 있는 '큰나무교회'를 본 적이 있다. 뒤로 산을 두르고 있는데 그 산을 가리지 않기 위해 해당되는 부분을 텅비어놓았다. 반면에 내가 늘 보는 어떤 건물은 크게 질 요량으로 뒤의 산을 완전히 가리고 전면도 볼 수 없도록 지었다. 건축사의 비양심적 설계인지 건축주의욕심인지 알 수 없으나 비상식적 건물을 보자면 마음이 아프다. 교회 건물은 그 건물을 이용하는 사람뿐만 아니라 지역사회의 대표적 건물이다. 지역사회가 풍광을 비롯해 여러 면에서 교회를 자랑할 수 있는 그런 건축을 해야 한다.

교회 건축 방식은 다양하다. 독자건물을 갖지 않고 학교 강당을 이용하거나 대지를 제공하고 유관 기관에서 체육관 등을 짓고 교회가 관리를 하는 형식도 있다. 건축 양식도 성전의 개념을 따를 것인지, 아니면 모임 장소라는 개념을 따를 것이냐에 따라 달라진다. 교회를 성전이라 생각할 경우에는 예배 공간, 문, 통로, 벽과 창, 천장과 지붕 등에 신학적 의미를 담아야 한다.[33] 이 경우의 교회 모양은 고전적인 바실리카나 돔 형식이 어울릴 것이다. 하지만 오늘날 대부분의 교회 건물은 미적 성격을 중시하여 건축가의 작품으로 지어진다. 대체로 미니멀리즘의 영향을 받아 단순한 형태를 띤다.[34] 이에 반발하여 토착적 성격을 추구하는 건물들도 있다. 지역에 따라 고려해야 할 문제인 것 같다.

그리스도의 몸을 이루는 목회를 위한 교회 건물은 교회의 사명을 다할 수 있도록 하는 구조를 갖추어야 한다. 기존의 공간을 이용하면서도 의도가 분명하면서 참신한 공간이 되어야 한다. 케리그마를 위한 방은 성경을 깊이 연구하고 소그룹으로 성경을 공부할 수 있는 공간이다, 이 방에는 성경연구를 위한 충분한 자료를 마련해두어야 한다. 레이투르기아를 위한 방은 예배실 외에 기도실을 새롭게 구상할 수 있다. 보통은 기도실이라 해서 흐릿한 조명의 침침한 공간을 연상하게 되는데 함께 기도할 수도 있고 기도에 대해 배울 수도 있는 공간으로 꾸밀 수 있다. 디다케를 위한 방은 교회 교육부서의 공간을 리모델링해서 온전한 교육을 할 수 있어야 한다.[35] 코이노니아를 위한 방은 교회 식당이나 커피숍을 통합해서 편히 쉴 수 있으며 대화가 자연스럽게 일어날 수 있도록 꾸며야 한다. 디아코니아를 위한 방은 교회와 사회를 매개하는 중간지

---

33) 이정구, 『교회건축의 이해: 신학으로 건축하다』(파주: 한국학술정보[주], 2012); 조창한, "세계 교회 건축순례", 〈기독공보〉 2282 (2000.8.25)-2377 (2002.8.10) 참고.

34)   새문안교회-새성전건축-교회건축위원회-나눔마당-세계교회자료, https://church.saemoonan.org:863/mboard/mboard.asp?board_id=community03&group_name= church 참고.

35) 이에 대해서는 박종석, "기독교교육과 건축: 신촌성결교회 교육환경 개선을 중심으로", 『신학과 선교』 36 (서울신학대학교 기독교신학연구소, 2010), 1-16 참고.

대라 할 수 있다. 교회의 사회적 섬김은 효과적이기 위해 창의적이어야 한다. 그리고 최소한의 전문성도 필요하다. 소위 작은 종합적인 NGO(비정부 기구, non-governmental organization) 형태 성격을 띨 수 있을 것이다.

교회와 예술

개성을 추구하는 포스트모던시대에 회화와 조각은 필요하다. 개성이 표현이라면 신앙이 표현되어야 하는 것은 잘못된 일이 아니다. 종교개혁을 계기로 개신교는 우상이라 하여 당시의 예술을 모두 성상 숭배라 매도하여 버렸다. 예술에 대한 마르틴 루터(Martin Luther)의 견해는 성상에 대해서는 부정적이지만 안드레아스 폰 칼슈타트(Andreas B. von Karlsstadt)류의 과격한 성상파괴에는 반대하는 어정쩡한 입장이었다. 칼슈타트는 가톨릭 예배의 물질적 소품, 즉 성수, 성람, 형상 등을 사용하는 외적 예배를 반대했다. 그는 이 같은 인위적 장치가 영적 은혜를 전달할 수 없을 뿐만 아니라 마음에 남아 신자의 지적, 영적 성장을 지체시킨다고 비판했다.[36] 그러면서 루터는 예술을 종교개혁의 정신, 즉 오직 믿음이란 내용을 전파하는 선전용 그림에 사용하였다.[37] 더불어 우상으로서의 예술이 아닌 인간 본성의 표현으로서의 예술은 인정했다. 루터는 예술을 적극적으로 이용하여 대중을 교육하고 복음을 전하는 도구로 사용했다.[38] 루터의 예술에 대한 긍정적 입장이 개신교에서 무시되는 현상은 아쉽다.[39]

존 칼빈(John Calvin)은 성화 대신 오히려 하나님께서 지으신 자연에 대한 묘사를 권장해 신자들의 예술에 대한 욕구를 다른 곳으로 돌려버렸다.[40] 칼빈에 따르면 "예술은 하나님이 만드신 것으로 존중해야 한다.[41] 하나님께서 우리

---

36) 최재호, "비텐베르크 운동과 성상파괴주의", 「역사교육」 94 (2005.6), 120.

37) 이한순, "루터의 종교개혁과 대 루카스 크라나흐", 「미술사논단」 3 (한국미술연구소, 1996), 97-133; 이한순, "루터와 크라나흐의 프로테스탄트 도상학", 「미술사논단」 7 (한국미술연구소, 1998), 187-225 참고.

38) 루터의 성상 등 예술에 대한 내용은 서성록, "종교개혁의 미술론: 마르틴 루터의 경우", 「인문과학연구」 3 (안동대학교 인문과학연구소, 2000), 185-207 참고.

39) "그에 따르면 교회에는 적어도 '보고, 증거하고, 기억하고, 의미를 부여하기 위해 십자가상이나 성자 이미지나 마리아 이미지가 남아 있어야 한다." Wilder die himmlischen Propheten von Bildren und Sakramenten (WA, 18, 80, 7). 박건택, "기독교 이미지 신학의 역사적 고찰 I", 「신학지남」 290 (2007봄), 103 재인용.

40) 칼빈의 예술에 대한 입장은 서성록. "종교개혁의 미술론: 칼빈의 경우", 「미학·예술학연구」 10 (한국미학예술학회, 1999.12), 69-89 참고.

41) Abraham Kuyper, *Lectures on Calvinism*, 김기찬 역, 『칼빈주의 강연』 (서울: 크리스챤다이제스

에게 예술을 허락하신 목적은 하나님을 영화롭게 하기 위해서다.[42] 칼빈이 당시 상황에서 교회 안에서 형상을 사용하여 예배드리는 것을 우상 숭배로 여긴 것은 당연하다. 그래서 칼빈이 예술의 위치에 대한 대안으로 제안한 것은 하나님 자체가 아닌 세계의 아름다움을 표현하는 예술이다. 예술은 자연에 나타난 미의 표현을 통해 하나님께 영광을 돌리는 행위다.[43]

개신교의 예술에 대한 황폐화는 종교개혁자들의 예술관에 대한 오해에서 비롯되었다 할지라도 그것이 오랫동안 지속됨으로써 교회는 아예 예술과는 무관해야 하는 인식이 고착된 것 같다. 그래서 교회 환경에 예술적 요소를 배려하는 일에 대해서는 아예 생각조차 해보지 않는다. 그 결과 교회는 촌스러운 곳이 되었으며 설교라는 언어를 통한 것 외에는 다른 어떤 수단으로도 은혜나 감동을 누리지 못하게 되었다. 신자나 목회자는 사회에서 전시나 공연 등을 누리면서 교회에서는 교양과 무관한 환경이 제공된다면 논리가 맞지 않는다. 무엇보다 교회에서 예술의 필요성은 지금 자라나는 세대들은 시각적이며 청각적이고 참여적이며 표현적인 세대이기 때문이다. 그들은 우리와는 다른 통로를 통해 하나님과 접촉하며 다른 방식에 의해 신앙이 형성된다.

교회 건물과 예술의 사용 원칙은 간단하다. 예배자들이 경외심에 가득 찬 나머지 저절로 무릎을 꿇게 되는 정도는 아니더라도, 현실세계를 떠나 마치 천국에 온 느낌을 주지는 못한다 하더라도 예배자들을 경건한 분위기 안으로 초청해서 깊은 명상으로 이끌어 들일 수 있도록 해야 한다는 것이다.

교회 건축 외에도 교회에서 예술이 사용될 곳은 많다. 그렇다고 인정하더라도 제발 당신의 취향대로 하려고 하지 마라. 당신이 예술가라면 몰라도 그렇지 않으면 전문가의 도움을 받으라. 예술가들에게 일할 수 있는 기회를 주어야 한다. 공적으로는 이들이 어느 영역에서 일할 수 있을 지 계획을 세워 책임을 지울 수 있다. 교회의 사명과 관련된 전체 영역에 예술적 표현이 가해질 수 있다. 나아가 지역사회와의 소통에 예술만큼 활용하기에 좋은 수단은 없다. 신자 중에 화가나 음악가나 창의성이 있는 사람들이 있다면 그들을 통해 예배의 수준이 높아지며 신학을 예술적으로 표현하며 공동체에 영향을 끼칠 수 있다. 개인적으로는 설교에 예술적 요소를 더하도록 한다.[44] 본문을 잘 설명해주거나 새

트, 2011), 186.

42) Kuyper, *Lectures on Calvinism*, 186-87.

43) Kuyper, *Lectures on Calvinism*, 164; Peter S. Heslam, *Creating a Christian Creating a Christian Worldview: Abraham Kuyper's Lectures on Calvinism* (Grand Rapids, MI: Carlisle: W.B. Eerdmans; Paternoster Press, 1998), 210-11.

44) J. Scott McElroy, *Creative Church Handbook: Releasing the Power of the Arts in Your Congregation* (Downers Grove, IL: InterVarsity Press, 2015).

롭게 해석하는 문학이나 음악, 그리고 미술, 영화 등을 활용할 수 있다. 교회가 예술적 색채를 띠게 되면 신자들은 교양과 문화를 누린다고 생각해서 교회에 대한 자부심도 갖게 될 것이다.

V. 환경과 종말

그리스도인에게 환경은 모순이다. 그것은 생존과 종말 사이에 있다. 세상에서 환경에 대해 말할 때, 그것은 지속 가능한 생존과 연관된다. 교회에서도 마찬가지다. 환경은 하나님께서 지으신 아름다운 자연세계를 말하며, 그것을 보전할 그리스도인의 책임과 관계있다. 하지만 교회에서 환경은 전자의 보전해야 할 입장과는 전혀 다른 내용과 연관되기도 한다. 종말이다. 기독교의 단선적 역사관은 창조라는 세상의 출발이 있고 세상의 끝에 종말이 있다는 것이다. 그리스도인들이 세상 종말에 관심을 갖는 것은 그 때 우리 주 예수 그리스도께서 다시 오시는 재림이 이루어지기 때문이다. 그러니까 그리스도인의 환경에 대한 관심은 다시 오실 주님에 대한 소망 때문이다.

주님께서 다시 오실 때 환경의 변화가 일어난다고 성경은 말한다. 누가복음 21장 20-24절에서 예수께서는 예루살렘 성전의 멸망의 징조를 통해 장차 세상 종말의 징조를 알려주셨다. 66년부터 유대인들은 로마군대와 7년 동안 전쟁을 벌였는데, 예루살렘과 성전이 멸망되기 전 몇 달 동안 110만 명에 이르는 유대인들이 죽임을 당했다. 인류 역사상 몇 달 사이에 이처럼 많은 사람이 죽은 전쟁이 또 있었을까. 이 전쟁은 세계 종말의 끔찍함을 상징적으로 보여준다. 세계 종말이 있기 전에 나타나는 징조들에 대해 성경은 상세하게 언급하고 있다. 전쟁과 난리, 큰 지진, 기근과 역병, 그리고 해가 어두워지고, 달은 그 빛을 잃고, 별들이 하늘에서 떨어지고, 하늘의 세력들이 흔들리는 무서운 현상 등이다(마 24:3-14; 막 13:3-13; 눅 21:7-19). 이런 현상들은 사실 인류 역사상 늘 있어왔던 일이기에 사람들은 이것이 종말의 징조라는 것은 인정하지만 익숙한 탓에 종말은 여전히 먼 미래에 일어날 일로 생각한다. 하지만 주님께서는 이런 일들이 종말의 시작이라고 하신다(눅 21:28). 그리고 그 시급함을 무화과나무를 들어 확인하신다. 이스라엘에서 여름은 예고 없이 갑자기 찾아온다. 겨울이 지나고 잠깐 봄이 온 것 같은데 벌써 여름이다. 그런데 이 갑작스런 더위가 올

것을 알 수 있는 방법이 있다. 무화과나무 가지가 연해지고 잎사귀가 나오면 곧 여름이 온다는 것이다. 종말을 먼 미래로만 생각하는 데 대한 경고다.

　종말과 관련지어 어리석은 그리스도인들은 그 날이 언제인가에만 집중한다. 그리고 그 날이 가까워오기에 일상을 포기한다. 하지만 그리스도인의 바른 자세는 "인자 앞에 설 수 있도록, 기도하면서 늘 깨어" 있는 것이다(눅 21:36). '깨어 있으라'는 말씀은 영적인 분별력을 가지고 시대의 징조를 잘 살피라는 말이다. 여러 채널을 통해 시대가 어디로 어떻게 흘러가고 있는지를 살펴야 한다. 목회에도 도움이 될 것이다. 헛된 것이라 하여 무시하거나 무관심 할 경우 세상과는 무관한 고립된 목회에 빠질 가능성이 있다. 특히 사람들이 무슨 생각을 갖고 어떻게 사는 지 성경적 영적 비판과 더불어 예의주시해야 한다. 예를 들어, 청년실업 문제에 대해서도 여러 가지 원인이 있겠지만 당장 대기업을 중심으로 시업들이 고용을 축소한 탓이다. 사상 최고의 수익이니 어쩌구 하면서 근로자 임금 상승으로 이어지거나 재투자를 통해 고용을 창출하는 것이 아니라 금고에 쌓아두고만 있다는 것이다. 대기업들은 대략 1000조원에 달하는 자금을 비축하고 있다고 한다. 간단하다. 자기들만 호의호식하겠다는 이기와 탐욕 외에 무엇이라 설명해야 할까. 그러므로 청년실업문제는 경제가 아닌 영적 문제가 되는 것이다.

　우리 사회에 깊이 뿌리박은, 그래서 당연시 되는 이기주의와 탐욕, 그리고 경쟁의 문제는 전혀 성경적이지 않은 정신이다. 이와 같은 그릇되고 비뚤어진 마음 때문에 여기저기서 사람들이 죽어 나간다. 사람보다 더 중요한 것이 어디 있을까? 환경 문제는 본질적으로　생명보전 문제다. 자연의 생명을 보호하자는 세상이 막상 사람의 생명을 경시하는 이 풍조에 대해 교회는 정면으로 대항해야 한다. 환경 파괴로 자연 뿐만 아니라 우리 자신도 여러 종류의 피해를 입고 있다. 그리고 무엇보다 우리의 마음은 황폐하여 사람이 사람을 죽음으로 몰아넣는 종말의 세상이 되었다. 하지만 그리스도인의 자세는 지금이 종말과 같고 내일 종말이 온다고 해도 하나님께서 교회에 맡기신 그 분 나라의 건설을 위해 여전히 매진해야 한다.

2부
교회의 사명과 목회

"그들은 사도들의 가르침에 몰두하며, 서로 사귀는 일과 빵을 떼는 일과 기도에 힘썼다."(행 2:42)

안토니 반 다이크(Anthony Van Dyck), 〈성령 강림〉, 1618-20년,
캔버스에 유채, 265×221cm, 포츠담, 상수시

1장 복음을 선포하는 케리그마

I. 본문을 전하는 말씀

유기적 기관으로서의 교회의 사명

이 책에서 교회를 그리스도의 몸이라고 했는데, 이는 교회가 몸의 특성, 즉 유기체라는 의미이기도 하다. 유기체는 우선 신체의 각 부분이 서로 연결되어 있는 하나의 전체성을 뜻하지만 몸이 자라난다는 뜻도 담겼다. 그런데 그 성장은 신체의 각 기관들이 연결되어 있는 까닭에 어느 한 기관만 자라는 것이 아니라 함께 자라나는 특성이 있다. 사람의 경우, 신체의 어느 부분이 비정상적으로 커지거나 또는 자라지 않을 경우 정상적인 몸이라고 할 수 없다. 교회 역시 마찬가지다. 교회의 신체 기관이라고 할 수 있는 케리그마, 레이투르기아, 디다케, 코이노니아, 그리고 디아코니아 사명들이 그것이다. 이 사명들의 균형이 맞지 않으면 교회는 병들거나 성장하지 않는다.

한편 마리아 해리스(Maria Harris)는 신자들이 교회에 호감을 갖고 출석하는 이유, 또는 신자들의 교회에 대한 바람을 열 가지로 언급했다. 예배나 봉사에 참여할 수 있는 기회, 이웃과 함께 하는 교회, 친지나 친구 등 지인들과의 관계, 신자들 사이의 친절과 관심, 설교의 질, 교회의 명성, 평신도 리더십의 가능성, 목회적 돌봄과 관심도, 예배 스타일, 교회의 자녀에 대한 관심.[1] 이것들을 개별적으로 충족시키기 보다는 이것들을 전체적으로 다룰 수 있는 논리가 필요하다. 그것은 교회의 사명이라는 틀이다.

내용 있는 강해 설교

케리그마는 복음, 즉 기쁜 소식일 뿐만 아니라, 그 복음을 선포하는 행위를 포함한다. 복음의 내용은 우리 주 예수 그리스도의 탄생과 지상에서의 사역과 말

---

1) Maria Harris, *Fashion Me a People: Curriculum in the Church*, 고용수 역, 『회중 형성과 변형을 위한교육목회 커리큘럼』 (서울: 한국장로교출판사, 1997), 110.

씀, 수난과 죽음, 그리고 부활이다. 예수 그리스도의 생애 전체, 그래서 그 분 자체가 복음이라 할 수 있을 것이다. 복음 선포 행위로서의 케리그마는 오늘날의 소위 '설교'를 말한다.

상당수의 신자들이 목회자의 설교를 들으면서 내용은 없고 소리만 질러댄다고 생각한다. 사실 '내용이 없다'는 말은 틀린 말이다. 내용이 없는 것이 아니라 뻔한 내용이라고 라는 것이 맞다. 7, 80년대의 부흥사들을 보자. 어떤 본문으로 설교하든 결론은 기도하자, 전도하자, 예배에 빠지지 말자, 정성껏 헌금하면 복 받는다 이런 식이다. 그러니 신자들에게는 목회자가 항상 똑 같은 말을 하는 것으로 들린다. 그래서 실제 내용이 없다는 말이 아니라 내용에 새로운 게 없다는 말이다.

내용이 있는 설교를 하려면 성경 본문에 충실해야 한다. 그런 의도의 설교가 강해설교다. 강해설교는 성경적 설교(Biblical preaching)라고도 불리듯이 사람의 의견이 아닌 순전한 하나님의 말씀을 전하고자 하는 설교다. 강해설교의 첫 단계는 설교 본문의 본래 의미(original meaning)를 파악하는 일이다. 이는 주석을 보지 않고는 불가능한 일이다. 대부분의 목회자가 묵상이나 사색을 통해 본문의 의미를 깨달으려고 하는데 이는 큰 잘못이다. 주석은 성경학자들의 학문적 노고로 이루어진 소중한 보물이다. 그러나 주석은 어렵다는 선입견에 피하는 경향이 있는데, 잘못된 설교를 하려고 한다면 그렇게 할 수 있다. 주석과 혼동되는 것에 주해가 있다. 이는 주석이 객관적이고 학문적인데 비하여 주관적이고 신앙적이다. 따라서 성경의 본래 뜻과는 상관없는 내용들일 수 있다. 경계해야 할 일이다.

주석의 적절한 활용은 설교 준비에 소요되는 시간을 줄여준다. 목회자는 일주일에도 새벽기도회를 포함해서 거의 10여 차례 설교를 한다. 목회와 설교를 동일시해도 될 만큼 목회에서 설교는 가장 큰 비중을 차지하는 것 같다. 하지만 그 부담을 감당하기가 녹녹치 않다. 그러니 지혜가 필요하다. 내 생각에는 주일예배를 위한 설교는 소신껏 준비하고, 나머지 예배나 기도회를 위한 설교는 좋은 주석을 선정해서 그것을 바탕으로 설교를 준비해나가는 것이 좋을 듯하다. 주석의 내용을 풀어서 전달한다고 편하게 생각하고 주석의 내용을 숙지하면 된다. 이 경우 선정한 주석 외에 다른 것들을 참고한다거나 할 필요는 없다. 그렇게 되면 설교 준비가 더 복잡해질 뿐이다. 이런 식으로 새벽기도회를 위한 주석, 수요예배를 위한 주석을 이용할 경우, 이 일 저 일 하느라 시간이 부족해서 따로 공부할 시간을 내기 어려운 목회자의 경우, 공부와 설교라는 두 마리 토끼를 모두 잡을 수 있을 것이다.

II. 설교 커리큘럼

매주 어떤 내용으로 설교하느냐는 목회자의 큰 고민이다. 대부분의 설교는 렉시오 셀렉타(Lectio selecta, selective reading, 선별된 설교)라고 한다. 설교자는 취향에 따라, 목회 계획에 따라, 아니면 청중의 요구를 채우고자 하는 입장에서 성경 본문을 의도적으로 선정한다. 이 방식은 목회 상황의 변화에 신속하게 대응할 수 있다는 장점은 있지만 때로는 본문을 선정하는 데 큰 어려움을 겪을 수 있고, 무엇보다 성경을 부분적으로 다루기 쉽다는 문제가 있다.

성경 순서대로

설교자의 의도가 아닌 일정한 지침을 따라 설교를 하는 방식이 있다. 성경을 차례로 설교해 나가거나 교회력을 따라서 하거나 맥체인 등의 성경읽기표 등이다. 성경의 각 권 차례로 설교를 해 나가는 방식이 있다. 이 방법은 렉시오 컨티누아(Lectio continua, continuous reading, 지속적 설교)라고 해서 유대교 회당과 칼뱅 등 종교개혁자들이 사용하던 방식이었다. 이 방법은 성경 전체를 다룬다는 장점이 있지만 현재의 상황과 맞지 않아 말씀에 현실성이 떨어진다는 단점이 있다. 그러니 그 말씀이 그 말씀 같아 지루한 느낌을 준다.

교회력

교회력을 따라 설교한다는 것은 교회력에 들어있는 성경일과를 따른다는 말이다. 교회력은 예수 그리스도의 탄생, 사역, 수난, 죽으심, 부활, 영으로 임하심, 그리고 재림 안에서 완성되어진 우리의 구원역사를 매년 재현하는 것이다. 따라서 교회력에 맞추어 선택되어진 성경일과를 따라 설교하게 될 때에, 구속의 사건을 계속해서 체험하게 된다. 성경일과는 유대의 회당예배로까지 거슬러 올라가는 긴 역사를 갖고 있다. 본격적인 성경일과는 중세 가톨릭의 성경일과가 본래적 모습을 상실했다고 비판한 개혁교회에 의한 것이다. 이후 개신교 내에서는 교파별로 여러 성경일과가 출현하였다. 하지만 성경일과 통일의 필요성에 따라 1982년 '공동성경일과'(common lectionary)가 나오게 되었다. 그 후 이 성경일과를 개정한 '개정판 공동성경일과'(The revised common lectionary)가 1992년에 만들어졌다. 이 개정판 공동 성경일과는 전 세계의 개신 교회에서 공

동으로 사용하고 있다.[2]

성경읽기표

로버트 맥체인(Robert M. M'Cheyne)의 성경읽기표는 통독을 위한 것이다. 그래서 청중들이 이 표를 따라 성경 읽기를 병행한다면 청중과 말씀을 나누는 효과가 있게 된다. 존 스타트 역시 긍정적이다.

"맥체인이 그것을 만들어 낸 것은 1842년 당시 자기가 섬기고 있던 스코틀랜드 던디의 성 베드로 교회 교인을 위해서였습니다. 이것에 따르면 매년 성경 전체를 구약은 한 번씩, 신약은 두 번씩 읽을 수 있습니다. … 맥체인의 성경읽기표는 매일 네 장을 읽도록 배열되어 있습니다. … 그의 의도는 날마다 개인 경건 시간에 두 장(아침과 저녁) 및 가족 기도회에서 두 장(역시 아침과 저녁)을 읽게 하려는 것이었습니다. … 내게 있어서 기복이 심한 성경의 전체를 개관하며, 그 기저에 깔려 있고 반복되어 나타나는 주제를 파악하는데 이보다 더 도움이 되는 것은 없었습니다."[3]

교리설교

성경 자체를 설교하기보다 교리를 따라 설교하는 방식도 있다. 소위 교리설교라는 것이다. 사도신경이나 주기도문과 같은 신조와 성경은 어떤 책인가?(성경론), 하나님은 누구신가?(신론), 나는 누구인가?(인간론), 예수 그리스도는 누구신가?(기독론), 어떻게 구원을 받을까?(구원론), 교회는 무엇인가?, 세상 끝은 어떻게 되나?(종말론), 세계는 어떻게 생겨났는가?(창조론), 성령님은 누구신가?(성령론), 신자는 신앙생활을 어떻게 해야 하는가?(신앙론) 등이 그 내용이다. 그러나 이는 가급적 피해야 될 설교 방식이다. 고 옥한흠 목사가 사랑의 교

---

2) 교회력을 따른 설교의 예는 박종석 외, 『온 땅의 새바람으로: 교회력에 따른 예배와 설교자료』 (서울: 대한기독교서회, 2002); 박종석 외, 『바람 몰고 온 사람들: 교회력에 따른 예배와 설교자료』(서울: 대한기독교서회, 2003); 박종석 외, 『2008 성결교회 설교 핸드북』(서울: 기독교대한성결교회 출판부, 2007) 참고.

3) John R. W. Stott, *Between Two Worlds: The Art of Preaching in the Twentieth Century*, 정성구 역, 『현대 교회와 설교: 성경적 강해설교와 현대인의 삶』(서울: 풍만출판사, 1985), 202-203.

회 오정현 목사에게 쓴 편지에서 교리설교를 비판하고 있다.

"교리 설교의 스타일과 내용을 수정할 용의가 없는가? 신학을 전공하는 학생들이 모인 신학교에서도 '하나님', '구원', '성화'와 같은 무거운 주제는 40~50분 안에 다 가르치지 않는다. 제자 훈련에서도 한자리에 앉아 3시간 이상 다루는 주제들이다. 그래도 어렵다고 야단들이다.

교리 설교를 하겠다는 말을 듣고 내가 언젠가 한 말을 기억하고 있는지 모르겠다. 배고픈 아이들 앞에서 요리 강좌를 하면 안 된다고. 교리 설교는 무거운 주제일수록 몇 번을 나누어서 가르쳐야 하고 소제목 하나마다 평신도의 가슴에 와 닿을 수 있는 쉬우면서도 깊이 있는 해설을 담고 있어야 한다고 생각한다. 그럼에도 그들이 소화하는 양은 일부에 지나지 않을 것이다.

소제목을 줄줄이 엮어 내려가는 단편적인 지식이 설교라고 보지 않는다. 머리만 복잡하게 만들고 마음에 와 닿는 것이 별로 없는 설교는 열매를 기대하기가 어려운 법이다. 입장을 바꾸어 누가 신학 박사인 너에게 그런 식으로 한꺼번에 교리를 이야기한다면 마음에 와 닿는 것이 얼마나 될 것이라고 보는가?"[4]

발달과 삶이 연관된 설교

무엇을 설교할 것인가 하는 문제와 관련된 전통적 내용들에 대해 살펴보았다. 목회자들은 대체로 성경을 차례대로, 교회력을 따라, 성경읽기표를 따라, 그리고 중요한 신학적 또는 신앙의 주제들을 따라 설교를 해왔다. 하지만 목회가 신자들의 신앙의 성장 내지는 성숙을 목적으로 한다면, 설교가 보다 더 신자들에게 맞추어야 할 필요가 있다. 설교가 텍스트 위주여야 한다는 것은 분명한 진리지만 그럼에도 불구하고 그 텍스트가 생성된 컨텍스트를 무시한 것이 아님을 상기할 때 컨텍스트에 다시 주의를 기울일 필요가 있다. 그런데 컨텍스트의 주체는 사람이고 오늘날에는 신자다. 신자를 무시한 텍스트의 전달은 자칫 옛날이야기에 그칠 수 있다.

어차피 설교계획은 목회자의 선택에 의하기 때문에 그 계획 중에 신자들의 발달과 삶이라는 기준을 하나 더 첨가하자는 것이다. 신자들의 삶과의 연관성을 설교의 적용 부분에서 다루는 이상으로 설교를 어떤 내용으로 할 것인가 하

---

4) "고 옥한흠 목사 편지 공개 … '오정현 목사는 선한 목자의 양심을 가지고 고민하는가'", 〈CBS 크리스천노컷뉴스〉 (2013.2.22).

는 시작부터 고려하자는 것이다. 그럴 때 신자들은 신앙은 현실과 유리된 것이 아니고, 성경 말씀은 우리 삶과 긴밀하다는 사실을 깨닫게 될 것이다.

삶으로 이어지는 본문

주석을 통해 본문의 의미가 파악되었으면 그것이 오늘날 우리 상황에서 어떤 것을 말하는지 본문(Text)과 현재의 상황(context)을 연결시켜야 한다. 소위 본문이 오늘날의 상황으로 건너와야 한다는 것이다. 이를 '해석'이라고 하는 데, 이 해석이 없이 주석만 있는 설교는 그야말로 죽은 옛날 문자에 지나지 않는다. 물론 '예수께만 구원이 있다'라든가 '하나님의 뜻대로 살자'라든가 하는 내용의 설교는 선포되면 그뿐 적용이 불필요하다. 그러나 대부분의 설교 내용은 삶에 적용되어 살아 있는 본문이 되어야 한다.

적용에서 기본적으로 먼저 고려해야 요소는 내가 누구에게 설교하려고 하는지다. 예를 들어, 청소년부에서 설교한다고 하자. 청소년설교를 한다는 말인데 이 경우 이미 '청소년'이라는 말이 '설교'라는 말을 한정하고 있다. 즉 설교가 청소년을 고려해야 한다는 말이다. 설교가 청중을 고려한다고 할 때 그것은 무엇인가? 물론 청중에 따라 설교의 주제, 형식, 전개 방식 등에서 차이가 있고 그것들을 가능한한 모두 고려해야겠지만 가장 기본적으로는 지·정·의라는 전인적 차원을 고려해야 한다.[5]

III. 말씀의 실천

해석 유형

해석자로서의 설교자는 성경, 학습자, 그리고 문맥을 함께 고려해야 한다. 그러기 위해서는 상상력과 통찰이 필요하다. 과거의 본문에 생명을 불어넣기 위해 교회가 전통적으로 사용해온 방식들이 도움이 될 것이다. 마크 링크(Mark Link, S. J.)는 성경을 해석하는 세 가지 모델에 대해 말한다.[6]

---

5) 청중을 고려한 설교의 예는, 박종석, 『십대, 말씀으로 바로 세우기: 청소년 설교론』 (서울: 처음, 2004) 참고.

6) Mark Link, S. J., "The Teacher as Interpreter of the Bible," *Religious Education* 77

1. 옛 유대 모델이다. 이 모델에서 성경은 여러 차원에서 해석된다. 폭풍우를 잠잠케 하신 예수에 대한 기사를 통해 이것을 살펴보자(막 4:35-41). 첫째, '페샤트'(peschat)라고 불리는 것으로 구절을 문자적으로 해석하는 것이다. 제자들은 폭풍우를 만났고, 예수께서 그것을 잠잠케 하셨고, 제자들은 놀랐다는 식이다. 둘째, '레마즈'(remez)인데, 문자적 의미가 암시하는 것으로, 영적인 해석이다. 바다는 마귀를 나타내며 예수께서는 그것을 제압하신다. 셋째, '드라쉬'(derash)라고 불리는 것으로, 암시에서 뽑아낼 수 있는 교훈인데, 특별한 역사적, 사회·문화적 상황 속에서의 해석이다. 예를 들어, 박해를 당하던 그리스도인들은 자신들을 폭풍우에 시달리는 제자들로, 교회를 배로 보았다. 그들은 아무리 심한 박해가 오더라도 곧 예수께서 그것을 잠잠케 하신다는 것이다. 넷째, '소드'(sod)라고 불리는 것으로, 문자 뒤에 숨은 신비로운 비밀로서, 개인적 의미다. 폭풍우를 만난 제자들의 상황은 오늘날에도 있다. 그들의 두려움, 공포, 그리고 걱정은 오늘날에도 여전히 있으며 예수께서 그 같은 염려들을 잠재우실 것이다. 약어는 그 각각의 첫 글자를 따서 'pardes'라고 하는데, 그 뜻은 '과수원'이다.

2. 성경 해석의 두 번째 모델은 기독교 초기의 것이다. 당시 그리스도인들은 네 가지 방식으로 복음을 제시했다. 첫째, 케리그마(kerygma)다. 이것은 '선포'라는 뜻으로 단순히 '복음'을 알리는 것이다. 둘째, 디다케(didache)다. 이것은 '가르침'이라는 뜻으로 '복음'을 설명하거나 명확히 하는 것이다. 셋째, 파라클레시스(paraklesis)다. 이는 '권면'이라는 뜻으로, '복음'을 마음에 받아들이고 그것을 따라 살도록 초청하는 것이다. 넷째, 호밀리아(homilia)이다. 이는 '복음'을 날마다의 생활에 구체적으로 적용하는 것이다. 이 같은 복음 제시 방식들은 오늘날도 여전히 성경을 상고하고 제시할 필요가 있음을 알려준다. "여러분으로 하여금, 예수가 그리스도요 하나님의 아들이심을 믿게 하고, 또 그렇게 믿어서 그의 이름으로 생명을 얻게 하려는 것이다"(요 20:31). 복음 제시는 항상 그것이 쓰인 목적인 '신앙'에 민감해야 한다. 복음의의 목적이 '신앙'임을 보지 못하는 것은 그 목적뿐만 아니라, 그 의미까지 왜곡시킬 수 있다. 성경을 그것이 쓰인 목적과는 달리 제시하는 것은 일종의 착각이다. 성경은 신앙에로 초대하도록 의도된 것이다. 그러므로 성경은 궁극적으로 신앙에로 초대하는 방식으로 제시되어야 한다.

3. 성경 해석의 세 번째 모델은 현장과 관련된다. 종교교육에는 세 가지 단계가 있다. 첫째, 정보적 차원의 단계다. 이 단계는 주로 사실이나 진리를 전달하는

단계다. 이 단계에서 설교자는 과학자의 역할을 한다. 주로 정신을 향해 호소하며, 접근은 객관적이고 그래서 비인격적이다. 둘째, 형식적 차원이다. 이 단계는 정보의 개인적 가치가 나타나는 단계다. 이 단계에서 설교자는 시인의 역할을 한다. 주로 마음에 호소하며, 접근은 주관적이고 인격적이다. 셋째, 변형적 단계다. 이 단계는 말씀을 듣는 자와 설교자를 통해 말씀을 하는 예수 사이에 신앙의 만남이 나타나는 단계다. 이 단계에서 설교자는 선지자의 역할을 한다. 주로 영혼에 대해 호소한다. 접근은 상호 인격적이다.

"함께 한 마음으로 기도에 힘썼다"라는 사도행전 1장 14절의 예를 통해 이 단계들을 살펴보자. 첫 번째 단계는 이 내용에 대한 기독교 초기의 사실을 전달한다. 두 번째 단계는 가치 면에서, 초기 그리스도인들이 왜 자주 함께 모였는지에 대한 내용으로 지원과 동기 부여를 이해하고자 한다. 세 번째 단계에서 사실에 대한 가치 함축을 마음에 지니고 있지만, 우리는 한 걸음 더 나아가 그것의 신앙적 의미를 생각한다. 예를 들어 "두세 사람이 내 이름으로 모여 있는 자리, 거기에 내가 그들 가운데 있다."(마 18:20)라고 하신 예수의 약속을 따른다면 함께 모여 기도하는 그곳에 예수께서 임재하실 것이다. 또한 예수를 따르는 헌신이 함께 기도하는 공동체의 지원 구조 안에서만 유지될 수 있다는 생각도 할 것이다. 우리는 설교자로서 사실 단계에서 학습자들을 검토할 수 있다. 또한 우리는 그들을 가치 단계에서 명료화하도록 도울 수 있다. 그리고 우리는 그들을 신앙적 단계로 초청할 수 있다.

설교는 삶으로 이어져야 한다. 우리는 이것을 흔히 적용이라고 부른다. 설교의 결론 부분에서 반드시 제시되어야 할 내용이다. 구체적인 결론의 예가 있다.[7] "세계복음이 여러분에게 있습니다. 12,000개의 미전도국이 있습니다. 12,000교회가 한 족속을 입양하고 책임지면 수년 내에 전 세계를 복음화 할 수 있는 것입니다. 여러분은 교회로 돌아가서 헌신할 용의가 있습니까? 세계를 복음화하기 위해 어떻게 해야 됩니까? 여러분 중에 한 사람이 헌신한다면, 한 사람에게 전도를 하기로 결심을 한다면 이 복음화가 이루어질 것입니다. 여러분은 구체적으로 이 목적을 위해 이 한 주간 어떻게 하겠습니까?" 이 예에서 볼 수 있듯이 결론은 구체적이어야 하며 그 범위는 세계→ 국가→ 교회→ 개인→ 한 주간 등으로 좁혀져야 한다.

---

7) 이동원, "강해 설교 준비와 실제", 아나톨레 13회 L.T.C. 특강 (2005).

수준 있는 예화

신학대학교에 다닐 때 방학에도 공부한답시고 학교에 나갔다. 동네의 대학생들도 와서 함께 공부했는데, 수요일이 되면 함께 예배를 드렸다. 한번은 누가 설교를 했는데, 마침 다른 신학대학에 다니는 학생이 "설교 하는 데 예화를 사용하는 것에 놀랐다"라는 말을 했다. 그 학생이 소속된 교단에서는 예화를 사용하지 않고 성경만 갖고 설교를 한다는 것이었다. 신기하기도 하고 어떻게 그렇게 할 수 있나 의아한 생각이 들었다. 나는 설교시 예화를 사용하지 않는 게 맞다고 생각한다. 사실 성경 안에 예화의 역할을 할 수 있는 내용도 많지 않은가. 그러나 예화가 필요할 경우도 있다.

　예화는 단지 설교의 내용을 장식하는 소모품이 아니다. 때로는 예화가 본문의 의미를 심화시켜 줄뿐만 아니라 본문을 해석해 주는 기능까지 할 수 있다. 예화는 말씀에 살을 입히는 작용을 하여 구체화한다. 예화를 잘만 사용하면 말씀에 생동감을 줄 것이다. 예화는 기본적으로는 설교자의 삶과 주변 이야기(가정, 친구, 이웃사람들)가 사용될 수 있다. 자신과 가정의 예를 드는 것은 오해를 일으킬 수 있어 삼가는 것이 좋다. 필요한 경우에는 자랑이 아닌 흉이 될 만한 것들에 대해 말하면 신자들은 바보 같다며 아주 좋아할 것이다.

　예화는 주어지는 것이 아니다. 예화는 개발되어야 한다. 예화를 예화집이나 다른 사람들의 말에 의존해서는 안 된다. 예화집은 대체로 진부하고, 남에게 들은 예화들은 이미 여러 사람들의 입을 거쳤기 때문에 신뢰성에도 문제가 있고, 청중들도 이미 들었을 수 있다. 그러니 나름대로 예화들을 찾아 자기 방식대로 정리해 두어야 한다. 사실 예화는 사방에 널려있다. 인터넷, 신문, 주고받는 대화 속에도 예화는 있다. 그런데 흔히 접할 수 있는 예화들은 대부분 깊은 내용이 없다. 나는 깊은 내용을 담은 예화를 교양서적, 소설, 심리에세이, 영화 등에서 발견할 수 있다고 생각한다. 예화는 단지 설교의 내용을 장식하는 소모품이 아니다. 때로는 예화가 본문의 의미를 심화시켜 줄뿐만 아니라 본문을 해석해 주는 기능까지 할 수 있다. 그러기 위해서는 예화의 타이밍이 적절해야 한다. 엉뚱한 부분에서 내용과 전혀 관계없는 예화를 한다면 안함만 못하다.

설교 시간

신자들이 설교를 지루하다고 느끼는 이유는 무엇일까? 우선 물리적으로 정말 설교를 오래 하기 때문이다. 45분 이상, 한 시간, 두 시간 씩 하는 설교자도 있다. 그러니 체력적으로도 지칠 수밖에 없다. 이런 설교자는 입장을 바꾸어 놓고 생각해보아야 한다. 나라면 이런 설교를 한 시간씩 듣고 있겠는가? 신자들이 '바쁜 세상에 웬 설교를 저렇게 오래하시나?' 하는 불평이 이해가 될 것이다.

　설교가 길다고 느껴지는 이유는 내용이 없기 때문이다. 사실 내용이 없으면 설교 시간이 짧아도 설교가 잔소리로 느껴진다. 신자에게 필요한 내용이라면 신자들은 긴 설교 시간도 참을 것이다. 하지만 시작부터 설교 주제와 맞지도 않는 예화와 신변 잡화로 시간을 거의 보내고 정작 중요한 하나님의 말씀은 상식적 수준에서 형식적으로 전하니, 신자들은 왜 내가 지금 저런 설교를 듣고 있어야 하는 지 자신이 한심해지기 까지 한다. 솔직히 신자들의 대부분은 설교에 대한 기대를 갖고 나오지 않는다. 습관적으로 예배에 참석할 뿐이다. 그런 신자들에게 내용도 없는 설교를 그렇게 오래 동안 한다면 예배는 감동이 아닌 냉담이 될 것이다. 설교 시간을 얼마로 딱히 정하기는 어렵다. 요는 설교의 내용이 충분히 소통이 되어서 공감이 일어날 수 있는 최소의 시간이라 할 수 있을 것이다. 즉 내용이 없는 설교는 길어서는 안 되고 긴 시간이 필요한 내용의 설교는 안 된다는 것이다.

　테드(TED)의 강의 시간은 18분이다. 15분은 너무 짧고, 만약 20분으로 정하면 연사들은 아마 25분간 말할 것이고, 19분은 심술궂은 느낌이 들고, 17은 소수고, 그래서 18분으로 정했다는 것이다. 하지만 그럴 리가 없다. 사실은 18분은 강사가 청중을 설득하거나 깨달음이나 감동을 주기에 충분한 시간이라는 것이다. 최고 수준의 강연이 18분으로 충분하다면, 이에 시간을 좀 더 해서 설교시간은 25분을 넘기지 않는 것이 좋을 듯하다. 물론 이 시간을 지키기는 쉽지 않을 것이다. 하지만 이 시간에 맞추기 위해 충분히 긴 설교 원고에서 가능한한 많이 거둬내야 한다. 그럼으로써 설교의 내용이 명확해지며 설교자는 자신이 생기고 청중들에게는 부담 없는 감동을 선사할 수 있을 것이다.

원고 설교

'설교 원고를 쓰는 것이 좋은가, 아니면 메모 정도로 충분한가?' 하는 물음은 어리석은 것이다. 내 생각에는 당연히 원고를 써야한다고 본다. 그래야 할 이유는 무엇보다 쓴다고 생각하면 아무 말이나 쓸 수 없을 것이다. 그래서 쓴다는 핑계로 성실하게 주석을 보고 여러 책들을 보며 공부를 하는 계기가 된다. 그래서 일단 설교를 쓴다는 것은 설교자의 성실성을 보여주는 것이다. 또 원고를 쓸 때 설교 중에 안 해도 좋을 얘기들을 사전에 차단하는 효과가 있다. 소위 설교가 삼천포로 빠지지 않도록 예방한다. 왜 신자들이 당신의 예기치 않은 말을 듣고 있어야 하는가. 설교를 쓰면 정해진 시간 내에 꼭 할 얘기만 하게 되어 예배 시간이 충실한 시간이 될 수 있다. 설교에 자신이 없으면 써서 해보라. 설교가 짧아서 좋다는 말이라도 들을 것이다. 꼭 해야 될 얘기라면 똑 같은 내용을 말하더라도 일단 글로 작성하면 훨씬 더 인상적인 문장을 사용할 수 있어서 신자들에게 인상을 남길 수 있다. 또 설교를 쓰면 나중에 설교집을 낼 경우 그것을 정리하면 되니 작업이 용이해진다.

설교 시에는 원고를 보는 티를 내서는 안 된다. 작성한 원고를 또박또박 읽어간다면 청중은 얼마나 따분하겠는가. 그러므로 설교 원고는 작성하되 마치 청중들에게 원고 없이 설교를 하는 것처럼 보이도록 원고를 여러 차례 읽어 숙지할 일이다. 어느 교회목사는 평생 원고를 쓰고 그것을 외워 설교를 한다. 그런 분도 있으니 우리는 적어도 써서 보고 읽기라도 해야 하지 않을까.

2장 영과 진리로 드리는 레이투르기아

I. 경외가 가득한 예배

가사에 은혜 받는 찬송

예배의 유형은 크게 장막 예배, 성전 예배, 회당 예배, 그리고 초대 교회의 예배로 나눌 수 있다. 장막 예배와 성전 예배가 제사 중심적이고 성례전적이며 의식적인데 비해 회당 예배는 말씀 중심적이고 교육적이며 윤리적이다. 초대교회의 예배에서는 예배의 이런 성격들이 종합되어 카리스마적이고, 말씀 중심적이고, 성례전적인 성격을 띠게 되었다.

하나님의 부르심에 대한 인간의 응답을 표현하는 예배의식, 더 구체적으로 예배를 구성하는 요소들 중에 먼저 찬양에 대해 살펴보자. 찬양은 마음과 정성을 다하여 불러야 한다. 그러기 위해서는 예배자가 이해할 수 있는 가사여야 하고 곡은 정서적이어야 한다. 요즈음에 보면 예배에 쓰이는 찬송은 아니더라도 복음성가라는 미명 아래 개인의 감정과 그릇된 의미를 담은 노래들이 난립하는데 이것은 크게 잘못된 것이다. 찬송의 가사는 참된 신앙적 메시지를 담고 있어야 하며, 고상하고 우리의 생각과 감정을 하나님께 향할 수 있도록 하는 것이어야 한다. 또한 가사들은 세속적인 뜻을 연상시키지 않으면서도 우리 시대에 의미 있는 것이어야 한다. 어떤 찬송을 선택하느냐 하는 기준은 일반적으로 다음과 같다. 첫째, 가사는 종교적이나 구체적이어야 한다. 상징적 용어는 피한다. 둘째, 음정은 쉬워야 한다. 곡조에 있어서, 변화가 심하지 않고 교묘한 반음들이 없어야 한다. 셋째, 리듬은 단순해야 한다. 넷째, 음역은 약 한 옥타브 정도로 보통 사람이 소화할 수 있어야 한다. 일반적으로 음표(보표) 안에 있거나 중간 C음보다 낮지 않아야 한다.

찬송 선택을 위해서는 찬송가 뒤편의 '성구 색인'을 이용한다. 설교 본문 내용과 꼭 맞는 것이 없을 경우에는 찬송가 앞 편의 '제목 분류'를 이용하면 편리하다. 찬송을 회중들이 아는 것을 중심으로 선택하다보면 많은 찬송이 방치될 수 있다. 645곡이나 되는 많은 찬송들이 있으니 모르는 것은 가르쳐서 찬송이 가져오는 풍성한 은혜를 누리도록 해야 할 것이다.

오래 전 이야기다. 중등부서의 교역자로 일할 때다. 부장 장로가 있었는데 성경을 얼마나 많이 읽는지 모른다. 그러다가 찬송을 또 열심히 본다. 난 처음에 찬송가를 펴놓고 있길래 찬송을 부르려나하고 잠깐 기다려 보았다. 그런데 그게 아니라 찬송가를 그냥 보는 거였다. 즉 찬송 가사를 읽고 있는 것이었다. '참 재밌는 양반이군!'하고 지나쳤는데, 그 후에 찬송 가사를 음미할 때가 있었다. 대단했다! 은혜가 철철 넘쳤고 교훈적이기도 했다. 그것 자체가 명상이고 지혜였다. 신자들에게 찬송 읽기도 권할만하다는 생각을 했다.

예배에는 회중의 찬양 외에 성가대의 찬양이 있다. 그런데 성가대의 찬양 내용, 즉 가사가 잘 전달되지 않는 경우가 흔하다. 가사를 안다면 찬양이 더 은혜로울 수도 있을 것이다. 찬양에 맞추어 모니터에 가사를 올려보는 것은 어떨까.

하나님께로 이끄는 찬양집회

찬양집회가 있다. 이는 느낌이 있는 감각적 예배, 감성을 건드리는 예배를 선호하는 젊은 층의 취향을 반영하는 것이었으나 지금은 일반적이 된 것 같다. 윌로크릭(Willow Creek Community Church in South Barrington, Illinois), 새들백(Saddleback Church in Lake Forest, California), 빈야드(Association of Vineyard Churches, Vineyard Movement), 갈보리(Calvary Church in Grand Rapid, Michigan), 호프교회(Hope Church in Richmond, Virginia) 등은 깊은 종교적 체험으로 이끄는 음악 장르를 개발하여 감각적이며 자유로운 분위기를 선호하는 도시인들의 호응을 얻고 있다. 하지만 문제점도 있다고 한다.[1] 우리는 이들을 무조건 흉내 낼 것이 아니라 그와 같은 예배의 목적이 무엇인지 먼저 생각해 보아야 한다.[2]

찬양 인도자가 개선했으면 하는 점이 있다. 하나는 같은 찬양의 일부를 반복해서 부르는 것이다. 그 경우 회중을 고려하기보다 인도자 자신이 감동을 받아서 그러는 것처럼 보인다. 인도자가 의도하지 않고 찬양 자체가 회중을 이끌

---

1) Greg L. Hawkins and Cally Parkinson, *Reveal Where Are You?*, 『윌로크릭의 발견』(서울: 국제제자훈련원, 2008); 조영엽, 『목적이 이끄는 삶 목적이 이끄는 교회: 교회를 타락시키는 베스트 셀러』(서울: 성광문화사, 2008); Hank Hanegraaff, *Counterfeit Revival: Looking for God in All the Wrong Places*, 이선숙 역, 『빈야드와 신사도의 가짜 부흥 운동』잘못된 기독교 분별시리즈 6 (서울: 부흥과개혁사, 2009).
2) "미국 대형교회 벤치마킹 신드롬의 허와 실", 〈CBS〉 (2002.10.23).

어가는 식의 진행이어야 할 것이다. 다음으로 인도자가 찬양을 인도한다고 생각해서인지 무슨 앞뒤도 안 맞는 말을 큰 소리로 외쳐대는 경우를 많이 보았다. 촌스럽기도 하고, 정말 전문가는 그런 식으로 안하는 것 같다. 원칙적으로 찬양은 찬양이지 어설픈 말을 곁들여서 찬양에 집중하는 것을 방해해서는 안 된다. 나는 아내와 가끔 찬양집회에 가는데 찬양이 기도로 연결되어 찬양하다 기도하다 하는 경험을 했다. 좋은 찬양 인도자는 자신이 아닌 찬양을 앞세운다. 찬양이 회중을 하나님의 존전 앞으로 이끌도록 찬양에 자리를 내어준다. 구태여 할 말이 있다면 그래도 하지 말아야 한다. 회중이 들어야 할 말은 찬양을 통한 하나님의 말씀이지 인도자의 의도적 말이 아니다. 찬양 중에 하나님의 말씀이 분명히 들려지기 위해서 스크린에 관련 성구를 올릴 수도 있겠다. 하나님의 말씀과 찬양의 곡조가 어우러져 우리의 영혼이 고양될 수 있을 것이다.

찬양집회는 대체로 소란스러운 느낌을 준다. 그리고 찬양집회인지 기도회인지 성격을 분명히 해야 할 것이다. 찬양이고 기도고 하나만 잘하기도 벅찬데 그 둘을 합쳐놓으니 자칫 열광적 분위기와 뜨거운 감정을 은혜로 착각할 수 있다. 찬양집회가 뜨거워야 한다는 선입견을 버리고 우리가 아닌 하나님께 올려드리는 일이 우선되어야 한다는 사실을 먼저 깨달아야 한다. 그럴 경우 지나치게 높은 볼륨이 정신과 영혼을 혼란시키는 것을 막을 수 있다. 하나님 앞에서 우리 영혼은 잠잠하여 하나님께서 하나님 됨을 인정할 수 있어야 한다. 하나님을 깊게 만날 수 있는 찬양집회가 요구된다.

기도의 형식

대체로 교회에서 기도는 감사로 시작해서 회개로 이어지고 목회자들과 정치인들이나 교회행사, 그리고 예배보조자들의 수고에 대한 보상해달라는 간구와 경건한 예배를 위한 내용으로 마친다. 기도 내용의 상당 부분은 구태여 하나님께 구하지 않아도 되는 것들이다. 그리고 하나님께서 들어주시려고 해도 뭘 어떻게 해야 하는지 하나님께서도 모를 정도로 모호하다. 예를 들어, 예배를 돕는 손길들의 수고를 기억해달라고 기도한다. 기쁜 마음으로 자원하는 봉사에 대한 대가를 요구하는 것처럼 들리지 않는가. 우리의 기도는 생각 없이 다른 기도자가 먼저 그런 식으로 한 것을 따르는 앵무새의 되뇌임이 되어버렸다.

예배에서의 기도는 공적 기도다. 그러기에 일정한 형식을 갖추어야 한다. 기도는 내용에 있어 네 개의 이니셜로 ACTS에 맞추어 하는 것이 무난하다. ACTS는 찬양(adoration), 참회(contrition), 감사(thanksgiving), 그리고 탄원

(supplication)의 약자다. 찬양은 하나님을 찬양하는 내용이다. 하나님은 항상 계셔서 영원하시다. 그 분은 유한한 우리 인간과는 비교할 수 없는 분이시다. 하나님은 전능자시다. 그 분에게는 못할 일이 없으시다. 무력한 우리들과는 비교할 수 없는 분이시다. 하나님은 모든 영광을 받으실 분이시다. 세상에 올곧고 착하고 아름다운 것이 있다면 그것은 하나님의 것이고 그분으로부터 온 것이다. 우리에게 좋고 유익하고 기쁜 일이 있다면 그것은 하나님께서 주신 것이다. 그러니 우리의 힘이 아니라 하나님이 하셨으니 우리는 자랑할 것이 없고 그 모든 것에 대해 하나님의 탓으로 돌리는 것이 마땅하다. 하나님을 찬양해야 할 가장 근본적인 이유는 하나님은 창조주시고 우리는 그의 피조물이기 때문이다. 측량할 수 없는 우주의 신비와 지극히 작은 미물의 신기함을 미련한 우리는 헤아릴 수 없으니 그 모든 것을 지으신 하나님을 찬양할 수밖에 없다.

다음으로 참회다. 이것은 하나님께 용서를 청하는 내용이다. 참회에는 고백과 인정 두 가지가 수반된다. 하나는 고백(profession)이다. 범죄한 내용을 하나님께 고하는 것이다. 다른 하나는 죄를 인정(admission)하고 용서를 구하는 것이다. 참회하는 이유는 우리가 죄를 품고 기도하면 하나님께서 듣지 않으시기 때문이다(사 59:1-2). 하지만 우리가 지은 죄를 자백하면 하나님은 반드시 들으시고 용서해 주신다(요일 1:9). 참회의 기도인 고백에는 사실 만이 아니라 지은 죄에 대한 슬픔을 표현하는 기도를 마음으로부터 드려야 한다.

감사는 좋은 일에만 드린다고 생각하기 쉽다. 그러나 성경은 "모든 일에 감사하십시오."(살전 5:18)라고 권한다. 우리 삶의 모든 것, 고난을 포함하여 감사한다는 것은 선뜻 이해가 되지 않는다. 여기에 믿음의 무모성이 있다. 묻지도 않고 따지지도 않고 그냥 믿는 것이다. 일단 감사하면 삶의 모든 것이 감사한 일임을 깨달을 것이다. 가난과 고통도 우리가 하나님께 다가갈 수 있는 은총이므로 오히려 감사할 수 있다. 고난으로 하나님을 갈망하게 되는 것이 감사다.

탄원 또는 간구다. 이는 우리 자신이나 다른 사람이 필요한 것에 대하여 청하는 기도다. 이 기도는 믿음에 대해 다시 생각해 보게 한다. 믿음 하면 우리는 우리의 필요를 채워주실 것을 믿는 것으로 생각한다. 맞다! 하나님께서는 우리가 구하는 그 이상의 것으로 채우신다(마 7:9-11; 눅 11:11-12). 하지만 우리가 구하는 것을 모두 받는 것은 아니다. "구하여도 얻지 못하는 것은 자기가 쾌락을 누리는 데에 쓰려고 잘못 구하기 때문입니다."(약 4:3). 간구가 이기적이고 탐욕적이지 않은지 반성해야 한다. 우리의 필요는 우리가 필요해서가 아니라 하나님께서 우리에게 필요하다고 여기실 때 채우신다. 즉 하나님께서는 당신의 뜻에 따라 우리의 기도에 응답하신다. 하나님께서는 우리가 청하기 전에 우리에게 필요한 것에 대하여 잘 알고 계신다. 그러므로 우리의 간구는 하나님께 완전히 의존하는 마음으로 드려야 한다.

하나님께 구하는 내용에는 나의 필요만이 아니라 이웃의 필요를 포함시켜야 한다. 특히 하나님께 구할 자리에 있지 못한 사람들을 위한 기도는 귀하다. 이웃의 고통 받는 생명을 위한 기도는 반드시 필요하다. 당장 세계 도처에서 발생하는 지진으로 인해 하루아침에 거할 곳과 먹고 마실 물이 없는 사람들을 위해 기도해야 할 것이다. 재난이 일어나면 하나님을 믿지 않아서라든가 범죄해서라든가 먼저 이유를 찾곤 한다. 우리가 할 일은 원인 규명이나 비난이 아니다. 재난은 당한 사람의 뜻과는 전혀 상관없는 일이기에 우리는 사람에게 눈을 돌리고 그들을 위로하고 도와야 한다. 진정한 기도는 행위로 실현되어야 한다.

하나님께 구하는 기도는 겸손한 자세로 드려야 한다. 사람에게도 그렇듯이 우리는 누구에게도 무엇을 요구할 권리가 없다. 그러니 겸손하게 하나님께 기도드릴 수밖에 없다. 우리가 기도드리는 하나님은 사랑이시고, 생명을 주시고, 자비를 베풀어 주시는 분이시다. 우리에게 이런 분이 계시다는 것이 바로 복음이다. 우리는 다만 하나님의 뜻을 따라 더욱 충만히 살 수 있는 힘을 구해야 한다.

기도는 '아멘'으로 끝난다. 아멘은 기도나 찬송 또는 설교 끝에 그 내용에 동의하거나 그것이 이루어지기를 바란다는 뜻으로 하는 말이다. 그러니 예배시간 외에는 아멘이라는 말을 삼가야 한다. 아멘은 '소망'을 나타내는 말이다 (엡 3:21). 아멘은 또한 '동의'와 '확신'의 표현이다(신 27:26; 고후 1:20). 기도자가 기도할 때 영적으로 받아들인다는 동의로써 가끔 '아멘'이라는 말을 하는 것은 유익하나 습관적이어서는 안 된다. '아멘'은 기도의 마침표도 아니고 찬송이나 기도의 끝에 으레 붙는 장식이 아니다. 언급된 사실을 자기의 감정으로 수용하고 동의하고 수락하며 그것을 외적으로 표현하는 것이다.

기도의 기본적 내용이 이러하기에 잘못된 공중기도는 시정되어야 한다. 기도자에게 기도문을 제출하라고 해서 수정해줄 수도 없는 일이니, 기도에 대한 교육의 기회를 마련하는 게 좋겠다. 특히 훈계조의 기도는 시정되어야 한다. 어떤 내용을 말하고 '그것을 알게 해주시고'라든가 '깨닫게 해주시라'든가 하는 투다. 이런 투의 기도는 하나님께 하는 기도가 아니라 사람 들으라고 하는 소리다. 기도는 하나님께 하는 것이라는 가장 기본적인 사실을 망각했을 때 이런 일이 생긴다. 그리고 기도는 왜 대부분의 교회에서 장로들만 하는지 진지하게 고민해 봤으면 한다. 어린이나 교사, 청년을 대표하는 사람들도 한다면 교회가 전 연령층으로 구성된 공동체임을 인식하는 기회가 될 수 있을 것이다.

신자들의 풍성한 기도 생활과 기도에 대해 부담스러워 하는 새신자들에게 좋은 기도문을 제공할 수 있다.[3] 시편이나 유명한 기도문을 외어 묵상하면서 기도드리면 은혜가 된다.

조용한 기도

교회 기도모임에서의 기도는 대개 소리를 내서 하는 형식이다. 소위 통성기도
다. 이 기도는 성격상 조용한 기도를 선호하는 사람들을 방해할 수 있다. 그 이
상으로 이 기도는 소리를 크게 내어 하기 때문에 내 말만 하고 하나님의 말씀
을 듣지 못할 우려가 있다. 인격적 기도가 되지 못해 하나님과의 소통이 이루
어지지 않을 수 있다. 특히 비신자나 초신자들에게 이와 같은 모습은 광신적으
로 보여 혐오감을 줄 수 있다. 우리 학교에서 수련회 때 이런 기도 모습을 보
고 자퇴한 학생들이 생길 정도다.

기도에서 하나님은 인격자시다. 하나님께서 인격이시라는 것, 그것이 기도의
전제다. 우리가 기도할 때 우리는 물건을 상대하는 것이 아니다. 살아계신 인격
적 하나님을 상대하는 것이다. 그러니 편하게 사람에게 이야기 하듯 그렇게 하
나님께 말씀을 드리자. 그리고 우리의 말만 하는 것이 아니라 하나님의 말씀도
좀 듣자. 그것이 인격적 관계의 특징이다. 조용한 기도는 하나님과의 인격적 관
계를 경험할 수 있는 출발점이 될 수 있다.

소리를 내지 않고 조용히 마음으로 하는 기도가 있다. 마치 주님을 내 앞에
모시고 대화하듯 하는 기도다. 주님의 말씀과 진리를 알고자 깊이 생각하면서
자신을 성찰하고 주님과의 대화를 통해 일치를 추구하는 기도다.

관상기도(contemplation)가 있다. 우리가 갖고 있는 온갖 지식, 정보, 체험,
경험, 그리고 습관 등에서 오는 모든 판단을 내려놓고 하나님을 바라보는 기도
다. 관상기도의 본래 목적은 하나님과 하나 되는 것이다. 나와 하나님과 일치를
이루는 기도다. 이것은 수도의 목적이기도 하다. 수도사들의 목적은 하나님을
소유하는 것, 즉 하나님과 하나 되는 것이었다. 이 관상기도에 대해 이단시하는
사람들도 있다. "관상기도는 종교혼합주의, 신비주의, 인본주의, 들숨과 날숨의
호흡기도로 개인 및 집단 최면술이 포함된 자기 확신이며, 하나님의 주권적 임
재를 제한"한다는 것이다.[4]

---

3) 조성기 편, 『나는 소망합니다: 고단한 영혼을 어루만지는 마음의 기도문 133편』(서울: 랜덤하우
    스코리아, 2008); 김은철 편역, 『영혼을 감싸는 고전기도: 현대인들을 위한 영성기도 묵상집』
    영한대조 (서울: 예영커뮤니케이션, 2010) 참고.
4) "관상기도", 『교회용어사전: 예배 및 예식』(서울: 생명의말씀사, 2013).

화살기도

위에서 언급한 소리내어하는 기도와 조용한 기도, 그리고 관상 기도 외에 화살기도가 있다. 단순하게 마치 화살을 쏘아 올리듯 순간순간 주님께 자유롭고 짧게 바치는 기도다. 화살기도는 자녀로서 어버이에게 매달리듯, 하나님에게 순간적으로 느끼는 정과 바라는 생각을 바치는 기도다. 화살기도는 단순하고, 짧고 쉬운 기도다. 그래서 단숨에 바칠 수 있고 온종일 되풀이하여 바칠 수 있다. 기도는 "끊임없이"(살전 5:17상) 해야 한다. 즉 아침부터 저녁까지 해야 한다. 그러기 위해서 다음의 몇 가지를 고려해보자.

첫째, 아침에 잠에서 깰 때, 하나님을 생각하라.

"주님, 새벽에 드리는 나의 기도를 들어 주십시오. 새벽에 내가 주님께 나의 사정을 아뢰고 주님의 뜻을 기다리겠습니다."(시 5:3)

성자 같은 엄두섭 목사는 자정 또는 새벽 2시에 기상해서 냉수마찰을 하고 몸운동을 한다. 그 후에 영감 어린 찬송 세 가지를 부른다. 그리고 정신집중-명상-회개-노래-시편낭독-노래-관상기도-노래-관상-절대침묵과 고독-찬송-사랑의 기도로 이어지는 시간을 가졌다.5) 구체적으로 기상해서 "간밤에 잘 자게 해주셔서 감사합니다. 오늘도 저는 주님께 속한 자입니다."라고 기도한다.

둘째, 말없이 바라는 중에 하나님을 생각하라.

"너희는 잠깐 손을 멈추고, 내가 하나님인 줄 알아라."(시 46:10)

셋째, 수시로 짤막하게 기도하며 하나님을 생각하라. '예수이라면 어떻게 하셨을까?'가 우리의 관심이어야 한다. 고금을 통해 그리스도인들은 외마디 기도의 소중함을 알았다. 이는 어떤 장소, 어떤 상황에서도 속으로 조그맣게 할 수 있는 기도다. 로바크는 세계 문맹퇴치 운동에 앞장선 '문맹자의 사도'였다. 필리핀으로 파송되어 평생을 선교사로 섬겼다. 그가 드린 화살 같이 짧은 기도는 "주님, 제가 지금 주님 뜻 가운데 있습니까? 주님, 제가 지금 주님 기쁘시게 하고 있습니까?"였다.6)

---

5) 엄두섭, "나의 성무일과", 「영성의 메아리」 3-4 (은성, 2000·), 66-74.
6) Frank C. Laubach, *Prayer: The Mightiest Force in the World*, 송용자 역, 「기도, 세상에서 가장 강력한 힘」(서울: 복있는사람, 2009) 참고.

127

간단한 짧은 화살기도에는 다음과 같은 것들도 있다.

"주님, 십자가 사랑으로 살게 하소서!"

"아바 아버지!
당신은 여호와이십니다!
영광의 왕이시여!
나는 당신을 사랑합니다.
당신께 감사합니다!
성령이여 오소서!"[7]

"아버지, 감사합니다.
주님, 이 시간도 다스려주옵소서.
예수, 주님은 나의 쉴 곳이 되십니다."

위에서 언급한 화살기도 외에 참고할 만한 다른 것들이 있다.[8]

"주님, 말씀하십시오. 당신 종이 듣고 있습니다."

이 기도는 소년 사무엘의 이야기(삼상 3:9)에 근거한다. 영혼을 고요히 하고 하나님의 말씀을 들으려는 열망을 표현하는 기도다.

"내 도움은 주님에게서 오리니 하늘과 땅을 만드신 분이시다."

위급할 때나 절망에 빠졌을 때 확신과 의탁하는 마음을 드러내는 기도다. 이 기도는 시편 121편 2절에서 인용한 것으로서, 내 도움은 나의 능력이나 다른 이들의 후원에서 오는 것이 아니라 하나님에게서 오는 것임을 일깨워 준다.

"제가 있습니다."

이 기도는 이사야서 6장 8절에서 예언자의 외침에 근거를 둔 것으로서 나의 존

---

7) John Dalrymple, *Simple Prayer*, 엄성옥 역, 『단순한 기도』(서울: 은성, 1999), 68.
8) Bob Hostetler, "10 'Breath Prayers' to Pray," 〈Guideposts〉.
   http://www.guideposts.org/blog/10-breath-prayers.

재를 드러내고 자신이 쓸모 있음을 나타내는 기도다.

"당신의 권능을 베푸소서."

이 기도는 시편 68편 29절에 근거한 것으로 위급하거나 상황이 절박할 경우에 다른 이들을 위해 청원하기 위한 기도다.

"제가 무서워 떠는 날, 저는 당신께 의지합니다."

시편 56편 4절에 근거한 기도다. 근심과 걱정으로 마음이 흔들릴 때, 마음을 평온하게 유지하고 주님께 의탁하기위한 기도다.

"제 뜻이 아니라 아버지의 뜻이 이루어지게 하십시오."

이 기도는 겟세마네 동산에서 예수이 바치신 기도(눅 22:42)를 반영한다. 불안하거나 초조할 때 마음을 그분께 내맡기는 기도다.

"아버지의 나라가 오게 하소서."

예수께서 최초의 제자들에게 가르쳐 주신 기도(눅 11:2)에 근거한다. 세상에서 일어나는 불행과 재난때문에 슬픔과 두려움에 휩싸일 때, "우리 하나님의 구원과 권능과 나라"(계 12:10)가 실현되고 악의 세력이 패배하는 그 날이 오기를 바라는 기도다.

"말씀만 하소서."

예수께서 백부장의 종을 낫게 하신 사건에 근거한 기도다(마 8:5-13; 요 4:43-54). 하나님의 말씀은 최고 최상의 명령이다. 왜냐하면 말씀은 사람을 살리는 명령이기 때문이다. 병이나 중독이나 마음의 상처나 우울증 등에서 낫게 해 주기를 바라며 하는 기도다.

"오십시오, 주 예수."

이 기도는 성경 마지막 부분인 요한계시록 22장 20절에 근거한다. 그리스도가 재림하시기를 바라며, 어려울 때나 악의 세력과 싸울 때마다 그분이 되풀이해서. 끊임없이 오시기를 청하는 기도다.

이런 짧막한 기도에 우리가 어느 시간에 어느 곳에 있든지 그곳은 순례의 길로 바뀐다. 있는 자리에서 그대로 기도하라. 부엌이 교회당이 되게 하고 교실이 기도실이 되게 하라.

넷째, 잠자리에 들기 전 하나님을 생각하라. 하루를 지내면서 좋았던 것들에 대해 감사드리라. 힘들었던 부분은 질문을 드려도 좋다. 하나님의 자비를 구하라. 힘을 구하라. 눈을 감는 순간 이 약속을 굳게 붙들라. 기도하다 잠들어도 걱정할 것 없다. 아버지의 품보다 깜박 잠들기 좋은 곳이 어디 있으랴. 괴로운 마음, 간절한 바람과 약속 주시기를 바라는 마음으로 잠들었는데 아침에 깰 때, 말없는 기쁨과 확신을 갖고 깨어날 수 있을 것이다.

예수기도

19세기 무명의 한 러시아인은 바울의 '쉬지 말고 기도하라'는 말씀을 어떻게 이행할 수 있는지 알기 위해 순례를 떠났다.[9] 그 도상에서 한 수도자가 '예수 기도'를 소개해준다. 본래 이 예수 기도는 사막의 수도승들로부터 온 것이다. 그들은 거룩한 성경말씀이나 예수의 이름을 부르는 기도로 마음을 모았다. 특히 3-4세기 이집트의 은수자들인 사막 교부들은 "퀴리에 엘레이손"(Kyrie Eleison, '주님, 자비를 베푸소서'라는 그리스어)으로 알려진 기도를 드렸다. 또한 수도사들은 "주 예수 그리스도 하나님의 아들이시여, 이 죄인에게 자비를 베푸소서."라는 "예수기도"를 바쳤는데 그 기도는 시편 123편 3절("주님, 우리에게 자비를 베풀어 주십시오. 우리에게 자비를 베풀어 주십시오. 너무나도 많은 멸시를 받았습니다."), 누가복음 18장 13절("그런데 세리는 멀찍이 서서, 하늘을 우러러볼 엄두도 못 내고, 가슴을 치며 '아, 하나님, 이 죄인에게 자비를 베풀어 주십시오' 하고 말하였다."), 그리고 38절("그러자 그는 소리를 질렀다.

9) *Recits d'un pelerin Russe*, 최익철 역,『이름없는 순례자: 어느 러시아인의 순례 이야기』(가톨릭 출판사, 1988); 무명의순례자, *The Way of a Pilgrim*, 엄성옥·강태용 공역,『순례자의 길』기독교영성시리즈 3 (서울: 은성사, 2003); *Otkrovennye rasskazy strannika dukhovnomu svoemy ottsu*(자신의 영적 사부에게 했던 한 순례자의 진실된 이야기), 오강남 편역,『기도: 영적 삶을 풍요롭게 하는 예수의 기도』(서울: 대한기독교서회, 2003); Gleb Pokrovsky, *The Way of a Pilgrim: The Jesus Prayer Journey-Annotated & Explained* (Woodstock, VT: SkyLight Paths, 2001).

'다윗의 자손 예수, 나를 불쌍히 여겨 주십시오.'")에 근거하고 있다. 수도자들의 예수 기도는 다음과 같다.

"(살아 계신 하나님의 아들) 주 예수 그리스도여, (죄인인) 저를 불쌍히 여기소서!"

이 기도를 오늘날에는 다음과 같이 한다.

"주 예수 그리스도 하나님의 아들이시여, 이 죄인을 불쌍히 여겨주옵소서"

그들은 이 기도를 끊임없이 되풀이하며 최상의 영적 상태에 들어갔다. 이러한 상태에 이르면 성령께서 그들을 통해 기도한다는 것이다. 수세기 동안 사람들은 이러한 고요함의 영성에 대한 자료를 모아 『필로칼리아』(The Philokalia, 아름다움에 대한 사랑)라는 이름으로 책을 엮었다.10) 한 수도자가 러시아의 익명의 농민에게 소개해 준 것이 바로 이 책의 내용이다. 이 수도자는 농민에게 이 예수 기도를 하루에 3천 번씩 반복하기를 권했다. 처음에는 많은 노력이 필요했지만 몇 주가 지나자 이 순례자는 하루에 6천 번씩, 곧 만 2천 번까지 기도를 반복하게 되었다. 그는 자신의 체험을 이렇게 전한다.

> "내 갈망은 오직 한 가지, 이 기도를 하는 데 집중하는 것이었다. 그 기도를 하자 나는 기쁨과 해방감으로 가득 찼다. 마치 나와 상관없이 입술과 혀가 기도하는 것 같았다. 이렇게 하면서 나는 하루를 깊은 만족감 속에서 지냈다. 마치 다른 세계에 살고 있는 것 같았다."

그런 다음 순례자는 더 이상 회수를 셀 수 없게 되었다. 이제 그의 입술은 잠자는 중에도 저절로 움직이게 되었기 때문이다. 다음 단계에서 움직임은 입술에서 혀로 옮겨 갔다. 그 다음 기도는 혀에서 심장(마음)으로 건너갔다. 시간이 흘러 기도는 아예 그의 내면의 일부가 되어 의식적으로 다른 일을 하고 있는 중에도 그는 계속 그 기도를 하고 있었다. 그리고 순례자는 자기의 기도가 심장의 박동과 일치되었음을 깨닫게 된다. 심장의 박동이 뛸 때마다 기도가 나오

---

10) A Monk of the Eastern Church, *On the Invocation of the Name of Jesus*, 오무수 역, 『예수의 이름을 부르는 기도』(서울: 성바오로출판사, 1987); St. Nikodimos of the Holy Mountain and St. Markarios of Corinth, eds., *The Philokalia*, 엄성옥 역, 『필로칼리아』(서울: 은성, 2001-2008).
)

게 된 것이다. 기도가 심장 박동의 리듬과 하나가 되었다. 기도가 자기 심장 박동과 일치된 사람은 기도를 멈출 수 없을 것이다. 기도가 실제 존재 자체의 생명기능이 되어버리기 때문이다.

그밖에 우리가 기도와 관계하여 알아야 할 내용은 주기도문에 대한 것과 기도 인도자에 대한 교육이다. 주기도문은 우리가 너무 쉽고 유창하게 자주 사용하기 때문에 그 깊은 의미를 지나쳐 버린다. 특정한 시간을 통하여 주기도문에 대한 공부를 하여 그 내용을 충분히 이해해야 할 것이다.[11] 누구에게 기도 인도를 부탁할 때는 사전에 필요한 교육을 시켜야 한다. 기도자가 기도의 내용을 찾는 방법에는 몇 가지가 있다. 책이나 기도서에서 발췌할 경우가 있는데 이때는 그 내용을 소화해야 한다.[12] 또 쓸 경우가 있는데 예배 참석자들의 수준에 맞추어 어렵게 되지 않도록 해야 한다. 또한 여러 사람이 함께 작성한 기도문을 한 사람이 대표로 드릴 수 있는 방법도 있다. 그냥 생각나는 대로 기도하는 경우도 있는데 성령의 인도라는 미명 아래 자칫 예배를 그르치기 쉬우므로 공중 예배에서는 삼가야 한다.

듣는 성경봉독

성경봉독은 대체로 사회자와 회중이 번갈아 읽는 교독이 흔하다. 합동신학대학원대학교의 박형룡 교수는 이 교독의 전통이 잘못됐다고 비판한다. "성경교독이 하나님의 권위를 침범한다"는 것이다.[13] 회중의 참여를 강화하기 위한 것으로 생각되나, 성경 봉독은 하나님께서 직접적으로 성도들에게 말씀하시는 방법이라는 것이다. 그래서 성경 봉독은 설교에 버금가는 하나님께서 성도들에게 말씀하시는 직접적 수단이라는 것이다. 사회자와 회중이 교대로 읽을 경우 회중은 사회자가 읽는 부분에 집중하지 않고 자신이 다음에 읽어야 할 곳을 보고 있기 쉬우므로 좋은 방법이라 보기 어렵다.

그보다는 오히려 사회자나 회중이 한 목소리로 읽는 것이 좋다. 이때 낭독

---

11) 나채운, 『주기도·사도신조·축도』 개정증보판 (서울: 성지출판사, 2001); 김세윤, 『주기도문 강해』(서울: 두란노, 2011); 서중석, 『주기도문』(서울: 동연출판사, 2014); 류기종, 『주기도문의 영성』 예수 영성시리즈 2 (서울: kmc, 2008); Helmut Thielicke, *Gebet, das die Welt umspannt*, 박규태 역,『세계를 부둥켜 안은 기도: H. 틸리케의 주기도문』홍성사 믿음의 글들 258 (서울: 홍성사, 2008); James I. Packer, *Growing in Christ*, 김진웅 역,『주기도문』(서울: 아바서원, 2013) 참고.
12) 편집부 편, 『모범 기도집: 평신도와 피택항존직을 위한』(서울: 한국장로교출판사, 2008) 참고.
13) "성경 교독, 하나님 권위 침범", 〈아이굿뉴스 기독교연합신문〉 935 (2007.8.20).

의 양이 너무 많을 경우 산만해지기 쉬우므로 한 두절로 제한하는 것이 좋다. 이것은 특히 어린이들의 예배에서 그렇다. 어린이 예배의 경우에는 읽은 성경의 배경과 의미를 간단히 알려 주는 것이 좋다.

개인적으로는 사회자가 혼자 읽는 방식을 선호한다. 본래 성경은 읽는 책이 아니라 듣는 책이었다. 인쇄술의 발명으로 지금은 누구나 성경책을 소유하고 있어 읽는 것이 가능해졌지만 그 이전 성경시대에는 성전이나 회당에서 한 사람이 읽는 성경을 모두 듣고 있어야 했다. 내 경우지만 교독을 하면 무슨 말인지 모르겠다. 그래서 나는 성경봉독 시에 남이 읽는 것을 듣는다. 그게 귀에 더 잘 들어온다. 물론 사람마다 선호 면에서 차이가 있을 것이다. 일반적으로는 태아기 때 노출되는 성호르몬의 영향 때문에 남자는 시각, 여자는 청각이 더 발달했다고 한다. 하지만 이 감각들을 언어에 제한할 경우에는 다른 결과를 보인다. 즉 남자는 음성언어에, 여자는 문자언어에 더 반응한다는 것이다. 그러나 그 차이는 크지 않다. 유의미한 사실은 보통 청각보다는 시각에 예민하고 집중할 것 같으나 사실은 청각을 더 선호한다는 사실이다.[14] 아무튼, 시편의 경우에는 당연한 교독이지만 기타 본문의 경우에는 한 번 고려해볼 문제다. 성경봉독은 하나님의 말씀의 직접적 전달이라는 면에서 소중하다. 성경이 귀했던 옛날 보다 오늘날 성경봉독 순서의 감흥이 많이 사라진 것 같다. 낭독자의 진실하고 확신에 찬 음성을 통해 하나님의 말씀을 들어야 할 것이다.

명분 있는 헌금

예배를 하나님의 부르심에 대한 인간의 응답이라고 할 때, 응답을 표현하는 중요한 예배순서는 헌금일 것이다. 우리는 대개 헌금을 습관적으로 드린다. 우리는 왜 헌금을 드리는가? 그 이유를 세 가지로 볼 수 있을 것이다. 첫째, 우리는 하나님을 사랑하기에 드린다. 마리아가 예수의 발에 부은 향유처럼 하나님을 사랑하여 바치는 것이다. 둘째, 우리는 헌금 행위를 통해서 세계와 우리와 거기 있는 무든 것이 하나님께 속해 있음을 고백하는 것이다. 셋째로, 하나님께서 우리에게 행하신 것들에 감사하기 위해서다. 모든 것이 하나님께로부터 온다. 우리가 가진 모든 것은 홀로 하나님의 것이다. 그래서 감사하여 주신 것의 일부를 돌려 드려 그 마음을 표현하는 것이다.

---

14) 최인환·이건표, "다중 인터페이스 환경에서의 문자언어와 음성언어의 차이에 관한 비교 연구", 「디자인학연구」 19:2 (한국디자인학회, 2006.5), 98.

헌금을 드려야 할 이유에도 불구하고, 헌금은 신자들에게 부담이다. 특히 십일조가 그렇다. 경제적으로 어려운데도 십일조는 반드시 해야 하는 것일까. 한 보수교단에서는 십일조를 안내는 교인의 자격을 제한하는 내용의 헌법 개정을 한다는 보도가 나올 정도로 십일조문제가 최근 이슈가 되고 있다. 십일조 폐지를 말하는 이들은 십일조는 구약의 성전 제사와 관련된 제도이므로 예수에 의해 모두 폐기되었다고 한다. 초대교회에서도 언급되지 않던 십일조가 중세시대 교회가 확장되고 커지면서 교회에 많은 재정이 필요하게 되었고, 그 재정을 충당할 수 있는 가장 효과적인 방편으로 구약시대의 십일조를 끌어왔다는 것이다. 하지만 십일조 준수를 주장하는 이들은 십일조를 성경의 가르침으로, 신앙과 축복의 문제로 본다. 하지만 똑같이 성경적 관점에서 십일조에 대한 성경적 근거를 찾기 어렵다는 주장도 있다.[15] 결국 십일조에 대한 해석을 어떻게 하느냐에 따라 찬반이 갈리게 된다. 십일조는 교리와 더불어 목회 현실, 신자의 경제적 현실, 그리고 선교적 상황을 고려해서 진지한 논의가 필요한 문제로 보인다.[16]

십일조를 한다고 해도 월급생활자의 경우, 세전으로 해야 하는지, 세후로 해야 하는지 갈등이다. 나는 예수교장로회 합동측 목회자들을 대상으로 한 세미나에서 이에 대해 물어 본적이 있었다. 그랬더니 몇 사람이 세후로 해야 한다는 데 동의해서 놀랐다. 십일조는 세전이나 세후, 즉 숫자의 문제가 아니라 신앙의 문제로 보아야 한다. 헌금은 힘껏 하되 인색함으로나 억지로 해서 마음이 불편해서는 안 되기 때문이다.[17] 어쨌든 교회에서 헌금은 불편하다. 신자들은 교회가 헌금을 강요한다고 생각하고, 교회건축과 증축에만 혈안이 되어 있다고 본다. 십일조를 종용하며, 건축헌금 겨우 마쳤더니 주차장 헌금을 또 한다고 불평이다. 헌금 액수를 실명으로 주보에 싣는 것을 무언의 압력으로 본다.

헌금이 신자들에게 부담이 되는 이상 그 부담을 줄여주어야 할 것이다. 교회에서 헌금이 필요한 이유는 목회자와 사역자들의 사례비와 사역을 위해서다. 사례비를 적정 수준에서 책정하고 목회자의 야망에서 발단이 된 사역을 금해야 할 것이다. 그리고 양심에 어긋나는 지출이나 허세를 부리는 일에 헌금 사용을 하지 말아야 할 것이다.

헌금의 사용처, 또는 교회 재정을 주기적으로 공개하는 것은 교회에 대한 관심의 표명이 될 수 있고 또 현대 교회의 무분별한 재정 사용에 대한 하나의

---

15) 김동진, 『십일조에 대한 성경적 답변서』(서울: 크리스챤북셀프, 2012).
16) "십일조 논쟁, 그 이후'의 결론: 십일조와 헌금생활, 목회자의 생계문제", 〈뉴스앤조이〉 (2000.12.19).
17) 허상봉, 『모네타: 하나님의 경제, 세상의 경제』(서울: 사랑마루, 2015), 146-47.

시정책이 될 수 있다. 헌금은 교회를 유지하고, 교회의 특정한 계획과 사명을 위해 사용된다는 것을 가르쳐야 한다. 특별한 헌금이 필요할 경우 그 내용을 이야기나 사진 등을 통해 상세히 설명할 경우 보다 큰 관심을 불러일으킬 수 있다. 헌금은 당황스러운 경우를 피하고 미리 준비하는 마음을 갖기 위해 봉투를 사용하는 것이 좋다. 또한 예배 시간에 헌금을 찾으려고 주머니를 뒤지는 등의 소란을 피하기 위해 헌금바구니를 출입구에 놓아두는 것이 좋다. 그리고 헌금은 하나의 헌신 행위라고 볼 수 있으므로 예배의 끝에 위치하는 것이 좋다.

작은 친교, 광고

예배에서 광고는 신자들이 알아야 할 내용을 알리는 것이고, 교회의 사명 차원에서 보면 일종의 친교적 성격을 지닌다고 볼 수 있다. 광고는 자칫 예배의 경건한 분위기를 해칠 수 있으므로 조심스럽게 진행해야 한다. 친밀한 분위기를 조성하는 것 까지는 좋으나 엄숙한 공적 분위기가 깨지면 안 된다. 그러기 위해서는 주보에 실린 내용 외에는 언급을 하지 않는 것이 좋다. 그리고 주보의 내용도 다 말할 필요는 없다.

광고에서 어미는 "… 인 것 같습니다. 좋을 것 같습니다."라는 식의 모호하고 확신 없는 말을 쓰지 말아야 한다. 언제 부터인지 모르겠으나 사람들은 무슨 말을 할 때 '…인 것 같다'는 식으로 말들을 하곤 한다. '좋은 것 같다'라든지, '멋있는 것 같다'라든지 등이다. 좋으면 좋다고 말하고 멋있으면 멋있다하면 될 것을 불확실하게 말한다. 모든 것이 불확실하고 불안정 하며 급속한 변화 과정을 겪는 세상이기 때문일까. 교회에서까지 그럴 필요는 없다. 알리는 내용은 사실이니 불확실한 투로 말하면 오히려 광고의 내용이 허위가 될 수 있다.

예배 유형

요즘 신자들이 잘 모이지 않는다고 한다. 목회자들은 신자들이 최소한 공적 예배에는 참서해야 한다고 생각하지만 신자들은 잘 따라주지 않는다. 신자들의 예배 참석률이 저조한 이유는 신앙이 없어서도 목회자의 설교가 은혜가 없어서도 아니다. 그들은 바쁘고, 쉬고 싶다. 그래서 그들은 모든 공예배에 참석해야 한다는 규범으로부터 자유롭다. 그들은 한 주간의 피로에 비추어 자신들은 그런 소리 안 들어도 된다고 생각한다. 그러므로 성도들 대부분에게 주일에 예배 두 차례 참석은 쉬운 일이 아니다. 이제 생각의 전환을 할 때다. 먼저 대예배에 대한 인식이다. 교회에서 대예배 참석은 당연한 것으로 여겨진다. 그 결과 대예배 이외의 다른 예배는 중시되지 않는다. 그러면서 모든 공예배에 참석하라고 한다. 더구나 어느 교회에서는 교사들이 교육부서의 예배드리는 것을 사실상 인정하지 않고 대예배를 반강제적으로 드리게 하기도 한다. 이는 예배를 위계화하는 것이며 한편으로는 담임목회자의 권위, 즉 신자를 장악하려는 의도를 대예배를 내세워 드러내려는 것이다. 이렇게 해서 결국 우리의 예배는 큰 예배, 작은 예배, 중요한 예배, 그리고 하찮은 예배로 분류된다. 목회자가 은연중에라도 이 같은 생각을 갖고 있다면 바꿔야 할 것이다. 어떤 규모의 어떤 형식의 예배든 주의 이름으로 모이면 된다(마 18:20). 사실 대예배라는 말도 잘못된 것이다. 아직 '소예배'라는 말은 못 들었지만, 예배는 양이 아니라 질이고 형식이 아니라 정신이다.

신자들이 대예배 외에도 참석하기 바란다면, 예배의 성격을 다양화할 필요가 있다. 이미 전통적으로 교회는 그렇게 해오고 있었다. 사실 저녁예배는 찬양 성격으로 수요예배는 기도 성격이지 않았는가. 그런데 예배의 명칭만 그렇게 붙였지 그 내용은 대예배와 별 차이가 없었다. 이게 문제다. 그런 경험들이 주일저녁 예배나 수요예배에 대한 필요성을 느끼지 못하게 한 것이다. 전통적인 저녁예배와 수요예배를 회복해야 한다.

나아가 예배가 식상해지지 않도록 의미를 상실하지 않는 한에서 고정된 형식을 탈피하여 적극적 실험을 해야 할 것이다. 애찬 순서를 도입한다거나 춤, 노래, 악기 등을 동원한 축제성을 확대한다거나, 사회고백적 요소를 도입한다거나, 평화의 인사 등을 도입해도 좋을 것이다.

또한 예배는 참여자의 발달을 고려하여 유치부는 10분, 유년부는 10-15분, 초등부는 15-20분, 특별 예배는 30분을 넘기지 않는 것이 좋다. 청중을 고려해야 한다는 말이다.

또한 예배는 충동적이고 일시적으로 드려져서는 안 된다. 가능하면 항구적이고 조직적일 수 있도록 하고 또 그렇게 드려져야 한다. 그러기 위해 교회력을 따른다거나 공과의 내용을 따른다거나 필요에 따라서는 특별한 주제들, 예를 들어, 사랑, 평화, 정직, 기도, 그리고 친구 등을 정해 드리는 예배도 좋다. 예배에 관한 별도의 교육 시간도 있어야 한다.

II. 은혜의 신비가 임하는 의식

의식의 기능

교회는 주로 말씀에 의해 지탱된다. 그러나 하나님의 은혜는 다른 방식으로도 온다. 그 중 하나가 의식이다. 요즘 들어 가톨릭은 의식, 개신교는 말씀이라는 유구한 전통이 점차 깨지고 있다. 가톨릭은 전에 비해 훨씬 더 말씀에 주의를 기울이고 있고, 개신교는 마치 잃었던 유산을 찾는 기분으로 의식에 새로 눈을 떠가고 있다. 이런 현상은 말씀과 의식이 서로 별개가 아니라 양립하여 서로를 부추기는 역할을 한다는 인식으로부터 나온 듯하다.

의식은 신앙공동체가 신앙전통에 대한 기억과 이해, 그리고 거기에 근거한 동일한 삶의 양식을 다음세대에게 전달하고, 개인적으로는 신자들의 인격과 기독교적 자기이해를 제공한다. 더 구체적으로 우리는 의식의 과정 중에 현존하는 하나님의 신비와 접촉하게 되며, 자신을 선물로 우리에게 주시는 그리스도의 현재성을 경험하게 된다. 또한 의식에 참여함으로서 그리스도 안에서 하나 되는 코이노니아의 경험도 가능하다. 그러나 교회의 의식은 이런 기능들을 제대로 수행하고 있지 못한다. 그래서 의식이 신앙공동체에서 차지하는 중요성을 생각할 때 의식에 대한 개선이 필요하다. 의식을 보다 더 의미 있는 것으로, 즉 신자들의 영적 양육의 자원으로서, 삶에 보다 큰 의미를 주는 자원으로서, 교회를 그리스도의 사역으로서, 그리고 그리스도께 대한 헌신을 의식적 표현으로 하나님의 백성에게 다시 돌려주어야 한다. 교회에서 의식은 크게 교회력과 개인의 삶의 주기에 따른 의식으로 나눌 수 있다.

교회력에 따른 의식

가정에서 가족이 생일, 결혼 등 의미 있는 날들을 기념하듯 교회 역시 하나님과 인간의 관계에서 중요한 사건들을 기억하며 기념한다. 교회는 교회력을 따라 이 절기들을 지키면서 예수 그리스도의 가르침을 따르게 된다. 이런 면에서 교회력은 복음의 종말론적 성격을 드러내며, 말씀을 전달하는 강력한 수단이 될 수 있다. 그래서 교회력은 성경을 전체적으로 그리스도인의 순례 여정을 따라 균형 있게 다루도록 도와주며, 예배에서 온전히 복음을 표현하도록 도와준다. 교회력은 신앙의 큰 주제들을 선포하여, 우리가 사는 이 시간이 믿음과 소망의 시간이라는 것, 그리고 우리의 삶이 예수 그리스도를 따라 그와 더불어 살아가는 질서와 순례임을 알려준다.[18] 교회력은 우리의 정체성을 재인식하게 해주면서 성장시킨다. 교회력의 의식은 형식이 아니라 우리가 그것에 의해 형성되는 작용을 한다.

교회력에 따른 절기에는 강림절, 성탄절, 주현절, 사순절, 부활절, 오순절 등이 있다. 강림절기는 개인적 사회적 구원에 대한 인간의 갈망을 축하한다. 성탄절은 하나님께서 예수 그리스도 안에서 우리에게 오신 이야기를 다시 말한다. 이것은 새로운 탄생, 새로운 시작, 우리가 실제로 누구며, 누구의 것이냐는 새로운 계시와 통찰을 축하하는 절기다. 사순절은 이스라엘과 예수님이 40일간 광야와 사막에서 겪은 방황의 날들, 즉 상실감과 유혹의 나날들을 재생시킨다. 그것은 시련, 유혹, 그리고 인생의 고통과 접촉하는 절기다. 부활절은 하나님이 그리스도 부활의 드라마 안에서 우리를 구원하신 행위를 다시 헤아리는 것이다. 그리고 풍성한 인생을 소유하기 위해 죽는 절기이기도 하다.[19] 교회력은 그것이 하나의 현실을 전제로 하는 것이라면 살아 있고 경험되는 것이어야 한다. 의식의 순간순간이 구원을 경험하도록 준비되어야 한다.

절기들에 대해서는 그 기원과 의미 등을 알아 그에 맞춰 지켜야 한다. 예를 들어 성령강림절이라고도 하는 오순절에 대해 살펴보자. 성령강림절은 초대교회 성령강림(행 2:1)을 기념하는 날이다. 부활절 후 50일 째 되는 날로 유대교의 3대 명절 중에 하나인 오순절과 같은 날이어서 오순절이라 불리기도 한다. 이 날은 기독교에서 성탄절·부활절과 함께 3대 절기로 꼽히는 데, 특별히 이 날은 교회의 탄생일로 기념된다.[20] 예수의 승천으로 예수의 역사적, 인간적 모습이 감추어지는 대신 성령강림으로 인한 위로자, 돕는 이로서의 성령이 현존하게 되며, 성령을 통한 새로운 현존이 우리의 생활 안에 깃들이게 된다.

성령강림절의 상징으로는 대표적으로 비둘기가 내려오는 모습과 불꽃(불혀 모양)이 있다. 이것들은 성령, 성령 강림, 그리고 성령의 은혜를 상징한다. 성령의 은혜는 이사야 11장 1-3절의 메시아에게 주어질 은혜, 즉 슬기, 통달, 의견, 굳셈, 지식, 효경, 두려워함을 뜻하는 일곱 개의 별, 또는 불혀로 나타낸다. 이 외에 일상적인 신앙생활 안에 현존하는 성령의 은혜는 사랑, 기쁨, 평화, 인내, 친절, 선행, 진실, 온유, 그리고 절제(갈 5:22)가 있다.

성령을 상징하는 데는 보통 비둘기를 사용하기 때문에 성령강림절에는 성령의 은혜를 상징하는 불혀와 함께 사용한다. 성령 강림의 전례색은 붉은 색이며

---

18) John H. Westerhoff III and William H. Willimon, *Liturgy and Learning through the Life Cycle*, 박종석 역, 『교회의 의식과 교육』(서울: 베드로서원, 1992), 90-94.

19) Westerhoff and Willimon, *Liturgy and Learning through the Life Cycle*, 96-97.

20) 한영제 편, 『기독교사전』(서울: 기독교문사, 1997).

기쁨과 탄원의 뜻이 있다.[21]

성령강림절 동안의 설교는 사도행전을 중심으로 성령의 강림 이후 그분이 어떻게 역사 하셨는가와 로마서, 에베소서, 빌립보서, 요한계시록 등을 중심으로 신자가 성령과 더불어 사는 삶의 모습과 우주적 구원에 초점을 맞춘다. 성령께서는 인간을 죄를 비롯한 모든 억압으로부터 자유케 하시는 분이시지만 그 자유가 그 나라를 위한 복음 선포와 삶을 통한 증언으로 나타나야 된다는 사실을 기억해야 한다. 더 나아가 성령이란 주제가 내적 은혜 차원에서만 강조되어 타계적이 되어서는 안 되고 역사적 현실을 성령의 부으심을 받은 신자들의 과제로 수용하는 차원에서 다루어져야 한다.

절기는 어차피 교회력을 바탕으로 한 것이기 때문에 설교 역시 교회력의 본문들을 사용하는 것이 좋다.[22] 교회력의 절기를 따라 교회와 신자들이 신앙의 순례를 하지만 주일은 언제나 기독교 시간의 중심임을 망각해서는 안 된다. 예배의 중심과 초점은 항상 예수 그리스도의 구속 사역에 있다는 사실을 생각할 때 절기들이 그 의미를 모호하게 하거나 가려서는 안 된다.

성찬식

성찬식은 개신교의 대표적 의식이다. 성찬에 대해 여러 가지 의미를 부여하지만 크게 네 가지로 볼 수 있다. 1. 하나님의 구원에 대한 감사, 2. 구원을 이루신 예수 그리스도를 기념하는 일이며, 3. 함께 하는 식탁의 친교, 그리고 4. 종말론적 약속으로서의 언약이다.[23]

교회에서 하는 성만찬예식에서 유의할 점들이 있다. 먼저 성찬예식이 일반 예배의 부록 형식으로 진행되는 경우가 많은데, 그럴 경우 신자들은 성찬식이 별로 중요한 것이 아니라고 여길 수 있다. 예배학자들에 의하면 온전한 예배에는 성찬이 포함된다.[24] 형편상 어쩔 수 없는 경우에는 먼저 성찬식을 하고 예배를 후반부에 드리는 방식을 권한다.

---

21) 김종익, 『기독교의 상징들』(서울: 가톨릭출판사, 2001).

22) 강림절 전체 기간 동안의 교회력에 맞춘 설교에 대해서는 박근원 편, 『바람 몰고 온 사람들: 2004년도 교회력에 따른 예배와 설교자료 셋째 해』(서울: 대한기독교서회, 2003) 참고.

23) 이에 대해서는 박종석, "성찬과 기독교교육: 아동에 대한 실천을 중심으로", 『성경과 신학』 63 (한국복음주의신학회, 2012): 89-110 참고.

24) 이에 대해서는 김순환, "균형적 상보관계로서의 '말씀과 성찬', 『기독교사상』 513 (2001. 9), 52-65; Horst G. Pöhlmann, *Abriss der Dogmatik*, 이신건 역, 『교의학』(서울: 신앙과 지성사, 2012), 425-32 참조.

아예 성찬을 중심으로 한 예배를 드리려고 할 경우의 내용과 본문은 다음을 참고할 수 있다. "이것을 행하여 나를 기억하여라"는 말씀은 성찬을 제정하는 말씀이다. 성찬에서 이 말씀은 반복되어야 하겠지만 내용에 변화를 줄 수 있을 것이다. 예수께서는 제자들과 마지막 만찬만 하신 것이 아니다. 예수께서는 엠마오로 가는 제자에게 나타나셔서 "빵을 들어서 축복하시고, 떼어서 그들에게 주셨다."(눅 24:30). 이는 마지막 만찬시의 행위와 동일하다. 그리고 부활하신 예수께서는 겁에 질린 열한 제자에게 나타나 그들의 믿음을 강건케 하고 그들과의 마지막 만찬을 상기시키려는 듯 제자들 앞에서 구운 물고기 한 토막을 드신다(눅 24:41-43).[25] 그리고 성만찬 제정사와 더불어 출애굽 이야기 등을 곁들일 수 있다. 또는 성찬과 관련된 대표적인 성경의 식사 이야기들을 활용할 수 있다.

아브라함과 사라가 세 명의 손님을 접대함(창 18:1-16)
히브리민족이 애굽으로부터 풀려남(출 12:1-20)
히브리민족이 광야에서 만나를 먹음(출 16)
예수께서 들에서 5,000명을 먹이심(요 6:1-13)
예수께서 마지막 만찬에서 제자들과 식사하심(눅 22:7-23)
마리아가 부활하신 예수께 말함(요 20:1-18)
엠마오 도상의 두 제자와의 식탁(눅 24:13-35)
초대교회가 함께 먹음(행 2:43-47)

성찬예식에서 예수의 살과 피를 상징하는 떡과 잔은 진행자가 신자들에게 주도록 한다. 대부분의 교회에서 신자들이 직접 집도록 하는데, 떡과 잔은 예수께서 제자들에게 주신 것이지 제자들이 예수께서 가져 간 것이 아니라는 사실을 기억해야 한다.

성찬예식에서 떡과 잔을 나누는 행위는 중요하다. 그러나 그 외의 행위 역시 드러나야 한다. 성경 말씀에는 네 가지 주요 행위가 나타난다. 그것은 들어서 기도하고 떼어서 나누어 주시는 네 가지 행위다.

"그들이 먹고 있을 때에, 예수께서 빵을 들어서 축복하신 다음에, 떼어서 제자들에게 주시고 말씀하셨다. '받아서 먹어라. 이것은 내 몸이다.'"(마 26:26)

25) E. LaVerdiere, *Dining in the Kingdom of God: The Origins of the Eucharist According to Luke* (Chicago, IL: Liturgy Training Publications 1994).

"그들이 먹고 있을 때에, 예수께서 빵을 들어서 축복하신 다음에, 떼어서 그들에게 주시고 말씀하셨다. '받아라. 이것은 내 몸이다.'"(막 14:22)

"예수께서는 또 빵을 들어서 감사를 드리신 다음에, 떼어서 그들에게 주시고 말씀하셨다. '이것은 너희를 위하여 주는 내 몸이다. 이것을 행하여 나를 기억하여라.'"(눅 22:19)

"내가 여러분에게 전해 준 것은 주님으로부터 전해 받은 것입니다. 곧 주 예수께서 잡히시던 밤에, 빵을 들어서 감사를 드리신 다음에, 떼시고 말씀하셨습니다. '이것은 너희를 위하는 내 몸이다. 이것을 행하여 나를 기억하여라.'"(고전 11:23-24)

처음은 떡(빵)을 높이 쳐드는 동작이다. 떡은 모든 참여자들이 먹을 수 있도록 커야 하며 한 덩어리여야 한다. 집례자는 한 덩어리 커다란 빵을 한껏 높이 쳐들고 그것을 쳐다본다. 자연스럽게 신자들의 시선은 그 빵을 바라보게 되고, 예수 그리스도와 우리들이 하나임을 느끼게 된다. 빵을 참여자들에게 나눌 때 한 덩어리 그 빵에서 나누어준다. 빵은 결이 있어, 찢어지는 빵이 마치 예수의 찢긴 몸처럼 보여 우리를 위한 예수의 고난을 떠올리기에 효과적이다.[26]

한편 마지막으로 떡과 잔을 돌린 후에 '혹시 떡과 잔을 못 받은 사람이 있느냐?'고 물어서 경건한 분위기가 깨지는 수가 있다. 이와 같은 눈치 없는 행위를 방지하기 위해서는 신자들이 모두 앞으로 나와서 떡과 잔을 받도록 하면 된다. 이 경우 시간을 절약하기 위해 떡 따로, 잔 따로 할 것이 아니라 큰 빵을 사용할 수 없을 경우, 전병 등을 사용해서 포도주를 찍은 떡을 제공하도록 한다. 이것을 줄 때, '주님의 살, 주님의 피'하고 말하는 경우가 있는데, 여기에 '자매(형제)를 위해 찢기시고 흘리신 주님의 살과 피입니다!'라고 말하며 포도주에 적신 떡을 나눈다. 나는 오래 전에 고등부 학생들을 대상으로 눈을 보고 이름을 불러가며, '이것은 지연이를 위해 찢기시고 흘리신 주님의 살과 피다!'라는 식으로 성찬을 나누었는데, 울음바다가 되었다. 보통 행하는 성찬식이 성찬을 모든 이들을 위한 일반적이고 객관화하는 느낌을 주어 아무 감동도 주지 못하는데 비해 '바로 너를 위해' 살과 피를 찢기셨다는 말을 들을 때 충격적이며 큰 은혜를 받을 수 있다.[27]

---

26) Westerhoff and Willimon, *Liturgy and Learning through the Life Cycle*, 79.
27) Westerhoff and Willimon, *Liturgy and Learning through the Life Cycle*, 79-80.

십자가의 길

'십자가의 길'('Stations of the Cross', 또는 'Way of the Cross', 라틴어로는 'Via Crucis')[28]을 따르는 묵상과 기도가 있다. 전통적인 십자가의 길은 예수께서 사형 선고를 받으신 것으로부터 시작해서 무덤에 묻히시기까지의 14가지 길이다. 여기에 부활을 더하여 15가지를 따르기도 한다. 하지만 그 중에 성경에 없는 내용이 포함되어 있어 성경에 충실한 십자가의 길이 제안되고, 필리핀에서는 제3의 십자가의 길을 묵상한다.[29] 가톨릭 성당 안에는 주로 벽면에 그림이나 조각으로 이 십자가의 길이 조성되어 있다. 개신교에서는 이 길을 드러내지는 않지만 고난주간에 일시적으로 형성하는 교회도 있다. 대부분의 교회에서 고난주간의 설교 내용이 십자가의 길과 흡사하기에 내용에 맞는 성화나 조각, 예루살렘 십자가의 길[30] 사진을 스크린에 띄우고 함께 기도할 수 있다.[31]

결혼예식

의식에는 교회력과 신자의 성장에 따르는 의식이 있다고 했다. 인생의 과정에서 중요한 의식 중의 하나는 결혼예식이다. 예수께서 첫 번째 기적을 행하신 곳이 가나의 혼인잔치였다는 사실을 상기해보자(요 2:1-12). 이 사건에서 기적은 예수의 신성을 보여주기 위한 상징이라는 면에서 결혼은 주께서 함께 하시는 신성한 것이다. 또한 예수께서는 물을 포도주로 변화시키는 기적을 통해 결혼을 실제적으로 축복하신다. 결혼은 한 사람이 수많은 사람들 중에 한 사람을 만난다는 면에서 기적과 같다. 그런 기적은 축복을 받고 축하할 일이다. 결혼은 하늘과 땅 사이에 있다. 결혼은 하나님 앞과 사람 앞에서 신랑과 신부가 하나가 되었음을 공포하는 예식이다. 그 외에는 아무 것도 아니다. 결혼이 하나의 예식인지 아니면 예배인지에 대한 논란이 있을 수 있다.

의식과 교육의 관계에 관해 연구해온 존 H. 웨스터호프 3세(John H. Westerhoff III)는 결혼예식을 아예 주일예배 때 하자고도 한다.[32] 실제로 주일

---

28) 십자가의 길은 'Via Dolorosa', 또는 'Way of Sorrows', 또는 간단하게 'The Way'라고도 부른다.
29) "Stations of the Cross," 〈Wikipedia: the free encyclopedia〉,
  http://en.wikipedia.org/wiki/Way_of_the_Cross.
30) "Stations of the Cross," 〈Wikipedia〉 참고.
31) http://www.vatican.va/news_services/liturgy/documents/index_via-crucis_en.html 참고.
32) Westerhoff and Willimon, *Liturgy and Learning through the Life Cycle*, 171.

예배 시간에 결혼예식을 하는 교회도 있다. 일반적인 예배 순서에 따라 찬송, 기도, 설교 등을 마친 후에 간소한 의상을 입은 신랑신부가 입장하면 목사가 권면의 말씀을 하고 부부가 됐음을 선포하고 축가를 부르는 식으로 진행하는 것이다.[33] 결혼예식을 주일예배에 할 경우 축의금을 받을 수 없어 결심이 필요하다. 사실 결혼예식 축의금의 병폐는 크다. 모처럼 쉬는 공휴일에 축의금 빚을 갚기 위해, 또는 눈도장을 찍기 위해 참석하다 보니 결혼예식이 형식적이 된다.

결혼은 하나님과 사람 앞에서 부부가 되었음을 공적으로 선언하는 행위라고 했다. 그런 엄중한 자리에서 하객들은 대부분 소외된다. 결혼예식을 통해 하객들도 자신의 결혼을 상기하고 반성하는 시간이 되도록 순서를 구성해야 한다. 당장 결혼예식 순서지에 무미건조하게 순서만 들어갈 것이 아니라 신랑신부의 멋진 사진과 함께 하객들이 궁금해 할 내용들, 예를 들어, 두 사람이 언제 어디서 어떤 계기로 만났는지. 그리고 앞으로 어떻게 살아가겠다는 결심 등의 내용을 담도록 한다. 신부가 신랑에게 인도된 후에는 부모가 자녀를 떠나보내는 마음과 그들의 독립을 축복하는 내용의 인사 순서를 갖는다. 성혼 선포 후에는 하객들이 모두 기립해서 결혼 생활에 대한 반성과 저들의 가정을 응원하겠다는 내용의 공동기도를 한다. 결혼을 축복하는 순서의 형식을 축가로 제한할 필요는 없다. 누구나 듣고 즐거워하거나 의미 있는 내용이 있다면 그것을 소개하는 순서를 더할 수 있다.

우리는 이 장에서 교회의 사명인 레이투르기아를 예배와 의식의 차원에서 다루었다. 목회자는 신자들에게 레이투르기아의 내용이 어떤 식으로 형성되어 있는지 살펴봐야 한다. 신자들이 정규적으로 기도하는지, 기도의 내용이 찬양, 참회, 감사, 요청이 고루 조화를 이루는지, 영성을 무엇이라고 생각하는지, 예배에서 가장 중요한 요소를 무엇이라고 생각하는지, 레이투르기아 영역에서 개선되어야 할 점은 무엇인지 등에 대한 검토가 이루어져야 한다.[34]

---

33) "100주년기념교회에서 드려진 특별한 '결혼예배'", 〈크리스천투데이〉 (2009.11.25).
34) Maria Harris, *Fashion Me a People: Curriculum in the Church*, 고용수 역, 『회중 형성과 변형을 위한교육목회 커리큘럼』 (서울: 한국장로교출판사, 1997), 129-30.

3장 변화시키는 디다케

I. 인간 성숙을 향하는 가르침

사람을 중시하는 목회

교회 교육의 실제적 책임자는 목회자다. 그가 실제로 교육에 참여하지 않더라도 그 책임이 면제되는 것은 아니다. 교회 교육의 책임자로서 목회자는 먼저 교육의 본질이 무엇인지와 그 성격을 알아야 한다. 교육은 앞서도 말했지만 인간의 변화를 위한 노력이라고 할 수 있다. 당신이 신자들을 변화시키기 위해 노력하고 있다면 당신은 교육적이다. 그러나 영혼 구원이라는 명분에 빠져 교세 확장을 위해 신자들을 수단으로 여긴다면 당신은 교육적이지 않다. 신자들을 돌보는 신자들을 전도자로 만드는 것이 아니라 빛과 소금의 역할을 하며 하나님의 영광을 위해 살아가는 사람으로 변화시키는 것이다.

그런데 일부 목회자들은 그렇게 생각하지 않는다. 당장 어떤 이들은 '성령 받아야 사람이 변하지 가르친다고 변하느냐?'고 말할 것이다. 그런데 그 변화가 지속되려면 교육이 필요하다. 또 어떤 목회자는 목회와 교육은 별 상관이 없다고 생각한다. 신학대학 교수 중에도 목회는 신학으로 충분하다고 생각하는 이들도 있다. 신학은 현장의 목회로까지 이어져야 하며 목회에 도움이 되어야 한다. 목회에서 신학과 교육은 함께 가야 한다. 실제로 우리 교단만 보더라도 기독교교육을 공부한 사람들이 비교적 목회를 잘 하고 있다는 말들을 하는데, 그 이유는 아마 사람에 대해서 배운 까닭이 아닐까하는 생각이 든다. 사람을 아는 목회, 그리고 그 사람을 하나님만 사랑하는 사람이 아니라 이웃도 사랑하는 사람으로 변화시키고자 하는 것이 교육적 목회라는 사실을 깨달을 필요가 있다. 이제까지의 한국 교회는 사람을 몰라도 목회할 수 있었다. 이제는 아니다. 더 이상 사람을 무시한 목회는 설 자리가 없을 것이고 한국 교회의 침몰을 가속화시킬 것이다.

교육의 촉매적 기능

사실 교회의 사명 다섯 가지 중에서 교육을 말하는 디다케는 실체가 없다. 한 번 물어보자. 무엇이 교육인가? 마치 너는 누구냐?고 물어올 때, 자기가 가장 잘 알고 있다고 생각한 자신에 대해 실은 아는 게 하나도 없는 것 같아 당황하는 것과 같다. 교육은 무엇인가? 눈을 밖으로 돌려 보자. 교육에는 항시 무엇인가가 따라 붙는다. 신학교육, 철학교육, 사회교육, 군사교육, 간호교육, 아동교육, 노인교육 등등. 이것은 교육을 연구하는 교육학의 경우도 예외는 아니다. 교육신학, 교육철학, 교육심리학, 교육사회학 등은 있어도 그냥 아무 것도 붙지 않은 교육학은 없다. 이것은 학문적 상황의 경우지만 현장에서도 마찬가지다. 교육에는 항시 '무엇을'이 따라 붙는다. 만일 교육이 독자적이라면 교육을 교육해야 한다. 그럴 경우에 다시 교육이 무엇이냐가 문제가 될 것이다. 결국 교육은 실체가 없다는 말이다. 그것은 자기에게 따라 붙는 것을 위해 종사한다. 교육은 없다는 것이다. 그럼에도 불구하고 교육은 있다. 우리는 '교육'이라는 말을 하기 때문이다. 실체가 없는 교육, 그러나 존재하는 교육, 그것이 교육의 본질이다. 그는 자신을 드러내지 않으며 자신에게 따라 붙는 내용을 드러낼 뿐이다. 이는 화학의 촉매 작용(catalytic action)과 유사하다. 촉매(catalysis)는 화학적 작용에 관여하여 반응속도를 증대시키거나 어떤 가능한 반응 중 특정한 반응만을 진행시키지만 스스로는 반응의 전후로 전혀 변하지 않고 화학반응식에도 포함되지 않는 물질이다. 그러니까 교회의 사명 중에서 디다케는 케리그마나 레이투르기아 등의 다른 사명이 그 사명을 완수하도록 돕는 사명을 가진 사명이라고 할 수 있다.

교육의 구조

한편 교육 행위를 꼼꼼히 살피면 공통점을 발견할 수 있다. 그것은 모든 교육은 가르치고 배우는 두 가지 주요 행위로 구성된다는 것이다. 무엇이든 이 두 가지 행위, 즉 가르치고 배우는 작용에 올려놓으면 구체적 교육이 된다. 마치 화학 작용에서 다른 물질의 작용 속도나 특정 반응을 유도하는 촉매처럼, 세상의 모든 것은 이 교육적 기능, 즉 가르치고 배우는 작용이 없으면 실체화되지 않는다. 교육 없는 세계는 없다.

　　가르치고 배우는 것으로서의 교육은 앞서 언급했던 것처럼 나름대로의 구조를 지니고 있다. 이 구조의 실천은 전문적이어서 많은 준비와 경험이 필요하다.

이 같은 일을 하는 데에는 교육전문가가 필요하다. 목회자들은 2부에서 언급한 내용과 같은 접근으로 충분하다. 즉 어떤 일을 하고자 할 때, 사실은 모든 일은 그 안에 가르치고 배우는 작용이 있어 교육이다.

목적 있는 목회

가르치고 배우는 교육의 구조가 보다 구체적으로 그리고 효과적이기 앞서 1부에서 다룬 교육의 범주인 목적과 내용, 그리고 방법, 교사, 학습자, 그리고 환경을 고려해야 한다. 특히 분명한 목적을 갖고 있어야 한다. 목적이 없으면 내용도 없고 방법도 없기 때문이다. 새 성전 건축이라든가, 천 명 성도 달성이라든가, 성령 충만이라든가 하는 흔히 볼 수 있는 교회의 표어들은 목적이 될 수 없다. 교회의 목적은 사람, 즉 신자들에게 맞추어야 한다. 사람이 아닌 건물, 숫자, 소위 영적인 것에만 모아져야 한다. 기본적으로 교회의 목적은 신자들이 교회의 사명을 이루는 작은 교회들이 되도록 해야 한다. 하나님께서 예수 그리스도를 보내셔서 우리의 죄를 용서하시고 구원하셔서 당신의 자녀로 삼아주셨을 뿐만 아니라 영생을 주셨다는 사실을 확신하고, 그 말씀을 전하여 불신자들을 하나님의 자녀요, 나의 형제자매로 삼는 일을 하고(케리그마), 함께 모여 구원의 주님을 찬양하고 경배하며, 구원과 베푸신 은혜에 감사드리고 그 은혜에 보답하여 하나님의 뜻대로 살겠다는 고백을 하며(레이투르기아), 함께 하나님의 자녀가 된 교우들과 사랑의 관계 안에서 하나됨의 기쁨을 누리며(코이노니아), 세상에 하나님의 나라를 건설하기 위해 하나님께서 우리에게 부여하신 과업들을 성실하게 해나가는(디아코니아) 신자들이 되도록 해야 한다.

이마저도 복잡하고 어렵다고 생각해서 일찌감치 포기할 생각을 해서는 안 되고 익숙해지도록 노력해야 한다. 교육의 범주에 맞추어 일을 진행하다 보면 일의 앞뒤가 논리적으로 연결되어 일처리가 깔끔하게 될 것이고 무엇보다 하나의 작은 교회로 살아가는 신자들의 변화를 목도하게 될 것이다.

환경을 고려하는 교육

교회의 디다케 사명을 생각할 때 먼저 고려해야 할 것은 교회가 위치한 자리다. 우리 교회는 지금 어디에 있는가? 최소한 농어촌인지 인구 5만 명 이상의 도시인지, 그것도 중소도시인지, 100만 명 이상의 대도시(광역시)에 있는지를 분명히 해야 한다. 그리고 우리 교회는 일반적으로 말해서 개척교회인지, 중소 교회인지, 아니면 대교회인지도 고려해야 한다. 선거의 경우이기는 하지만 '여촌야도'(與村野都)란 말이 있다. 보수 성향의 정당은 촌이나 소도시에서, 진보 성향 정당은 대도시 지역에서 많은 지지를 얻는 현상을 가리키는 용어다. 일단 시골이나 소도시의 주민보다 대도시의 주민들이 전체적으로 평균 연령이 낮아 진보 성향이 강하다. 또한 농어촌의 성향이 과거를 중시하고 보수적인 문화가 강한 반면 대도시는 진취적인 문화를 갖고 있기 때문에 진보 성향 정당들이 지지를 더 받는다. 교회가 시골에 위치하고 있는데 목회자의 성향이 진보적이라면 어려움을 겪을 것이다. 농어촌교회는 주민 의식이 대체로 보수적이고 협동적 상호 작용에 익숙하고 공동체주의적 가치관을 지닌다. 그래서 사회 통제 방식도 전통이나 관습 등 비공식적 제재가 유효한 곳이다.

교육면에서 농어촌 교회는 기본적으로 인구밀도가 낮아 교육적 환경이 열악하다는 생각을 한다. 하지만 거꾸로 생각할 수도 있다. 사실 진정한 교육의 가능성은 목회자의 헌신이 따른다면 오히려 도시보다 농어촌교회에서 더 크다. 수 백 명을 대상으로 하는 교육과 소수를 대상으로 하는 교육 중에 어느 교육이 신자를 충분히 배려한 교육이 될 지는 분명하다. 그렇기 때문에 대교회의 교육 역시 대규모의 집단을 대상으로 한 교육을 가능한 배제하고 소그룹화해서 교육의 효과를 높여야 할 것이다. 농어촌교회의 경우 출신 배경, 사회·심리적 특성 면에서 동질적이므로 인격적 교류가 가능한 교육이 가능할 것이다. 왜 예수께서 제자 그룹을 12명이라는 소수로 하셨는지 생각해볼 일이다.

반면에 도시는 폐쇄적이어서, 점진적 변동을 겪는 농어촌과는 달리 개방적, 진취적 변동을 겪는다. 사람들 간에 상호 작용의 빈도는 높으나 비인격적이고, 수단적 성격의 접촉을 통한 2차적 관계가 지배적이다. 주민 의식은 대체로 진보적이다. 경쟁적 상호 작용에 익숙하고 개인주의적 성향이 강하다. 계층이 분화되어 있으며, 빈부 격차가 크다. 사회 통제 방식은 공식적 규범에 의한 제재, 즉 법과 규칙을 따른다. 교회 역시 여러 층위에서 분절화 되어 있으므로 공동체를 이루는 것이 교육의 중요한 과제가 될 것이다.[1]

---

1) 도시교회교육에 대해서는, Donald B. Rogers, ed., *Urban Church Education* (Birmingham, AL: Religious Education Press, 1989) 참고.

신자를 고려하는 교육

교회에는 신자들을 위한 여러 교육이 있다. 처음 전도를 받아 교회에 출석한 구도자를 위한 교육, 새신자 양육과정이 있다. 이 단계에서는 기성 신자는 알고 있지만 그래서 새신자도 알고 있으리라고 생각하는 내용들을 챙겨서 가르쳐야 한다. 예를 들어, 주기도문이나 사도신경 등에 대한 간단한 설명도 필요하다. 그리고 세례준비교육이 있다. 초대교회의 세례교육이 3년에 걸쳐 시행되었던 것과 비교하면 오늘날 교회의 세례교육은 형식적이다. 세례대상자가 최소한 알 것을 알고 그리스도인으로서 살겠다는 결심을 해서 받는 세례가 되도록 준비시키는 교육이어야 한다. 제자교육이 있다. 한국 교회에서 제자교육은 가장 흔하지만 가장 모호하다. 도대체 어떤 교육이 제자교육인지 알 수 없다. 제자교육이란 표제의 교재를 공부하는 것을 말하는지, 아니면 보통 세례 이후 신자들을 위한 본격적 수준별 성경공부를 말하는지 확실치 않다. 어쨌든 성경공부에는 다양한 유형들이 있다. 성경 개관 과정이 있고, 귀납법적 성경 연구과정이 있다. 여기에는 주제별 성경연구, 책별 성경본문 연구 등이 있다. 성경공부는 신자들이 어려워한다. 더구나 귀납법적 성경연구방법은 목회현장에서 좀처럼 하기 어렵다. 하지만 한창 지적 활동이 왕성한 청년부 등에서는 할 수도 있다. 그 밖에 교회의 능력에 따라 찬양과 중보기도 학교, 결혼을 준비하는 이들을 위한 예비부부학교나 신혼부부학교, 어린 자녀를 가진 부부를 위한 부모유아학교, 상담과 치유학교, 전도학교 등이 있다. 이외에 대부분의 교회에서는 하계수련회나 동계수련회라는 형식으로 계절교육을 한다. 그리고 부흥회도 빠트리지 않는데, 특히 부흥회는 점점 하지 않는 추세인데, 그 이유를 상기해서 기획을 잘 해야 한다. 사경회 형식의 부흥회는 권할만 하다. 직분자들을 위한 교육과정이 있다. 구역장(강사) 교육은 할 일이 분명하고 책임을 져야 하기에 잘 진행이 되는 것 같다. 교사들을 위해서는 교사대학이 열린다. 교사들은 많이 배울 필요가 있다. 말이 '대학'이니 그 수준의 지속적 강의가 필요하다. 하지만 많은 교회에서 교사교육을 교사헌신예배나 교사부흥회로 대체하는 경향이 있다. 이는 앞서 말한 바와 같이 교육보다 성령이 더 중요하다는 인식에서 비롯되는 것 같다. 교육은 교육이지 집회가 아니다. 집사, 권사, 장로들을 위한 직분자 교육을 하는 교회도 있으나 명분과 내용이 불확실하다.

교회의 주요한 교육에 절기 교육이 있다. 대표적으로는 대강절, 성탄절, 사순절, 종려주일(고난주간), 부활절, 오순절, 맥추감사절, 추수감사절 등이 있다. 절기의 꽃은 사순절기간인데 예수의 행적을 따라 설교를 하는 것까지는 좋으나 의식적 내용, 곧 전례색 등에 대한 설명을 더해야 한다.

교회의 교육은 권위적으로 행해진다. 신자의 자발적 참여를 바탕으로 하는 것이 원칙이다. 교육 참여율이 저조한 이유 중에는 신자의 요구와 맞지 않기 때문이다. 대부분 교육은 목회자가 교인이 받아야 한다고 생각하는 내용이다. 소위 포스트모던시대에 개성이 강조되는 시대에 신자들은 다양한 요구를 갖고 있다. 교회는 이 요구에 반응해야 한다. 소위 스카이 출신이 많은 교회의 목회자가 신자들이 성경공부에 아예 참석하지 않는다고 걱정 겸 불만을 표시했다. 그 얘기를 들으며, 나는 속으로 '하기 싫다는 것을 왜 하려고 하나?' 의아했다. 뭔가 하기는 해야 하겠고 마땅한 것이 없으니 전통적 성격의 성경공부를 하는 것은 아닐까 하는 생각도 들었다. 똑똑한 교인들 입장에서는 그런 거 꼭 목회자한테 안 배워도 된다고 생각할 수 있다. 마음만 먹으면 언제라도 혼자 공부할 수도 있으니까 말이다. 이런 경우라면 성경공부의 수준이 낮은 것이 문제다. 강제에 의해 끌려가는 교육은 효과가 적다. 이제 내가 교인에게 요구하는 교육은 그만 끝내자. 우선 교인들이 무엇을 원하는 지 설문을 하자. 그리고 그것들을 바탕으로 성경공부든 무엇이든 계획을 해보자. 기존에 해오던 교육 프로그램들이 잘못됐다는 것이 아니라 좀 더 신자들의 요구를 충족시킬 수 있는 적합성을 갖도록 다시 짜져야 한다는 것이다.

II. 교회교육의 삼위일체

설명이 있는 예배

교회 교육의 주요 구성 요소는 예배, 성경연구, 그리고 프로그램이다. 이 세 가지는 신자의 신앙 성숙이라는 하나의 목적을 향한 상호적 가지들이다. 먼저는 예배다. 교회에서 예배만큼 교육적 비중이 큰 것도 없다. 그리스도인 중에는 예배만 드리는 이들이 많다. 그러니 그들에게는 예배가 전부다. 예배가 신앙이고 예배가 교회다. 이들은 기독교적 관련 내용들을 오직 예배를 통해서만 수용한다. 이들에게 예배는 교회와의 유일한 통로다. 이들에 대한 교육 역시 예배를 통해서만 가능하다. 예배를 교육적 차원에서 보지 않을 수 없다.

예배 교육은 예배가 무엇인지, 그리고 그 예배를 잘 드리기 위해서는 어떻게 해야 하는지 하는 내용이 포함된다. 우선 예배가 무엇인지 설명을 해 주어야 한다. 사실 우리 대부분은 예배의 정체가 무엇인지 분명하게 모르며 다만 늘 드려왔기 때문에 할 뿐이다. 하지만 이제라도 예배를 의미 있게 드려서 예배가 주는 영적이고 신앙적 유익을 누리기 위해서는 지금이라도 예배의 신학적 의미와 신앙적·영적 의미, 그리고 예배의 순서가 갖는 뜻 등에 대해 신자들에게 알려야 할 것이다. 그런데 대부분의 신자들은 이와 같은 내용의 예배교육을 별도의 시간을 마련하여서 받도록 하는 데 부정적일 것이다. 수요일 등의 시간 역시 참석하지 않는 교우들이 많아 회중 전체가 도움을 받을 수 없다. 전체가 가르침을 받기 위해서는 예배 시작 전에 5분 정도의 연속적인 예배 교육 시간을 마련하는 게 어떨까. 그러나 예배 시간에 늦거나 일부러 예배에 늦게 참석하는 신자들도 있는 점을 고려하면 설교 시작 전 시간을 할애하는 것도 좋겠다. 누구도 빠져 나갈 수 없고 하나님의 말씀에 마음의 문을 연다는 자세로 집중할 준비가 되어 있는 분위기이기에 교육 효과도 클 것으로 예상된다.

무엇보다 성경공부

예수께서 마르다라고 하는 여자의 초청을 받으셨다. 마르다는 여러 가지 접대하는 일로 분주했다. 그런데 동생 마리아는 주님의 발 곁에 앉아서 말씀을 듣고 있었다. 마르다가 예수께 와서 '가서 저를 거들라고 말해 달라'고 했다. 그러자 주님께서는 마르다에게 '너는 많은 일로 염려하며 들떠 있다. 그러나 마리아는 좋은 몫을 택하였다.'고 하셨다(눅 10:38-42). 오늘날에도 마르다의 '분주'와 마리아의 '좋은 몫'은 계속되고 있다. 교회의 목회 현장에서 뿐 아니라 교회학교 현장에서도 그런 현상은 흔히 볼 수 있다. 교회는 수많은 예배와 기도회와 회의와 행사로 분주하지만 말씀을 배우는 좋은 몫은 상실한 지 오래다.
　　교회 교육에서 성경공부는 중요한 자리를 차지해야 한다. 교회의 모든 사명은 사실 성경으로부터 나와야 하기 때문이다. 케리그마는 성경이라는 복음의 선포며, 레이투르기아는 성경의 하나님께 경배하는 행위며, 코이노니아는 말씀의 정신인 사랑 안에서 이루어져야 하며, 디아코니아는 이웃을 향한 말씀의 실천이라고 할 수 있다. 오늘날 교회가 이처럼 위기에 빠지게 된 가장 근본적인 이유는 하나님의 말씀인 성경으로부터 벗어났기 때문이다. 하나님의 말씀대로 한다고 했지만 가만히 들여다보면 틀린 해석에 근거한 위선적이고 이기적 마음에서 행한 것들이었다. 한편으로는 성경을 잘 이해하고 바른 뜻을 안다고 해도 실천하지 않아 성경을 단순히 문자로 만든 경우도 많다. 그러므로 교회 교육에서 성경교육의 목적은 분명하다. 첫째는 성경을 어떤 경우에도 왜곡하지 말고 바른 뜻을 전하고 바른 해석을 하도록 돕는 것이다. 둘째는 성경을 머리로만 알거나 깨닫는 것이 아니라 손발로 실천하는 행동으로 나타나도록 해야 한다는 것이다.

성경은 그 양이 많고 내용이 방대하여 평생을 공부해도 부족할 정도다. 그러니 교회가 한 두 개 정도 개설한 성경공부 프로그램은 겉치레처럼 보인다. 교회는 가능하면 여러 개의 성경공부반을 개설해야 할 것이다. 신자들 역시 성경공부를 하지 않으면서 신앙생활을 하고 하나님의 뜻대로 살겠다고 하는 것은 어불성설이다. 신자들의 요구를 따라 다양한 규모와 다양한 형식과 다양한 내용, 그리고 다양한 수준의 성경과목이 개설되어야 한다. 문제는 성경공부를 시키고 싶어도 가르칠 사람이 없다는 점이다. 기껏 부교역자를 이용하지만 그들은 이 일이 아니라도 할 일이 많아 이미 지쳐있는 사람들이다. 그와 같은 어려움을 극복하기 위해 우선 지도자 양성을 하자. 교회에서 담임목회자나 부교역자가 할 수도 있으나 형식이 중요하므로 할 만한 자질이 있고 의욕이 있고 자원하는 사람들을 선별해서 이용할 수 있다. 예를 들어, 신학생을 적극적으로 활용할 수 있다. 평신도의 경우, 신학교나 신학대학에 보내자. 이 때 교회의 사역을 위한 것이니 일정액의 장학금을 줄 수 있겠다. 한 학기라도 이수하면 그 사람이 배운 과목을 중심으로 강좌를 개설할 수 있을 것이다. 듣기를 원하는 사람을 모아 잘만 진행하면 이후 성경공부의 불씨가 될 수 있을 것이다. 진짜 신자는 성경공부의 훈련을 통해 태어날 것이다. 다른 것으로 유명한 것이 아니라 성경공부로 유명한 교회, 매혹적이지 않은가.

프로그램의 기획

교회에는 다양한 프로그램들이 있다. 찬양집회를 하고 부흥회를 한다. 총동원주일도 하고 교회창립 기념행사도 한다. 바자회도 하고 여름행사, 절기행사도 한다. 전문가를 초청해 세미나도 하고, 음악회도 한다. 사실 교회의 모든 것이 프로그램이라고 할 수 있다. 교회 프로그램들은 대부분 유사하다. 좋다는 프로그램을 서로 모방하기 때문이다. 그런데 좋다는 프로그램을 해봐도 기대한 만큼의 효과를 보지 못하는 경우가 꽤 있다. 이는 그 프로그램이 우리 교회를 위해 만들어진 것이 아니기 때문이다. 그럼에도 목회자들은 마치 새로운 프로그램을 개발해서는 안 되는 줄 아는 사람들 같이, 또는 프로그램은 늘 남의 것을 빌려와 써야 되는 것처럼 행동한다. 우리 교회에 맞는 프로그램은 없다. 맞는 프로그램은 우리 교회 사정에 맞게 개발된 것이어야 한다.

프로그램 개발은 기획으로부터 시작된다. 일반적으로 프로그램 기획은 프로그램의 형태를 결정하기 위한 기초적인 창조과정, 즉 프로그램의 전반적인 틀을 마련하기 위해 밑그림을 그리는 작업이다. 여기서 기획이란 말은 '계획'과

다르다. 기획은 계획을 수립하는 과정이고, 계획은 이 과정을 통해 얻은 결과다. 기획은 무엇을 할지, 왜 하는 지 등의 내용을 다룬다. 계획은 어떤 내용을 어떤 방법으로 다룰지 등의 내용을 다룬다. 기획 단계에서 창의성이 중요하며, 계획에서는 현실성과 논리성이 중요하다. 교회에는 프로그램을 기획할 수 있는 팀이 필요하다. 이 팀이 할 일은 신자들에 대한 이해 또는 분석, 상황 분석, 그리고 기본방향 설정 등이다. 기획의 성격은 1. 먼저 미래지향적이어야 한다. 교회의 목적과 이념, 미래의 발전상, 특별히 신자에게 어떤 변화가 요구되는 지를 반영해야 한다. 2. 또한 교회가 위기에 빠진 오늘날의 상황에서, 변화하는 사회에 적극적으로 대처할 수 있도록 해야 한다. 이것은 사회와 불신자의 요구를 검토해야 한다는 말이다. 3. 교회의 자원을 효율적으로 사용할 수 있도록 하는 것이어야 한다. 4. 많은 관련 정보와 학습자의 요구가 단계적으로 반영되는 과정을 거쳐야 질 좋은 프로그램을 개발할 수 있다는 것을 의미한다. 5. 프로그램 관련 정보를 수집, 분석하고 신자들의 요구를 확인하고, 사절하고 분석하는 과정을 거쳐야 한다. 이는 사회문화적 환경과 그 구성원들의 특성을 이해하고 적용할 수 있어야 한다는 의미다. 6. 프로그램과 관련된 사람들의 참여가 이루어져야 한다. 교역자, 평신도그룹, 프로그램의 대상 등의 의견이 반영되어야 한다.

이 같은 내용을 전제로 절차를 밟아 나가게 된다. 1. 먼저, 상황분석이다. 이는 왜 프로그램 개발의 필요성이 제기되었으며, 프로그램 개발을 하려고 하는 우리 교회의 특성과 지향점은 무엇이며, 프로그램 개발을 위한 인적, 물적 자원의 상황은 어떠하며 프로그램 개발이 요구되는 주변상황과 사회적 맥락이 무엇인가를 분석하는 것을 말한다. 이 같은 상황분석은 프로그램 개발에 영향을 미치는 제반 요인들을 파악하고 앞으로 프로그램 개발을 추진해야 하는 타당한 이유를 확인시켜 줌으로써 프로그램 개발의 시금석이 된다. 상황을 분석해야 하는 영역에는 지역사회, 교회 조직, 사회적 맥락, 그리고 프로그램 개발의 타당성 등이다. 지역사회에 대한 분석은 문화적, 사회적, 심리적, 경제적, 정치적, 물리적 요소를 포함해야 한다. 교회에 대한 분석은 SWOT분석을 이용할 수 있다. 즉 교회라는 기관의 내부환경에 대해서 강점(strength)과 약점(weakness)을, 외부환경에 대해서는 기회(opportunities)와 위협(treats) 요인을, 분석하는 것이다. 외부환경 분석에는 정치, 경제, 사회, 문화, 생활양식, 인구변화의 특성, 종교에 대한 인식 등을 포함시킨다. 내부환경의 분석에는 교회의 인적, 물적 자원의 장단점, 인사관리, 재정, 시설, 기자재, 프로그램, 지역 사회에서의 위치 등이 포함되어야 한다. 2. 교우 분석이다. 프로그램 개발의 대상인 학습자로서의 신자에 대해 생물학적 특성, 교육적 배경, 사회문화적 배경, 정의적 특성, 그리고 운동기능적 특성 등을 분석(mapping)해야 한다. 여기에는 프로그램의 성격에 따라 불신자, 또는 잠재적 신자들에 대한 분석도 필요하다. 성별, 연령별, 종교별, 역할별, 교육경험별 분석은 기본이다. 특히 다른 내용과도 관계가 되겠는데, 신자들의 참여 성향에 대한 기본적 조사가 필요하다. 참여 성향이 있는 신자와 방관형 신자가 어느 정도인지 그 이유가 무엇인지 등은 무엇을 하든 염두에 두어야 한다. 이러한 분석을 바탕으로 프로그램의 직접적인 집단을 결정한다. 그리고 그 집단의 교육 요구와 필요를 구체적으로 파악한다. 집단의 리더를 통해 확인할 수도 있다. 교육적 요구는 인생주기, 주요 사건, 교육 정도, 생활 태도, 그리고 사회적 역할 수행 등에 따라 다르다. 그러므로 우선순위를 정하는 것이 필요하다.

우선순위를 결정하는 준거는 1. 관심을 보이는 사람들의 수, 2. 조직의 목표에의 기여도, 3. 어느 정도 급하게 요구되느냐 하는 즉시성, 4. 다른 것들에 미치는 긍정적, 부정적 영향력인 도구적 가치, 5. 인적, 물적 자원과 재정적 지원 가능성 정도 등이다.

성경 배우는 성경학교

성경학교하면 '여름'이라는 접두어가 자연스레 따라 붙는다. 본래 성경학교는 주일 아침 한두 시간의 교육으로는 부족하다는 생각에 방학기간을 이용해 교육 시간을 확장시킨 데서 유래되었다. 그러므로 여름성경학교든 겨울성경학교든 핵심은 연장된 교육시간이다. 그래서 초기의 성경학교는 1, 2주 동안 계속되었다. 그렇다고 무조건 시간만 늘려서는 비효율적이 될 수 있다. 시간 계획에도 원칙이 있다. 첫째, 시간을 좀 더 효과적으로 배당한다. 둘째, 중요한 시간을 더 늘리도록 한다. 셋째, 신앙을 경험할 수 있는 시간을 제공한다.

위의 시간 계획 원리를 따라 성경학교는 첫째, 시간을 규모 있게 사용해야 할 것이다. 어떤 프로그램을 진행하든 앞의 시간은 준비(준비찬송에서부터 장내 정돈까지)하느라 허비하고, 뒤의 시간은 시간을 넘겨 다른 프로그램에 차질을 빚는 일이 비일비재하다. 둘째, 성경학교에서 가장 중요한 시간은 '성경' 학교라는 명칭에서 자명하듯, 성경말씀을 배우는 시간이다. 그런데 말씀은 뒤로 밀리고 그보다 중요하지 않은 것들이 중시되는 현실이다. 셋째, 신앙은 어찌 보면 가르칠 수 없는 신비에 속한 영역이다. 신비는 체험될 뿐 설명할 수 없다. 그런데 성경학교 기간에 함께 지내는 시간이 많아 삶을 나눌 수 있다면, 그리고 자연으로 나가 성경학교를 할 경우 자연과의 접촉을 통해 이 신앙의 신비를 체험하도록 이끌어야 할 것이다.

성경학교는 성경 이외의 것에 너무 분주했었다. 이제 성경을 충분히 시간을 내어 가르치는 성경학교가 되어야 할 것이다. 성경은 사실 가르칠 수 있는 것이 아니다. 그러므로 성경과의 만남, 또는 대화가운데로 초대하는 일을 해야 할 것이다. 성경학교가 성경으로 돌아갈 때, 교회에는 아직 희망이 있다.

행복한 수련회

이제까지 수련회하면 대체로 말씀과 찬양을 매개로 한 영성 훈련에 비중을 두는 경향이 있었다. 저명한 강사의 말씀과 피나는 연습과 기도로 준비된 영감 있는 찬양은 수련회 참석자들을 은혜의 바다에 잠기게 하기에 충분했다. 그러나 청소년을 대상으로 한 수련회는 은혜만으로는 부족하다. 입시 때문에 찌든 그들을 위로하고 잠시라도 행복하게 해 줄 필요가 있다. 그들을 위해 행복한 수련회를 상상해보자. 먼저, 행복한 수련회를 위해서는 개인적 차원이 배려되어야 한다. 기존의 캠프는 집단적 성향이 짙었다. 구성원들 사이에 상호작용의 과정을 전제로 한 공동체과는 달리 기존의 캠프들에서는 참가자들의 요구와 참가자들 간의 교류를 거의 고려하지 않은 참가자들에게 던져진 프로그램이 대부분이었다. 그러니 캠프는 짜여진 프로그램을 따라 일사분란하게 움직여져야 했고 그 사이에서 참가자들은 프로그램에 끼어 맞추어야 하는 몰개성적 또는 몰인격적 부품들이었다. 그러나 행복은 무리지어 하는 빈틈없는 통일된 행위에 있지 않고 개인의 규격화할 수 없는 요구와 개성 표현의 기회에 달려 있다. 무엇보다 작은 수련회를 하자. 기존의 캠프는 대부분 대형화되어 있고 그것을 지향하는 경향이 있어 보인다. 그래서 학생수가 적은 교회에서는 대형 캠프에 참석하기도 한다. 1973년 빌리 그래함(Billy Graham) 전도집회를 계기로 마치 규모가 질을 보장하는 듯한 그릇된 인식이 생겨났고, 신앙은 자신에 대한 깊은 성찰이 아니라 외부에 대한 표출로 변질되었다. 대형화는 거기 속한 구성원 모두가 누릴 만큼의 자원이 공급되지 않을 경우 경쟁을 유발할 수밖에 없으며, 외형화는 텅 빈 속을 그럴듯한 외피로 치장하는 위선과 유사하다. 그러므로 수련회가 행복해지기 위해서는 대형화의 유혹을 끊고 작은 것에서 의미를 찾으려는 시도를 해야 한다. 세 번째로 여유로운 수련회를 하자. 수련회를 통해서 할 일은 얼마나 많은가? 말씀을 듣는 시간도 부족한 것 같고, 기도도 더 해야 할 것 같고, 찬양 시간은 왜 또 그렇게 짧은지 아쉬움이 남는다. 그러나 그렇게 허겁지겁 캠프를 치르고 나면 남는 것은 무엇인가? 혹시 약간의 아쉬움을 가미한 피곤과 수면 부족은 아닌가! 행복한 수련회를 위해서는 참가자들에게 잃어버린 여유를 찾아줄 수 있는 시간을 주어야 한다. 예를 들어, 노골적으로 자유시간을 주자. 특히 늘 통제 받는 생활에 시달려온 청소년들이라면 그와 같은 시간을 누릴 권리가 주어져야 하지 않겠는가! 예전에 그래 본 적이 있다. 그랬더니 학생들은 삼삼오오 모여 대화를 나누거나 운동을 하거나 장난을 치거나 잠자리를 잡으러 다니거나 했다. 어떤 학생은 성경을 읽기도 했고 조용한 곳을 찾아 기도를 하거나 멍하니 앉아 마냥 쨍한 하늘을 쳐다보기도 했다. 중요한 것은 그들 모두 행복해 보였다는 것이다. 늘상 어른들이 정해 놓은 틀 속에서 규격화되고 정형화된 생활을 하던 그들은 정말 오랜만에 자유를 만끽하고 있었다. 마지막으로 수련회 교육은 특정 내용을 가르치기(teaching)나 교수(instruction)가 아닌 양육(nurture) 개념으로 생각해야 한다. 교육에서 가르침은 일반적으로 교실이라는 환경에서의 교사 주도적인 교육 행위를 말한다. 어렵게 여길 것 없이 기존의 수련회의 교육 방식을 떠올리면 된다. 이와 같은 교사 주도의 교육 방식은 행복과는 거리가 있는 지리함을 제공하기 쉽다. 양육은 인간의 전인적 차원 모두와 관계된 교육 방식이다. 즉 인간은 지성과 감성을 갖고 있으며 행위하는 살아있는 유기체라고 할 수 있다. 양육적 차원에서의 교육은 그 모든 차원의 조화와 균형을 유지하려고 한다. 양육을 통해 인간의 전인적 차원 모두를 다루고, 조화와 균형을 이룸으로써 학생들을 더욱 온전한 인격으로 성장시킬 수 있을 것이다.

대부분의 교회들은 요즘 전교인수련회를 지향 한다. 이 프로그램은 일종의 공동체교육 프로그램이다. 공동체교육은 신앙이 공동체를 통해 형성되고 전달된다는 데 착안한 교육이다. 그런데 전체 교인이 함께 가서 프로그램은 따로 진행하니 공동체교육이 무엇인지 모르는 소치다. 교회에는 최소한 3세대가 있는데, 교회가 공동체라면 이 3세대가 늘 접촉하고 상호작용해야 한다. 그래서 일부 교회에서는 어린이와 성인이 함께 예배를 드린다. 먼저 어린이를 위한 설교를 하고 나가서 성경공부를 하는 식이다. 아쉬운 점이 있지만 그것만으로도 교회가 하나의 공동체요, 가족으로 느낄 수 있을 것이다. 하계수련회와 같은 공동체를 위한 행사는 함께 하는 것은 물론이거니와 준비 단계에서부터 공동체 구성원이 함께 준비해야 한다. 그러니까 준비에서 실행의 단계까지 전 단계가 공동체정신을 회복하려는 의도에서 기획해야 한다.

평신도교육의 요건

평신도교육이 중요한 이유는 평신도야말로, 교회가 세계에 들어가 일상적 접촉을 하고 세상과 더불어 하나님의 생명을 전하고 나눌 수 있는 통로이기 때문이며, 나아가 교회가 세상에서 중생과 구속의 힘을 발휘하는 것은 평신도의 생활과 사역에서이기 때문이다.

효과적인 평신도교육을 위해서는 여섯 가지의 요소가 필요하다.[2] 1. 목적 설정이다. 평신도교육의 목적은 세상 안에서 그리스도인의 역할이라는 소명 달성을 위해서다. 2. 인적 자원이다. 이는 평신도를 교육하고 훈련할 수 있는 자원이다. 이들에 대한 훈련은 주로 기독교 신앙 공동체 응답의 중심인 예배를 통해 또한 그룹생활, 기타 교육프로그램이나 신학교육기관에 위탁교육하는 식의 방법이 있다. 3. 범위다. 이는 평신도 사역의 내용이다. 우선 봉사를 들 수 있다. 이것은 교육지도자로부터 노인이나 기도그룹 모임을 위한 교육까지 그 형태가 다양하다. 다음으로 전도. 이 전도는 교리나 설득에 의한 것이 아니라 생활로서의 전도여야 한다. 그리고 사회적인 봉사가 있으며 그밖에 선교를 포함한다. 4. 교육과정이다. 여기에는 성경, 교회사, 신학, 기독교 삶의 의미, 예배, 인간이해, 지도자론, 그리고 교육방법론 등이 포함된다. 이 모든 교육과정은 늘 참여와 만남을 염두에 두고 검토되어야 한다. 5. 학습의 장이다. 교육은 그룹 속에서 효과가 큰데, 평신도 교육도 이 소그룹을 무시해서는 안 될 것이다. 오히려 어떤 면에서 평신도 교육은 이 '교회내의 교회'(churches in church)에 의해 가능할 것이다. 이 소그룹에는 모든 이가 참여하여야 하며, 과제 중심의 그룹이 되어야 하며, 최대한의 자유와 융통성이 보장되어야 하며, 구성원의 욕구를 채울만한 크기여야 할 것이다. 결국 교회의 이 소그룹은 그룹원의 광범위한 참여를 격려할 수 있는 것이어야 한다. 6. 마지막으로 시간이다. 시간은 프로그램의 성격에 따라 또 개교회의 형편과 여건에 따라 고려되어야 한다. 몇 주에서 몇 년에 걸쳐 시행될 수 있다.

교회 교육부서가 죽어가고 있다고 한다. 잘못된 말이다. 교육부서가 아니라 교회가 죽어가고 있는 것이다. 이런 추세라면 교회도 교육부서도 머지않아 사라질 것이다. 이제라도 '그러면 안 되는 데' 하는 우려나 '설마 교육부서가 사라지겠어?' 하는 근거 없는 믿음을 버리고, 내가 할 일을 해야 한다. 그 일은 자신을 포함해 교회, 그리고 사회, 그리고 그 사회의 사람들을 전문적으로 바라볼 수 있는 능력과 전문성을 갖고 일을 처리하는 자세를 갖는 것이다.

---

2) James R. Schaefer, "Roman Catholic Church," *Religious Education Journal* (March-April 1977), 133 이하.

4장 하나 되는 코이노니아

I. 코이노니아의 층위

코이노니아의 뜻

'친교'하면 대예배 후에 점심 식사를 함께 한다거나, 야유회, 체육대회 등으로 생각하는 것 같다. 그럴 수 있다. 하지만 '친교'라는 말에서 보듯이 거기에 친밀한 사귐이 있느냐 하는 것이다. 있으면 친교가 맞고 없으면 아니다. 친교는 친밀한 느낌이 있어야 한다. 신자들은 아무도 교회에서 차가운 느낌을 받고 싶지 않다. 그들은 따뜻한 느낌을 받기를 원한다. 친밀성은 관심으로부터 나온다. 오래 다녀도 내가 누군지 모른다면 그런 교회에 왜 다니겠는가? 신자들은 교회가 우선 따뜻한 느낌을 주기 원한다. 분위기라는 것은 정말 신기하다. 교회를 첫 방문 했을 때 입구에서 벌써 그 교회의 분위기가 느껴진다. 차가운, 아니면 푸근한 느낌이 든다. 건물에서 그런 느낌이 느껴지다니 신기할 뿐이다. 그런 분위기의 주 요인은 담임목회자다. 한 교회에서 교사교육을 하고 질문을 받는데 교사들이 시비조로 질문을 해서 놀랐다. 나중에 보니 담임목회자가 그런 분위기였다. 신자들은 또래를 만나 고민을 나누고 스트레스도 풀며 교회에 소속감을 갖게 되기를 바란다. 교회에서 교제는 이런 일상의 모습 이상의 의미가 있다.

코이노니아(koinonia)는 헬라어로 '공동의' 또는 '나누는'을 의미하는 형용사 '코이노스'(koinos)와 '나누다, 상호 소통하다, 기여하다, 또는 -와 친교를 갖다'는 의미를 나타내는 동사 '코이노네오'(koinoneo)로부터 왔다. 그것은 '동역자들'이나 '분담자들'을 의미하는 명사 '코이노노이'(koinonoi)와 관련된다. 그리스·로마에서는 이 친교를 인간 삶의 기본조건이 되는 사회적 본성과 관련된 것으로 본다. 플라톤(Plato)은 『공화국』(The Republic)에서, 정치질서의 기초로서 시민들이 조화를 이루기 위해서는 공통의 친밀한 감정인 코이노니아를 지닐 필요가 있다고 보았다.[1] 아리스토텔레스(Aristotle)는 『니코마코스 윤리학』(Nicomachean Ethics)에서 우정과 사랑, 특히 자녀에 대한 부모의 사랑과 부모에 대한 자녀의 사랑에 대해 말한다. 부모는 자녀에 대한 사랑을 바탕으로 공

---

[1] Platon, *Politeia*, 천병희 역, 『국가』 (고양: 숲, 2013).

동체(koinonia)를 이룬다(7.14).[2] 로마 황제이며 스토아 철학자인 마르쿠스 아우렐리우스(Marcus Aurelius)는 『명상록』(The Meditations)에서 사회(koinonia)를 코이노니아로 보면서 이성적 인간은 코이노니아를 이루도록 지음받았다고 한다(5.15).[3] 피타고라스파(Pythagorean school)의 사상가들은 코이노니아의 대상을 사람뿐만 아니라 동물들에게까지 확대한다. 그들도 생명을 공유하기 때문이다. 그러니까 그리스.로마 철학에서 코이노니아는 생명이 있는 존재들 사이에 있어야 할 관계의 본질로 보고 있다.

성경에서 코이노니아는 구약과 신약에서의 의미가 판이하다. 신약에서 코이노니아는 하나님과의 친교를 가능케 하는 성령의 은사 또는 삼위일체 하나님과의 영적인 관계다(요일 1:3; 고전 1:9; 고후 13:13; 빌 2:1, 혹은 참고로 고후 6:14). 구약에서는 코이노니아가 "맡긴 물건"(레 6:2)이라는 의미로 사용되기도 하지만, 우상을 만드는 자들과 그 무리들(사 44:11) 등으로 부정적으로 사용된다.[4] 우리는 친교하면 일반적으로 사람과의 사귐을 생각하나 성경에서는 하나님과의 차원도 말하고 있다.

은총과 순종의 코이노니아

하나님과 인간의 질적 차이에도 불구하고 하나님께서는 우리에게 교제의 은사를 허락하신다. 영이신 하나님께서 육인 인간을 찾아오신다. 거룩한 하나님께서 먼저 죄된 인간을 찾아오신다. 영과 육, 거룩과 죄가 하나님의 은총에 의해 접속되는 게 코이노니아다. 하나님께서 인간에게 먼저 찾아오시는 은총에 대해 복종을 통해 응답할 때 교제가 이루어진다. 인간의 하나님께 대한 복종은 명령에 대한 단순한 이행이 아니다. 그것은 '인격적'이다."[5] 그것은 인격이신 하나님께서 인격적으로 인간에게 다가오는 것이다. 거기에는 위협이나 강제가 없다. 인간 편에서도 맹종이나 굴종이 아닌 자발적 순종의 관계다. 이러한 하나님과의 교제는 거래가 아니라 교제, 그것 자체에서 기쁨을 누리는 내재적 목적의 성격을 띤다. 하나님과의 교제는 교제의 목적이 교제의 결과가 되는 교제다.

2) Aristoteles, *Ethika Nikomacheia*, 천병희 역, 『니코마코스 윤리학』 (고양: 숲, 2013).

3) Marcus Aurelius, Emperor of Rome, *Eis Heauton*, 천병희 역, 『명상록』 (고양: 숲, 2005).

4) Gerhard Kittel and Gerhard Friedrich, ed., *Theological Dictionary of the New Testament*, 『신약성서 신학사전』 (서울: 요단출판사, 1986), 511.

5) G. W. H. Lampe, "Communion," G. A. Buttrick, ed., *The Inerpreter's Dictionary of the Bible* (Nashville, TN: Abingdon Press, 1962), 664.

목회 현장에서 교제는 종종 기도와 동일시된다. 교제가 인격적이어야 하듯이 기도 또한 인격적이어야 한다. 사람들은 자기의 고유한 성향에 따라 기도한다. 어떤 이는 뜨겁게 기도하고, 어떤 이는 조용히 기도한다. 의문이 드는 것은 소리 내어 기도할 때 인격적 교류가 가능한가 하는 점이다. 전혀 불가능한 것은 아니지만 아무래도 조용히 기도할 때와는 비교가 될 것이다. 그런 면에서 기도회를 통성기도 방식으로 인도하는 것은 제고해 볼 일이다. 물론 조용한 기도는 교인들을 잠재운다는 말을 할 수도 있으나 훈련에 의해 극복되어야 할 것이다. 기도가 하나님과의 인격적 교제의 통로가 되도록 신자들을 도와야 할 것이다.

고난의 코이노니아

다음으로 예수 그리스도와의 교제에 대해 생각해보자. 주님과의 교제는 참여에 의해 이루어진다. 무엇에의 참여인가? 두 가지다. 하나는 축복의 잔과 주의 만찬의 빵에의 참여다.

> "우리가 축복하는 축복의 잔은, 그리스도의 피에 참여함이 아닙니까? 우리가 떼는 빵은, 그리스도의 몸에 참여함이 아닙니까?"(고전 10:16)

다른 하나는 그의 고난에의 참여다.

> "내가 바라는 것은, 그리스도를 알고, 그분의 부활의 능력을 깨닫고, 그분의 고난에 동참하여, 그분의 죽으심을 본받는 것입니다."(빌 3:10)

우리가 그리스도를 가장 잘 알 수 있는 방법은 그의 고난에 참여함을 통해서다. 우리는 우리의 고난을 그리스도의 고난 안에서 인식하며, 그리스도를 우리의 고난 안에서 인식한다. 우리는 그리스도의 고난 안에서 그와 함께 있음을 느낀다. 우리는 그리스도의 고난에 참여함으로써 그의 고난 안에서 그와 교제한다.

우리에게 당신을 따르라고 하시는 분은 고난의 그리스도시다. 고난의 그리스도는 우리에게 뒤따름을 요구한다. 위르겐 몰트만(Jürgen Moltmann)은 이렇게 말한다.

"우리는 그리스도를 단지 머리와 가슴으로만이 아니라 총체적인 실천으로도 알 수 있게 된다. 이것은 바로 뒤따름을 의미한다. '만약 자신의 생활 속에서 그리스도를 뒤따르지 않는다면, 그 누구도 그리스도를 참으로 인식할 수 없다.' 뒤따름은 총체적인 그리스도 인식이며, 참여하는 자에게 비단 윤리적인 적합성뿐만 아니라 인식적인 적합성도 갖고 있다."6)

그러나 우리는 보다 구체적으로 '어떻게 그리스도의 고난에 참여할 수 있는가?'고 물을 수 있다. 이에 대해 몰트만은 그리스도는 십자가상의 그의 수난과 죽음을 통하여 고난당하는 사람들과 연대하신다고 말한다.7) 그렇다면 우리는 지금 여기서 고난당하는 사람들과 함께 할 때, 그리스도의 고난에 참여하게 된다. 우리는 예수 그리스도의 고난이 죄를 굴복시키고 죽음을 정복하는 일이었음을 알 때, 지금 여기에서의 오늘 우리의 고난은 바로 죄의 세력에 대항하고 죽음에 대해 투쟁하는 행위임을 알게 된다. "그래서 그리스도를 뒤따른다는 것은 자신의 자리와 자신의 시간에서", 하나님의 뜻을 거스르는 죄의 유혹을 넉넉히 이기는 것이며, "죽음과 또 죽음을 퍼뜨리는 자들에 맞서는 생명의 투쟁에 참여하는 것을 의미한다."8)

이와 같은 의미의 교제는, 교제를 기쁨을 나누는 것으로 생각했던 사람들에게는 충격이고, 한편으로는 교제의 고단함을 알려 준다. 그리스도인은 기쁨과 행복을 누릴 기회는 없단 말인가? 항의하고 싶은 마음도 들 수 있다. 그러나 우리의 행복은 세상의 것과 다르다.

"나는 평화를 너희에게 남겨 준다. 나는 내 평화를 너희에게 준다. 내가 너희에게 주는 평화는 세상이 주는 것과 같지 않다. 너희는 마음에 근심하지 말고, 두려워하지도 말아라."(요 14:27)

교제가 예수 그리스도의 고난에 참여하는 것인 한에 그 분의 고난에 참여하는 것을 교회 교제의 이상으로 생각하며 그것을 실행하는 것은 세상의 기쁨과 행복을 넘어서는 평안을 가져온다.

---

6) Jürgen Moltmann, *Wer ist Christus für Uns Heure?*, 이신건 역, 『오늘 우리에게 그리스도는 누구신가?』(서울: 대한기독교서회, 1997), 64.

7) Moltmann, *Wer ist Christus für Uns Heure?*, 89.

8) Moltmann, *Wer ist Christus für Uns Heure?*, 65.

동반으로서의 코이노니아

사람과의 코이노니아는 크게 두 가지로 나눌 수 있다. 하나는 동반(partnership)이고, 다른 하나는 나눔(sharing)이다. 동반은 복음을 전하는 일에서 나타난다. 바울은 빌립보 교인들이 복음 전하는 일에 협력한데(koinonia) 대해 감사를 표한다(빌 1:5). 동반은 동등한 조건에서의 상대에 대한 협력을 말한다. 거기에는 주인과 종의 관계도 없으며, 남성과 여성의 차별도 없다. 어느 누구도 다른 누구에게 매이지 않으며, 어떤 타고난 조건에 의해 차별 받지 않는 상태를 말한다. 이와 같은 성격의 동반이 가능한 이유는 사람의 일이 아닌 하나님 일에의 동반이기 때문이다. 하나님의 일에 참여한다는 면에서 그들은 평등하다. 하나님의 일 없이는 동반도 없다.

　교회의 일은 혼자서 할 수 없고 혼자 해도 안 된다. '함께'가 아닌 '혼자'는 교제의 정신에 어긋난다. 교제는 상대가 있을 때 성립되는 개념이다. 그리고 교제는 하나님의 일을 중심으로 전개될 때 제 자리를 찾는다. 교제는 사람들 간의 잡담이 아니다. 그것은 하나님의 일과 하나님 나라를 건설해 나가는 추동력이다. 교제가 없으면 교회도 없다. 교회에서 함께 일한다는 것 자체가 하나님의 은혜고 상대의 수용이다. 은혜와 수용이 없을 때 사역은 불가능하다. 그리고 그곳에 우리에게 당신의 일을 하도록 허락하시는 하나님의 우리에 대한 인정과 믿음이 있다. 그러니 감격해서 교제로서의 사역을 잘 감당해야 하지 않겠는가.

나눔으로서의 코이노니아

나눔은 나누는 대상의 성격에 따라 물질적인 것과 정신적인 것으로 나눌 수 있다. 물질적인 것에는 기부(contribution) 등이 있고 정신적인 것에는 신앙이 있다. 빌레몬서에서 바울은 믿음의 사귐(koinonia)에 대해 말하고 있다. 기부행위는 필요한 사람들을 위한 헌금 등 구체적인 물질적 원조를 말한다. 신약성경에서 이 말은 가난한 사람들의 구제를 위한 나눔이나 기부를 언급하는 데 사용되었다(롬 15:26; 고후 8:4; 고후 9:13; 히 13:16). 그런데 이 말을 반드시 구제를 위한 물질로만 생각할 필요는 없다. 무엇인가 결핍된 사람의 필요를 채워준다는 면에서 우리는 이 말을 정신적인 것을 포함한 도움으로 볼 수 있다. 따라서 이와 같은 의미의 코이노니아는 오늘 우리에게 누가 누구에게 어떤 도움을 주어야 하는 문제를 생각해 보도록 한다.

　다음으로 신앙의 나눔이 있다. 신앙을 나눈다는 것은 무슨 의미인가? 그것은 신앙과 관련된 체험이나 생각 등을 포함한 전체를 다른 신자와 나누는 것을 말한다. 나누는 내용들은 다양하여 어떤 내용을 나누어야 한다고 특정하기 어렵다. 그래서 나눔의 내용보다 결과가 무엇인가에 관심을 기울일 필요가 있다. 신앙 나눔의 결과는 하나님을 더욱 알아가게 되는 일이다.

> "그대의 믿음의 사귐이 더욱 깊어져서, 우리 안에 있는 모든 선한 일을 그대가 깨달아 그리스도께 이르게 되기를 나는 기도합니다."(몬 1:6)

신앙은 나눔으로써 그것이 무엇인지를 더욱 알게 된다. 내가 신앙, 또는 신앙생활이라고 생각했던 것들에 대한 교정과 갖고 있던 편견에 대한 자각과 신앙의 새로운 의미 등을 깨닫게 된다. 이러한 신앙에 대한 앎들은 결국 하나님에 대한 지식으로 모아진다. 우리는 신앙과 그 내용들을 나누지만 그 모든 것들은 결국 하나님이 어떤 분이시라는 것을 알아 가는 과정에 불과하다. 우리는 신앙을 나누는 가운데 하나님을 함께 알아가면서 이제는 서로를 함께 하나님을 알아 가는 자로서 인식한다. 이제 그들은 서로를 필요로 하며 하나님을 향한 시선 안에서 그들의 관계는 더욱 밀접하게 된다. 그들은 동질감을 느끼고 그로써 코이노니아(공동체)가 형성된다.

II. 코이노니아의 목회

코이노니아를 위한 목회는 먼저 공동체를 이루는 것이어야 한다. 마리아 해리스(Maria Harris)에 따르면 코이노니아가 교회 사명의 전제가 되기 때문이다.

> "오직 한 하나님의 백성으로서 모이는 생활로부터 만이 가르침 또는 섬김에의 봉사 행위(outreach)를 위한 예배나 프로그램의 양식들이 이해될 수 있다. 한 하나님의 백성을 창조한다는 것은 창조되어야 할 그 백성이 존재하지 않는다면 일어날 수 없다."9)

로렌스 리처즈(Lawrence O. Richards)는 교회를 더 *끈끈한* 공동체로 본다. 그는 교회를 세상의 조직체(organization)와 구별되는 생명을 지닌 유기체

---

9) Maria Harris, *Fashion Me a People: Curriculum in the Church*, 고용수 역, 『회중 형성과 변형을 위한교육목회 커리큘럼』 (서울: 한국장로교출판사, 1997), 90.

(organism)로 본다.10) 교회가 유기체라는 공동체로 성립될 수 있는 동력은 관계성(relationship)이다. 그리고 그 관계의 내용은 신자들 상호 간의 사랑과 친교(fellowship)다. 이런 과정을 통해 신자 상호간의 인격적인 교류를 통해 생명을 지닌 유기체적 공동체가 된다는 것이다.11) 공동체를 이루기 위해목회는 이 유기체(몸)의 관계성에 유의해야 할 것이다. 목회의 우선적 과제는 하나의 몸, 곧 이 세상에서 예수 그리스도의 인격을 닮은 공동체를 형성하는 일이다. 하워드 그라임스(Howard Grimes)는 교회를 구속적 친교로 이해한다. 신자를 이 구속적 친교에 참여토록 하는 것이 양육이고 목회다. 목회는 상호관계성을 띤 사회성 속에서 성립된다. 인간과의 관계, 하나님과의 관계 속에서 목회가 이루어진다면 그곳은 바로 교회가 될 수밖에 없다. 따라서 목회는 교회에 의해 수행되고 바로 교회의 본성인 하나님의 부름과 만나며 응답하도록 도와주는 곳인 교회에서 발생된다.12)

그리스도인에게 코이노니아는 존재의 방식이다. 헤르만 바빙크(Herman Bavinck)는 종교의 근본적인 특징을 인격적인 신앙으로 보며, 신앙은 하나님에 의해서 태어난, 그와의 친교를 추구하는 새생명의 자유로운 행위라고 말한다.13) 하지만 사람들에겐 남과 함께 있고 친교하고자 하는 나눔의 본성도 있다. 사람들은 교회에서 가족과 같은 따뜻한 사랑을 받기 원한다. 외롭기 때문이다. 외로운 이들은 교회에서 신앙을 공유하는 가운데 정서적으로 의지가 되는 형제자매를 만나야 한다. 사람들은 위로 받고, 고민을 나누며, 또래와 어울리기 원한다. 셀모임은 이와 같은 기능을 해야 한다. 식구들이 친절해야하고 웃는 얼굴을 해야 하는 것은 기본이다. 셀의 식구들은 자기가 받아들여지고 있다는 느낌을 받기 원한다. 누군가 자기를 챙겨주기를 은연중에 바랄 수도 있다. 교회의 모든 모임은 정서적 지지기반이 되는 모임이어야 한다.

신앙공동체에서 수평적인 사람과의 친교가 중시되어야 하는 이유는 이 친교 안에서 분열이 치유되고 상처가 극복되며 궁극적으로는 온전하게 되기 때문이다.14) 하지만 목회 현장에서 교제는 생각만큼 쉽지 않다. 무조건 웃는 얼굴로 친절하게 대한다고 해결되는 것은 아니다. 따뜻하게 영접하고 관심을 가져 주

10) Lawrence O. Richards and Clyde Hoeltke, *A Theology of Church Leadership* (Grand Rapids, MI: Zondervan, 1980), 17.
11) Lawrence O. Richards, *A Theology of Christian Education*, 문창수 역, 『교육신학과 실제』 (서울: 정경사, 1980), 286-87.
12) Howard Grimes, *The Church Redemptive* (New York: Abingdon Press, 1958).
13) Cornelius Jaarsma, *Education Philosophy of Herman Bavinck: A Textbook in Education*, 정정숙 역, 『헤르만 바빙크의 기독교교육철학』 (서울: 총신대학 출판부, 1983).
14) Harris, *Fashion Me A People*, 92.

는 것에 부담을 느끼는 사람들이 있다. 교회에는 내향적인 사람이 아마 상당수가 될 것이다. 교제의 바탕으로서의 친절도 가려서 해야 하니 쉽지 않은 일이다. 교회에 그다지 소속감을 갖고 싶지 않은 이들도 있을 것이다. 그런 신자들에 대해서는 기다려야 한다. 초조해서 섣부르게 다가가다가는 오히려 일을 망칠 수 있다.

코이노니아의 목적 중의 하나가 하나되는 공동체를 이루는 것이라면 교회는 신자들 간의 소통의 채널을 가능한 많이 제공해야 할 것이다. 공동체가 하나 되지 않고서는 교회의 사명을 다할 수 없다. 그런데 공동체는 하나 되자고 해서 하나가 되는 것은 아니다. 하나가 될 수 있는 마당이 있어야 한다. 코이노니아는 위에서 말한 대로 하나님과 사람과의 교제다. 교제는 그 자체가 내용이 아니고 무엇을 행할 때, 그 과정 중에서 드러나는 진행형의 사건이다. 그러기에 코이노니아를 형성하기 위해서는 그것을 산출하는 데 효과적이라고 여겨지는 내용들을 제공해야 한다. 사람들을 교제로 이끄는 매개가 되는 내용들에는 어떤 것들이 있을까. 사회에서는 대부분 그것들을 문화라는 이름으로 부른다. 문화는 항상 새로운 것을 추구한다. 그러므로 교회의 교제를 위한 프로그램이 기본적인 것을 다루는 것은 좋으나 시대에 뒤진 것을 다루어서는 안 된다. 촌스럽다고 생각하기 때문이다. 최근 사람들의 관심은 인문학, 예술, 여행, 컬러링, 심리학, 인테리어, 홈패션, 행복, 요가, 피트니스, 영화, 요리, 글쓰기, 사진, 태교, 노래, 악기, 댄스스포츠, 외국어, 제과, 플라워, 자수 등 다양하다.

문화를 매개로 한 교제 프로그램은 동아리 형식을 취해 보자. 신자들은 비슷한 공감대를 가진 사람들을 찾고 있다. 적어도 또래들과 어울리고 싶어 한다. 자녀가 있는 엄마들은 아이 교육정보도 나누고 싶어한다. 기존 교회의 부서나 남여전도회 위주의 모임이 아니라, 취미가 같은 사람들을 묶어 보자는 것이다. 그 과정 전체를 교회가 아닌 자발적으로 하도록 해보자. 관심을 가진 사람이 있으면 스스로 광고와 안내를 해서 동아리를 구성하도록 한다. 동아리는 독서 클럽, 유아를 둔 엄마, 음악, 미술, 스포츠 등 수를 제한할 필요는 없다. 교회 전체를 대상으로 하되 부서에서 부서와 연관된 사람들을 묶어줄 수 있다. 예를 들어 유아부나 유치부 등 교육부서의 부모들 모임을 만들 수 있다. 또 교회 전체에 광고해서 해당 내용에 관심이 있는 초등생부터 노년에 이르기까지 전체 연령층이 포함되도록 하면 좋다. 연합회를 만들어 연말에 각 동아리의 그동안의 성과물을 발표하는 시간을 가질 수 있다. 이 경우 지역 주민들에게 광고해서 참여를 유도할 수 있다.

신자들 간의 소통을 늘리는 방법에는 요즘 많이 활용되는 카카오톡(Kakaotalk), 페이스북(Facebook)과 트위터(Twitter), 인스타그램(instagram) 등의 SNS(social network services/sites)를 이용할 수 있다. 아예 전 교인에게 가입을 권유할 수도 있다. 한 두 주 지난 후에 확인해서 가입이 안 된 신자는 가입절차를 대신 해준다. 모두 가입이 되었으면 활용법을 강의한다. 이 경우 교육과 친교의 효과를 높이기 위해서 조를 편성해 활용법을 아는 사람이 모르는 사람을 가르치도록 한다. SNS를 활용하면 주일에 집중된 섬김을 평일로 분산하는 효과가 생길 것이다. 신자들 간에는 교류를 통해 서로의 사정을 알게 되면서 상대에 대한 이해를 높여갈 수 있을 것이다. 교회에서 코이노니아의 대표적인 경우는 예배 광고 시간이다. 이 시간에 앞 뒤 사람, 옆 사람하고 인사하라고 한다. 그 이상으로 내용이 있도록 구성할 필요가 있다.

코이노니아와 관련해서 기억해야 할 점은 코이노니아 역시 신앙의 삶의 차원에서 이루어져야 한다는 것이다. 폴 레만(Paul L. Lehmann)은 기독교 삶의 원리를 다루는 기독교윤리를 코이노니아의 실천으로 본다.15) 그가 말하는 코이노니아의 조건은 우리가 목회에서 교제에 관한 내용을 실천할 때 원리로 삼을 만하다. 그에 따르면 1. 코이노니아는 세상에 그리스도의 현존을 드러내야한다. 2. 코이노니아 안에서 계시에 대한 증언과 응답이 일어나야 한다. 3. 다양한 은사가 나누어지는 교제여야 한다. 4. 그리스도와 신자와의 상호관련성 안에서 성숙이 이루어져야 한다는 것이다.

코이노니아의 본질은 관계라고 했다. 하나님과 사람과의 바른 관계, 그것을 하나님과의 관계에서는 신앙, 사람과의 관계에서는 친교라고 말할 수 있겠다. 그러니까 코이노니아는 신앙이며 친교다. 목회 역시 이 관계 속에서 일어난다. 목회는 교회의 모든 이가 하나님과의 창의적 관계에 들어오고 관계를 설립하게 하는 과정이다.16) 랜돌프 밀러(Randolph C. Miller) 역시 목회를 기독교진리의 관련성, 즉 하나님과의 관계(relationship)와 신자들과의 관련성(relevance)을 찾고 나누는 것이라고 보았다. 이 관계는 공동체, 즉 교회나 구속을 추구하는 친교 속에서 발생한다. 목회는 바로 이 관계를 이끄는 일이다.17) 코이노니아는 이미 활동하고 계시는 하나님 안에서, 하나님을 향하여 인간과의 관계를 고려하는 원리며 그 실천에 있어서 인격적이고 창의적이어야 한다.

---

15) Paul L. Lehmann, *Ethics in a Christian Context*, 심일섭 역, 『기독교사회윤리원론』 (서울: 대한기독교출판사, 1988).

16) Howard Grimes, *The Church Redemptive*.

17) Randolph C. Miller, "Christian Education as a Theological Discipline and Method," John H. Westerhoff III, ed., *Who Are We?: The Quest for a Religious Education* (Birmingham, AL: Religious Education Press, 1978).

5장 나누는 디아코니아

I. 가족적 디아코니아

디아코니아의 영역

교회의 사명 중에 디아코니아는 사회로부터 가장 비난 받는 영역이다. 왜 교회가 사회에 기여하지 않느냐 하는 것이다. 즉 사회에 대한 구제나 자원 봉사를 하지 않느냐는 것이다. 교회는 이런 소리를 들으면 억울하다. 사실 교회만큼 봉사를 많이 하는 조직이 어디에 있는가.[1] 하지만 2009년을 기점으로 자원봉사 참여율과 자원봉사 시간, 그리고 기부참여율이 하락세를 보이고 있다. 이웃사랑의 '실천동력'이 급속히 식어가고 있다.[2]

현실적으로 교회는 지역 사회를 구성하고 있고 그 지역사회의 정치·사회·경제적인 문제와 직접적인 관련을 가진 개인들로 구성된다. 교회는 지역사회 안에 있으며 지역사회의 한 부분인 것이다. 교회의 실존의 근거는 지역사회다. 그러므로 교회는 지역사회 안에서 일어나는 사회문제를 진지하게 다루고 그것을 해결하려는 적극적인 움직임과 프로그램을 가져야 할 것이다. 교회의 디아코니아 사명을 다하기 위해 교회의 자원을 어떻게 지역사회를 위해 또는 함께 유기적으로 활용할 것인가를 고민해야 한다.

디아코니아는 중첩적인 의미를 지닌다. 거기에는 선교에서[3] 구제에 이르는 폭 넓은 활동들이 포함된다. 그러나 크게 가른다면 '사회복지'(social welfare)의 차원과 '사회정의'(social justice)의 차원이다. 이 둘은 갈등을 겪기도 한다. 디아코니아는 전자의 차원이 대부분이었다. 그러나 "사회복지"가 사회구조와 연계

---

1) "'개신교는 사회봉사 가장 많이 하는 종교' 41%… 기윤실, 성인남녀 1000명 설문", 〈국민일보〉 (2014.2.5); "땀 흘린 기독교 사회봉사, 통계에서 누락되고 있다: 정확한 통계 부재 중 종교별 1인당 연간 평균봉사 참여 수 천주교, 불교, 기독교 순으로 나타나", 〈아이굿뉴스〉 1149 (2012.3.16).

2) 강철희, "누가 이웃을 돌보는가", 제12회 국제기부문화심포지엄 (아름다운재단, 2012.10.17).

3) "전 공동체를 하나님의 봉사에다 이끌어들이고 다른 사람들을 하나님의 미래에로 향한 여로에서 파트너로서 함께 가도록 불러들이는 일, 그것이 곧 교육선교다." Letty M. Russell, *Growth in Partnership*, 손승희 역, 『파트너쉽과 교육』 현대사상총서 38 (서울: 현대사상사, 1982).

되는 "사회정의"의 차원이 엄연히 존재한다. 그러므로 이 두 차원은 초월적인 차원 안에서 양자가 상호 보완되는 개념으로 수용해야 할 것이다. 교회는 디아코니아 사명을 통해 사회봉사와 사회 정의를 그 범위로 수용하는 구체적이며 적절한 프로그램을 개발해야할 것이다.

디아코니아 교회의 구조

교회가 디아코니아 사명을 감당하고자 할 때 어떤 틀에서 해야 할까. 봉사의 영역은 허다해서 즉흥적으로 하다보면 수고만 할 뿐 열매가 없을 수 있다. 논리적이지 않아 필요 없는 곳으로 누수 현상이 나타날 수도 있다. 그래서 규모 있게 세상을 섬기려면 일정한 구조가 필요하다. 레티 러셀(Letty M. Russell)은 교회의 구조는 다양하고 분극화된 사회에 대응할 수 있도록 다양한 형태를 취해야 한다고 본다. 그녀는 기본적으로 세 가지 유형을 제안한다. 그것들은 '가족으로서의 교회구조'(family structure), '대응적인 상설 봉사기구형의 교회구조'(structure of permanent availability), 그리고 '기동부대형의 교회구조'(task force structure)다.[4] '가족으로서의 교회구조'는 종래의 주거지형의 교회 성격을 띠고, 주로 현실적으로 존재하는 하나님 세계의 일부인 특정 구역의 사람들, 즉 지역사회의 주민들을 위해 봉사하는 기능을 담당한다. '대응적인 상설 봉사기구형의 교회구조'는 교회의 장기적인 봉사활동을 위한 형태다. 이 유형은 포스트모던 사회면서 동시에 후기정보사회에서 하나님의 나라를 건설하는 방향으로 사회적 요구에 대응하는 봉사다. '기동부대형의 교회구조'는 일시적이거나 특수한 요구에 부응하는 구조다. 그 기능이나 목적에 따라 임기응변적으로 편성되는 것으로, 일정한 임무가 성취되면 해산된다.

지역을 가족처럼 섬기는 디아코니아

가족적 구조는 주로 지역 사회를 위한 디아코니아 구조라고 했다. 교회가 디아코니아의 사명을 다하고 실천할 수 있도록 하기 위하여 세워야 할 가족적 구조의 방향은 다음과 같다. 1. 개 교회가 시대적 상황에 따른 선교 의식을 새롭게

---

4) Letty M. Russell, *Christian Education in Mission*, 정웅섭 역, 『기독교교육의 새 전망』 (서울: 대한기독교서회, 1972).

하고 지역사회와 유리되지 않는 사회복지 전략을 모색한다. 2. 교회는 교회 내 인적자원(기능별·직능별 자원봉사)과 물적 자원(재정·시설)을 자세히 조사하여 이것들이 디아코니아 사역에 적극 활용될 수 있도록 교회 조직과 구조를 재정비한다. 3. 교회는 지역사회를 하나님이 맡겨주신 선교영역이라 생각하고 과학적 조사와 방법으로 지역의 필요한 상황을 파악한 후 교회의 여건에 적합한 교육 프로그램을 우선적으로 실시한다. 4. 교회는 교회 재정의 10% 이상을 사회를 섬기는 사회복지비로 사용하고, 구역 또는 속회조직 단위로 지원대상자와 결연을 맺어 사회의 필요를 채울 수 있는 책임 봉사제를 실시한다. 5. 초교파적으로 동일한 지역 안에서 뜻을 같이 하는 다른 기관과 연합한다. 6. 교회는 해당 지역의 비정부조직(NGO, non-governmental organization)단체들과 네트워크를 형성해 지역사회 문제에 공동으로 대처한다. 7. 체계적이고 과학적인 사회조사를 통하여, 또는 지역 행정기관의 복지 관련 부서를 통해 지역사회의 요구를 발견하고 이에 대응해 교회의 인적, 물적, 조직 자원들을 경제적으로 활용한다. 8. 디아코니아 사명을 효율적이고 체계적으로 수행하기 위해서 사회복지 전문인을 고용하고, 목회영역의 분업화와 자율성을 보장하도록 조직 풍토를 개선한다.

가족적 디아코니아 구조는 대상과 영역의 관점에서 계획할 수 있다. 대상은 우선 노인을 고려할 수 있다. 고령화사회로 진입하는 우리나라 상황에서,5) 교회에도 노인 신자들의 비중이 늘어나는 상황에서 노인복지에 맞는 전략을 모색해야 한다. 그리고 성경에서 말하는 사회적 경제적 약자들, 즉 고아, 과부, 나그네, 가난한 사람, 그리고 병자 등에 대한 봉사다. 이들은 세상에서 힘이 없는 약한 사람들이고, 사회에서 억압을 당하거나 고통을 겪고 있는 사람들이며 의지할 곳이 없는 사람들이다. "고아들의 아버지"와 "과부들을 돕는 재판관"(시 68:5)이신 하나님께서는 이사야 선지자의 입을 통해 "옳은 일을 하는 것을 배워라. 정의를 찾아라. 억압받는 사람을 도와주어라. 고아의 송사를 변호하여 주고 과부의 송사를 변론하여 주어라."(1:17)고 하셨다. 같은 하나님의 자녀로서 우리는 그들에게 관심을 가져야 한다. 초대교회는 당시 경제적으로 어려움을 겪고 있던 많은 과부들에게 관심을 갖고 여러 가지로 도움을 베풀었다. 예루살렘 교회가 유대파 교인들과 헬라파 교인들 사이에 불만과 불평이 생기게 된 주요 요인도 교회가 과부들을 돌보는 문제 때문이었다. 디모데가 목회자로 있었던 에베소교회에도 과부를 돌보는 일은 목회의 주요 분야였다(딤전 5:3-16).

---

5) 65세 이상 인구비율이 7%이면 고령화사회, 14%가 되면 고령사회, 20%를 넘어가면 초고령사회라고 한다. 한국은 2000년 고령화사회에 진입했고 2017년이면 고령사회에, 2026년에는 초고령사회에 진입할 것으로 예측된다.

만 65세 이상의 홀로 사는 독거노인에 대해서도 관심을 가져야 한다. 독거노인은 가족, 친구, 이웃 등 사회적 관계망과의 교류가 단절되고 사회적 역할상실에 따른 외로움과 고립감 등으로 고통 받고 있다. 우리나라 노인 5명중 1명은 독거노인이다. 통계청의 2012년 고령자통계에 따르면 독거노인가구수는 2012년 118만 가구를 돌파, 1인가구가 최다가구를 기록할 것으로 전망되는 2025년에 이르면 220만가구가 될 것으로 예상된다.[6] 독거노인에 대한 섬김 활동은 일반적으로 주기적 방문, 안부전화, 그리고 보건·복지·문화 등 다양한 프로그램 생활교육 등이다. 구체적으로 주 1회 직접방문 및 2-3회 안부전화, 월 1회 생활교육 등이다. 이를 참고해서 교회 형편에 맞게 운용할 수 있다. 노인 문제는 빈곤과도 연결된다. 통계청의 2014년 가계금융·복지조사에 따르면, 실제 66세 이상 가구의 빈곤율[7]은 53.1%로 해당 연령대 인구의 절반가량이 빈곤층에 해당한다.[8] 이들 가운데 취업자가 없는 가구의 빈곤율은 75.9%에 육박한다.

한국의 빈곤율은 약 15-20% 수준이다. 중위소득 50% 이하일 때 '빈자'로 분류되는데, 2인 이상 가구 중위소득이 300만원이고 그 절반이 150만원이므로, 한국 인구의 15-20%는 월 150만원 미만을 버는 가정에서 살고 있는 셈이다. 근로 빈곤층, 또는 워킹 푸어(working poor)가 있다. 정규직 또는 비정규직에 상관없이 풀타임으로 일을 해도 빈곤을 벗어날 수 없는 개인이나 가족을 말한다. 빈곤은 청년층에도 예외는 아니다. 한국의 대학진학률은 80%에 이르고, 모든 취업·실업 정책은 이들 대졸자에 맞춰져 있지만, 아예 대학에 진학하지 못하는 나머지 20%가 있다. 퇴학, 휴학 등으로 학업을 중단하거나 아예 상급학교에 진학하지 않는 초중고생이 3, 40만 명에 이른다. 시급 4, 5천 원짜리 아르바이트로 생활하는 이들 대부분은 이미 빈곤층이다. 그런데 이들은 눈에 띠지 않는다. 빈민층들은 주로 '달동네'에서 살았다. 하지만 60년대 청계천, 80년대 상계동, 90년대 난곡 등을 거치며 빈민촌의 거의 전부가 도시에서 밀려났다. 절대다수의 빈곤 청년은 이제 반지하방, 옥탑방, 고시원 등에 살고 있다. 200-500만원의 '목돈'이 있으면 반지하방을 구할 수 있다. 그렇지 않다면 월세만 내는 고시원에 살아야 한다. 이와 비교해 빈곤 노인은 주로 시골에 산다. 도시에 사는 경우는 쪽방, 찜질방, 고시원 등을 부유한다.[9] 이들을 어찌할거나? 교회가 도와야 한다.

6) 보건복지부 독거노인종합지원센터, http://1661-2129.or.kr/index.html
7) 국민의 소득 수준을 일렬로 세워놨을 때 정 가운데에 위치한 소득 수준인 중위소득 연 1118만 원 이하의 인구 비중.
8) 2014년 현재, 빈곤선 이하의 빈곤층 평균소득은 연 711만원이었다.
9) 안수찬, "그들과 통하는 길: 언론이 주목하지 않는 빈곤 청년의 실상", 〈ㅍㅍㅅㅅ〉 (2015.1.26).

"가난한 사람에게 은혜를 베푸는 것은 주님께 꾸어드리는 것이니, 주님께서 그 선행을 넉넉하게 갚아 주신다."(잠 19:17)

법무부와 출입국외국인정책본부에 따르면, 2013년 6월 현재 이주노동자, 결혼이민자, 귀화자 등 한국에 체류하는 외국인 수가 150만 명을 처음 돌파했다. 국민 100명 가운데 3명꼴로 외국인인 셈이다. 외국인이 국내 총인구의 3%가량을 차지할 정도로 급증, 한국 사회는 외국인과 더불어 살 수밖에 없는 다문화·다인종 사회로 진입했다. 체류 외국인을 국적별(4월말 148만 6천367명일 당시 기준)로 보면 한국계를 포함한 중국(49.9%) 출신이 절반가량을 차지해 가장 많았다. 이어 미국(9.3%), 베트남(8.1%), 일본·필리핀·타이(각각 약 3%), 우즈베키스탄(2.5%), 인도네시아(2.3%), 몽골(1.8%) 등이다.10) 외국인 노동자들은 1980년대 중반이후 경제 활성화 및 3D업종 기피 현상으로 급증하게 되었다. 이들은 국내에 들어오기 위해 브로커에게 빚진 돈을 갚느라 약 2년 동안의 입국허가 기간을 써버린다. 그 후 불법체류 신분이 악용되어 정당한 보수를 받지 못하거나 인권 침해를 당하는 일이 비일비재하다.

다문화 가정을 살펴보자. 다문화가정은 국제결혼가정(한국인남성+이주여성, 한국인여성+이주남성), 이주민가정(이주노동자, 유학생, 북한이탈주민 등)을 포함하는 한 가족 내에 다양한 문화가 공존하고 있는 가정이다. 이들에 대한 행정기관의 지원 사업은 대체로 한국어 교육, 우리 사회 이해교육, 의사소통 미숙 및 부재로 인한 가족 간 갈등을 예방할 목적의 가족교육, 아동양육지원, 가족개인상담, 통·번역서비스 사업, 그리고 취·창업지원 등이다.

독거노인, 빈곤층, 외국인 근로자들과 다문화가정 다음으로는 여러 교회에서 하고 있는 어린이집, 문화교실 등을 섬김의 차원에서 전향적으로 개선하는 일이다. 전체는 아니겠지만 교회가 이 같은 프로그램을 진행하는 이유 중의 하나는 전도를 염두에 두고 일종의 유인책으로 사용한다는 점이다. 관점에 따라 다르겠지만 디아코니아를 그것 자체를 위한 것으로 해야 한다고 생각한다. 어려운 이웃을 순수하게 섬기려는 정신에서 이루어지는 디아코니아가 감동을 주어 결국에는 전도로도 이루어질 것이다. 디아코니아를 순수하게 접근할 때, 섬김의 봉사는 우리가 하고 싶은 것이 아니라 상대에 맞추게 될 것이다. 우리가 아닌 그 사람들에게 필요하기에 하는 그런 봉사야 말로 진정한 것이다. 그럴 때 봉사는 행정적이고 타산적이지 않고 헌신적인 것이 되고 봉사자에게 보람과 기쁨

---

10) "체류 외국인 150만명 첫 돌파…다문화·다인종화 가속", 〈연합뉴스〉 (2013.6.10).

을 선사할 것이다. 섬김이 주는 이런 의미 있는 선물이 그리스도인의 정체성인 섬기는 제자로 형성시킬 것이다.

제천지역의 한 교회는 봉사단을 만들어 1천여 명의 교인 중 150여명이 소속되어 활동하고 있다. 봉사단 안에는 18개 팀이 있다. 치매·중풍노인, 정신지체아동, 중환자, 비행청소년, 무의탁 노인 등을 섬긴다. 목욕, 청소, 세탁, 교육 등 다양한 봉사활동을 하고 결식노인들을 위해 점심을 나누고, 독거노인과 소년소녀가장들을 위한 반찬나눔, 재활용품을 수집하고 판매해 봉사사업에 보태는 팀도 있다. 전방위적으로 지역을 섬기는 디아코니아의 가족적 구조라 할 수 있다. 교회는 힘이 있는 한 이웃을 도와야 한다.

"너의 손에 선을 행할 힘이 있거든, 도움을 청하는 사람에게 주저하지 말고 선을 행하여라."(잠 3:27)

어려운 사람들을 도와주는 일은 신앙생활에 중요한 요소다. 야고보는 이렇게 말한다.

"하나님 아버지께서 보시기에 깨끗하고 흠이 없는 경건은, 고난을 겪고 있는 고아들과 과부들을 돌보아주며, 자기를 지켜서 세속에 물들지 않게 하는 것입니다."(약 1:27)

II. 상설적 디아코니아

상설적 구조를 통해 접근해야 할 디아코니아는 보다 사회적이다. 즉 상설적 구조는 주로 사회적 문제를 다루는데, 대체로 그러기 위해서는 다음의 네 가지 조건을 갖추어야 한다. 1. 개인이나 사회에 대해 물리적 정신적 피해를 끼친 것으로 인식되어져 온 것, 2. 어떤 영향력 있는 사회 집단의 가치나 기준을 위반한 것, 3. 일정 기간 이러한 문제들이 지속된 것, 4. 제안된 문제의 해결방안이 서로 경합될 것 등이다. 오늘날 우리가 인식하고 있는 사회문제는 매우 다양하지만 일반적으로 일컬어지는 사회문제로는 청소년 비행 등과 같은 일탈행위, 빈부 격차나 성차별과 같은 불평등의 문제, 노령이나 정신질환 같은 사적 복지의 문제, 민주화나 환경파괴와 같은 사회 변화의 문제 등이 있다. 이러한 사회 문제들에 대해서 그리스도인들은 다양하게 서로 다른 인식을 갖고 있으며, 동시에 서로 다른 형태로 문제가 해결되기를 선호하고 있다. 여기서는 7, 80년대

교회의 이슈였던 그러나 오늘날에도 여전히 문제가 되는 정의·평화·창조질서의
보전이란 주제를 다룬다.

정의를 외치는 섬김

봉사는 때로 정치적 성격을 띤다. 마이클 무어(Michael F. Moore) 감독의 다
큐멘터리 영화 '식코'(Sicko, 2007) 도입부에는, 손가락 두개가 잘린 남성이 나
온다. 미국 병원에선 중지 접합에 6만 달러, 약지 접합에 1만 2천 달러를 받는
다. 돈이 없는 그는 싼 약지만 붙이고 비싼 중지는 새 모이로 던져 버린다. 현
오바마(Barack Obama) 미국 대통령은 이 잔혹한 의료 사영화 현실에 메스를
들이댔다. 그러나 공화당과 고용주, 그리고 기업들은 보험료 부담이 커진다며
반대했다.

　　정의를 위한 봉사의 대상은 대체로 거대 영역이며 실제로는 영향을 미치기
도 어렵다. 그래서 자연스레 정의를 위한 봉사는 상징적 행동이 수반된다. 카림
와스피(Karim Wasfi)는 첼리스트이자 이라크 국립교향악단 지휘자다. 미국에서
유학한 그는 미국에 남을 수도 있었지만 바그다드로 돌아갔다. 최근 테러와 폭
력이 벌어진 현장에서 첼로를 연주했다. '얼굴 없는 거리예술가' 뱅크시
(Banksy)는 이스라엘 공격으로 무너진 가자 지구(Gaza Strip)에 잇달아 작품을
남겼다.11) 이는 극단적 폭력인 테러에 대한 반항이자, 주민들에게 희망과 위로
를 안겨주는 행위다. 폭력과 야만에 맞서 음악과 미술이라는 수단을 통해 문명
과 인간됨으로 돌아가라는 정의의 외침이라고 할 수 있다.

　　정의는 교육이 목표로 하는 전인에서 중요한 행위적 차원과 관계가 있다.
하나님 나라는 저절로 오지 않는다. 소리 질러 외치는 구호와 더불어 정의는
도래한다. 하지만 정의라고 외치는 내용들은 기득권자들의 편견과 오해에 의해
빛이 바라며 스러져 가기 쉽다. 그러므로 정의의 봉사는 대체로 오랜 기간이
소요되는 섬김이다. 정의를 혐오하는 권력은 역사적 사실과 합의된 해석까지
왜곡한다. 아직도 4·19혁명을 '좌익·좌경 세력의 준동'으로, 5·16쿠데타를 '혁명'
으로, 5·18 광주 민주화 운동을 '폭동'이라고 말한다. 논쟁적 문제가 아님에도
이렇게 말하는 것을 보면 정의를 이루기는 얼마나 어려운가.

---

11) "포연 속으로 뛰어든 예술", 〈경향신문〉 (2015.5.8).

자유민주주의의 공고화

정의의 디아코니아는 사회와 경제, 그리고 환경 등에 만연한 부정의에 대항하며 청지기로서의 사명을 감당하는 일이다. 교회는 분열과 갈등, 불평등과 차별, 인권 침해로 고통 받는 한국 사회에 관심을 갖고 불평등 해소와 경제정의 실현에 앞장서야 한다. 선진국과 개발도상국, 부자와 빈자 사이의 경제적 불평등 구조적 문제와 기아와 질병, 특히 에이즈(AIDS, acquired immune deficiency syndrome, 후천성 면역결핍 증후군)와 아동노동, 그리고 문맹퇴치운동에도 관심을 가져야 한다. 환경오염, 생태환경 문제에도 관심을 가져야 하는 것은 물론이다. 교회에 위임된 하나님의 나라는 정의가 지배하는 세계다. 하나님 나라를 지향하는 교회는 정의의 복음을 선포하고 정의 공동체를 건설해나가야 한다. 교회는 하나님의 나라가 완성될 때까지 하나님의 공의가 강같이 흐르도록 해야 한다.

하지만 현실은 그렇지 못하다. 개신교에서 정의를 외치는 일은 정서적 거부감을 일으킨다. 급기야는 좌경세력으로까지 몰아간다. 그래서 정의를 외치기 위해서는 용기가 필요하다. 그 용기는 성경에 나타난 하나님의 뜻에 대한 순종이다. 정의는 하나님의 지속적 관심사다.

> "너 사람아, 무엇이 착한 일인지를 주님께서 이미 말씀하셨다. 주님께서 너에게 요구하시는 것이 무엇인지도 이미 말씀하셨다. 오로지 공의를 실천하며 인자를 사랑하며 겸손히 네 하나님과 함께 행하는 것이 아니냐!"(미 6:8)

교회의 정치적 무관심은 영적 세계와 세속 세계의 구분으로부터 비롯된다. 영적 세계는 거룩하고 세속 세계는 속되다는 이원론적인 사고와 교회와 정치는 각자의 영역이 따로 있으며 그것들은 이질적이라는 정교분리 원리에 대한 잘못된 이해 때문이다. 하지만 교회는 정의의 디아코니아를 외면하기 위해 이와 같은 추상적 논리로 도피해서는 안 된다. 정의는 정치·경제·사회적으로 사람들의 삶에 놀랍게 영향을 미친다. 정의는 다른 사람들이 아닌 바로 우리 교회 신자들의 삶에 큰 영향을 미치고 있다는 것이다. 정의가 신자들의 삶에 큰 영향을 미친다는 데, 그래도 정의는 교회와 목회와 무관하다고 말할 것인가.

정의의 섬김이 필요하다고 해도 앞에서 언급했듯이 용기가 없어 선뜻 행동으로 옮기기가 쉽지 않다. 그런데 이 나의 반응의 본질은 무엇인가. 나는 왜 두려워하는가? 무엇에 대해 두려워하는가? 그것은 권력에 대한, 더 정확히는 국가 권력에 대한 두려움이다. 그러면 국민의 안전과 생명을 위해 존재하는 국가 권력은 왜 국민에게 두려움을 주는가? 그것은 국가 권력이 민주적이지 않기 때문이다. 그래서 정의는 자연스레 민주주의 문제로 이어진다. 우리나라의 민주화는 1987년 6월 항쟁을 통해 대통령 직선제를 쟁취함으로써 성취되었다. 4·19혁명, 5·18 민주화운동을 거쳐 작은 열매를 맺은 것이다. 이후 90년대 들어와서 군부 잔재의 청산, 지방자치제, 경제 정의, 그리고 선거문화 등 여러 가지 영역에서 민주화가 이루어졌지만 여전히 지역감정의 문제, 정당의 민주화, 인권의 문제, 가난하고 힘없는 자들에 대한 차별의 문제 등이 남아있어 민주주의를 공고화(consolidation)하는 과제가 남아있다.12)

민주주의는 주권이 국민에게 있고 국민에 의해 국민을 위하여 정치를 실행하는 주의나 제도, 사상을 말한다. 전제주의와 대립되는 말로, '민주주의'의 어원은 그리스어의 'demokratia'로 'demos(국민)+'kratos(지배)'의 합성어로서 '국민에 의한 지배'를 뜻한다. 민주주의의 종류에는 1. 직접민주주의(다수결의 원칙), 2. 대의제민주주의(국민의 대표), 3. 자유주의적·입헌주의적 민주주의(기본적 인권의 향유), 4. 사회적·경제적 민주주의(사유재산의 공정한 분배) 등이 있다. 오늘날 민주주의는 크게 자유민주주의(liberal democracy)와 사회민주주의(social democracy)로 대별된다. 자유민주주의는 자유주의와 민주주의가 결합된 정치원리 및 정부형태다. 인간의 존엄성을 바탕으로 하여 개인의 자유와 권리를 보장하는 헌법을 세우고 민주적 절차 아래 다수에 의해 선출된 대표자들이 국민주권주의와 입헌주의의 틀 내에서 의사결정을 하는 체제다. 사회민주주의는 보통선거나 의회를 통한 정치적 평등에 이어 경제적 평등을 지향하는 것으로 민주주의가 사회주의와 결합하여 만들어진 운동·체제원리다.13) 생산수단의 사회적(공적) 소유와 사회적(공적) 관리에 의한 사회의 개조를 민주주의적인 방법을 통해서 실현하려고 하는 주장 또는 운동의 총칭이다. 자유민주주의를 구성하는 요소들은 대체로 다음과 같다.14) 1. 자유, 평등, 인권의 보장, 2. 국민주권, 3. 표현의 자유, 4. 권력분립, 5. 대의제도, 6. 복수정당제도, 7. 민주적 선거제도, 8. 사법권의 독립 등이다.

칼 베커(Carl L. Becker)에 따르면, 정치 형태로서의 민주주의를 판단하는 기준은 다음과 같다.15) 1. 사람들이 정부의 시책에 대해 자유롭게, 전적으로 반

---

12) 한국의 현실 정치에 대해서는 Daniel Tudor, *Democracy Delayed*, 송정화 역, 『익숙한 절망 불편한 희망: 서양 좌파가 말하는 한국 정치』 (서울: 문학동네, 2015) 참고.

13) "사회민주주의(social democracy, 社會民主主義)", 『21세기 정치학대사전』 (한국사전연구사).

14) 권영성, 『헌법학원론』 (서울: 법문사, 2010), 136.

15) Carl L. Becker, *Modern Democracy* (New Haven: Yale University Press; London, H. Milford: Oxford University Press, 1941); Carl L. Becker and Seymour M. Lipset, 마상조 역, 『민주주의란 무엇인가』 (서울: 종로서적, 1981) 참고.

대 의사를 표명한다 할지라도 그 이전과 다름없이 신변의 안전을 보장받을 수 있는가? 2. 정부의 시책에 반대되는 정책을 표방하는 조직을 자유롭게 만들 수 있는가? 3. 집권당에 대해 자유롭게 반대투표를 할 수 있는가? 4. 만일 집권당에 대한 투표 결과 국민 대다수가 반대할 경우, 그 결과로써 정권 교체를 이룰 수 있는가? 5. 아울러 이와 같은 문제를 결정짓는 선거가 일정 기간 또는 일정한 조건하에서 실시될 수 있는 입헌적인 조치가 구비되어 있는가? 영국의 주요 조사기관인 EIU(Economist Intelligence Unit, 영국의 경제전문지 '이코노미스트' 산하의 조사기관)가 발표하는 민주주의 지수 평가는 '선거와 다원성', '정부의 책무성', '정치 참여', '정치 문화', '인권' 등 5개 부문에 대해서 진행된다. 그 일부 내용의 문항은 다음과 같다.

[표3] 민주주의 지수 평가 문항

정부의 책무성	· 선거로 선택된 정당이 정부의 각 부문을 지배하는가?
	· 외세가 정부의 주요 정책, 주요 기능에 영향을 주는 일이 없는가?
	· 경제, 종교 등 일부 집단이 정치적으로 중요한 역할을 하는 일은 없는가?
	· 정부가 임기 동안 유권자에게 책무성을 다할 수 있도록 제도가 갖춰졌는가?
	· 정부 정책의 결정과 집행에 시민 참여가 보장되는가?
	· 정부, 정당에 대한 대중의 신뢰가 높은가?
정치 참여	· 투표율이 70% 이상을 지속하는가?
	· 여성의원 비율이 20% 이상인가?
	· 정당 또는 정치 목적의 NGO에 인구의 7% 이상이 자발적으로 가입했는가?
	· 시민들이 합법적 시위에 참가할 의사가 40% 이상인가?
	· 매일 정치 기사를 보는 성인이 50% 이상인가?
정치 문화	· 의회나 선거보다 우위에 선 강력한 지도자에 대한 선망이 낮은가.
	· 의회나 선거에 시달리지 않는 강력한 지도자가 있는 것이 좋다고 생각하는 유권자가 30% 미만인가?
	· 군사정권에 대해 호감을 가진 유권자가 10% 미만인가?
	· 선출된 정치인보다 전문가, 테크노크라트가 정책을 결정하는 것이 좋다고 생각하는 유권자가 50% 미만인가?
	· 민주주의가 질서유지에 가장 좋은 제도라는 유권자가 70% 이상인가?
	· 민주주의의 발전이 경제 발전에 기여한다고 보는 유권자가 80% 이상인가?
	· 민주주의를 가장 바람직한 정치제도라고 보는 유권자가 90% 이상인가?
	· 종교와 정치를 분리하는 강한 전통이 있는가?

민주주의 발전을 위해서는 교회가 먼저 민주화되어야 한다. 2000년대 초반 조용기 목사의 교회 재정 유용 사건과 충현교회, 광림교회, 한국대학생선교회(C.C.C.) 등의 세습이 있었다. 권력을 개인이 쥐고 개인의 의사에 따라 처리하는 전제주의(autocracy)적 행태다. 이와 같은 비민주적 행태를 개선하기 위해 교회개혁실천연대에서는 교회의 의사결정 구조 및 운영 구조 등에 일반 성도들이 참여할 수 있는 '모범 정관'을 제안했다. 그 근본 내용은 첫째, 교회는 목사나 특정 설립자가 아니라 구성원 전체의 소유이며 그들이 주체다. 둘째, 목회와 운영이 분리되어야 한다. 목회는 교역자가, 운영은 직분자가 해야 한다는 것이다.[16]

민주 사회를 위해 교회는 시민운동과 연합해야 한다. 불이익을 당하고 있는 사람들의 삶의 질을 높이는 것을 목적으로 하는 자율적, 사적, 비영리 조직인 시민운동은 교회가 사람들의 일상생활에 영향력을 미칠 수 있는 가장 효과적인 통로다. 그리고 정치적 민주주의를 위해 우리가 할 일은 선거 때 투표를 하는 일이다. 누구를 찍든 그것은 자유고 어쨌든 의사 표시를 하는 것이 중요하다. 우리가 할 수 있는 일은 어쩌면 그것 밖에 없기 때문이다. 목회자는 신자들의 자유로운 선택을 방해하는 발언은 삼가고, 다만 국민으로서 투표의 권리를 행사할 것을 강권해야 한다.

가난한 자를 위한 정의

오늘날 민주주의는 위와 같은 내용의 정치적 민주주의뿐만 아니라 사회, 경제적 민주주의까지 그 외연이 확대되고 있다.[17] 새누리당 경제민주화실천모임이 리서치앤리서치와 함께 2012년 6월 실시한 조사 결과 국민 10명 중 8명이 경제민주화가 필요하다고 했다. 대기업의 골목상권 진출 금지, 경제범죄 총수의 경영권 제한, 중소기업적합업종에 대한 제도적 보호, 금산분리 정책, 대기업 일감몰아주기 처벌, 대형마트 의무휴업 확대, 그리고 출자총액제한제도 재도입 등의 문제에 대해서도 높은 찬성률을 보였다.[18] 성경에서 정의가 이루어져야 할 중요한 영역은 가난한 자다.

---

16) http://www.protest2002.org/structure/structure_3.html 참고.
17) James Laxer, *Democracy*, 김영희 역, 『민주주의란 무엇인가: 나는 아름다운 것을 생각한다』 민주시민 권리장전 1 (서울: 행성B온다, 2011) 참고.
18) "국민 10명 중 8명 '경제민주화 필요'", 〈아시아경제〉 (2012.7.3).

하나님께서는 가난한 사람들에게 관심이 많으시다(레 25:35; 렘 5:26-29; 시 72:4). 예수께서는 가난한 사람과 자신을 동일시하셨다.

"너희는, 내가 주릴 때에 내게 먹을 것을 주었고, 목마를 때에 마실 것을 주었으며, 나그네로 있을 때에 영접하였고, … 그 때에 의인들은 그에게 대답하기를 '주님, 우리가 언제, 주님께서 주리신 것을 보고 잡수실 것을 드리고, 목마르신 것을 보고 마실 것을 드리고, … 언제 병드시거나 감옥에 갇히신 것을 보고 찾아갔습니까?' 하고 말할 것이다. 임금이 그들에게 말하기를 '내가 진정으로 너희에게 말한다. 너희가 여기 내 형제자매 가운데, 지극히 보잘 것 없는 사람 하나에게 한 것이 곧 내게 한 것이다' 할 것이다."(마 25:35-40)

가난한 사람들에 대한 하나님의 관심과 예수의 자기 동일시는 경제 정의 문제를 기독교 신앙과 신학의 중심 문제로 삼아야 한다는 뜻이다. 교회도 이 문제에서 예외일 수는 없다. 예수께서도 그 일을 우리에게 위임하셨다.

"가난한 사람들은 늘 너희와 함께 있으니, 언제든지 너희가 하려고만 하면, 그들을 도울 수 있다. 그러나 나는 언제나 너희와 함께 있는 것이 아니다."(요 12:8; 참조, 마 26:11; 막 14:7)

당장 교회가 할 수 있는 일, 신자들이 할 수 있는 일부터 시작해 보자. 가난과 관련해 시급한 일은 굶주림으로 죽어가는 어린이들을 살리는 일이다. 세상에서 가장 비참한 죽음은 굶어 죽는 일일 것이다. 유엔세계식량계획(WFP, World Food Programme)에 따르면, 세계적으로 10억 명 이상의 사람들이 기아로 고통 받는다. 이 숫자는 미국, 일본, 유럽연합 국가들의 국민 수를 합한 것보다 많다. 기아로 고통 받는 사람들은, 모유 수유를 할 수 없는 산모와 신생아에서부터 돌봐줄 친척 하나 없는 노인에 이르기까지 다양한 연령대에 걸쳐 있다. 도시 빈민가의 실직자들, 다른 사람 토지를 경작해 살아가는 소작농들, 에이즈나 다른 질병으로 부모가 사망한 고아들도 여기에 속해 있다. 그리고 무엇보다 어린이들, 여성들, 그리고 농촌지역의 사람들이 기아로 가장 큰 고통을 받는 이들이다. 이처럼 오늘날 전 세계 인구 6명 중 한 명은 건강하고 활동적인 삶을 영위하는데 필요한 충분한 영양을 섭취하지 못하고 있다. 기아와 영양실조가 에이즈나 말라리아, 결핵보다 더 무서운 건강 위협 요소가 된 것이다.[19] 교회와 신자는 원인과 이유를 따지지 말고 조건 없이 기아 구제를 위해 일하는

---

19) http://ko.wfp.org.

NGO 단체들을 적극적으로 지원해야 한다.[20]

평화의 개념과 영역

21세기는 평화로운 세상에 대한 희망으로 시작했으나, 그 첫해부터 9·11사태로 테러와의 전쟁의 해가 되었다.[21] 세계 유일의 분단국인 우리나라는 여전히 정세가 불안하다. 평화의 개념은 크게 세 부류로 나눌 수 있다: 일반적, 성경적, 기독교적 개념. 1. 먼저 일반적 의미에서의 평화다. 이것은 다시 네 가지로 요약할 수 있다. 첫째, 힘에 의해 질서가 유지되는 평화다. 팍스 로마나(Pax Romana)라고도 불리는 이 평화는 불평등한 구조 등의 현실을 그대로 인정한다. 둘째, 휴전 상태로서의 평화다. 이것은 연기된 전쟁 상태이기 때문에 불안하고 불완전한 평화다. 셋째, 위안으로서의 평화다. 주로 개인 내면의 심리적 위로를 추구한다. 마지막으로, 타계적 평화다. 평화를 이 땅에서가 아닌 저 세상에서 찾으려는 현실 도피적 평화다. 2. 다음으로 성경의 평화다. 성경은 구약에서의 평화를 '샬롬'(shalom)으로, 신약에서는 '에이레네'(eirene)로 말한다. 구약의 샬롬은 첫째, 개인 영혼의 안식과 평화를 의미한다. 둘째, 공동체에서 사람들 사이의 조화로운 관계를 말한다. 셋째, 하나님과의 관계에서 하나님께서 허락하시는 하나님의 선물이다. 넷째, 샬롬은 종말론적 기대를 담고 있다.[22] 신약의 에이레네는 첫째, 심리적으로 마음의 평안이다. 둘째, 하나님과의 화해의 상태다. 셋째, 종말론적 구원으로서의 평화를 의미한다.[23] 한편, 평화는 예수 그리스도를 통해서 나타난다. 인간은 하나님께 범죄하여 평화를 상실하였다. 예수께서는 몸소 평화의 제물이 되시어 인간에게 다시 하나님과 세계 앞에 바른 관계회복의 길을 열어 주셨다. 또한 성경은 우리에게 평화를 위해 일하기를 요구한다. 평화의 수립을 인간에게 위임한다(사 11:1-9; 롬 12:28; 롬 14:19; 고후 5:19). 3. 마지막으로 기독교 역사적 개념이다. 이것은 다시 세 가지로 나눌

---

20) 그 밖에 가난에 대한 구체적 실천 방안에 대해서는 Ronald J. Sider, *Rich Christians in an Age of Hunger: Moving from Affluence to Generosity*, 한화룡 역, 『가난한 시대를 사는 부유한 그리스도인』 IVP 모던 클래식스 10 (서울: 한국기독학생회출판부, 2009) 참고.

21) 자세한 내용은 박종석, 『기독교교육의 지형도』(서울: 기독교대한성결교회 출판부, 2005), 363-69 참고.

22) 민영진, "구약에서 본 샬롬", 대한예수교장로회총회 교육부 편, 『성숙한 교회와 평화교육』(서울: 대한예수교장로회 출판국, 1988), 21-30.

23) Gerhard Kittel and Gerhard Friedrich, *Theological Dictionary of the New Testament*, 번역위원회 역, 『신약성서 신학사전』(서울: 요단출판사, 1986), 236-41.

수 있다: 평화주의(Pacifism), 의로운 전쟁론(the Just War), 그리고 십자군 이념(the Crusade). 평화에 대한 이 세 가지 태도는 기독교 역사와 궤를 같이 하는데, 초대교회는 콘스탄틴(Constantine) 시대까지 평화주의적 태도를 취하였다. 그후 콘스탄틴 치하에서 교회와 국가가 밀접하게 연결된 결과, 그리고 야만인들의 침입 위협 때문에, 4-5세기의 기독교는 고전적 세계관으로부터 의로운 전쟁론을 취하게 되었다. 이 의로운 전쟁의 목적은 평화의 회복과 정의의 수호에 있었다. 십자군 이념은 중세기에 발생한 것으로서 교회의 세계 지배와 결합되어 있다.24)

이와 같은 내용을 바탕으로 볼 때, 평화의 영역은 다음과 같다. 1. 심리적영역이다. 예컨대, '성 프란시스의 평화를 위한 기도'가 그에 대해 말해준다. 이기도가 말하고 있는 증오, 상처, 의심, 절망, 슬픔, 어둠이 곧 평화가 요구되는영역이라고 할 수 있다. 그런데 이 영역들은 개인의 내면적 영역으로 이해되어왔다. 그것들은 평화가 이루어져야 할 구체적인 영역으로 발전되지 못하고, 개인의 내밀한 심리적 영역에 머물게 되었다. 위르겐 몰트만(Jürgen Moltmann)은 이 같은 심리적 평화가 추상적임을 비판하면서 다음과 같은 구체적 영역을제시한다:25) 빈곤과 착취의 영역, 폭력과 압제의 영역, 인종차별과 문화적 소외의 영역, 산업발전에 의한 자연 파괴의 영역. 우리나라의 현실을 고려하면 평화교육의 영역은 전쟁과 평화에 관한 교육, 환경교육, 통일에 대비한 교육이 될수 있다.26) 2. 현실적 영역이다. 평화연구의 대가인 요한 갈퉁(Johan Galtung)은 평화에 대한 다양한 이해들에 기초한 모든 평화 연구를 종합하여 정리하고있다.27) 그는 평화를 폭력의 차원에서 검토하는 데, 세 가지 종류의 폭력에 대해 말한다: 직접적 폭력, 구조적 폭력, 문화적 폭력. 직접적 폭력은 인류가 상호 간에, 그리고 다른 형태의 생명과 자연에 행사하는 폭력이다. 구조적 폭력은사회 구조 자체에서 일어나는 것으로, 사람들 사이에서, 사람들의 집단인 사회간에, 사회들의 집단인 동맹이나 지역 간에 발생하는, 그리고 인간 내면의 성격구조로부터 생기는 폭력이다. 문화적 폭력은 모두 상징적인 것으로, 종교와 사상, 언어와 예술, 과학과 법, 대중매체와 교육의 내부에 존재하는 폭력이다. 이

---

24) Roland H. Bainton, *Christian Attitudes toward War and Peace*, 채수일 역, 『전쟁·평화·기독교』(서울: 대한기독교출판사, 1981), 12-13.

25) Jürgen Moltmann, *Das Experiment Hoffnung und Politik*, 전경연 역, 『희망의 실험과 정치』(서울: 종로서적, 1985), 140.

26) 권용은·민병기, "평화교육의 이론과 실천에 대한 고찰",「인하교육학연구」창간호(인하대학교 교육학연구회, 1988], 63-66.

27) Johan Galtung, *Peace by Peaceful Means*, 이재봉 외역, 『평화적 수단에 의한 평화』(서울: 들녘, 2000).

와 같은 폭력은 문화적 폭력으로부터 구조적 폭력을 경유하여 직접적 폭력으로 나아간다. 즉 폭력의 최상층에는 직접적 폭력이 있으며, 그 아래 중간층에는 구조적 폭력이, 최저층에는 위의 두 가지 폭력을 지지하는 문화적 폭력이 자리 잡고 있다.

갈퉁은 여기서 폭력보다 더 넓은 개념, 그러면서도 폭력과 평화 양쪽에 영향을 끼치는 개념으로서의 잠재적 폭력인 힘에 대해 언급한다. 힘은 폭력에 영향을 미쳐 직접적 폭력이 되게도 하고, 확연하게 드러나지는 않지만 사람들 사이에서, 사람들의 집단인 사회 사이에서, 사회들의 집단인 동맹이나 지역 사이에서 은밀히 행사되기도 하며, 분명한 형태를 취하지 않아 파악이 어려운 간접적 폭력의 형태가 되어 평화를 해치게 된다. 더 나아가 이 힘은 바로 우리의 정체라고 할 수 있는 문화 안에도 스며들어 내가 나를 향하여 폭력을 행사하는 식의 영향을 발휘할 수도 있다. 이와 같은 힘은 정치·군사·경제·문화의 네 가지 영역에서 행사된다. 정치적 힘은 정책 결정을 통해서, 군사적 힘은 무력으로, 경제적 힘은 보상으로, 그리고 문화적 힘은 설득을 통해서 폭력을 행사한다.

평화 봉사의 방향과 전략

평화는 이루어 가는 것이다. 그것은 지적 이해의 대상으로는 부족하다. 1. 평화가 이루어지도록 디아코니아는 비평화의 현실에 대한 날카로운 비평적 인식을 바탕으로 해야 한다. 부정과 불의, 폭력, 전쟁 등이 난무하는 현실을 직시하고, 그 원인을 찾아봐야 한다. 2. 평화의 디아코니아는 체험적이어야 한다. 성경이 보여주는 그 평화를 꿈꾸며 경험하는 봉사여야 한다. 3. 평화는 '이미'(already)가 아닌 '아직'(not yet)의 진행형이다. 평화의 디아코니아는 그것을 앞당기고자 하는 노력이어야 한다. 비평화가 일어나는 하나님과 인간, 사람과 사람, 인간과 자연을 포함하는 영역 모두가 평화의 일터다. 평화를 위해 일한다는 것은 평화가 없어 비뚤어지고 일그러진 세상을 곧게 펴는, 변화를 일으키는 정치적 행위다.

교회는 먼저 평화 없는 세상에서 평화가 무엇인지 모르는 다음세대들에게 평화에 관해 알리고 그것을 체험해 평화의 일꾼이 되도록 도와야 한다. 1. 유치부와 유년부: 가치관이나 행동 양식 형성에 어린 시절의 감정체험이 크게 영향을 미치기 때문에, 이들에 대한 평화교육은 정서적 접근이 효과적이다.[28] 갈등

---

28) 정웅섭, "교회의 평화교육", 김성재 편, 『평화교육과 민중교육』 (서울: 풀빛, 1990), 155.

상황의 해결을 민주적이고 평화적인 해결방식을 사용하는 훈련이 필요하다.29) 또한 유함께 어울려 노는 가운데서 사이좋고 즐겁다는 의미의 평화를 경험할 수 있도록 한다. 2. 초등부와 소년부: 이들에게는 평화를 전쟁이나 폭력과 대조해서 제시하고 그 대비의 결과를 자신의 삶과 연결시키도록 한다. 예를 들어, 전쟁이나 폭력 체험자들의 경험을 듣거나 비평화의 현장을 방문하여 간접체험을 하되, 전쟁이나 폭력으로도 말살할 수 없는 평화의 고귀함을 인식할 수 있도록 한다. 아이들의 장난감을 통해서 폭력이 얼마나 생활 가까이에 근접해 있나를 실감토록 할 수도 있을 것이다.30) 나아가 아이들이 평화 실천 훈련을 통해 평화의 일꾼으로 양육하는 데까지 나가야 한다. 3. 중등부와 고등부: 청소년은 사물에 대한 비판력이 싹트고 이해도가 높아지는 시기이기에 주로 평화를 인식하는 쪽에 비중을 둔다. 비평화적 현실의 근본 원인을 찾아보고, 그 답을 성경적인 평화실현의 원리에서 찾아본다.31) 대안 없는 비판이 되지 않기 위해서 성경 본문(예를 들어, 요 15:16-20, 사 6:4-13 등)이나 성만찬, 명상 기도, 그리고 금식 등을 통해 예수의 부르심을 깨닫게 하거나, 평화를 위해 일한 인물 등에 대한 비디오를 감상하거나, 비평화의 희생자들을 접촉하는 등의 프로그램을 통해 자신의 정체를 평화를 위해 일하는 자로서 확인하며 그 일에 부름을 받았다는 자존감(self-esteem)을 갖게 해서 사명감을 고취시킬 수 있다.32) 4. 청년: 평화 세미나 등을 통해 평화에 대한 일반적 지식을 획득하게 한 후, 그것을 민족과 인류의 평화적 미래와 연관시켜 자기의 관심 분야에서 발전시키도록 돕는다.33) 평화의 다음으로 폭력 등의 희생자들을 위한 봉사를 하도록 한 후에 구체적인 문제 영역을 결정하고 가능한 범위 내에서 구체적인 행동을 하도록 이끌 수 있다.34) 5. 성인: 성인의 경우는 전쟁과 폭력 등의 부정적 체험은 있으나 실상 평화에 대해서는 무지하다. 반공 이데올로기 등의 영향으로 평화에 대한 언급은 사상 논쟁으로 번질 수 있다. 따라서 성인들에 대한 평화

---

29) 홍순정·최석난·신은수, "평화교육 프로그램개발을 위한 기초연구I", 「한국영유아보육학회지」 4, 70.

30) 송남순, "기독교평화교육의 이론과 실제", 대한예수교장로회총회 교육부 편, 『성숙한 교회와 평화교육』(서울: 대한예수교장로회 출판국, 1988), 224-25.

31) M. Scott Peck, *People of the Lie*, 윤종석 역, 『거짓의 사람들: 악의 심리학』(서울: 두란노, 1993) 참고.

32) James B. Mcginnis, "Education for Peace and Justice," *Religious Education* 81 (1986), 452-60 참조.

33) 강성위, "모든 학문들의 과제로서의 평화", 기독교철학연구소 편, 『현대 사회와 평화』(서울: 서광사, 1991), 217-26.

34) 구체적인 지침은 Mcginnis, "Education for Peace and Justice," 462-65 참조.

교육은 먼저 평화의 대상을 북한으로부터 우리 사회와 자연으로까지 확장시킬 필요가 있다. 다음으로 평화의 현실적 문제인 북한에 대해 통일과 함께 논의하되 그들을 하나님의 자녀나 이웃, 나아가 동족으로서 볼 수 있는 인식의 전환을 유도한다.

우리나라에서 통일문제는 관련 내용에 대한 정부의 정책과 독점으로 논의가 활발하지 못하다. 대신 분단체제의 장기화로 인한 체제에 익숙하며 분단을 자연스런 것으로 수용한다. 그 결과 통일 문제에 대한 논의가 금기시되면서 침묵 문화를 낳았다.35) 한편 사적 경험의 후유증과 통일 비용 등 경제적 이유를 들어 통일을 반대하는 기득권 세력도 있어 통일 문제에 대한 의견은 양분되어 있는 상황이다. 관계 기관의 통일비용 추산은 몇 십조에서 몇 천조까지 춤추고 있다. 이 같은 분석은 국민들에게 통일에 대한 거부감을 일으켜 한 여론조사에서는 통일을 서두를 필요가 없다는 답변이 73%나 됐고, 통일세대가 될 20대는 통일이 '필요없다'는 응답이 31.6%에 달했다.36)

그럼에도 불구하고 교회는 신자들에게 평화통일은 냉전 이데올로기로 인한 갈등과 한민족의 생존을 위해 긴급한 문제임을 깨닫도록 해야 한다. 분단현실은 숙명론적 현실이 아니라, 극복하지 않으면 안 되는 과제로 제시해야 한다. 나아가 북한 주민들을 적대자로서가 아니라 형제자매로 받아들이도록 돕는다.37) 사실 북한의 공산 체제는 지도자들의 책임이라 할 수 있다. 평화를 위협하는 입장과 주민들을 억압하는 행동을 묵과할 수 없고 그 책임을 엄중히 물어야 할 것이다. 더구나 현 김정은의 공포정치 하에서 생명의 위협을 느끼는 북한 주민들의 보호를 위해 기도해야 할 것이다. 나아가 우리민족끼리의 자주적 통일을 이룩하기 위한 남과 북의 과감한 군축과 평화협정체결, 동아시아의 평화체제 구축 문제를 기도의 제목으로 삼아야 할 것이다. 독일 통일의 도화선이 크리스토프 보네베르거(Christoph Wonnerberger) 목사가 이끈 옛 동독 라이프치히 '성 니콜라이 교회 월요평화기도회'라는 사실을 상기하자.38)

---

35) 윤응진, "기독교 평화통일 교육을 위한 이론정립의 방향 모색", 한국기독교학회 편, 『광복 50주년과 민족희년』(서울: 도서출판 감신, 1995), 228-30.
36) "통일비용 천차만별, 오히려 거부감만?", 〈주간경향〉 1104 (2014.12.09).
37) 윤응진, "평화통일 희년맞이를 위한 기독교교육적 과제", 한신대학교 평화연구소 편, 『민족통일과 평화』(천안: 한국신학연구소, 1995), 251-61 참고.
38) "독일통일 도화선 '비폭력 기도운동' 이끈 크리스토프 보네베르거 목사", 〈국민일보〉 (2015.3.4).

생명 운동의 유형과 방향

사람이 잃어버린 것은 무엇일까? 그 중에 하나는 함께 살아가야 할 생명의 소중함과 아름다움이다.

> "처음 이곳에 왔을 때 산책을 하다가 멈추어 서면 내 발소리 때문에 들리지 않던 소리들이 들려왔다. … 깊은 땅속 고물거리는 벌레들이 몸을 뒤척이는 소리. 나무뿌리들이 아주 조금씩 깊은 데로 가느다란 발을 뻗는 소리. … 그럴 때 가끔 내게 하늘이 홀연히 열리고 이루 말할 수 없는 평화 같은 것이 가슴으로 쏟아져 내렸다."39)

오늘날의 인간사회는 유사 이래 최고의 문명 발전을 이루고 있다.40) 정보화 사회의 개화로 인간은 시간과 공간을 넘나들며 그 능력을 과시하고 있다. 그럼에도 불구하고 인간의 생명은 그 어느 때보다 위협받고 있다. 그 근본원인 중의 하나는 인간의 탐욕으로 빚어진 생태계 파괴다. 창조 세계를 보전하려는 신학적 흐름은 그 정향에 따라 세 가지로 나뉜다.41) 첫째, 생태학적 영적 중심의 생명신학이다. 이 신학은 인간과 자연의 연속성을 강조한다. 인간은 이 창조세계에서 다른 자연세계와 더불어 그 일부일 뿐이다. 인간은 자연보다 우월하지 않으며 더더구나 주인은 아니다. 그는 다만 자연과 더불어 공존한다. 둘째, 사회정의 중심의 생명신학이다. 이 신학은 지구화로 인한 인간 사회의 불평등과 주변화에 관심을 갖는다. 원칙적으로 지구화가 명목으로 내세우는 평등과 포괄성에는 동의하지만 그 역기능에 대해서는 반대한다. 따라서 이와 같은 정향의 생명신학은 지구화와 사회정의 사이에서 갈등하며 그 조화를 모색하려고 하나 비중은 어디까지나 후자에 있다. 셋째, 기독교전통보전 중심의 생명신학이다. 이 신학은 작금의 생태학적 위기가 그릇된 기독교전통에서 비롯되었다고 보며 반성을 촉구한다. 이 같은 반성은 개인의 회심을 강조하는 복음주의와 억압으로부터의 해방을 주장하는 해방신학에 대해서는 비판적으로 작용한다. 기독교가 지구화의 병폐적인 결과를 가져왔음에도 불구하고 여전히 문제의 해답은 창조의 구속을 담고 있는 성경에 있다고 본다.42)

---

39) 공지영, 『높고 푸른 사다리』 (서울: 한겨레출판, 2013), 11.
40) 자세한 내용은, 박종석, 『기독교교육의 지형도』, 370-78 참고.
41) 선순화, "생명 파괴 현상에 직면한 생명신학의 방향모색", 『신학사상』 24:1 (1996봄), 48-51.
42) 한국에서의 생명신학에 대한 논의는 주로 『신학사상』과 『기독교사상』을 통해 전개되었다. 『신학사상』은 생명의 문제를 '민중'의 지평에서 수용하여 새롭게 해석하거나, 때로는 거꾸로 생명 및 자연의 지평 속으로 민중의 문제를 이끌어 들이려는 시도를 하였다. 『기독교사상』은 1980년대 후반이후 신학과 과학의 새로운 조우 가능성, 핵문제 및 공해현황 전반에 대한 신학적

이와 같은 바탕에서 생명운동은 네 가지로 나뉜다. 1. 생태학적 입장이다. 이것은 다시 둘로 나뉜다. 하나는, 인간중심의 환경 개량주의 운동으로, 환경문제를 지역자원에 대한 지나치게 급속한 개발과 이에 따른 환경오염, 그리고 물질에 대한 통제의 실패 때문에 오는 결과로 본다. 그래서 그 해결책으로 과학기술의 발전, 자연보호, 야생보호, 그리고 환경윤리의 증진 등을 제시하고 있다. 다른 하나는, 인간이 직면한 위기는 단순히 자연을 대상화한 환경문제에서만 비롯되는 것이 아니라 본질적으로 인간중심의 세계관, 인간과 자연을 분리하는 이원론적 가치체계에 있다고 본다. 환경문제는 사회구조, 특히 국제적인 정치경제 질서와 세계관과 관련해서 보아야 한다는 것이다.[43] 2. 민중신학적 입장이다. 민중은 생명에 대한 애착이라는 힘으로 역사의 주체가 되었다. 민중은 권력의 억압, 산업문명의 피해자로 생명의 위협을 받으면서도 생명을 살리려는 사람들이다.[44] 3. 생명윤리적 입장이다. 세상은 생명을 위협하는 죽음의 문화로 만연되어 있다. 생명공학과 생명정보의 남용으로부터 생명권을 보호해야 한다는 것이다.[45] 4. 그밖에 생태교육학적 입장과 발달론적 입장이 있다. 생태교육학적 입장은 기독교교육에서의 생태학 논의의 중요성 내지 생태학적 패러다임의 전환을 촉구하는 입장이며,[46] 발달론적 입장은 인간의 발달을 생명의 성장으로 보고, 생명의 성숙을 돕기 위해 발달심리학을 이용한다.[47]

교회의 창조질서의 보전에 대한 디아코니아의 방향은 환경 파괴를 막고 자연을 보호하는 입장을 넘어서야 한다. 기존의 입장은 여전히 자연을 개발의 대상으로 생각하는 인간위주의 입장에서 행해지는 것이기 때문이다. 온전한 창조질서는 하나님, 인간, 그리고 자연과의 관계를 모두 고려해야 한다. 더 나아가 교회는 잃었던 유산, '생명이 가장 소중하다!'는 개념을 회복해야 한다. 교회는 다른 것이 아니다. 예수께서 피 값으로 사신 몸 된 교회는 모든 생명을 구원하

논의, 그리고 생태학의 문제를 기독교자연신학의 맥락에서 수용하려는 시도 등이 있었다. 이정배, 『신학의 생명화 신학의 영성화』(서울: 대한기독교서회, 1999), 39-45.

43) David Pepper, "The Basis of a Radical Curriculum in Environmental Education," Colin Lacey and Roy Williams, ed., *Education Ecology and Development* (The World Wildlife Fund and Kogan Page Ltd., 1987).

44) 문동환, "21세기 새로운 물결의 기독교교육", 한국신학대학교 민중교육연구소 학술심포지움 주제강연 (1996).

45) 한미라, "생명윤리, 21세기 기독교교육의 화두", 「기독교사상」506 (2001·2), 163-65.

46) 이준모, "생태적 교육학의 철학적 기초", 「한신논문집」15:1 (한신대학교, 1998), 185-224; 이준모, "종교다원주의에서 종교생태학으로 1", 「기독교사상」484 (1999·4), 106-16; 이준모, "종교다원주의에서 종교생태학으로 2", 「기독교사상」485 (1999·5), 128-49.

47) 이금만, "생명교육 이야기", 「기독교교육」(1997.7/8-1998·9) (서울: 대한기독교교육협회); 이금만, 『발달심리와 신앙교육』(서울: 크리스찬치유목회연구원, 2000), 116-29.

는 기관이다. 그동안 교회는 생명을 망각하고 생명을 무시한 까닭에 제 역할을 다하지 못했다. 생명을 중심으로 교회가 재편될 때 온전한 그리스도의 몸을 이룰 수 있을 것이다. 생명이 무엇보다 우선되어야 한다.

또한 교회의 생명 섬김은 하나님, 인간, 그리고 자연과의 삼위일체적 관계에서 논의되어야 한다. 종래의 교회는 하나님은 창조주로서 인간은 자연의 지배자 또는 관리자로 생각하고 창조질서의 문제를 자연에만 국한시켰다. 자연에 대한 신비나 신성한 본질 등을 강조함으로써 생명에 대한 경외감을 일깨우려는 낭만주의적 복고적 태도에 머물러서는 안 된다. 교회는 하나님과 자연, 인간과 자연의 관계를 적극적으로 추구해야 한다.48) 자연과 더불어 하나님과 인간을 함께 다룰 때 생명문제에 새로운 지평이 열릴 것이다.

생명 봉사의 전략

자연은 우리의 보호 대상이 아니며 개발의 대상은 더더욱 아니다. 자연은 우리가 함께 있어야 하는 하나님의 또 다른 피조물이다. 하나님은 피조계 안에서 책임 있게 행동하라고, 죽음 대신 생명을 선택하라고, 우리가 피조계의 일부임을 인정하고, 지구 생태계 안에서 존경하며 보다 겸손하게 살아가도록 도전하신다.49) 다음세대를 위한 생명교육에 대해 생각해 보자. 1. 유아·유치부: 자연, 특히 동물을 통해 생명과의 교류 경험을 갖도록 한다. 모든 것이 살아있다고 여기는 어린아이들은 사물들과도 대화할 뿐 아니라 동물들과 직감적으로 소통하며 그들을 사랑한다. 어린이는 호랑이같은 야생동물에게도 친근감을 보일정도로 거의 저항감 없이 본능적으로 동물들에게 반응을 보인다.50) 그래서 어린이들과 대화할 때 동물이야기를 하면 쉽게 친해질 수 있다. 어떤 동물을 좋아하

48) Susan P. Bratton, "Teaching Environmental Ethics from a Theological Perspective," *Religious Education* 85:1 (Winter 1990), 29; 그리고 이영호, "창조질서의 보전과 기독교교육", 한국기독교교육학회 편, 『기독교교육』 (서울: 대한기독교교육협회, 1992), 317-322 참조.
49) Freda Rajotte, "Justice, Peace, and the Integrity of Creation," *Religious Education* 85:1 (Winter 1990), 13.
50) 3세전 유아나 영아는 다른 생명체가 자신과 따로 존재한다는 인식이 부족하다. 따라서 애완동물을 장난감 정도로 여길 수 있고 또 강아지에게 물릴 수도 있다. 그러므로 단순하게 관찰이 가능하고 또 쉽게 먹이를 줄 수 있는 동물인 금붕어나 거북 같은 동물을 기르는 것이 좋다. 강아지나 고양이 같은 보살핌이 필요한 동물들은 어린이가 유치원에 들어갈 정도가 되었을 때 선택하는 것이 좋다. 소극적인 성격의 어린이는 조용히 관찰할 수 있는 동물을 그리고 적극적인 어린이는 함께 뛰어놀 수 있는 활발한 동물이 좋다. "애완동물과 정신건강", 강동소아정신과의원, http://www.gdclinic.co.kr/05_edu/edu0205.htm?Item=board9&mode=view&No=106

는지 그 이유가 무엇인지 만약 동물로 변신한다면 어떤 동물로 변신하고 싶은지 물어서 심리를 파악할 수도 있다고 한다.51) 아이들은 인식하지 못하지만 애완동물들은 쓰다듬거나 할 때 사람에게 정서적 안정감을 주며, 때로는 외로운 우리를 위로하며 우리와 공존하는 하나님의 선물이다. 2. 아동부: 기쁨과 감사로 생명을 향유하도록 도와야 한다. 아이들은 자연에서 뛰어 놀기를 좋아한다. 하지만 요즘 아이들은 밖에서 놀 수 있는 시간이 극히 적다. 그렇기 때문에 교회에서는 여름성경학교를 통해 아이들이 자연과 충분한 접촉을 할 수 있는 기회를 주어야 한다. 3. 청소년부: 죽음의 문화의 거짓됨을 비판하고 살림의 문화로 나가도록 도와야 한다. 죽음의 문화는 생명을 위협하고 경시하는 현상을 만연시키고 있으며 나아가 하나님의 창조행위를 부인하고 그분의 창조적 능력을 대신하려는 교만에 이르게 하고 있다.52) 특히 미디어와 사이버공간을 통하여 걷잡을 수 없이 퍼지는 죽음의 세력들의 정체를 파악하도록 도와야 한다. 그리고 교회는 먼저 청소년들을 그와 같은 죽음의 문화로부터 구조해야 한다. 환경이 무절제하게 파괴되고, 생명이 비인격화되고 성이 상품화되며, 폭력이 난무하는 현장이면 어디나 예수의 생명이 필요한 곳이고 승리가 이루어져야 할 곳이다. 죽음보다 생명이 더 강함을 확신하고 맞서 싸우는 그곳에 온전한 구원이 이루어짐을 가르쳐야 한다.

교회는 창조질서 보전의 문제를 환경 문제로 국한 한다 하더라도 할 일이 많다. 성경에서도 종말의 징조로 환경 문제에 대해 언급한다. 기근과 지진은 자주 듣던 말이다. 예수께서 직접 하신 말씀이다.

> "민족이 민족을 거슬러 일어나고, 나라가 나라를 거슬러 일어날 것이며, 여기저기서 기근과 지진이 있을 것이다."(마 24:7; 참고 막 13:8)

누가복음에는 역병이라는 말이 첨가된다. 슈퍼박테리아나 변종바이러스로 인한 전염성이 강한 질병이 아닐까.

> "큰 지진이 나고, 곳곳에 기근과 역병이 생기고, 하늘로부터 무서운 일과 큰 징조가 나타날 것이다."(눅 21:11)

계시록이라 해석이 조심스럽기는 하지만 원전의 방사능 오염수 유출로 인한 해

---

51) "애완동물과 정신건강", 강동소아정신과의원.
52) 한미라, "생명윤리, 21세기 기독교교육의 화두", 164.

양 오염과 폭염으로 인한 인명 피해를 연상시키는 구절도 있다.

> "둘째 천사가 그 대접을 바다에 쏟으니, 바닷물이 죽은 사람의 피처럼 되고, 바다에 있는 모든 생물이 죽었습니다. 넷째 천사가 그 대접을 해에다 쏟았습니다. 해는 불로 사람을 태우라는 허락을 받았습니다."(계 16:3, 8)

이 같은 환경 파괴는 신자들의 작은 노력으로도 피해를 줄일 수 있다. 그림동화책 얘기다. 낸시는 차를 타고 슈퍼마켓에 가려는 아빠에게 "1킬로미터가 안되는 거리는 자전거를 타야 해요."라고 말한다. 추워서 보일러를 켜려는 엄마에게는 "안 돼요. 보일러보다 스웨터가 더 좋아요."라고 한다.53) 우리도 일상에서 지구 환경을 지킬 수 있다. 에어컨 보다 에너지가 더 드는 헤어 드라이어 대신 자연 건조시킨다든가, 목욕대신 미지근한 물로 최대한 빨리 샤워한다거나, 에어컨 대신 선풍기를 사용하는 등이다. 우리나라의 이산화탄소 연간 배출량은 6억 3천 5백만 톤(2012년 기준)으로 세계 7위. 국민 1인당 배출량도 연간 11톤이 넘는다고 한다. 아무 생각 없이 지냈는데 지구에 큰 피해를 입히고 있었던 것이다. 교회 주보에 실천 사항을 적어 지속적으로 실천하도록 하자. 교회가 의식이 있고 세련되어 보이지 않을까.

III. 기동적 디아코니아

기동적 디아코니아 구조는 대체로 시급한 사안에 대한 봉사를 말한다. 지역이나 국민들에게 위험이나 피해가 돌아갈 수 있는 예기치 못한 사건이 발생한 경우가 대표적이다. 2007년 태안기름유출 사고, 2014년 세월호 사건, 최근의 네팔 지진 등, 사회적 재난이 발생했을 때 교회는 직접적인 봉사나 구호금을 보내는 식으로 봉사를 했다.

기동적 구조의 동기는 발생한 사건을 교회의, 또는 신자의 것으로 보는 동일시다. 최근 전세값이 폭등하면서 서민들의 살림살이가 더 팍팍해지고 있다. 여기에 은행의 금리 인하가 이어지자 전세에서 월세로의 전환이 러시를 이루고 있다고 한다. 이에 어느 교회에서는 목회자가 교인들에게 전세를 월세로 전환하는 일이 없도록 부탁을 했다고 한다. 전도의 가능성이 없으면 어떤 희생도

---

53) Jane O'Connor and Robin P. Glasser, *Fancy Nancy: Every Day Is Earth Day*, 김영선 역, 『멋쟁이 낸시는 지구 지킴이』 (파주: 국민서관, 2012).

거부하는 대부분의 교회에 비하면 매우 신선한 감동을 준다. 이 같은 예로부터 교회의 봉사는 교회 성장이나 전도와는 무관하게 다만 현실의 어려움을 해결하는 데 도움을 주고자 하는 방향에서 이루어져야 한다. 그것이 오히려 선교에도 도움이 될 것이다. 흔히 볼 수 있는 교회의 차 대접을 보자. 커피 한잔 마시라는 데 대부분의 사람들은 그냥 지나친다. 권하는 사람들이 교회명이 적힌 어깨 띠를 두르고 있기 때문이다. 그깟 커피 한잔으로 교회의 전도 대상이 되는 게 싫다는 뜻이다.

교회의 디아코니아는 전인적 목회의 방법으로 활용할 수 있다. 목회가 대체로 교회 내 목회, 신자 만들기 목회, 주지적 목회의 성격을 띠었다. 그 결과 사람을 독단적이고 행동이 따르지 않는 사람으로 만들어 사회와 고립되게 하며, 사회 안에서 그리스도인으로서의 삶을 보여주지 못했다. 교회의 봉사는 자연스럽게 이 같은 목회의 폐단을 극복할 수 있는 방안이 될 수 있다. 신자들은 봉사에 참여함으로써 지역과 사회의 문제가 남의 문제가 아닌 자신의 문제로 바라보게 될 것이며, 개인주의와 개교회주의에서 사회공동체로의 인식의 전환이 일어날 수 있다. 이 같은 변화는 적극 추진해야 할 방향이다. 지금까지 목회를 사회와 분리시켜 진행할 수 있었지만, 신자유주의적 사회구조, 후기정보사회의 전 지구적 소통, 그에 따른 생활양식과 사고방식의 변화 상황으로 더 이상 전통적 목회는 유효하지 않은 현실이 되었다. 변화된 세계 속에서 교회는 이제 당연히 목회의 사회적인 기능과 사회적인 의의를 추구해야 한다. 교회의 봉사 사명은 여기에 참가하는 신자들에게 자신이 교인일 뿐만 아니라 시민이라는 인식을 새롭게 할 것이며 전인이 관여되는 봉사 활동을 통해 온전한 신앙 회복의 기회가 될 수 있다.

사회 속에서의 교회의 봉사는 대체로 지역 주민을 대상화하고 시혜적 의존성을 길러 주는 형태였다면, 앞으로는 그 범위를 넓혀 사회 전반에 걸쳐 인간의 삶을 병들게 하는, 또는 고통스런 인간의 삶을 외면하지 않고 적극적으로 참여하여 봉사하는 방향으로 나가야 한다. 교회의 사회봉사 프로그램은 지역 주민들 스스로가 주체가 되어서 공동체적 조직을 형성하고 자신들의 문제를 스스로 해결해 나갈 수 있도록 회복시키는 프로그램이 되어야 할 것이다. 이와 같은 봉사는 교회를 신앙공동체면서 세계공동체라는 인식의 전환이 바탕이 되어야 한다. 이와 같은 디아코니아 행위는 당연히 충분한 성경연구를 바탕으로 해야 한다.[54]

---

54) 이상의 정의, 평화, 생명, 환경 등에 대한 성경연구는 평화통일희년준비위원회 편, 『희년을 향한 순례: 평화와 통일을 위한 성서연구 교재』 (서울: 대한기독교교육협회, 1993); 박종석·손삼권·홍순원, 『신앙교육 이야기』 (서울: 만남과나눔, 1993), 153-72 참고.

봉사를 위한 구체적 프로그램으로는 봉사의 소명을 다하기 위한 바자회를 열 수 있다. 바자회하면 여전도회에서 자금을 마련하기 위해 신자들을 대상으로, 가끔은 지역 주민들을 포함하여 일상용품을 내용으로 열어왔다. 여기서 말하는 바자회는 디아코니아와 관련된 바자회로 교회의 사명을 구체화하는 프로그램이다. 바자회의 부스는 다음과 같은 내용으로 세울 수 있다. 가족부스, 가정폭력부스, 정의교육부스, 기아원조부스, 진료부스, 소아과진료부스, 청각장애부스, 시각장애부스, 죽음을 앞 둔 사람들을 위한 나사로부스, AIDS부스, 평화부스, 우정부스, 다문화부스 등. 이와 같은 부스의 내용들은 미술, 음악, 슬라이드, 동영상, 연설, 설교, 인형극, 그리고 조형물 등과 같은 형식으로 표현될 수 있다.55)

---

55) Maria Harris, *Fashion Me a People: Curriculum in the Church*, 고용수 역, 『회중 형성과 변형을 위한교육목회 커리큘럼』(서울: 한국장로교출판사, 1997), 197.

3부
그리스도의 몸과 목회

"우리는 사랑으로 진리를 말하고 살면서, 모든 면에서 자라나서, 머리가 되시는 그리스도에게까지 다다라야 합니다. 온 몸은 머리이신 그리스도께 속해 있으며, 몸에 갖추어져 있는 각 마디를 통하여 연결되고 결합됩니다. 각 지체가 그 맡은 분량대로 활동함을 따라 몸이 자라나며 사랑 안에서 몸이 건설됩니다."(엡 4:15-16)

작자 미상, 〈구세주 그리스도〉(전능자), 6세기, 납화, 시내산, 성 캐서린 수도원

1장 교회의 뿌리, 성경과 전통

I. 말씀 위의 교회

그리스도의 몸과 지체

성경은 교회를 그리스도의 몸으로 표현한다.

> "하나님께서는 만물을 그리스도의 발 아래 굴복시키시고, 그분을 만물 위에 교회의
> 머리로 삼으셨습니다. 교회는 그리스도의 몸이요, 만물 안에서 만물을 충만케 하시는
> 분의 충만함입니다."(엡 1:22-23)

> "그분은 교회라는 몸의 머리이십니다."(골 1:18)

그리스도의 몸은 어떻게 구성되어 있는가? 성경은 몸은 하나지만 그 지체는 여
럿이라고 한다. 그리고 그 지체를 여러 방식으로 말한다. 먼저 지체를 하나님께
서 우리에게 주신 은혜를 따라 주신 신령한 선물에 따라, 예언, 섬김, 가르침,
권면, 나눔, 지도, 자선 등으로 나눈다(롬 12:6-8). 다음으로 출신과 신분에 따
라 유대 사람, 그리스 사람, 종, 그리고 자유인이라는 지체로 나눈다(고전
12:13). 그리고 교회의 직제와 은사에 따라 사도, 예언자, 교사, 기적을 행하는
사람, 병 고치는 은사를 받은 사람, 남을 도와주는 사람, 관리하는 사람, 방언으
로 말하는 사람, 그리고 통역하는 사람(28-30절), 그리고 복음 전도자와 목사
등으로 나눈다(엡 4:11). 여기에 남편은 아내의 머리로써 함께 그리스도의 몸에
속한다고 한다(엡 5:23, 30). 이처럼 교회를 여러 지체들로 이루어진 그리스도
의 몸으로 보고 이를 목회에 적용하고자 하는 시도가 있는데 그것은 BCM 교
육목회제도다.[1]
 한편 우리는 그리스도의 몸인 교회를 현실적으로 볼 필요가 있다. 그래야
목회의 가능성인 구체적 현장이 열리기 때문이다. BCM 교육목회제도에서는

---

1) 자세한 내용은 서울신학대학교 기독교교육연구소, 『BCM 교육목회: 21세기 기독교교육의 새방
  향』 (서울: 기독교대한성결교회 출판부, 2007) 참고.

교회는 성경과 전통을 바탕으로 개인, 소그룹, 회중, 그리고 교회가 그 안에 있는 사회로 구성되어 있는 것으로 파악한다. 그리스도의 몸을 이루는 목회는 다른 것이 아니라 이 다섯 가지 교회의 구성 요소들 간의 상호관계에 주의를 기울이면서 그 다섯 가지가 서로 연계되어 하나의 그리스도의 몸을 이루도록 하는 노력이다. 이와 같은 시각은 목회를 주로 선교나 성장 차원에서만 보던 전통적 시각이나, 교회의 사명 성취를 목회로 보는 신학적 차원을 넘어서 목회의 실제적 방향을 제시하면서 구체적 행위로 드러나는 목회를 가능하게 한다. 교회를 구성하고 있는 다섯 가지 단위는 이미 있었던 것이지만 여러 가지 이유로 간과되었다. 그 동안 목회에서 이 다섯 단위는 교회의 관심에 따라 특정한 단위를 다른 것과 무관하게 비중을 두어왔다. 이는 잘못된 것이다. 교회가 그리스도를 머리로 하는 교회로 성장하기 위해서는 이 다섯 단위를 전체적으로 강조하되 독립적으로가 아니라 함께, 즉 다른 단위와의 관계 안에서 강조해야 한다.

이러한 구성요소들 중에서 개인, 소그룹, 회중은 비교적 기존의 교회학교 형태에서도 강조되어 온 것들이다. 반면, 성경과 전통이나 사회라는 부분들은 목회에 대한 관점에서 새롭게 강조하게 된 요소다. 성경과 전통은 교회의 정신적인 토대를 이루고 있고, 교회에서 이루어지는 모든 목회 활동의 자원이 된다는 점에서 중요성을 지닌다. 또한 사회는 교회의 상위 시스템으로서 교회에 영향을 줌과 동시에 교회가 선한 영향력을 끼쳐야 할 주요 대상이라는 점에서 의미를 지닌다.

교회의 기초, 성경

인간은 육체와 같은 보이는 부분과 영혼이나 정신과 같은 보이지 않는 부분으로 구성되어 있다. 이와 마찬가지로 교회도 건물이나 조직, 그리고 구성원들과 같은 보이는 부분과 신학적 입장이나 전통과 같은 보이지 않는 부분으로 구성되어 있다. 성경과 전통에 의해 교회 공동체의 성격이 결정된다. 교회공동체의 신앙은 성경에 근거하여 생성되고 성장되는 것이 되어야 한다. 성경의 말씀이 성령에 의해 학습자들에게 열려질 때, 그것이 하나님의 말씀으로 경험되고 비로소 삶을 변화시키고 성숙시키는 원동력이 된다. 그런데, 중요한 것은 모든 교회마다 성경을 이해하는 입장이 같지 않다는 것이다. 성경에 대한 입장 차이에 따라 성경 해석의 내용이 다르게 나타나게 되는데, 이러한 것들은 결국 목회에까지 영향을 미치게 된다.

신앙전통은 기독교회의 역사적 과정에서의 경험과 그것에 대한 반응의 결과들로 구성되어 있다. 예를 들어, 예배의 요소들, 절기행사, 목사와 장로제도, 그리고 교회의 관습들이 신앙전통에 해당된다. 신앙전통 역시 그 구성요소가 매우 다양하다. 특별히 신앙전통들 중에서 중추적인 역할을 하는 것으로서 교단의 신학적 입장을 들 수 있다. 교단의 신학은 교회의 뿌리 부분을 이루어 줄기, 가지, 나뭇잎이라고 할 수 있는 개인, 소그룹, 그리고 회중 전체에 자양분을 줌으로써 영향을 미치게 된다.

성경은 우리 신앙의 근본 자원이다. 성경 없이 신앙은 없다. 우리는 성경으로부터 하나님, 예수, 성령님, 창조, 인간, 구원, 교회, 종말 등에 대해 배운다. 성경은 그리스도인의 지적 자원이다. 신앙이 지정의의 차원을 가졌음을 앞에서 알았는데, 신앙의 지적 차원과 가장 관계 깊은 것이 성경이다. 신자는 성경을 바로 알 때 건전한 신앙을 소유할 수 있다. 그리고 목회자는 성경을 바로 보고 바로 가르칠 수 있어야 한다.

성경 역본

개역성경이 교회에서 오랫동안 사랑받고 사용되어 왔으나 원어성경이 아닌 영어성경(흠정역)과 한문 성경을 기초로 해서 번역되었으며, 또한 자국인이 아닌 외국 선교사들을 주축으로 번역되었다는 한계가 있었다.[2] 그리하여 1968년에 대한성서공회는 가톨릭과 공동으로 번역 작업에 착수했다. 그 결과 1977년에 『공동번역성서』를 출판하였다. 『공동번역 성서』는 1. 우리나라의 개신교와 가톨릭이 공동으로 번역한 성서이고, 2. 이미 나와 있던 '개역'의 번역이 형식 일치의 번역, 곧 직역에 가까운 번역이었는데 반하여 '공동번역'은 내용동등성 번역, 곧 의역의 성격을 보이는 번역이고, 3. 한국의 현대인이 쓰고 있는 현대어로, 그리고 알기 쉬운 말로 번역된 성서다. 하지만 개신교는 공동번역에 포함된 외경에 대해 거부감을 갖고 『공동번역성서』를 사용하지 않았다. 그러므로 대한성서공회는 다시 개신교 단독으로 번역에 착수했다. 그리고 마침내 1993년에 『표준새번역성경전서』가 출판되었다. 이 번역은 다음의 원칙을 따라 번역되었다. 1. 현재 우리나라에서 가장 많은 비중을 차지하는 10대와 20대, 그리고 우리말을 아는 사람이면 누구나 이해할 수 있는 쉬운 현대어로 번역한다. 2. 원어의 뜻을 분명하게 파악한 다음에, 그것을 우리의 어법에 맞게 표현한다. 3. 교회에서 드리는 예배와 교회학교 교육에 사용할 수 있는 번역이 되도록 한다.

---

2) 이하에 대해서 자세한 내용은 박종석, 『성서교육론』(서울: 도서출판 영성, 2008), 31-92 참고.

4. 고유명사의 음역은 '개역'을 따른다. 5. 우리나라 개신교에서 특별히 중요하게 여기는 용어는 할 수 있는 대로 바꾸지 않는다. 그러나 각 교단은 이 성경에 여러 가지 번역과 신학적 문제가 있다고 해서 사용하기를 꺼렸다. 그러므로 대한성서공회는 각 교단 신학자들을 통해서 내용과 문제점을 더 보완하여 2001년에 『성경전서 표준새번역 개정판』이 출판되었다. 이 번역은 '표준새번역 개정판'이라는 긴 호칭 때문에 간략하게 '새번역'으로 명기되어 출판되고 있다.

번역은 입장과 관점에 따라 다양하므로 필요에 따른 취사선택이 필요하다. 아래 동일구절(마태복음 5장 9절)에 대한 다양한 번역을 보면 이해가 갈 것이다.

[표4] 한글성경역본 비교

개역한글	개역개정	표준새번역	새번역	공동번역/공동번역개정
화평케 하는 자는 복이 있나니 저희가 하나님의 아들이라 일컬음을 받을 것임이요	화평하게 하는 자는 복이 있나니 그들이 하나님의 아들이라 일컬음을 받을 것임이요	평화를 이루는 사람은 복이 있다. 그들이 하나님의 자녀라고 불릴 것이다.	평화를 이루는 사람은 복이 있다. 하나님이 그들을 자기의 자녀라고 부르실 것이다.	평화를 위하여 일하는 사람은 행복하다. 그들은 하느님의 아들이 될 것이다.

목회 현장에서는 예배용으로는 『개역개정성경』을, 교육용으로는 '새번역'을 사용할 것을 강력하게 추천한다. 특히 교육부서에서는 어린이나 청소년을 위한 성경이 따로 없는 상황에서 『새번역성경전서』를 사용해야 한다. 『표준새번역성경전서』의 번역 원칙에서도 언급했듯이 '새번역성경'은 "특히 새로운 세대의 젊은이들이 하나님의 말씀을 잘 이해할 수 있도록"3) 한 성경이고 "교회학교 교육에 사용할 수 있"도록 번역된 것이기 때문이다.4) 영·유아를 위해서는 특별한 배려가 필요하기에 그림을 위주로 한 그림성경이 제공되고 있으나 그 내용 선정은 출판사의 의도에 따른 것이기에 교육과 목회 현장에서 사용시 주의가 필요하다.5)

---

3) 대한성서공회 홈페이지, http://www.bskorea.or.kr/about/owntrans/major/feature04.aspx
4) 『성경전서: 표준새번역 개정판』 (서울: 대한성서공회, 2001), 머리말.
5) 아동용 성경과 관련된 자세한 내용은, 박종석, 『성서교육론』 (서울: 도서출판 영성, 2008), 52-59 참고.

해설성서

해설성서(Study Bible)는 개념상 본문을 보다 잘 이해할 수 있도록 도와주는 도구 기능을 하는 성경이다. 이런 종류의 성경을 일컫는 데는, 우리말로나 다른 나랏말로나, 그 이름이 여러 가지다. 우리말로는 '해설 성서', '연구용 성서', '주석 성서', '주해 성서' 등 여러 가지로 불린다. 영어에서는 'Reference Bible',[6] 'Annotated Bible',[7] 'Study Bible',[8] 'Commentary Bible', 'The Bible with Explanation' 등 여러 가지로 불린다.

해설성서와 유사한 것에 관주성서가 있다.[9] 이 성서는 전후참조 표시가 되어 있는 성경을 일컫는다. '관주'라는 말은 글이나 글자가 잘 되었을 경우 그 옆에 치는 둥근 표를 일컫는 말이다. 그러나 성경의 경우, 관주는 성경 본문 안에서 서로 관련이 있는 구절들을 밝혀 놓은 것이다. '전후참조'란 인용 관계, 본문 비교, 내용 비교 등을 표시한다. 영어성서에서는 '참고'(reference)라고 한다. 2002년에 나온『개정관주 성경전서 개역개정판』의 관주에는 '보', '비', '인' 세 가지 약자가 사용되고 있다. '보'는 보라, '비'는 비교, '인'은 인증의 뜻이다. 이어 1997년에는『해설관주 성경전서: 독일성서공회 해설판』이 출간되었는데, 이는 독일의 성서공회에서 발행한『슈투트가르트 해설 성경』(Deutsche Bibelgesellschaft, Stuttgarter Erklärungsbibel)의 해설 부분과 관주를 우리말로 번역한 것이다. 여기에는 목회자와 신학생을 위한 깊이 있는 해설이 담겨있다. 또한 2000년에는 『굿뉴스 스터디바이블』이 번역되었다. 여기에 수록된 스터디 노트는 1997년에 세계성서공회연합회 『굿뉴스 스터디바이블』(Good News Study Bible)의 해설을 번역한 것이다. 최근에 나온 해설성서에는 NIV The learning Bible과 『ESV 스터디 바이블』이 있다.[10] 전자는 미국성서공회에서 출판한 것이고, 후자는 복음주의적이고 개혁주의적 전통을 따르는 해설성서다.

대체로 해설성서를 구성하는 내용에는 지도는 기본이고, 성경 각책에 대한

6) 예를 들면, Frank C. Thompson, *The New Chain-Reference Bible*; *The New Scofield Reference Bible* (New York: Oxford University Press, 1967).

7) 예를 들면, *The New Oxford Annotated Bible: Revised Standard Version* (New York: Oxford University Press, 1973).

8) 예를 들면, *The Ryrie Study Bible: New American Standard Bible* (Chicago: Moody Press, 1976); *Lindsel Study Bible: The Living Bible* (Wheaton, IL: Tyndale House, 1980); *The NIV Study Bible: New International Version* (Grand Rapids, MI: Zondervan, 1985).

9) 이하의 내용은 http://www.bskorea.or.kr/about/owntrans/about/bibabout04.aspx로부터 나온 것이다.

10) *The Learning Bible: New International Version* (American Bible Society, 2003); 『ESV 스터디 바이블』(서울: 부흥과개혁사, 2014).

해설, 역사·문학·언어 등의 연구 결과를 보여주는 주, 논문, 글, 성구사전, 색인, 그리고 사전 등이 있다. 다루는 영역을 보면 지리, 민족과 국가, 사물과 동식물, 역사와 문화, 사상과 개념, 관련성구 등이다. 해설성서는 주요 내용만을 제공하기 때문에 본격적인 주석서를 보기 전에 본문에 대한 개괄적 이해를 하기에 유용하다.

발달과 성경

구약성경을 부르는 유대의 명칭은 '타낙'(TaNaKh, דנת)이다. 이는 율법서인 토라(Tora, הרות), 예언서인 느비임(Nebim, םיאיבנ), 그리고 성문서인 케투빔(Ketubim, םיבותכ)의 합성어다. 전체적으로 토라는 법을, 예언서는 정의를, 그리고 성문서는 지혜를 말한다고 할 때, 이는 각각 인간발달단계인 아동－청소년, 청년, 성인-노인과 대체로 대응한다. 성경의 교육적 성격이 잘 드러난다.

성경의 내용은 너무 많아서 그것을 모두 교육하기는 어렵고 불가능하다고까지 할 수 있다. 그리고 교육적 차원에서 그렇게 해서도 안 된다. 성경교육은 어디까지나 교육목적과 학습자의 발달 등에 맞추어져야 한다. 여기서는 인간발달에 초점을 맞추어 성경교육의 내용을 살펴보도록 한다. 성경교육에서 어떤 내용을 다루어야 하는지 그 선정의 일반적 기준은 중요성, 타당성, 유용성, 학습가능성, 그리고 사회적 관련성 등이다. 성경교육의 내용은 중요성 면에서 성경에서 가장 중요하고 기초적인 것, 타당성 면에서 성서교육의 내용은 목적의 내·외재적 차원에 부합되는 것, 유용성 면에서 학습자의 현재의 문제 해결과 미래의 준비를 위한 것, 학습 가능성 면에서 학습자의 인지·도덕·종교적 사고 발달에 적합한 것, 그리고 사회적 관련성 면에서 하나님의 나라 건설을 위한 것을 선정해야 한다.11)

아동 성경교육

한스-루에디 웨버(Hans-Ruedi Weber)에 의하면, 취학전기의 경우, 적절한 성경의 내용은 하나님의 사랑과 돌봄에 대한 이야기(예를 들어, 창 1장의 이야기,

---

11) 박종석, "성서교육의 내용 선정에 관한 연구", 「복음과 교육」 3 (한국복음주의 기독교교육학회, 2006), 250.

막 10:13-16의 예수과 어린이 이야기), 확신과 감사 구절(예를 들어, 시 56:3; 145:10) 등이다.[12)]

초등학교 1-3년의 유년부의 경우에 적절한 성경교육의 내용은 사람들 이야기(예를 들어, 창 37장의 요셉, 삼상 16:1-23의 다윗, 막 1:16-20의 제자들의 부름, 행 16:11-15의 루디아), 확신과 감사의 구절들(예를 들어, 시 100편, 121편) 등이다.[13)]

초등학교 4-6년의 경우에 적절한 성경교육의 내용은 유년부에서 가르쳤던 성경내용에 이어지는 이야기들(예를 들어, 모세의 사람들과 이스라엘 백성, 또는 예수 생애의 이야기들)과 시편의 내용을 더(예를 들어, 시 136편, 150편) 가르칠 수 있다.[14)]

기적

중등부 학생들의 성경 교육 내용은 예언서 일부(예를 들어, 사 6장; 렘 36장)과 복음서와 사도행전 전체 그리고 시편 전체다. 중학생의 경우 과학적 사고에 젖어 성경의 기적을 수용하는 데 어려움을 겪을 수 있으나 관심은 크다. 기적의 함의,[15)] 그리고 진정한 기적과 거짓 기적을 구별하는 기준이 무엇인지 알려줘야 한다.[16)]

중학생 시기는 이미 창조론에 대해서 배웠지만 과학의 영향으로 그 문제에 대해 재고한다.[17)] 그러므로 분명히 정리해줄 필요가 있다. 창조와 관련된 입장은 크게 세 가지다. 그것들은 진화론, 창조론, 그리고 지적 설계론이다. 진화론은 생명은 자연 선택에 의해 진화한다고 주장하는 이론이다. 창조론은 성경과

---

12) Hans-Ruedi Weber, "The Bible in Religious Education," Iris V. Cully and Kendig B. Cully, eds., *Harper's Encyclopedia of Religious Education* (San Francisco: Harper & Row, 1990), 63; 그리고 Delia Halverson, *New Ways to Tell the Old, Old Story: Choosing and Using Bible Stories With Children and Youth* (Nashville, TN: Abingdon Press, 1992), 12-14 참고.

13) Weber, "The Bible in Religious Education," 63.

14) Weber, "The Bible in Religious Education," 63.

15) Kenneth L. Woodward, *The Book of Miracles: The Meaning of the Miracle Stories in Christianity, Judaism, Buddhism, Hinduism, and Islam* (New York, NY: Simon & Schuster, 2000), 32 참고.

16) J. Rodman Williams, "Which Miracles are Real?," *Christianity Today* 45:7 (May 21, 2001), 81 참고.

17) 창조론과 진화론의 논쟁 과정에 대한 내용은 Charles A Bleckmann, "Evolution and Creationism in Science: 1880-2000," *Bioscience* 56:2 (Feb 2006), 151-58 참조.

신앙을 바탕으로 우주와 생명체의 기원은 하나님이라고 주장한다. 지적 설계론 (Intelligent Design)은 우주와 우주 만물을 "지적인 존재나 원인으로부터 말미암은 피조물"이라는 시각에서 해설하는 이론이다. 창조론이 성경을 토대로 진화론을 공박한다면 지적설계는 성경을 기반으로 하지 않고, 자연과학적 방법으로 진화론의 약점을 공격한다.18)

중학생들은 성경에서 답하기 곤란한 문제를 들어 사람을 괴롭힌다. 이에 대처하기 위해서는 성경 난제에 관한 내용을 다룬 책을 이용할 수 있다.19)

신앙생활관련 난제

고등부 학생들의 경우에 적합한 성경 내용은 성경의 주제와 사상과 관련된 구절들이다. 예를 들어, 신명기 5-6장에 나타난 언약 주제, 누가복음에서 복음의 개념, 그리고 빌립보서와 빌레몬서에서 교회의 개념 등이다.20)

고등학생들은 신앙과 생활 사이에서 방황하고 갈등한다. 인기(빌 2:3), 외로움(창 28:15), 걱정(사 26:4), 미래(막 5:36), 멋(잠 16,18), 컨닝(잠 11:1), 술담배(고전 6:19-20), 욕설(마 15:18), 형제 우애(마 5:7), 말조심(약 3:5), 부모님께 대한 순종(출 20:12) 등 생활 전반에 걸쳐 고민이 많다.21) 따라서 성경을 통해 이 같은 문제들을 다룰 수 있다.

---

18) 좀 더 자세한 내용은 박종석, 『성서교육론』, 85-86 참고.
19) 다음의 문헌들을 참고할 수 있다. J. Sidlow Baxter, *Studies in Problem Texts*, 허경상 역, 『성경 난제 해설』(서울: 생명의 말씀사, 1976); Larry Richards, *735 Baffling Bible Questions Answered*, 이길상 역, 『735가지 성경난제 뛰어넘기: 명쾌하게 풀리는 성경 속의 난제들』(서울: 아가페출판사, 1998); 이종윤, 『성경난해구절 해설』(서울: 필그림출판사, 2004); 고영민, 「월간목회」 264 (1998·8), 141-47; 고영민, "성경난제 해설", 「월간목회」 257 (1998·1) 이후; 박형용, 『성경해석의 원리』(서울: 도서출판 엠마오, 1991); 그밖에 성경 난제와 관련된 참고문헌에는 Gleason L. Archer, *Encyclopedia of Bible Difficulties*, 황영철 역, 『성경 난제 백과사전』(서울: 생명의말씀사, 2001); R. A. Torrey, *Difficulties in the Bible* (New Kensington, PA: Whitaker House, 2003); Norman L. Geisler and Thomas Howe, *When Critics Ask: A Popular Handbook on Bible Difficulties* (Grand Rapids, MI: Baker Books, 1992); William Arndt, *Bible Difficulties and Seeming Contradictions* (St. Louis: Concordia Pub House, 1987); David E. O'Brien, *Today's Handbook for Solving Bible Difficulties* (Minneapolis, MN: Bethany House Publishers, 1990) 등.
20) Weber, "The Bible in Religious Education," 63.
21) *NIV Teen Study Bible, Revised* (Grand Rapids, MI: Zondervan, 2004) 참고.

삶에 대한 성경의 가르침

데니 라이드버그(Denny Rydberg)에 의하면, 청장년(18-35세)의 삶과 관련된 주제와 성경 연구에 참고할 수 있는 성구는 다음과 같다.[22] 1. 스트레스(단 1:1-21, 2:1-49, 3:1-30; 신 6:3, 10-19; 골 3:13; 살전 5:16-18; 히 12:15), 2. 성 문제(창 1:27-31, 2:15-25, 24:67; 아 1:2-4. 2:3-17, 4:10; 잠 5:18-19; 히 13:4; 창 39:1-23; 삼하 11:1-12:13; 아 3:1-4, 8:8-10; 미 5:27-28; 고전 7:3-5; 엡 5:22-28), 3. 성공(전도서, 창 1:27-28, 2:2-3; 전 2:4-11; 마 5:13-16; 막 6:3; 엡 4:28; 골 3:17, 22-25; 살전 4:11, 5:12; 살후 3:10-12; 신 8:10-14; 잠 11:28, 30:8-9; 전 5:10-11; 학 2:8; 마 6:19-24; 눅 12:13-21, 16:19-31; 고전 4:7; 딤전 6:6-10, 6:17-18; 요일 3:16-18; 마 25:14-30), 4. 제자도와 하나님의 뜻(행 9:1-19; 미 6:6-8; 마 22:34-40; 롬 12:1-21; 살전 5:12-22; 삿 6:17-24, 36-40; 히 11:32-40), 5. 영적 성장(막 4:1-20; 시 33:1-5; 마 7:7-12; 살전 5:18; 히 4:15-16; 요일 1:8-10; 엡 6:13-17; 살후 3:16-17; 요 17:20-21; 행 1:8, 2:42-47, 4:12; 롬 1:16, 3:23, 6:23; 갈 1:6-9; 엡 6:19-20; 히 10:24-25, 5:16) 등.

삶, 죽음, 그리고 지혜

장년에게 적합한 성경은 잠언과 같은 지혜문학을 포함한 성경 전체, 예언서, 서신서, 그리고 다니엘과 요한계시록과 같은 묵시문학이다.[23] 노년의 경우에는 삶과 죽음, 세대와의 연대 문제, 은퇴, 소외, 외로움(홀로 되었거나 가족이 없는 노인들) 등과 관련된 성경 내용 등을 다룰 수 있다.[24]

정리하면 아동의 경우에는 모세오경과 복음서를 중심으로, 청소년은 여호수아에서 에스더에 이르는 역사서와 사도행전, 청년은 예언서와 서신서, 장년은 욥기에서 아가서에 이르는 지혜서와 요한서신, 그리고 요한계시록을 중심으로 공부하도록 돕는다. 성경 연구는 학습자의 수준과 취향에 따라 다양한 성경공부반을 운영해야 한다. 기본적으로 구역장 성경공부, 성경읽기반, 영어성경공부

---

22) Denny Rydberg, *Creative Bible Studies for Young Adults* (Loveland, CO: Group Publishing, 1990), 11-154.

23) Weber, "The Bible in Religious Education," 63.

24) Dennis D Maxwell, "Group Bible Study and Faith Maturity in Older Adults," *Religious Education* 93:4 (Fall 1998), 402-12.

반, 주부성경반, 시니어(노년)성경반 등이 개설되어야 한다. 인도자가 부족할 경우 지도자 교육을 병행해야 한다.

성경 연구 진행

성경을 가르치는 과정은 일반적으로 도입-전개-정리라는 단계를 거친다. 도입은 그 말에서도 나타나듯이 이끌어 들인다는 뜻이다. 이를 위해서는 크게 두 가지, 즉 관심끌기와 동기 유발이 중요하다. 관심을 끌기 위해서는 신자에 대한 이해가 요구된다. 신자들이 무엇에 흥미를 가지느냐는 평상시 그들을 애정 어린 관심을 갖고 지켜보았을 때 자연스럽게 나올 수 있을 것이다. 동기유발은 오늘 배울 이 성경내용이 바로 신자에게 꼭 필요한 것이라는 느낌을 가질 수 있도록 해야 한다. 전개단계는 그 시간에 다루어야 할 내용을 배우는 시간이다. 학습 내용이 무엇인지 설명과 질문과 활동을 통해 명확히 이해시켜야 하고 해당 주제가 신자의 삶과 어떤 관련이 있는지 연결을 시킬 수 있는 기회를 주어야 한다. 정리단계는 이제까지 학습한 내용을 상기하면서 학습 내용이 신자에게 무엇을 의미하는지 정리하면서, 그것을 삶에 적용하는 단계다. 같은 내용이 각기 다른 신자의 문맥에 맞게 적용되는 단계다.

이 세 단계의 교수-학습 진행은 네 단계로 확장되기도 한다. 로렌스 리처즈 (Lawrence O. Richards)는 성경 교수학습과정을 낚싯바늘(Hook)-성경책 (Book)-눈(Look)-손(Took)으로 나눈다.25) 리처드 라이처트(Richard Reichert)는 출발점-의미 있는 경험-반성-동화의 네 단계로 나눈다.26) 네 단계를 더 확장해서 다섯 단계로 말하는 사람은 토마스 그룸(Thomas H. Groome)이다. 그룸은 '나누는 신앙'(Sharing Faith)이라 하여 그 과정을 5단계로 나누고 있다.27) 그룸의 단계는 다음과 같다.

1. 촛점을 맞추는 활동(Focusing Activity)-제1무브먼트(Movement):
2. '현재 프락시스'(praxis)28)를 이름 붙이고 표현하기(Naming/Expressing

---

25) Lawrence O. Richards, *Creative Bible Teaching*, 권혁봉 역, 『창조적인 성서교수법』 (서울: 생명의말씀사, 1972), 126-32 참고.

26) Richard Reichert, *A Learning Process for Religious Education*, 박종석 역, 『기독교교육의 학습과정』 (서울: 대한기독교서회, 1997), 11-61 참고.

27) Thomas H. Groome, Christian Religious Education: Sharing Our Story and Vision, 이기문 역, 『기독교적 종교교육』 (서울: 대한예수교장로회총회교육부, 1980), 268-327 참고.

28) '프락시스'는 일종의 '실천'(practice)으로 자연이나 사회에 작용하여 그것들을 변혁시키려고 하는 인간의 의식적 ·능동적 활동이다. 그래서 일반적으로는 '이론' 또는 '인식'에 대응되는 말로 쓰이

'Present Praxis')-제2무브먼트
3. 현재 행위에 대한 비판적 성찰 (Critical Reflection on Present Action)
   -제3무브먼트
4. 기독교 이야기와 비전(성경과 전통)에 접근하기(Making Accessible
   Christian Story and Vision)-제4무브먼트
5. 변증법적 해석으로 기독교 이야기와 비전을 참여자의 이야기와 비전으로 삼
   기(Dialectical Hermeneutics to Appropriate Christian Story/ Vision to
   Participants' Stories and Visions)-제5무브먼트
6. 실천적 신앙을 위한 결단/응답(Decision/ Response for Lived Christian
   Faith)

이 단계(무브먼트)들의 내용을 예를 들어 설명하면, 본격적인 관계에 들어가기
전에 그 시간에 배울 주제를 결정하고, 그 주제에 대해 신자들이 어떻게 하고
있는지 언급을 하고, 왜 그렇게 하는 지 이유를 댄다. 다음에는 그 주제에 대해
성경에서 어떻게 언급하고 있는 지를 관찰하고 그 내용을 신자 자신의 경우와
비교한 다음에 앞으로 어떻게 하겠다고 결심을 하는 단계로 마무리 된다. 실제
예를 들어보자. 기도에 대해 공부한다고 할 때, 1단계에서는 나는 기도를 어떻
게 하고 있는지에 자기 경험에 대해 말한다. 즉 하루에 얼마나 어떤 내용으로
하는 지 등에 관해서다. 다음은 왜 그런 식으로 기도하는 지에 대해 생각해 보
는 시간이다. 다음으로 성경에서는 기도에 대해 어떤 내용이 나오는지 알아보
는 시간이다. 예를 들어, 다니엘은 하루에 세 번 기도하고, 예수께서는 중요한
일이 있을 때, 밤이 새도록, 또는 새벽에도 기도하셨다는 내용을 알았다고 하
자. 신자는 그와 같은 성경의 내용과 자신의 경험과의 상호작용 가운데 자신이
기도 시간을 늘려야겠다는 생각을 할 수 있다. 그래서 하루에 언제 어느 정도
의 시간을 들여 기도하겠다고 다짐한다는 식이다. 이상의 교수-학습 진행 단계
는 대부분 성경을 가르치는 상황을 염두에 두고 있다. 그러나 목회 상황에서
설교 등에도 적용 가능하다. 또한 퇴수회, 심포지움, 교사훈련 같은 특별 프로
그램에서도 응용해서 사용할 수 있다.
   성경교육의 핵심은 내용을 명확히 하는 것이다. 성경 교육 내용인 본문의
본래 의미를 분명하게 전해야 한다. 그리고 내용 이해와 숙지라는 지적 만족에
그칠 것이 아니라 생활에 적용될 수 있도록 해야 한다. 성경 교육은 삶에서 완

지만, 그룹에게 프락시스는 교육의 목적인 하나님의 통치를 향한 하나의 운동이라 할 수 있다.
Groome, *Christian Religious Education*, 210-17 참조.

성된다. 교회학교에서는 성경공부 교재가 중요하다. 그 내용이 충실해야 하는 것은 물론, 특정 교재를 지속적으로 사용하는 것도 중요하다. 그래야 교육의 연결성이 담보될 수 있다. 만일 지도하는 목회자마다 교재를 사용하기는 하되 매번 다른 교재를 사용한다면 교육받는 아동이나 학생들은 체계적인 성경교육을 받을 수 없을 것이다. 이는 교육을 맡은 목회자가 저지를 수 있는 가장 큰 잘못 중의 하나지만 이를 인식하고 있는 목회자가 드물다는 것이 비극이다. 목회자의 자의적 성경교육이 성경에 대한 무지와 오해를 낳을 수 있으며 계획적이고 체계적이어야 하는 교육을 망치는 첩경이 된다. 목회의 목적이 신자들의 신앙이 성장하도록 돕는 것이라면 신앙은 오직 하나님의 말씀의 씨앗이 심겨져 자라도록 하는 것으로부터 시작된다. 성경교육이 신자의 신앙 성장을 위한 가장 중요한 방법이며 목회자에게는 가장 중요한 행위인 이유다. 그러므로 성경교육은 신자들의 신앙이 성장하고 있느냐라는 관찰을 병행하며 진행해야 효과적일 수 있다. 이때 전제되어야 하는 것은 목회자는 "오로지 주님의 율법을 즐거워하며, 밤낮으로 율법을 묵상하는 사람"(시 1:2)이어야 한다는 점이다.

II. 전통에 뿌리 내린 신앙

신앙고백적 신경

교회는 성경 위에 서 있어야 한다. 그리고 교회의 전통도 무시해서는 안 된다. 전통이란 어떤 집단이나 공동체에서, 지난 시대에 이미 이루어져 계통을 이루며 전해 내려오는 사상·관습·행동 따위의 양식을 말한다. 그러므로 전통을 무시한다는 것은 공동체를 부정하는 것과 다를 바 없다.

교회의 전통 중에서 중요한 것은 신앙고백적인 신조 또는 신경이다. 신조는 굳게 믿고 지켜야 할 내용이라는 뜻이다. 이는 신앙고백을 위해 기독교 교회의 요체를 간추려 적은 공식적이고 권위 있는 진술을 지칭하는 말이다. 엄격히 말한다면 신조는 그것을 기록해 놓은 경문인 신경과 다르다. 그러나 보통은 신조란 말로 통용된다. 신조는 본래 사도신경, 니케아 신조 등 고대의 신앙 규칙 문서들을 일컫는 말들이었으나, 넓은 의미에서 교회가 공적으로 인정 내지 제정한 모든 신앙 표준 문서에 대한 총칭으로 사용하기도 한다. 그래서 신조는 법적인 성격을 지닌다. 신조는 처음에 세례식 때의 간단한 신앙고백에서 시작된 것이 사도신경(The Apostles' Creed, Symbolum Apostolicum), 니케아신조

(Nicaenum, Symbolum Nicaenum),[29] 콘스탄티노플신조(Constantinopolitan Creed), 칼케돈신조(The Definition of Chalcedon, Chalcedon Creed, Symbolum Chalcedonense),[30] 그리고 아타나시우스신조(Athanasian Creed, Symbolum Athanasianum)[31] 등으로 발전하였다. 이 신조들은 주로 이단, 특별히 삼위일체 교리와 그리스도의 인격에 대해 정통교회와 달리 생각하는 아리우스주의(Arianism)[32]를 반대하는 초대기독교회의 정통신앙에 대한 진술이다. 초기 신조는 이념적으로 하나였으나 근대에 이르러서는 각 교파마다 신조를 달리하여 독자적인 것을 창안하며 발전하게 되었다. 종교개혁 이후에는 그 신앙 표준 문서들을 요리문답과 신앙고백서의 형식으로 펴냈다. 제2차 바티칸공의회에서는 헌장과 율령과 선언으로 나누고 있으며 4세기경 까지는 각처의 교회들이 교육과 세례식을 위하여 신조들을 갖게 되었고, 니케아공의회나 콘스탄티노플공의회, 칼케돈공의회 등 중요한 교회 회의에서 이단들을 규제하기 위해서 신조들을 제정하였다. 고전적 신조는 주로 기독론과 삼위일체론이 핵심이었던데 비해 현대의 신조적 주제는 교회론과 밀접한 연관성을 갖는다.

한국 교회는 매주 공예배시 신앙고백인 사도신경을 암송한다. 사도신경은 기독교도가 믿어야 할 기본적인 교의를 간결하게 요약한 성도들의 표준 신앙을 고백하는 일종의 기도문이다. 초대교회에서는 세례를 줄 때 사도신경으로 신앙을 고백하였다. 사도신경의 내용이 질문의 형태로(예를 들면, "그대는 전능하사 천지를 만드신 하나님 아버지를 믿는가?" 등의 형태로) 사용되었다.[33] 사도신경은 하나님, 예수 그리스도, 성령 3부로 구성되어 있다. 사도신경의 근간은 기독교 최고의 신앙고백으로 알려져 있는 '로마신조'로 알려져 있다. 지금도 로마

---

29) 성자는 성부와 본질이 하나라는 내용을 담고 있다. 니케아 공의회에서 논의된 이 내용이 콘스탄티노플 공의회에서 채택되었기 때문에 니케아-콘스탄티노플 신경(Niceno-Constantinopolitan Creed)이라고도 부른다.

30) 예수 그리스도의 신성과 인성의 혼합을 주장하는 유티케스(Eutyches)의 단성론(monophysitism)과 그리스도의 신성과 인성의 분리를 주장하는 네스토리우스주의(Nestorianism)를 모두 배격하면서 예수 그리스도는 완전한 신성과 완전한 인성을 갖고 계신, 참 하나님이며 참 인간임을 고백한 신경.

31) 삼위일체론 및 성육신론적인 신조를 말한다. 첫 문장이 'quicumque rult'(믿는 자만이 구원될 수 있다)로 시작되어 '퀴쿰케 신경'으로도 알려져 있다. 사도신경, 니케아 신조와 함께 서방 기독교의 대표적인 신조로 인정받고 있다. 그러나 동방교회는 그 권위를 인정하지 않는다. 『교회용어사전: 교리 및 신앙』 (서울: 생명의말씀사, 2013).

32) 예수 그리스도의 신성을 부인하는 아리우스(Arius)의 신학 사상. 예수는 신이 아니고 그렇다고 인간도 아닌 신과 인간의 중간존재이며, 따라서 본질에 있어서 성부와 비슷할 수는 있으나(Homoiousios, like substance) 동일하지는 않다(Homoousios, one substance)고 주장했다. 예수 그리스도는 하나님이 아니고 하나님에게 종속되어 있다는 주장은 삼위일체를 부인하는 것이었다.

33) "사도신경", 『교회용어사전: 교리 및 신앙』 (서울: 생명의말씀사, 2013).

가톨릭에서는 전례에 포함시켜 각종 예식이나 매 미사 때마다 사도신경을 통해 신앙을 고백하며, 성공회에서는 그리스도인으로서의 신앙을 되새기는 세례 계약을 다짐할 때 사용한다. 개신교에서는 예배 초반에 하는 것이 원칙이나, 현대에 들어서 찬양예배 등에 의한 예배 순서 변경이나, 교리적 선언 등 다른 신앙 고백으로 대체하기도 하며, 예배 내에서는 사용하지 않는 경우도 있는 등 자유롭게 사용되고 있다.

교파의 전통

교회의 전통은 주로 신학적 사상의 요체로 나타나는 교리로 표현된다. 교리는 종교적인 원리나 이치. 각 종교의 종파가 진리라고 규정한 신앙의 체계를 이른다. 교회의 역사에서 출현한 교파와 교단에 따라 다양한 교리들이 나타났다. 기독교의 교파와 개신교의 교단들은 저마다 다른 교리를 갖고 있으며 이를 바탕으로 각기 다른 전통들을 형성하고 있다.

　기독교 종파는 크게 (로마)가톨릭, (동방)정교회, 그리고 개신교로 나뉜다. '가톨릭'(Catholic)이란 말은 '보편성', '공동성'이라는 뜻으로 헬라어 '카돌리코스'($\kappa\alpha\theta o\lambda\iota\kappa\acute{o}\varsigma$)에서 유래했다. 개개의 교회가 아닌 보편적 전체로서의 교회 즉, 어디서나(세계적), 언제나(전통적), 누구에 의해서나(보편적) 믿을 수 있는 신앙 체계를 지닌 참된 공동성(가톨릭)을 가리킨다(사도신경의 '공회' 또는 '공교회'). 로마 가톨릭의 특징은, 마리아 신앙과 빵과 포도주가 사제의 말씀과 동시에 그리스도의 실제 살과 피로 변한다는 성찬의 화체설이다. 이와 같은 교리들은 개신교에서는 용납되지 않는다. 가톨릭의 다른 특징에는 7성례(세례성사, 견진성사, 성체성사, 고해성사, 병자성사, 성품성사, 혼인성사), 교황의 절대 권위, 행위의인, 그리고 신부의 독신 등이 있다.[34] 정교회는 안티오키아(Antiochia), 알렉산드리아(Alexandria), 콘스탄티노플(Constantinople), 로마(Rome) 등 5개 지역을 중심으로 하나의 교회가 1054년, 로마를 배경으로 한 로마 가톨릭과 분열되면서 생겨났다. 동방정교회(The Orthodox Church)에서 '정'(正, Orthodox)이란 사도의 전통, 곧 '올바른 가르침', '올바른 믿음', '올바른 예배'를 뜻한다. 성경은 70인역(Septuaginta)[35]을 사용하며, 구약 49권(로마

---

34) "가톨릭", 가스펠서브 기획·편저,『교회용어사전』(서울: 생명의말씀사, 2013).
35) 히브리어로 쓰여진 구약성경의 그리스어역. 70인역이라는 명칭의 유래는 이스라엘 12지파에서 6명씩 뽑은 72명의 번역자들이 각각 독방에 들어가 구약성경 전체를 번역했는데, 그들의 번역이 모두 동일했다는 후대의 전설에서 유래했다. 본래는 오경에 그쳤으나, 나중에 예언서와 그 밖의

가톨릭교회는 46권,[36] 개신교는 39권)과 신약 27권이다. 구약에 붙어 있는 외경은 말 그대로 외경, 경전 밖의 것으로 교리나 신학적으로 권위는 없다. 부활절은 춘분이 지나고 음력 보름이 지나서 다시 한 주간이 지난 주일이다. 성탄절은 1월 7일이다. 정교회는 러시아정교회, 그리스정교회, 콥틱정교회 등 국가 이름을 붙여 독립적 성격을 띤다.

가톨릭과 개신교의 중간 위치에 성공회가 있다.[37] 성공회(The Anglican Domain)는 "1534년 로마 가톨릭으로부터 분리해나간 영국 국교회의 전통과 교리를 따르는 교회를 총칭하는 말이다. 성공회라는 명칭은 '하나요, 거룩하고, 공변되고, 사도적인 교회'라는 교회에 관한 신앙고백 가운데 성(聖)과 공(公) 두 자에서 유래한 것이다. 그밖에 영국 국교회, 영국교회, 영국성공회, 잉글랜드교회, 앵글리컨처치라고 하며, 미국의 성공회는 주교감독제교회라는 의미의 회중교회(Episcopal Church)라는 명칭을 사용한다." "구약과 신약 66권외에 외경 14권을 준정경으로 삼고 있다." "성직에는 주교(Bishop), 사제(Priest), 부제(Deacon) 세 계급이 있다."[38] 외경 14권을 준정경으로 삼고 있다.[39] 성공회는 이 외경을 정경은 아닐지라도, 교회에서 생활의 모범과 행동에 대한 가르침으로 읽을 수 있도록 허용한다.

개신교는 교파마다 다양한 전통을 지닌다. 세계적으로 일반적으로 용인될 수 있는 전통으로서의 교리 외에 교단의 주장을 분명히 하기 위한 교단의 신학적 전통이 있다. 우리나라에는 예전부터 전통적으로 장로교, 감리교, 성결교회의 교단이 주를 이루는데,[40] 주장하는 신학에 따라 각 교단 마다 전통의 내용이 다르다. 장로교는 크게 예수교장로회와 기독교장로회로 나뉜다. 예수교장로회는 다시 합동과 통합으로 나뉘는데, 합동측은 개혁주의 신학을 강조한다.[41] 본시 개혁교회(Reformed Churches)는 가톨릭에 대한 프로테스탄트 교회를 가

책들 까지 포함시켰다. 예수께서는 이 70인역으로부터 성경을 인용하셨다. 그런 까닭에 고대 교회는 자연스럽게 70인역을 정경으로 생각하였다.
36) 로마가톨릭에서는 토비트, 유딧, 지혜서, 집회서, 바룩, 마카베오상, 그리고 마카베오하의 7권을 제 2의 경전으로 인정한다. 동방정교회에서는 여기에 에스드라상, 마카베오 3권, 므낫세의 기도의 세 권을 추가로 인정한다.
37) 1559년 로마가톨릭과 프로테스탄트를 포용하는 기도서를 제정하고 1563년 중용 노선을 추구하는 39개 신조를 발표하여 가톨릭적이며 개혁적인 성공회의 전통을 형성하게 되었다.
38) "성공회", 〈두산백과〉.
39) 그 책들은 다음과 같다. 에즈라 3서, 에스델 잔서, 에즈라 4서, 지혜서, 토비트, 집회서(벤시라 예수), 유딧, 바룩, 세 아이의 노래, 므낫세의 기도, 수산나 이야기, 마카베오상하, 벨과 뱀.
40) 한국의 개신교 교단은 2011년 기준으로 이단교단을 포함하여 총 232개이며 이 중에서 정통교단으로 알려진 교단은 모두 118개다.
41) 합동측은 다시 28개 교단으로 나뉜다.

리키는 말이었으나, 요즘에는 루터파에 대한 칼빈주의신학을 신봉하는 교파를 지칭하는 말로 사용된다.

신학적 전통은 크게 보수주의신학(Conservative Theology)과 자유주의신학으로 나뉜다. 전자는 기독교의 본질적인 신앙과 교리를 옹호하며 지키려고 하는 신학이다. 여기에는 경건주의, 신비주의, 세대주의 등이 있으며 일반적으로 개혁주의, 근본주의, 복음주의 등으로 불린다. 개혁주의는 하나님의 주권을 강조하는 예정설을 주장하며, 하나님의 영광을 위한 삶을 강조한다. 창조-타락-구속의 세계관을 강조한다. 미국, 네덜란드, 스위스, 남아프리카공화국 등에서 우세를 보인다. 근본주의(Fundamentalism)는 자유주의에 대립하여 일어난 보수파의 신앙운동으로 존 G. 메첸(John G. Machen)이 주창한 5대 강령을 믿는다. 1. 성경무오설, 2. 동정녀 탄생, 3. 육체의 부활, 4. 예수의 속죄의 죽음, 5. 예수의 이적 등이다. 복음주의(Evangelicalism)는 1. 가톨릭에 대한 프로테스탄트의 입장, 즉 종교개혁적 이신득의론, 2. 자유주의신학에 대항하여 예수 그리스도의 동정녀 수태와 십자가 및 예수 그리스도의 부활을 믿는 신앙의 입장. 즉, 속죄와 부활의 신앙, 3. 성경을 중시하는 성경주의의 입장, 4. 성령에 의한 신앙의 체험을 강조하는 체험주의를 가리키는 입장, 그리고 5. 성경의 신학적 탐구·해명보다는 실제 전도를 중시하는 입장이다. 통합측은 신정통주의(Neo-orthodoxy)적 입장을 취한다. 신정통주의는 자유주의신학에 대한 반동으로 시작되었다. 내재성을 주장하는 자유주의에 반해 하나님의 초월성을 강조한다. 그리고 교회와 성경을 강조한다.

보수주의신학 상대편에 자유주의신학 또는 진보주의신학이 자리한다.42) 자유주의신학(Liberal Theology)은 성경의 권위로부터의 자유를 주장한다. 이 자유는 신앙이 아닌 이성 사용의 자유를 말한다. 그래서 성경을 역사학적 입장에서 연구한다. 자유주의신학적 입장인 대한기독교장로회는 한국신학의 독특한 고유 연구 신학으로서 민중신학을 강조한다. 민중신학은 민중을 역사의 주체로 보는 신학운동이다. 민중신학은 민중의 역사적 경험, 즉 정치적 억압, 사회 경제적 불의, 문화적 압박과 소외 등이 성경 외의 주요한 신학적 소재가 된다.43)

한편 한국 감리교에서는 토착화신학(indigenous theology)을 강조한다.44) 토

---

42) 하지만 이는 상대적 구분일 수 있다. 예를 들어, 칼 바르트(Karl Barth)의 신학을 유럽에서는 보수주의신학으로 보지만, 미국 등에서는 자유주의신학으로 본다.

43) "민중신학", 『교회용어사전』(서울: 생명의말씀사, 2013).

44) 이에 대해서는, 박종천, "한국 토착화 신학의 모형 변화: 誠의 신학에서 相生의 신학으로", 「신학과 세계」 27 (1993.12), 150-76; 장왕식, "제 3세대 토착화 신학의 평가와 전망: 한국적 신학의 탈토착화와 재토착화", 「신학과 세계」 71 (2011.6), 234-65 참고.

착화(Indigenization)는 복음을 전달하는 과정에서 복음이 거부당하지 않고 효과적으로 수용되도록 하기 위해 그 문화(관습, 풍속 등)와의 동일화를 모색하는 과정이다.[45] 토착화와 유사한 말에 '상황화'(Contexualization)라는 말이 있다.[46] 상황화는 "특정 지역 교회가 하나님의 말씀과 역사적인 기독교 진리의 빛 안에서 그 자신의 삶을 역동적으로 반성하고 숙고하는 것이다."[47] 토착화신학은 상황화의 여러 모델 중에서 혁명적(revolutionary) 모델에 속한다.[48] 토착화신학에 대해 바르트학파에 속한 신학자들은 토착화신학의 범신론적 성격에 대해 우려하며, 복음의 순수성을 견지하려는 보수주의는 '토착화신학이 일종의 혼합주의가 아니냐?'는 문제 제기를 한다. 하지만 토착화신학은 기독교의 역사는 한마디로 토착화의 역사라고 할 수 있을 만큼 타종교와 이교철학과의 만남을 통해서 발전되어 왔다고 주장한다.[49] 하지만 토착화신학은 토착화를 넘어 한국적 창의성을 찾아서 한국적 신학을 구성하고자 하기에[50] 기독교적 보편성을 상실할 수 있다. 성결교회는 복음주의신학의 울타리 안에서 웨슬리신학의 정신을 따르며 사중복음신학을 구현하고자 한다.[51]

교리교육

교파나 교단의 신학은 교리로 정리된다. 이 교리는 신자가 알아야 할 내용이다. 교리를 아는 것이 왜 중요한가? 첫째, 이단 혹은 다른 복음에 대처하고 그들을 막기 위해서다. 말하자면 교리는 울타리 같은 것이기 때문에 외부로부터의 침입을 방지하며, 또한 외부로 향해 나가려는 이탈을 보호한다. 둘째, 신앙적 성숙을 위해서다. 교리는 구원의 방향을 가리키는 손가락이며 이정표다. 셋째, 교

---

45) "토착화[土着化, indigenization]", 『교회용어사전: 교회 일상』 (서울: 생명의말씀사, 2013).
46) 이에 대해서는, 김영동. "상황화의 역사적 배경과 이론에 대한 신학적 고찰."『하나님 나라와 선교』. 서정운 명예총장 은퇴기념 출판위원회 편. 서울: 대한기독교서회, 2001 169-90 참고.
47) Dean S. Gilliland, ed. *The World Among Us: Contextualizing Theology for Mission Today* (Dallas: Word Publishing, 1989), 12.
48) Justin Ukpong, "What is Contextualization?," *Neue Zeitschrift für Missionswissenschaft* 43 (1987), 161-68.
49) 김광식, "토착화와 토착화 신학", 〈감신대학보〉 (1992.7.10), 1면.
50) 윤성범,『한국적 신학』 (서울: 선명문화사, 1972); 유동식, 『풍류도와 한국신학』 (서울: 전망사, 1992) 참고.
51) 서울신학대학교 성결교회신학연구위원회, 『성결교회신학: 성결교회 100년 전통의 '온전한 구원'의 신학: 개신교복음주의 웨슬리안 사중복음 신학』 (서울: 기독교대한성결교회 출판부발행연도: 2007) 참고.

회의 표준과 기준이기 때문이다. 세상에는 교회를 미혹하는 많은 이단들이 있다. 우리는 어떻게 믿어야 하며 무엇을 믿어야 올바른 신앙인지 또한 어떤 주장이 잘못된 것인지를 알 수 있는 표준적이며 객관적인 기준이 있어야 한다. 넷째, 교리를 알아야 전도를 할 수 있다. 초신자를 전도하거나 가르칠 때에 어떤 질문을 받거나 의문점을 물어올 때가 있다. 또 타종교인을 전도할 때 우리는 최소한 기독교의 원칙과 기본 핵심은 알고 있어야 답변을 해 줄 수 있다. 또한 그것이 자신에게도 확신과 확증이 될 수 있다. 즉 무조건 믿으라가 아닌 왜, 무엇을, 어떻게 믿느냐를 설명해 줄 수 있어야 한다는 것이다.

교회가 수호해온 전통적 신앙고백으로서의 교리교육을 하기는 쉽지 않다. 시간과 대상 등의 조건이 마땅치 않기 때문이다. 교회에서 교리교육을 할 수 있는 시간은 대체로 주일과 수요일, 그리고 금요일 정도다. 그러나 주일은 주로 예배에 집중되고, 거기에 참여하는 대상의 상이성과 교회 봉사자들의 여유 등을 고려할 때 마뜩하지 않다. 수요일은 전통적으로 기도회라고는 하지만 대체로 성경연구 성격의 설교가 있는 예배로 진행되기에 적합할 수 있다. 수요일이 형편상 어려울 경우 교리교육을 금요일에 할 수도 있다. 중요한 것은 교리교육을 어느 시간에 하더라도 교리교육 시간이라는 성격을 분명히 해야 한다. 그렇지 않을 경우 교리교육은 곧 예배라는 형식에 익숙한 신자들의 반대에 부딪칠 것이다. 교리교육을 시작하기 전에 그 필요성에 대해 언급을 해서 신자들을 설득하는 일은 필수적이다. 교리교육은 하나님의 명령이라 할 수 있고(신 11:19), 하나님을 바르게 알고 예배하기 위해서(시 8:2), 그리고 신자들에게 위로를 주고 구원을 위한 안내가 되고(요 17:3; 히 11:6; 롬 10:14, 17), 교회와 공동체의 보전을 위해서, 무엇보다 사람들의 다양한 생각들과 주장에 대하여 바르게 판단하고 결정할 기준과 규칙이 되고(마 7:15; 살전 5:21; 요일 4:1), 설교를 잘 이해하기 위해 필요하다.

교리교육의 필요성에 대해 언급한 후에는 실제 교리교육으로 들어갈 차례다. 그에 앞서 교리교육 교재를 선정해야 하는데, 루터의 교리문답을 사용할 수 있고, 만족스럽지 않을 경우 여러 교리문답서들을 종합하고 정리해서 사용할 수 있다. 또는 해당 주제의 내용이 가장 좋다고 생각하는 것들을 골라 사용할 수도 있겠다. 참고로 교역자를 위한 웨스트민스터 대요리문답(Westminster Larger Catechism)은 질문의 수가 196가지이고, 평신도를 위한 소요리문답(Shorter Catechism)의 경우 107가지다. 하이델베르크교리문답(Heidelberg Katechismus)의 경우는 52주 129문항으로 되어 있어 한 주에 한 주제씩 다루려고 할 때 유용할 것이다. 이 같은 내용들은 예배 후에 교육할 수 있겠으나 지리한 감을 줄 수 있겠기에 교리교육만 하는 것이 효과적일 것이다.

전통적으로 교리교육은 문답식으로 진행되어 왔다. 묻고 답하는 문답은 단순해서 신뢰가 가지 않을 수 있지만 생각보다 직접적이어서 교육의 효과가 높다. 문답 방식은 상대가 질문을 피하지 못하고 던져진 물음을 진지하게 생각하게 하는 강력한 힘이 있다. 그러므로 교리에 대해 신자들에게 묻고 잠시 생각해 보도록 한 후에 교리문답서의 답과 해설들을 설명하는 식으로 진행하면 좋을 듯하다.

교리는 중요하기에 그것을 반복해서 가르칠 필요가 있다. 반복을 통한 암기는 이스라엘 교육의 대표적 방법이었다. 이스라엘에서는 랍비가 먼저 가르칠 내용을 말하면 학생들이 따라하고 다음에 그것을 기억하는 학생을 따라서 하게 하고 그 다음에는 모두 다 같이 하는 방식으로 3회를 반복하였다. 이 같은 방식은 교리교육에도 적용할 수 있다. 교리교육은 신자들의 신앙의 기초를 이룬다. 정규적인 교리교육 실시가 신자들의 내공을 키워 거짓 교훈으로부터 자신과 교회를 지킬 뿐만 아니라 신실한 신앙생활의 안내 역할을 할 것이다.

전통 파괴로서의 이단

우리나라에서 이단에 빠진 사람들의 수를 정확히 알 수 없으나 최소 백만 명이상으로 추정된다. 이단(다를 異, 끝 端)은 용어상으로는 '끝이 다른 것'이다. 처음에는 비슷하여 분별이 어렵지만, 나중에는 전혀 달라진다는 뜻이다. 또 '端'은 '옳다, 바르다'는 뜻도 있어서, 옳지 않다는 의미로 해석할 수도 있다. 하지만 이단은 정통교리에 반하는 내용을 추종하는 세력이라고 할 수 있다. 비교적 기독교 초기의 이단 종파인 에비온파(Ebionites), 영지주의(Gnosticism), 말시온주의(Marcionism), 그리고 몬타누스주의(Montanism)로부터 시작해서 니케아공의회 이후에는 그리스도론과 삼위일체론과 관련된 여러 이단들이 출현했다.[52] 우리나라에서도 끊임없이 이단들이 출현하고 있다.[53]

이단은 교회의 권위에 의해 그릇된 것으로 배척된 신학 교리나 체제를 이른다. 이단이란 본질적으로 교리적인 문제로서, 성경과 역사적 정통교회가 믿는 교리를 변질시키고 바꾼 '다른 복음'을 말한다. 오늘날 이단 판정은 교단에서 하고 교단은 각기 다른 교리를 갖고 있기 때문에 이단에 대한 판단의 수위가 다르다.

---

52) 정행업, 『세계 교회사에 나타난 이단논쟁』(서울: 한국장로교출판사, 2000) 참고.
53) 현황에 대한 자세한 내용은 평신도이단대책협의회, http://cafe.naver.com/anyquestion 참고.

일반적으로 이단은 파당을 이루어 기독교신앙의 기본교리요 일치의 공동분모인 하나님, 예수 그리스도, 성령, 삼위일체, 성경, 교회, 구원에 대한 신앙 중 어느 하나라도 부인하거나 현저히 왜곡하여 가르치는 집단을 말하며, 이 같은 일이 개인적 차원에서 이루어질 때 이단성이 있다고 한다.[54] 이단과 유사한 것에 사이비가 있다. 사이비는 기독교 신앙의 기본교리에 부수되는 주요한 교리에 대한 부인이나 현저한 왜곡을 말한다. 이 또한 파당을 지어 잘못된 교리를 전하는 경우 사이비집단이라고 하며 개인적으로 할 경우 사이비성이 있다고 한다. 사이비 혹은 사이비신앙운동이란 이단으로 단정되지는 않았지만 성경적으로나 교리적으로 잘못된 신앙운동을 말하고 있다. 사이비신앙운동은 특별집회나 잘못된 부흥회나 일부 기도원 등을 통해서 일어나는 광신적이고 신비적인 신앙 양태를 말한다고 볼 수 있다. 그러니까 사이비는 정통과 이단 사이에 위치한 개념으로 정통이라고 보기도 어렵고 완전히 이단으로 규정하기도 어려운 매우 모호한 입장을 말한다. 그래서 더 주의가 필요하다.

역사적으로 이단, 사이비 종파들이 보이는 주요 양태는 다음과 같다. 1. 예수 그리스도에 대한 잘못된 가르침, 2. 예수 그리스도의 몸 된 교회를 분열시킴, 3. 거짓 선지자나 거짓 선생(사교집단), 4. 은밀성(밀교집단), 5. 예수 그리스도 부인(교주의 신격화 등), 6. 호색(성적문란집단), 7. 탐심으로 이득을 좇는 경우 (영리집단) 등이다.

위에서 보았듯이 이단들은 교리적인 것도 문제지만 윤리적으로 문제가 있어서 개인을 타락시키고 가정 파탄을 일으키고 사회를 오염시킨다. 이단들의 교리 왜곡의 근저에는 도덕적 타락이 똬리를 틀고 있기 때문이다. 또한 신자들의 헌금을 갈취하여 사업을 벌이는 등, 재물의 성을 쌓으려는 시도를 하고 있다.[55] 이단들의 광기와 열심은 결국 돈과 섹스와 권력이라는 우상 숭배를 향하고 있다고 볼 수 있다. 그 결과 피해는 교회에까지 미친다. 사회에서는 이단 역시 기독교로 보기 때문이다. 이런 점에서 이단은 교회가 가장 경계해야 할 집단이다. 그리고 이단과 싸워야 할 사람은 목회자다.

이단들과 싸우기 위해 우리가 해야 할 일은 첫째, 목회자가 먼저 이단에 대

---

54) 탁명환은 정통 기독교의 진리의 기준인 11개 항목을 가지고 이단여부를 분별해야 한다고 한다. ① 성경관, ② 신관, ③ 메시아관 ④ 성령론, ⑤ 속죄관, ⑥ 구원론, ⑦ 교회관, ⑧ 종말론, ⑨ 계시의 충족성, ⑩ 복음의 배타성, ⑪ 윤리성의 문제 등을 들고 있다; 이종성은 정통과 사이비와 이단의 판단 기준은 성경적이고 복음적인 토대 위에 2천 년 동안 정통적으로 신봉해 온 교리나 신학적으로 바로 선 ① 신관, ② 그리스도관, ③ 성령관, ④ 성경관, ⑤ 교회관, ⑥ 인간관 ⑦ 종말관 등에 있어서 일곱 가지 교리를 전적으로 믿는 입장을 정통이라 하고 부분적으로 믿을 때 사이비라 하고 전체를 반대할 때 이단이라고 정의했다.
55) 대한예수교장로회(통합) 총회 발간, 팸플릿 〈우리 주변의 이단 기업 및 기관〉 참고.

해 잘 알고 있어야 한다는 것이다. 그래야 그 거짓과 타락의 심각성을 분명히 알 수 있겠기 때문이다.56) 둘째, 목회자는 이단에 대해 신자들에게 가르쳐야 한다. 그들이 이단의 정체를 알고 피해를 당하지 않게 하기 위해서다.57) 셋째, 목회자는 본 교단에 대해 신자들에게 잘 설명을 해 주어야 한다. 대부분의 신자들은 "다니는 교회의 교단이 어디냐?"고 물어보면 그냥 "장로교" 식으로 대답한다. "장로교 무슨 파냐?"고 더 물으면 "장로교요. 장로교는 다 같은 거 아닌가요?"하고 반문한다. 이번 기회에 본 교회는 정통교단에 속한 교회임을 알려주면서 이단 사이비 교회가 많으니 조심하라고 일러두는 기회로 삼자. 넷째, 목회자들은 평소에 신자들에게 성경 교육과 교리교육을 시켜야 한다. 이단이 발생하는 것은 성경에 대한 오독과 교리에 대한 그릇된 해석에서 비롯되기 때문이다. 성경과 교리에 대한 정통적인 내용과 이해를 도모해야 한다. 그것이 이단들에 대항하여 싸우는 기본 체력이 될 것이다. 대부분의 교육이 그렇듯이 교리교육 역시 가장 기본적인 것으로부터 조금 복잡한 것, 그리고 좀 더 복잡한 순서로 단계적으로 진행해야 한다. 처음에는 교단 헌법으로 시작해보자. 기독교의 기본 교리는 각 교단 헌법에 그 내용이 나와 있다. 교단의 신학적 입장 때문에 약간의 차이는 있다. 신자들에게 조직신학 책을 들고 장황하게 설명을 해봤자 오히려 어렵고 혼란스러워 할 수 있다. 헌법에서 교리를 다룬 내용에 살을 붙여 가면서 가르치는 게 좋겠다. 다음 단계로는 교리를 종합해서 신앙고백 형식으로 표현한 사도신경을 다룰 수 있다. 이어서 교리문답서로 공부한다. 교회에서 수요일 저녁 시간 등을 이용하여 장로교에서 주로 사용하는 것과 같은 대교리문답을 공부하고 가정에서도 역시 부모들이 그 내용을 바탕으로 가족들이 함께 소교리문답을 공부하도록 권장한다. 단, 교리 문답의 경우 교단별 특색이 있으므로 교단별 교리문답서를 활용할 것을 적극 권장한다. 이러한 단계들과는 별도로 필요에 따라 특정 주제를 다루는 특강을 마련한다.

최근에는 신앙을 버린 것은 아니지만 교회에는 나가지 않는 신자가 100만 명에 육박한다고 한다. 이 교회 저 교회를 기웃 거리는 사람까지 합치면 200만이라고 한다.58) 우리 교회는 아니겠지만 출석교회에 대한 불만으로 교회를 떠날 경우 이들이 이단에 빠져들 가능성은 상존한다고 볼 수 있다. 그러므로 이런 일이 만에 하나라도 발생하지 않도록 평소에 이단 관련 교육에도 신경을 써야 한다.

56) 탁지일, 『이단』(서울: 두란노, 2014) 참고.
57) 대한예수교장로회총회 이단사이비대책위원회·이단사이비문제상담소 공저, 『우리 주변의 이단들: 이단 경계를 위한 성경공부』 1-2 (서울: 한국장로교출판사, 2012; 2014) 참고.
58) "가나안 성도, 갈 길 잃은 현대인의 영성", 명동 청어람 (2013.4.25).

2장 또 하나의 교회, 개인

I. 신앙적 사고

하나님 이미지

목회자가 그리스도의 몸을 구성하는 가장 작은 단위인 개인의 신앙 성장을 돕기 위해서는 우선 그들의 신앙 관련 내용들에 대해 알아야 한다. 중요한 하나님 이미지, 기도에 대한 개념, 그리고 종교와 관련된 내용들에 대해 생각하는 기준은 무엇인지, 종교 관련 사물에 대해서는 어떻게 판단하는지, 나아가 신앙은 어떻게 발달하는 지에 대한 이해가 도움이 될 것이다.[1]

신자들은 그 하나님을 어떻게 생각할까. 이 주제는 복잡한 문제이므로 이미지 면에서 살펴보자. 프리드리히 쉬바이쳐(Friedrich Schweitzer)는 하나님 이미지의 발달에 대해 말했다.[2] 아동 초기의 하나님 이미지는 부모 같은 하나님이다. 어린 시절의 하나님 이미지는 부모와의 관계에서 큰 영향을 받는다. 하나님은 신인동형론적으로 이해된다. 아동 후기에 들어서면서 하나님에 대한 이미지는 영적인 것으로 바뀐다. 이 변화의 계기에서 중요한 역할을 하는 것이 교회 등에서의 하나님에 대한 가르침이다. 이제 아동은 지금까지 소중하게 가슴에 품어왔던 하나님과 교회에서 만나는 하나님(Kirchengott) 사이에서 혼란을 겪는다. 이후 아동기 중기와 후기에 들어오면 하나님 이미지와 부모 이미지가 구분된다. 이 시기의 아동은 하나님을 부모와는 다른 존재, 상대자(Gegenüber)로 이해하고 그렇게 경험한다. 이 상대자인 "하나님은 때로는 정말 친절한 분처럼 느껴진다. 하지만 어떤 때는 화난 분 같다."[3] 아동은 하나님을 이 상반되는 두 이미지 모두로 인식한다.

청소년기의 하나님 이미지는 내면화, 인격화, 추상화된다.[4] 아동기의 하나님

---

1) 이하에 대해 좀 더 자세한 내용은 박종석, 『기독교교육심리』(서울: 생명의양식, 2008), 81-124 참고.

2) Friedrich Schweitzer, *Lebensgeschichte und Religion: religiöse Entwicklung und Erziehung im Kindes und Jugendalter*, 송순재 역, 『삶의 이야기와 종교: 아동기와 청소년기의 종교적 발달과 교육』(서울: 한국신학연구소, 2001), 249-73.

3) David Heller, *The Children's God* (Chicago; London: University of Chicago Press, 1986), 43.

에 대한 신인동형론적-신화적 표상이 표상될 수 없는 개인적이고 인격적인 하나님 이미지로 변하게 된다. 안토이네 페르고테(Antoine Vergote)[5]에 따르면, 이 변화에 영향을 주는 것들에는 외로움, 우정, 죄책감, 의심 등이 있다. 하나님 이미지에 대한 추상화는 현실과 하나님과의 관계에 대한 물음들에서 나타난다. "하나님을 믿는데 왜 그런 일이 일어나느냐?"는 식이다.

성차에 따른 하나님 이미지도 상이하다. 데이빗 헬러(David Heller)에 따르면,[6] 남자 아이의 경우 아버지의 이미지를 하나님에게 대입해서 하나님을 대단히 합리적이고 실용적인 존재로 생각한다. 이에 비해 여아의 경우에 하나님은 감정적이고 수동적인 이미지를 갖는다. 하나님 이미지에 대한 성차는 부모에 대한 현실적 경험으로부터 오는 이미지와 남녀의 사회적 역할 차이의 영향, 그리고 하나님께 대한 이상적 표상, 여기에 종교적 전통 등이 영향을 끼치는 것으로 보인다.[7] 이와 같은 하나님 이미지가 반드시 기독교적 하나님 이미지와 일치하는 것은 아니다.[8] 기독교적 하나님 이미지로의 변화를 돕는 목회적 노력이 필요하다.

기도개념

아동의 기도에 대한 대표적인 연구는 데이빗 롱(David Long)과 그의 동료들에 의한 것이다.[9] 5-7세의 어린이에게 기도는 하나의 형식이다(전체적·비분화적 단계, global, undifferentiated stage). 기도는 형식적인 것으로 취침시, 식사시간, 교회에서 하는 것들이다. 그리고 합리적이지 않고 공상적이기 때문에 개나 고양이도 기도한다고 본다. 그들에게 기도는 하나님께 물, 비, 그리고 눈을 달

4) J. -P. Deconchy, "The Idea of God: Its Emergence between 7 and 16 Years," *Lumen Vitae* 19, (1964), 285-96; Pierre Babin, "The Idea of God: Its Evolution between the Ages of 11 and 19," Andre Godin, ed., *From Religious Experience to a Religious Attitude* (Chicago: Loyola University Press, 1965), 183-98.

5) Antoine Vergote, *Religionspsychologie* (Olten: Walter, 1970), 376 이하.

6) Heller, The Children's God, 65.

7) Antoine Vergote and Alvaro Tamayo, *The Parental Figures and the Representation of God: A Psychological and Cross-Cultural Study* (Leuven University Press and Mouton, 1980), 210.

8) Schweitzer, *Lebensgeschichte und Religion*, 270.

9) David Long, David Elkind, and Bernard Spilka, "The Child's Conception of Prayer," *Journal for the Scientific Study of Religion* 6 (1967), 101-109; David Elkind, Bernard Spilka, and David Long, "The Child's Concep of Prayer," Andre Godin, ed., *From Cry to Word: Contributions Towards a Psychology of Prayer* (Brussels: Lumen Vitae, 1968).

라고 하는 것이다. 기도를 하면 그것이 로켓엔진이나 하나님께 연결된 전화선
이나, 천사가 전달하는 식으로 하늘로 올라간다고 생각한다.

7-9세 아동은 여전히 기도를 자신의 필요를 충족시키는 수단으로 생각하지
만, 다른 사람에게도 필요한 요구로 그 내용이 확장된다(구체적·분화적 단계,
concrete, differentiated stage). 기도의 응답에 대해서는 감사한 마음을 가질 수
있고, 응답되지 않는 경우에 대해서는 하나님은 모든 기도를 들어줄 수 없다는
식으로 합리화 한다. 이 시기의 아동들은 기도를 모세(Moses)나 아브라함 링컨
(Abraham Lincoln)같은 위인들이나 순례자들이 만든 것으로 생각한다.

10-12세 아동은 기도를 구태여 어떤 특별한 의식적 표현 형식이 필요 없는
하나님과의 사적 대화로 이해한다(추상적·분화적 단계(abstract, differentiated
stage). 즉 다른 사람들과 함께하는 종교적 행위로서보다는 종교적 신념과 연관
된 정신적 행위로서 자신과 하나님과의 직접적인 의사소통으로 본다. 그래서
기도는 걱정이 있거나 화가 날 때, 외로울 때, 고통을 겪을 때 자연스럽게 하는
것이다. 또한 다른 친구도 같은 이유로 기도한다고 생각하기 때문에 중보의 기
도가 가능하다.

종교적 사고의 발달

로날드 골드만(Ronald Goldman)은 종교적 사고가 형태나 방법에서 장 피아제
(Jean Piaget)의 인지발달론을 그대로 따른다고 말한다.[10] 종교적 사고와 논리
적 사고 사이에는 밀접한 관계가 있다는 것이다. 골드만은 아동의 종교적 사고
를 알아보기 위해 세 개의 선으로 된 그림과 세 가지 성경 이야기를 사용하였
다. 이 세 개의 선화는 어린이가 침대에서 무릎을 꿇고 기도하는 그림, 아이가
두 명의 어른과 함께 고딕풍의 문 앞에 서 있는데, 마치 그들과 함께 교회로
들어가는 것처럼 보이는 그림, 그리고 한 아이가 '성경'이라고 적혀 있는 조금
찢어진 책을 보고 있는 그림이었다. 세 가지 성경 이야기는 불타는 가시덤불
이야기, 이스라엘 백성이 홍해를 건너는 이야기, 그리고 광야에서의 예수의 시
험에 대한 것이었다. 골드만은 아동에게 다섯 가지 질문을 던졌는데 그 내용과
아동들의 대답은 아래의 표와 같다.

---

10) Ronald Goldman, *Religious Thinking from Childhood to Adolescence* (London: Routledge
and K. Paul, 1964), 3; 피아제는 아동은 자기 나름의 경험을 체계화 시키는 과정을 통해 인지
가 발달한다고 본다. Herbert P. Ginsburg and Sylvia Opper, *Piaget's Theory of Intellectual
Development*, 김정민 역, 『피아제의 인지발달 이론』(서울: 학지사, 2006) 참고.

[표5] 아동의 종교적 사고 단계

단계[11]	전종교적 사고기(Pre-Religious stage)	준종교적 사고기(Sub-Religious stage)	인격적 종교적 사고기(Personal Religious stage)
사고형태	직관적 종교사고(Intuitive Religious Thinking)	구체적 종교사고(Concrete Religious Thinking)	추상적 종교사고(Abstract Religious Thinking)
연령	5-7세	8-14세	14세 이상
질 문	대답		
① "모세는 왜 하나님 보는 것을 무서워했을까?"	①' '하나님 얼굴이 무서워서',	①' '모세가 신발을 벗지 않아서',	①' '자은 죄 때문에',
② "모세는 왜 자기가 서 있는 땅이 거룩하다고 생각했나?"	②' '그곳은 잔디였기 때문에',	②' '하나님의 거룩함이 땅에 스며 있어서',	②' '두려운 마음 때문에',
③ "불타는 떨기나무에 대해 어떻게 생각하니? 불타는 떨기나무는 정말 타고 있었을까?"	③' '물을 뿌려 불을 껐기 때문',	③' '하나님이 날개를 펴서 덮고 있어서',	③' '모세의 눈에 그렇게 보였을 뿐이다',
④ "홍해의 물이 어떻게 갈라질 수 있었을까?"	④' '모세가 손을 뻗어서',	④' '하나님이 영을 사용해 갈라지게 해서',	④' '자연적 현상을 초자연적인 것으로 생각한 것',
⑤ "왜 예수께서는 돌로 빵을 만들지 않으셨을까?"	⑤' '예수님은 빵을 안 좋아해서'	⑤' '예수님은 바쁘기 때문에'	⑤' '하나님이 예수님의 능력을 시험하기 위한 것'

---

11) 골드만은 종교적 사고를 세 단계로 구분한다. 하지만 직관적, 구체적 단계 사이에 이행기 I (transition stage I), 구체적 종교기와 추상적 단계 사이에 이행기 II (transition stage II)라는 중간기(intermediate period)를 두어 실상은 다섯 단계로 되어 있다. Ronald Goldman, *Readiness for Religion: A Basis for Developmental Religious Education* (New York: The Seabury Press, 1965), 46-48.

골드만은 이 답변들을 바탕으로 종교적 사고를 세 단계로 구분했다.12) 전종교적 사고기 아동의 성경 이야기 해석은 비체계적이고, 파편적이고, 때로는 모순적이다. 내용에 대해 사실이나 의미보다는 외적인 것에 눈을 돌린다. 직관적이고 즉각적이기 때문에 문자적이며, 논리적이기보다는 환상적이고 감각적이다. 이 시기의 아동에게 종교적 감각은 없다.13)

준종교적 사고기의 아동은 물질적이고 신체적이며, 애니미즘적 이다.14) 그런 까닭에 하나님이 편재하신다는 개념 등을 이해하기 어렵다. 영이라는 개념을 이해할 수 없기 때문이다.

인격적 종교사고기의 아동들은 성경 내용들의 의도가 도덕적 교훈과 견해를 전하는 것으로 생각한다. 골드만에 따르면 이 시기에는 추상적 사고가 가능하기 때문에 종교적 사고도 가능하다. 그래서 성경 이야기에 나타난 상징, 변화, 의미 등에 대해 이해할 수 있다. 위에서 언급한 종교적 사고는 일반적 사고 보다 2-3년 늦다. 그 이유는 종교적 사고가 일반적 사고에 기초하고 있기 때문이다.

II. 신앙의 발달

신앙의 양식

우리는 앞서 2부 2장에서 목회의 내용으로서의 신앙에 대해 주로 차원 면에서 살펴보았다. 이제 신앙에 대해 다시 생각하고자 할 때 문제가 되는 것은 다음과 같다. 신앙은 발달하는 것인가? 즉 성장하면서 변화를 겪으며 자라나는 것인가? 아니면 특별한 사건을 통해 생겨나는 것인가? 전자의 입장은 발달론적 입장이고 후자의 입장은 회심적 입장이라고 할 수 있다. 여기서는 이 같은 문제들에 대해 살펴보도록 하자.

---

12) 골드만은 자신이 수립한 단계들을 전종교적 단계, 반종교적 단계, 종교적 단계로 부른다. 이 단계들은 각각 아동 초기, 아동 중기, 그리고 사춘기 초기와 상응한다. Goldman, *Readiness for Religion*, 46-48. 이에 대해 케네스 E. 하이드(Kenneth E. Hyde)는 이 단계들이 개념적 사고의 차원에서 정의된 것이기 때문에 차라리 전신학적, 반신학적, 신학적 단계라고 부르는 게 낫겠다고 한다. Kenneth E. Hyde, "A Critique of Goldman's Research," *Religious Education* 63 (1968), 432.

13) Goldman, *Readiness for Religion*, 80-81.

14) Goldman, *Readiness for Religion*, 103.

신앙은 고정되어 있지 않다. 신앙은 발달에 따라 변화를 겪는다. 유년기에서 노년기에 이르기까지 신앙은 변화한다. 존 웨스터호프 3세(John H. Westerhoff III)가 말하는 신앙은 타인과의 행동에서 네 가지 양식으로 발전한다. 그것들은 경험적 신앙(Experienced Faith), 귀속적 신앙(Affiliated Faith), 탐구적 신앙(Searching Faith), 그리고 소유적 신앙(Owned Faith)이다.15) 경험적 신앙은 취학 전 어린이들과 신앙 초기에 경험하는 신앙이다. 이 시기에는 이론으로서가 아니라 경험으로 신앙을 체득하게 된다. 신앙은 말이 아닌 주변에 있는 부모, 친구 등과의 따뜻한 접촉과 상호작용 속에서 형성되는 신뢰와 사랑, 관용과 용납 속에서 경험된다. 목회적으로는 신자들이 관계를 맺고 경험을 나누는 환경을 제공해야 한다.

두 번째, 귀속적 신앙은 어린이와 청소년기에 볼 수 있는데, 경이 단계의 신자들은 다른 사람들과 더불어 명백한 정체감을 가지고 공동체의 구성원으로 행동하기를 원한다. 즉 공감대를 형성할 공동체가 필요하고, 또 그와 같은 공동체에 관여 또는 참여를 통해서 그 안에서 정체성을 찾으려 한다. 또한 귀속적 신앙은 종교적 정체감과 권위에 대한 느낌을 특징으로 한다. 이때의 권위란 행동을 판단하고 영감을 주는 이야기와 삶의 방식에 관한 공동체의 증언을 의미한다. 이 단계의 신자들은 공동체의 권위를 자신의 정체성으로 수용하고, 공동체의 삶의 방식을 자신의 삶의 방식으로 채용할 뿐만 아니라 공동체의 가치를 내면화하게 된다. 귀속적 신앙을 형성하기 위해서는 성가대, 교회학교, 친교, 봉사활동 등과 같은 공동체의 여러 활동과 연대성을 고양시킬 수 있는 부활절, 성탄절 등과 같은 절기 등에 참여할 수 있는 기회를 제공해야 한다.

세 번째, 탐구적 신앙이다. 탐구하는 신앙은 사춘기 또는 그 이후 시기에서 볼 수 있는 신앙 양식이다. 이 신앙 양식에는 세 가지 특징이 나타난다. 1. 자신의 신앙이 진실하고 확실하다는 것을 확인하기 위해 회의하고 비판적으로 사고하고 판단(action of doubt and critical judgment)한다. 그래서 그들이 어렸을 때 배웠던 전통에 대해 의심하고 비판적으로 검토하려고 한다. 자연히 가슴의 신앙(religion of the heart) 못지않게 머리의 신앙(religion of the head)의 비중이 커진다. 그래서 신앙의 이해를 돕기 위해 다른 사람과의 진지한 대화나 토론이 필요하다. 2. 회의와 비판을 거친 이 신앙은 거기서 나온 임시적인 결론을 따라 실험(experimentation)을 한다. 이제까지의 신앙 이해와 삶의 방식과는 다른 방식을 시도해본다는 것이다. 그와 같은 실험은 긍정적으로 봐야 한다. 그

---

15) John H. Westerhoff III, *Will Our Children Have Faith?*, 정웅섭 역, 『교회의 신앙교육』 (서울: 대한기독교교육협회, 1983), 158-69

와 같은 실험을 신앙 전통의 의미를 심화하고 위임을 가속화할 수 있기 때문이다. 신앙공동체는 그들이 이탈하지 않고 헌신으로 이어지도록 품어야 한다. 신앙의 문제는 결국 신앙공동체 안에서 해결할 수밖에 없기 때문이다. 3. 회의와 비판적 사고, 그리고 실험 뒤에는 결정이 따르게 마련이다. 이 결정은 위임(commitment)으로 나타난다.

마지막으로, 소유적 신앙이다. 이 신앙은 성인 초기에 나타날 수 있는데, 전통적으로 '회심'이라고 하는 영적 각성과 동일시되기도 한다. 여기서 '회심'이란 인간 본성에 관련된 죄와는 성격이 다르다. 그것은 지·정·의, 즉 인간 전체의 변화를 말한다. 회심은 지각의 재정리와 인생의 방향전환이고 새로운 이해와 생활 모습을 갖게 되는 것이다. 이 신앙을 소유한 사람은 대체로 말씀과 행위를 통한 증거를 강조한다.

웨스터호프는 신앙의 양식은 발달에 따라 변화하지만 어느 것이 다른 것보다 낫다고 보지 않는다. 신앙은 마치 나무와 같다. 나무는 크건 작건 그것 자체로 하나의 나무일뿐이다. 이와 같은 신앙은 단지 지식의 전달이 아니기 때문에 지식 습득을 위한 학교와 같은 제도적 환경에서는 자랄 수 없다. 신앙은 다른 사람들과 함께 생활하면서 경험을 통해서 배울 수 있는 것이기 때문에 웨스터호프는 신앙을 일종의 문화적인 것으로 보아 신앙공동체교육을 주장한다.[16)]

신앙의 단계

제임스 파울러(James W. Fowler)는 8년여에 걸쳐 4-88세에 이르는 400여명의 사람들과의 면담을 통해 신앙 발달의 단계를 제안하게 되었다. 장 피아제(Jean Piaget), 에릭 에릭슨(Erick H. Erikson), 그리고 리차드 니버(H. Richard Niebuhr)에 의존하면서, 파울러는 가치와 의미의 중심들로 구성되는 자아, 즉 신앙에 대해 말하는 종합적 단계이론을 형성했다. 하지만 가장 밀접한 이론은 로렌스 콜버그 (Lawrence Kohlberg)의 도덕발달론이다. 파울러가 말하는 신앙은 누가나 갖고 있는 일종의 '의미 추구'라 할 수 있다.[17)] 파울러의 신앙발달단

16) 이에 대해서는 John H. Westerhoff III and Gwen K. Neville, *Generation to Generation: Conversations on Religious Education and Culture* (Philadelphia, PA: United Church Press, 1974), 27-35; Westerhoff III, *Will Our Children Have Faith?*, 105-39.

17) James W. Fowler, *Stages of Faith: The Psychology of Human Development and The Quest for Meaning*, 이재은 역, 『신앙의 단계들: 인간발달 심리학과 의미 추구』 (서울: 대한기독교출판사, 1986); 사미자 역, 『신앙의 발달단계』 (서울: 한국장로교출판사, 1987), 4, 38.

계는 다음과 같이 간략하게 설명할 수 있을 것이다.[18]

1. 0단계 미분화된 신앙(Primal, 0-4세): 이 단계는 파울러 이론에서 "전단계"라고 나오는데, 그것은 이후의 단계들에 영향을 끼치는 신앙의 기초가 되는 덕목들이 형성되는 시기이기 때문이다. 유아초기에, 어린이는 자아와 주위 세계 사이를 구별하지 못한다. 이후 다른 사람들을 분리된 것으로 구별하게 되면서, 신뢰할만하다거나 선하다거나 두려운 것이라는 태도를 형성시킬 수 있는 중요한 타인들(그 중 하나가 어머니)을 접하게 된다. 어머니가 아이의 욕구에 적절하게 대처하지 못할 때 생기는 어머니에 대한 불신이 성인이 되어서도 타인에 대한 불신이나 하나님에 대한 불신을 초래할 수 있다.

2. 1단계 직관적-투사적 신앙(Intuitive-Projective, 4-7세): 이 단계의 어린아이들은 외적 권위인 부모의 신앙을 따른다. 이 단계는 피아제의 전조작기와 상응하기에 이성보다는 주로 상상과 공상에 의지한다. 사실과 공상, 꿈과 현실을 구별하지 못한다. 이 상상과 공상에 의해 하나님에 대한 대부분의 이미지도 형성된다.

3. 2단계 신화적-문자적 신앙(Mythic-Literal, 초등학교 시기): 이 단계의 아동은 성경 이야기나 의식을 상징적이 아닌 문자적으로 취한다. '예수이 우리의 목자'라고 하면 정말 예수이 목자인줄 아는 식이다. 이 단계는 피아제가 구체적 조작기라고 부른 합리성을 따라 자신의 구체적 경험을 구성한다. 이로써 "실제" 세계와 공상의 세계를 구별하고 경험을 시간적으로 배열할 수 있게 된다. 신앙적 내용에 대해서는 공동체의 전통에 의지한다. 성인이라도 성경과 전통에 대해 문자적으로 이해하는 사람은 이 단계에 속한다.

4. 3단계 종합적-인습적 신앙(Synthetic-Conventional, 청소년시기): 이 단계의 청소년은 신앙에 대해 자기반성 없이 수용한다. 의미 있는 타인들과 그들이 동일시하는 그룹의 인습적 기준들에 대해 명시적, 비평적 검토 없이 내면화한다. 교회의 전통적 신앙 풍토를 따라 신앙생활을 하는 대부분의 신자가 이 단계에 속한다.

5. 4단계 개별적-반성적 신앙(Individuative-Reflective, 청년기): 이 단계의 청년은 이전 단계에서 중요시 된 타인이나 그룹의 권위를 거부하며 그들의 가치와 신념들을 비판적으로 검토한다. 대신 자신의 독자적 신앙 성취에 중요한 신념, 가치, 그리고 관계들을 선택한다. 교회에서 청년들이 비판적이라고 비판해서는 안 된다. 그들은 지극히 정상적인 신앙 발달의 과정을 지나고 있는 것이

---

18) 신앙의 단계들에 대한 파울러 자신의 요약은 James W. Fowler, Karl E. Nipkow and Friedrich Schweitzer, eds., *Stages of Faith and Religious Development* (New York: Crossroad, 1991), 24-25를 참조.

다. 신자들의 대부분은 이 단계나 이후의 단계에 도달하지 못한다.

6. 5단계 결합적 신앙(Conjunctive, 30대 중반 이후): 5단계의 성인은 자신의 관점에 의지하지만 다른 사람의 관점에 대해서도 개방적이 된다. 이전 단계의 개인화를 취하면서도 자신이 가진 가치와 신념의 체계가 가진 한계를 인식하기 때문이다. 그래서 타인의 관점과 자신의 관점을 양립시킨다. 이전의 사람이나 의견에 대해 좀 더 참을성이 있어지고 섬김에 대해 생각하기 시작하는 단계다.

7. 6단계 보편적 신앙(Universalizing): 이 단계의 사람은 조건 없는 사랑이나 정의와 같은 보편적 가치를 추구한다. 이전 단계 관점들의 근거에 있는 또는 그 위에 있는 초월적 가치를 따지는 것이다. 나아가 보편적 가치에 대한 수호에 직접적으로 나서기도 한다. 그들은 보편공동체의 구성원들을 배타하거나 억압하는 사회구조에 민감하게 반응하며 보편 공동체의 이상적 비전을 말하고 그 실현을 위해서 헌신한다. 종교에 있어서는 타종교를 인정하는 입장이다. 이 단계에 도달한 사람은 아주 드물다.

파울러는 웨스터호프가 신앙의 발달을 확장(expansion)으로 보는데 비하여 단계로 본다. 웨스터호프의 신앙 양식에서는 어느 양식이 다른 양식보다 더 낫다고 말할 수 없다. 각각의 신앙 양식은 나름대로 온전한 것으로 볼 수 있기 때문이다. 하지만 파울러의 신앙 발달 단계에서는 2단계의 신앙이 1단계의 신앙보다 질과 수준에서 높다고 하겠다.

변형적 신앙논리

파울러의 신앙발달론과 대조적 주장을 하는 이가 제임스 로더(James E. Loder)다. 로더는 인간에게는 심리적 차원만이 아니라 영적 차원도 있기 때문에 심리학자들이 말하는 단계에 매이지 않는다고 말한다. 신적 영은 나름대로의 논리와 인간이 분류한 심리학적 도식을 초월하는 방식으로 작용한다. 그렇다고 해서 영이 인간 심리와 무관한 것은 아니다. 영은 인간을 통합시키고 있는 한 부분이라는 것이다.[19]

로더는 파울러처럼 모든 사람이 일련의 단계, 즉 새로운 형태의 신앙으로 변형되어 가는 단계가 아닌, 그리스도와의 만남이 어떤 변형과정을 거치는 지, 변형 자체에 관심을 갖는다.[20] 파울러의 신앙발달단계는 일반 종교라는 문맥에

19) James E. Loder, *The Logic of the Spirit: Human Development in Theological Perspective*, 유명복 역, 『신학적 관점에서 본 인간 발달: 영의 논리』 (서울: 기독교문서선교회, 2006).

20) James E. Loder, *Transforming Moment: Understanding Convictional Experiences*, 이기춘·김성

서의 논의인 까닭에 모든 사람에게 적용되지만, 로더의 경우에는 그리스도와 관계된 사람에게만 해당된다.

로더는 인간의 차원을 사회과학이 말하는 이차원적 인간 이해("자아"[the self])와 "환경"[the lived world])에 '공허'(the Void)의 차원을 더 한다. 공허는 성경적으로, 신학적으로 말하는 죽음, 죄, 외로움, 삶의 무의미와 같은 실존적 차원이다. 여기에 '공허'라는 구렁텅이에 빠진 절망적인 인간에게 출현하는 '거룩'(the Holy)이 있다.

로더는 인간이 '공허'의 차원으로부터 '거룩'의 차원으로 나아가는 초월적 은총의 역사 과정을 "변형의 논리"라고 했다. 이것은 다섯 가지의 과정으로 구성된다.

1. 갈등 과정(Conflict Process): 로더는 변형이 갈등에서 시작된다고 본다. 사람은 환경과의 관계에서 또는 자신과의 관계에서 전개되는 다양한 상황 속에서 갈등을 겪을 수 있고 이것이 자아의 영적 혼란을 초래하게 된다. 이 갈등이 심화될수록 변화의 요구가 거세진다. 갈등이 부정적인 것만은 아니다. 의미 있는 영적 변형으로 나가는 동인이 되고 근본적인 신앙의 확신을 가져올 수 있기 때문이다.

2. 중간 탐색 과정(Interlude for Scanning Process): 이 과정은 의식적으로나 무의식적으로 문제에 대한 가능한 해결책과 보다 깊은 이해를 위해 탐색을 하는 시기다. "기다리고, 의아해하고, 예감을 따르며 가능성을 철저히 찾는 발걸음이다."21) 이 기간은 길수도 있지만, 조만간, 거의 중간쯤에 다음 과정이 뒤따른다.

3. 상상력 구성 행위 과정(Constructive Act of Imagination Process): 이 과정에서는 해결의 핵심이 되는 통찰력이나 직관 내지는 비전이 의식과 무의식 사이의 경계에서 보통은 확신을 갖고 나타나서, 의식이 채택하여 이용할 수 있는 어떤 형태로 해결의 핵심을 전달한다.22) 이 같은 상상력의 행위는 전체 과정의 열쇠다. 이 상상력이 새롭게 보는 방식과 새로운 앎의 방식을 제공한다. 상상력에 의해 인식자와 인식자의 세계 둘 다가 변형된다.

4. 이완과 개방의 과정(Release and Opening Process): 상상력에 의한 문제의 해결은 당장 두 가지 효과를 가져 온다. 첫째, 팽팽한 갈등 속에 눌려 있던 에너지가 방출(release)된다. 이때 인식자는 자유를 느끼며 짐을 벗어버린 것을 느

민 공역, 『삶이 변형되는 순간: 확신 체험에 관한 이해』(서울: 한국신학연구소, 1988)는 바로 이에 대한 설명으로 일관되어 있다.

21) Loder, *Transforming Moment*, 32.

22) Loder, *Transforming Moment*, 32.

낀다. 둘째, 인식자는 '자아'와 '세계'라는 관계 상황에 개방된다. 인식자는 자아와 환경을 더 깊이, 더 친밀하게, 더 분명하게 접촉하고 있음을 느낀다.

5. 재해석 과정(Interpretation/ Verification Process): 변형의 연속선상에서 마지막 장면은 해석이다. 갈등을 상상력에 의해서 도출해 낸 해결 방안의 관점에서, 이제는 역으로 해결 방안을 갈등의 관점에서 해석한다. 그리고 다른 사람들에게 전체적 발견을 어떤 공적인 형태로 해석한다. 갈등과의 관계에서의 일관성(coherence), 즉 갈등 상황을 설명해줄 수 있는 논리를 세우는 것이라 볼 수 있으며, 한편으로는 이 같은 나름대로의 해석이 일반적으로도 타당성을 띨 수 있는 공적인 상황에서의 적합성(correspondence)에 대한 해석이라 할 수 있다.

이와 같은 변형의 과정을 일련의 순서로 생각하거나 단계로 생각해서는 안된다. 변형의 과정은 반드시 이러한 순서로 나타나는 것이 아니기 때문이다. 그러나 어느 과정에서 시작하든 모든 과정을 밟게 된다. 예를 들어, 어떤 경우에는 변형이 문제나 갈등 없이 어떤 현실에 대한 통찰력으로부터 시작된다. 이 통찰력은 현실에 대한 새로운 관점을 제공하기에 갈등을 불러일으킨다. 다시 이 갈등은 긴 탐구와 기다림의 과정을 통해서 통찰력과 연결되고, 그리고 나머지 방출과 해석의 과정을 겪는다. 로더의 변형적 신앙논리는 파울러의 신앙발달단계보다 설득력이 있다. 우리도 그런 과정을 거치기 때문이다. 그리고 성령의 역할을 충분히 인정하고 있어 은혜스럽다. 실제로 로더는 생사를 넘나드는 교통사고와 인생의 여러 경험들을 통해 체험적 신앙을 지닌 은혜가 넘치는 분이었다고 한다.

종교적 판단 발달

우리는 살아가면서 늘 판단을 내린다. 신앙을 가진 사람들은 어떤 식의 판단을 내릴까? 그에 대해 프릿츠 오저(Fritz K. Oser)가 말하고 있다. 오저는 딜레마들을 제시하고[23] 이에 대해 개인이 내리는 판단을 통하여 개인이 어떻게 절대자를 경험하고, 그를 통하여 종교적 의미를 생성하고, 아울러 삶의 목적이나 방향성 등을 찾기 위해 어떤 자세를 취하는지를 알고자 하였다. 딜레마들에 대한 판단 형태는 크게 다섯 가지 유형으로 나타났다. 오저는 이를 다섯 단계로 유

---

23) 예를 들어, 혼인을 앞둔 한 의사가 비행기 추락사고를 당해 죽게 될 처지에 놓이자 하나님께서 자기를 살려주시면 제3세계 사람들을 위해 생애를 바칠 것이고 약혼자가 이를 반대할 경우, 결혼까지 포기하겠다고 약속한다. 그런데 그는 구사일생으로 살게 되었고 그 앞에 종합병원의 좋은 자리가 주어졌다. 그는 어떻게 해야 할까?

형화하였는데, 3단계를 중심으로 하위 단계인 1, 2단계, 상위단계인 4, 5단계로 나뉜다. 하위 단계는 주로 타율적이고 초월적이며, 상위 단계는 자율적이고 이성적인 신앙 성향을 띤다.[24]

1. 0단계 미분화의 상태(8, 9세 이전): 이 단계의 아동은 그가 외부로부터 모종의 영향을 받고 있음은 느끼지만 그것이 무엇인지는 인식하지 못한다. 재언하면 이 단계의 아동은 자신이 한 일과 외부 힘의 영향 아래서 되어진 것을 구별할 수는 있으나 그 힘이나 영향이 무엇이고 어떻게 오는지 구별하지 못한다.[25]

2. 1단계 절대적 타율성의 성향(Deus Ex Machina: Absolute Heteronomy Orientation, 8, 9-11, 12세): 이 단계의 아동은 홍수나 재해의 발생 등 발생하는 모든 사건들이 외부의 힘, 즉 하나님에 의해 야기된 것으로 안다. 하나님은 이 세상의 모든 일을 주관하시는 분이기 때문에 그에게 복종해야 한다고 생각한다. 하지만 소풍가는 날, "비가 오지 않게 해달라"라는 기도를 했으나 비가 올 경우 하나님은 비와는 상관이 없는 분이라고 생각할 수 있고, 또 사람이 비구름을 이용해 비를 내릴 수 있다는 사실을 알게 되면서 모든 것을 하나님이 하는 줄 알았던 생각에 혼란이 온다.

3. 2단계 받기 위해 주려는 성향("Do Ut Des" Orientation: I give so that you give, 11-12세 이후): 이 단계에서 하나님은 선행, 약속, 그리고 서약 등에 의해 영향 받는, 즉 인간이 영향을 줄 수 있는 존재로 파악된다.[26] 다시 말해 하나님은 절대적인 능력의 소유자임에도 불구하고 인간의 기도, 예배, 헌금과 같은 행위를 통해 기뻐하거나 만족하는 존재다. 그런 까닭에 하나님을 기쁘시게 하려고, 또는 징벌을 예방하고자 선행을 한다. 한편 하나님께 기도했으나 응답을 받지 못하거나, 기도하지 않았는데도 좋은 일이 일어나는 경험을 하면서, 하나님께 영향을 끼칠 수 있다는 생각을 의심한다. 인간이 하나님에게 영향을 미칠 수 있다는 이제껏 가졌던 생각이 세상일은 사람 탓이라는 생각으로 바뀐다.

4. 3단계 절대적 자율성의 성향(Deism: Absolute Autonomy Orientation, 20-25세): 이 단계에서는 하나님의 영역과 인간의 영역은 다르다고 생각한다. 하나님은 인간 세계로부터 멀리 떨어져 있는 독립된 영역의 존재고,[27] 사람은

24) Fritz K. Oser, "Toward a Logic of Religious Development: A Reply to My Critics," James W. Fowler, Karl E. Nipkow, and Friedrich Schweizer, eds., *Stages of Faith and Religious Development: Implication for Church, Education, and Society* (New York: Crossroad, 1991), 39-41.

25) Fritz K. Oser and Paul Gmünder, *Religious Judgment: A Developmental Perspective* (Birmingham, AL: Religious Education Press, 1991), 69.

26) Oser, "Toward a Logic of Religious Development," 10.

자신의 일을 스스로 계획하고 그에 대해 책임을 져야 하는 존재로 생각한다. 그래서 그들은 하나님보다 자신의 자율적 판단이나 선택을 중시한다. 하지만 주체성과 자율성의 한계를 느끼면서 외면했던 하나님을 다시 찾게 된다.

5. 4단계 중재된 자율성과 구원-계획의 성향(Mediated Autonomy and Salvation-Plan Orientation): 이 단계는 자신의 한계를 경험한 학습자가 아직도 미련이 있는 인간의 자율성과 의지하고자 하는 신의 초월성을 연결시켜보려는 시도를 하는 단계다. 그는 신의 초월성을 인간 자율성의 내재적 원리로 삼는 방식으로 문제를 해결한다. 즉 그는 하나님과의 상호연관 속에서 의사결정을 내리려고 한다.[28] 하나님은 하나님은 이제 저 위에서 역사와 세계를 인간에게 맡겨놓고 있는 분이 아니라 사람 안으로 내려오셔서 인간과 더불어 활동하신다. 인간은 여전히 책임적이고 동시에 자유로운 존재다. 그러나 그 자유는 하나님과 연결되어 있는 자유다.[29]

6. 5단계 상호주관적 종교적 성향(Intersubjective Religious Orientation): 이 단계는 인간의 자아의식과 하나님과의 관계가 상호 주관적(inter-subjective)으로 중재되는 단계다. 인간의 본질은 자유다. 하나님은 완전하다는 의미에서 절대자유라고 할 수 있다. 어떤 면에서 인간 자유의 실현이 하나님의 자유이며 인간의 자유는 하나님의 완전한 자유의 그림자라고 할 수 있다. 즉 하나님의 초월성과 내재성이 서로 허용한다는 것이다. 그럼으로써 모든 인간의 연대성의 가능성이 열린다.[30] 하나님의 자유가 인간의 자유가 될 때, 합일이 일어난다. 오저는 6단계에 대해서도 조금 언급한다. 이 단계의 사람은 보편적 소통과 연대를 향하는 경향이 있다.[31]

우리는 지금까지 신앙발달과 관련해서 종교적 사고, 하나님 개념, 기도 개념, 신앙발달, 그리고 종교적 판단 발달 등에 대해 단계적 차원에서 살펴보았다. 신앙을 창조자이시며 전능자이신 하나님에 대한 완전한 신뢰와 절대적 복종으로만 여기는 목회자는 이상의 내용에 대해 놀랄 것이다. 신앙은 하나님의 선물인데(엡 2:8), 어떻게 그것을 분석하고 단계로 분류할 수 있는지 믿음의 주이신 주님을(히 12:2) 모독하는 느낌을 받을 수 있다. 하지만 어느 신자가 신앙의 어느 수준에 있다는 것을 알 수 있다면 그를 그 위의 단계로 끌어올리려는 구체적 목회 계획을 수립하는데 도움이 될 것이다. 현실적으로 부모나 교사,

---

27) Oser and Gmünder, *Religious Judgment*, 12.
28) Oser and Gmünder, *Religious Judgment*, 76.
29) Oser, "Toward a Logic of Religious Development," 12.
30) Oser and Gmünder, *Religious Judgment*, 12-13.
31) Oser and Gmünder, *Religious Judgment*, 81.

목회자라고 해서 자녀나 학생, 신자보다 신앙발달이 더 이루어진 것은 아니다. 그러므로 우리가 신자들을 잘 지도하기 위해서는 먼저 내 자신의 발달단계를 알아보고 신자들의 단계보다 높은 수준에서 지도해야 한다. 아래의 내용은 그와 같은 노력을 위한 참고가 될 것이다.

신앙적 발달과제

루스 비칙(Ruth Beechick)은 로버트 하비거스트(Robert J. Havighurst)의 발달과제를[32] 응용하여 신앙발달 단계의 과제들을 다음과 같이 제안한다.[33]

1. 취학전 시기: ① 사랑, 안전, 훈육, 기쁨, 그리고 예배 경험. ② 하나님, 예수, 그리고 그 밖의 기본적 기독교 실재들에 대한 인식과 개념 개발 시작. ③ 하나님, 예수, 교회, 자아, 그리고 성경에 대한 태도 개발. ④ 옳고 그름의 개념 개발 시작.

2. 초등학교 시기: ① 예수 그리스도를 구원자와 주로 영접하고 인정. ② 다른 사람들과의 관계에서 기독교적 사랑과 책임에 대한 인식의 성장. ③ 기독교의 기본적 실재들에 대한 개념들의 계속적 형성. ④ 개인적 신앙과 기독교적 일상생활에 적절한 성경의 기본적 가르침 학습-매일 기도, 성경 읽기, 기독교적 우정, 단체 예배, 하나님께 대한 봉사의 책임, 하나님, 예수, 성령, 창조, 천사, 천국, 지옥, 죄, 구원, 성경의 역사, 그리고 성경의 각 책들에 대한 기본 지식. ⑤ 자아에 대한 건강한 태도 개발.

---

32) 하비거스트의 발달과제들은 다음과 같다. ① 학령전기(0-6세경): 보행을 배움, 고체음식을 먹게 됨, 말을 배움, 배설 방법을 배움, 성적 역할을 배움, 생리적 안정을 유지하는 법을 배움, 양친, 형제 및 타인들과 정서적 관련을 맺는 법을 배움, 사회적, 물질적 현실에 대한 간단한 개념의 형성, 선악의 판단 학습과 양심의 발달, ② 초등학령기(6-12세경): 일상적인 놀이에 필요한 육체적 기능의 학습, 자신의 건강에 대한 태도 형성, 또래들과 함께 잘 지내는 것을 배움, 적절한 성적 역할의 학습, 읽기, 쓰기, 셈하기 등 기본적인 기능의 학습, 일상생활에 필요한 지식의 획득, 양심, 도덕심 및 가치척도의 형성, 개인적 자립성의 획득, 사회적 집단이나 기관에 대한 태도의 형성, ③ 고등학령기(12-18세경): 동년배의 동성 혹은 이성과 새롭고 보다 성숙한 관계를 맺음, 남성과 여성의 사회적 역할 성취, 자신의 육체적 조건의 수용과 그의 효과적 이용, 부모 및 성인들로부터의 정서적 독립, 경제적 자립에 대한 자신 획득과 직업의 선택 및 준비, 결혼 및 가족생활의 준비, 시민적 자격에 필요한 지적 기능과 지식의 성취, 사회적으로 책임 있는 행동을 바라고 성취함, 자신의 행동을 지배하는 가치관 및 윤리관의 성취. Robert J. Havighurst, *Developmental Tasks and Education*, 김재은 역, 『발달과업과 교육』 교육신서 213 (서울: 배영사, 1990).

33) Ruth Beechick, *Biblical Psychology of Learning: How Your Mind Works* (Denver, CO: Accent Books, 1982), 146-48.

3. 청소년기: ① 일상생활에서 기독교적 사랑 나타내기. ② 지속적인 자아에 대한 건강한 태도 개발. ③ 신앙에 대한 지적 공격에 대응하기 위한 성경 지식과 적절한 지적 기술 개발. ④ 기독교에 반대하는 사회적 압력에 대응하기 위한 적절한 기독교적 장점 달성. ⑤ 점증하는 능력에 맞추어 기독교적 봉사의 책임 수용. ⑥ 항구적, 기독교적 가치의 바탕에서 생활의 결정 내리기 학습. ⑦ "위에 있는 것들을 찾기" 위한 자기-훈련 강화.

4. 성인기: ① 자신의 지속적 성장과 학습 책임 수용. ② 하나님과 타인들에 대한 책임 수용. ③ 하나님 중심의 통일된 목적 있는 삶 살기.

3장 교회 안의 교회, 소그룹

I. 소그룹의 성격

소그룹의 의미

각 개인이 모이면 작은 공동체인 소그룹이 형성된다. 소그룹은 깊이 있는 만남과 역동성을 각 개인에게 선사하며, 회중모임의 핵심적인 토대가 된다는 점에서 중요성을 지닌다. 소그룹은 회중모임의 하위 단위가 되고, 회중모임은 소그룹의 상위 단위가 된다. 물질과 능력이 절대화되는 경쟁시대에서 현대인들은 불안하다. 그 불안은 심리적, 사회구조적, 또는 영적인 단절과 소외로부터 비롯된다. 더 이상 타인은 공존의 대상이 될 수 없고, 오히려 내가 살아남기 위해 소외시키고 배척해야 할 존재다. 상생적 공동체의 회복이 시급하고도 절실한 과제인 이유다.

소그룹은 교회의 공동체성을 회복하기 위한 교두보로서의 가치를 지닌다. 한걸음 더 나아가 목회가 추구하는 전인적 신앙이 삶의 형태(life style)로 형성될 수 있는 장이기도 하다. 소그룹 안에서 신앙 형성에 도움이 되는 만남들이 생기는데, 이 만남은 단순한 피상적인 만남이 아니라 인격적인 만남이다. 소그룹 안에서 아픔과 고통, 기쁨과 은혜를 함께 나누고, 함께 기도하고, 함께 섬기는 과정에서 만남은 심화되어 인격적인, 즉 전인적 신앙으로 이끈다.

소그룹은 그 내용을 유보한다면 양적으로 말해야 할 것이다. 대체로 3명에서 12명의 사람들의 모임으로 볼 수 있지 않을까 한다. 2명은 그룹이 상대와 나 밖에 없으니 그룹이라 볼 수 없고, 12명 이상이면 또 다른 단위가 필요하기에 소그룹으로 볼 수 없다. 군대의 분대를 염두에 두고 소그룹은 8명 정도의 인원이라고 말할 수 있다. 인원을 말하는 이유는 그룹이 해야 할 일을 효과적으로 할 수 있느냐 때문일 것이다. 그래서 자연히 소그룹의 내용에 대해 생각해보게 된다. 무엇을 만드니 소그룹의 인원을 아닌 그러나 정한다. 닐 맥브라이드(Neal F. McBride)는 소그룹을 "신자 상호 간에 덕성 함양과 교제를 위한 목표를 가지고 3명에서 12명의 사람들이 정규적으로 함께 만나는 자발적이며 의도적인 모임"이라고 정의한다.[1) 조엘 코미스키(Joel Comiskey)는 "영적인 세

움과 전도를 위해 정규적으로 만나는 사람들의 그룹, 또는 지역 교회 활동에 참여하기 위해 헌신하는 사람들의 모임"이라고 말한다.[2] 이 두 정의만 보아도 소그룹은 덕성 함양, 교제, 영적 은사의 발견과 계발, 그리고 전도의 장이 된다. 일반적으로 소그룹이 하는 일들은 양육, 예배, 교제, 그리고 선교 등이다. 목회에서 소그룹을 중시하지 않을 수 없는 이유들이다.

소그룹의 역사는 오래다. 성경에서 보면 예수께서 12제자 훈련을 시키셨고 (막 3:13-14), 초대교회(행 2:42)와 바울(엡 1:22, 고전 12:27), 그리고 소아시 아지역들의 교회들은(고전 16:19; 골 4:15; 몬 1:2) 회당이나 가정에서의 소그룹을 활용했다. 교회사적으로도 존 웨슬리(John Wesley)의 경우, 하나님을 경험하고 제자의 삶을 추구하기 위한 소그룹을 운영했다. 예수 그리스도를 구주로 믿고, 성경을 영감된 말씀으로 받아들이는 믿음을 갖기 위해, 선행적 은혜, 즉 온전한 믿음을 가지기 전에 오는 은혜를 탐구하고 경험하기 위한 시험반(Trial Band), 믿음을 지닌 이들을 위해 영적 질문과 조언을 하며 은혜를 확신시키기 위한 12-36명으로 이루어진 모임인 속회(Class Meeting), 거듭난 사람들을 대상으로 은혜 안에서 성장을 도모하고 제자로서 삶을 배우는 모임인 반회(Band Meeting), 그리고 온전한 사랑인 성결 체험을 목표로 하는 선발신도회(Select Society) 등은 모두 소그룹들이었다.

오늘날 교회의 소그룹 형태는 소그룹이 있는 교회(Church with Small Groups), 셀교회(Cell Church), 그리고 소그룹의 교회(Church of Small Groups) 등이다. 구체적으로는 구역모임, 제자훈련모임, 성경연구모임, 셀모임, 자발적 형태의 친교모임 등이 있다.

소그룹의 기능과 효과

소그룹의 기능은 심리적 해방의 보장, 과제의 제공과 분담, 다른 그룹과의 협력, 공동사고와 공동행위에 의한 공동작업, 그리고 동일가치관으로의 통합 등이다.

소그룹이 구성원들에게 일으키는 효과, 즉 소그룹의 역학은 1. 구성원들이 각자의 느낌, 생각, 경험, 행동양식을 상호 교환함으로써 짙은 상호작용을 통해

---

1) Neal F. McBride, *How to Lead Small Groups*, 네비게이토출판사 편역, 『소그룹 인도법』 (서울: 네비게이토, 1997), 15.

2) Joel Comiskey, *How to Lead a Great Cell Group Meeting*, NCD편집부 편역, 『사람들이 몰려오는 소그룹 인도법』 개정판 (고양: NCD, 2010), 13.

각자 변화, 성장, 그리고 발전을 경험하며, 2. 소그룹 내의 활동 과정에서 구성원들은 소그룹에 의해 받아들여지고 있다는 수용감(feeling of acceptance), 소그룹의 일원이라는 소속감(sense of belonging), 그리고 가치 있는 존재라고 느끼는 가치감(sense of self-worthy) 등이 생성된다.

가장 중요한 소그룹의 효과는 소그룹이 인간 변화의 기제로 작용할 수 있다는 점이다.

소그룹은 지적 차원에서 다음과 같은 효과가 있다. 1. 관찰효과: 구성원이 다른 구성원의 행위를 대하는 가운데 자신의 문제를 발견하거나 다른 방식으로 포착, 이해할 수 있다. 2. 보편화: 자신의 문제가 다른 구성원에게도 있음을 알고 넓은 시야에서 문제를 생각할 수 있다. 3. 지성화: 자신의 문제를 지적으로 해석하고 분석하는 것을 배워 문제 해결에 대한 통찰을 심화 시킬 수 있다.

소그룹은 정서적 차원에서 다음과 같은 효과가 있다. 1. 수용: 구성원 사이의 존중, 공감, 수용 등을 통해 자신감과 안정감을 획득할 수 있다. 그러기위해 그룹을 향한 소속감, 우호적이고 기분 좋은 분위기, 인간 자아의 지지가 필요하다. 2. 이타성: 구성원 상호 간의 격려, 해석, 그리고 조언을 할 수 있다. 3. 전이: 구성원 간의 애착이나 동일화, 감정적 결합을 할 수 있다.

소그룹은 행위적 차원에서 다음과 같은 효과가 있다. 1. 현실 음미: 소그룹의 안전한 분위기에서 현실 가능한 행위 시도로 대안적 행동양식을 학습할 수 있다. 2. 환기: 억압된 감정이나 생각이 수용적 소그룹에서 해방되고 긴장을 해소할 수 있다. 3. 상호작용: 리더와 구성원 간, 구성원들 사이의 작용이 일어난다.

교회의 소그룹은 어떤 연령의, 또는 어떤 내용의 소그룹이라 하더라도 추구해야 할 것은 영적 성숙과 하나님 나라 추구다. 그렇지 않으면 사회의 일반 모임과 같아 의미를 갖지 못할 것이다. 소그룹은 모임인 이상 자연스레 또는 지정된 리더가 있게 된다. 리더의 자질과 능력이 소그룹의 지속, 활력과 성과 면에서 큰 영향을 친다. 소그룹의 리더는 성경적 리더십을 지녀야 한다. 바울이 디모데에게 권하는 내용(딤전 4:12-16)이 도움이 될 것이다. 이에 따르면 1. 지도자는 순전해야 한다. 즉 '말과 행실과 사랑과 믿음과 정절의 본'이 되어야 한다(12절). 2. 준비되어 있어야 한다. 즉 읽는 것과 권하는 것과 가르치는 것에 전념해야 한다(13절). 3. 정체성이 형성되어 있어야 한다. 즉 예언을 통하여 받은 은사를 인식하고 확신해야 한다(14절). 4. 전문성이 있어야 한다. 즉 전심 전력을 통한 성숙함을 표출할 수 있어야 한다(15절). 5. 영적 자기성찰을 그치지 않아야 한다. 즉 자신과 가르침에 대한 반성이 있어야 한다(16절).

교회 소그룹 운영에서의 문제점 하나는 소그룹의 구성원들에 대한 이해가 부족하다는 것이다. 즉 인간을 이해하되 신앙적으로 신학적으로만 이해하다 보니 인간의 사회적 심리적 문화적 차원이 간과되고 그것이 신앙 형성과 성숙을 방해하는 부메랑이 되어 돌아온다는 것이다. 그래서 아래에서는 교회의 부서들을 중심으로 하되 구성원들의 심리적, 사회적, 문화적 주요 특성들을 인간발달 단계에 맞추어 살펴 볼 것이다.

II. 소그룹의 발달적 특성

영아부

대부분의 한국 아이들은 3-4살이 되면 또박또박 말대꾸를 하고 울음으로 모든 것을 해결하려 한다. 이와 대조적으로 프랑스 아이들은 그렇지 않다고 한다. 어떻게 했길래 그럴까.[3]

기본적으로 우선, 명확한 규칙을 정하고 절대 물러서서는 안 된다. 부모와 아이 사이에 불변의 규칙을 정해야 한다. 예를 들어 차를 탈 때는 안전벨트를 한 채 카시트에 얌전히 앉아 있는다, 길을 건널 때는 엄마나 아빠의 손을 잡는다, 정해진 시간에 잔다, 식탁에서는 똑바로 앉아 있는다 등. 가족마다 구체적 내용은 다를 수 있지만 무엇이 됐든 반드시 지키도록 한다. 규칙을 정하고 한두 번 해 본 후 하지 않으면 아이들은 안 해도 되는 것으로 안다.

다음으로 아이의 눈물 앞에서 냉정을 유지해야 한다. 아이가 울 때 그 이유가 정당한지 정확히 파악해야 한다. 생떼가 아닌지, 그렇다면 무시하도록 한다. 아이들은 관심을 끌고 싶을 때나 부모의 마음을 돌리고 싶을 때, 부모로부터 양보를 얻어내고 싶을 때 울음을 터뜨린다. 그리고 아이에게 기다리는 법을 가르쳐야 한다. 원한다고 즉시 다 가질 수는 없다는 것을 알려주어야 한다. 힘들어도 참을 수 있도록 해야 한다. 또한 아이 역시 부모도 원하는 것이 있을 알도록 해야 한다. 엄마 아빠가 자기들의 소유가 아이라는 것, 엄마 아빠는 혼자만의 시간이 필요하다는 것을 알려주어야 한다.

---

3) Catherine Crawford, *Why French Children Don't Talk Back*, 하연희 역, 『프랑스 아이들은 왜 말대꾸를 하지 않을까』 (파주: 아름다운사람들, 2013).

유아부

4-5세 유아기의 행동 과제 중의 하나는 좋은 습관 형성이다. 이 시기에는 뇌의 전전두엽이 크게 발달한다. 그래서 무엇이 옳고 그른지 구분할 수 있다. 좋은 습관은 길러 주고 나쁜 습관은 없애야 할 때다. 그러기 위해서는 강화와 처벌을 적절히 사용해야 한다.[4] 강화 기법은 아이의 행동 중에서 긍정적인 행동을 더 자주하게 만들고자 할 때 사용한다. 처벌기법은 부정적인 행동을 없애려고 할 때 사용한다. 각각은 정적인 것과 부적인 것으로 나뉜다.

[표6] 습관 교육

정적 강화	부적 강화	정적 처벌	부적 처벌
좋아하는 강화물을 제공해서 행동 늘리기 예) 장난감 정리하면 좋아하는 사탕 주기	싫어하는 강화물을 제거해서 행동 늘리기 예) 우유 마시면 싫어하는 시금치 먹지 않게 해 주기	싫어하는 강화물을 제공해서 행동 줄이기 예) 손톱을 물면 싫어하는 빨간약을 발라 주거나 붕대 감고 있기	좋아하는 강화물을 제거해서 행동 줄이기 예) 장난감을 차우지 않으면 좋아하는 장난감을 아예 없애기

아동부

아동부 교육과 관련해서 관심을 가져야 할 주요 내용은 체벌, 전자 기기, 놀이와 공부 사이, 그리고 정서다.

먼저 체벌이다. 근래에 어린이 집의 아동 학대 사건이 논란이 되고 있다. 학대 사건의 원인이 무엇인지를 보육교사의 입장에서 살피기도 하지만,[5] 체벌에 대한 입장은 나라마다 사람마다 달라 혼란스럽다. 스웨덴, 독일 등 39개국은 가정을 비롯한 모든 곳에서 아동 체벌을 금지하고 있다. 미국에서는 부모들이 제한적인 체벌을 할 수 있고 19개 주는 학교에서 학생 체벌을 허용하고 있다. 얼

---

4) 오영주, 『내 아이를 위한 타이밍 육아: 끝까지 공부하는 힘을 기르는 생후 10년 자녀교육 로드맵』(서울: 지식너머, 2015).

5) 보육교사의 자아존중감, 내적 통제력, 아동학대 지식, 그리고 직무태도 등이 아동학대에 영향을 미치는 요인으로 분석되었다. 이현순, 「어린이집 아동학대 영향요인에 관한 연구: 전국 어린이집 보육교사의 인식을 중심으로」박사학위논문 (건국대학교 대학원, 2014).

마 전 가톨릭의 수장인 프란치스코 교황은 훈육을 위해 체벌이 필요하다고 해서 논란이 일었다.6) 우리나라 속담에도 "귀한 자식 매 한 대 더 때리고 미운 자식 떡 한 개 더 준다."는 말이 있다. 이 같은 입장은 적당한 체벌이 교육에 효과적이라는 것이다. 그러나 체벌에 반대하는 사람들은 폭력은 어떤 이유로도 정당화될 수 없다면서 체벌은 사랑의 매라는 말로 그럴듯하게 포장된 폭력일 뿐이라고 주장한다. 그렇다면 성경은 어떻게 말할까.

성경에서 체벌은 훈육의 여러 단계 중의 하나다. 잠언에는 여러 단계의 훈육이 나오는데 그것들은 부드러운 지시에서부터 보다 심한 체벌까지 걸쳐있다.7) 결국 성경은 체벌을 허락하는 경우다. 하지만 그 이유가 교육적 효과라든가 사랑의 매라든가 하는 아니다. 성경은 체벌의 이유를 영혼의 관점에서 보고 있다. 아이들은 어리석기 때문이다. 미련함은 순진함과는 다르다. 어리석음은 왜곡된 어리석은 본성 또는 행위다. '훈계의 매'가 아이에게서 그와 같은 어리석음을 쫓아낸다. 아이의 영혼을 구하기 위해서는 엄하게 대해야 한다는 것이다.

"아이의 마음에는 미련한 것이 얽혀 있으나, 훈계의 매가 그것을 멀리 쫓아낸다."(잠 22:15)

아동에게 금해야 할 것에 우선적으로 전자 기기가 있다. 특히 12세 미만이 그렇다.8) 그 이유는 다음과 같다. 1. 두뇌 발달 저해. 어린이의 두뇌는 환경의 자극에 민감하다. 전자 기기에 과도하게 노출된 뇌는실행 능력과 주의력 부족, 인지 발달지체, 학습 장애, 충동성 증가, 울화 행동과 같은 자기 조절 능력 저하와 연관이 있다. 2. 발달 지체 야기. 전자 기기의 과도한 사용은 활동성을 떨어뜨리고, 이는 발달 지체로 이어질 수 있다. 판단 능력과 학업 성취도에도 부정적인 영향을 미친다. 3. 비만. 통제 받지 않고 전자 기기를 사용하는 어린이들의 경우 그렇지 않은 아이에 비해 비만율이 30% 높다. 비만은 당뇨, 뇌졸중과 심장 마비를 일으킬 가능성이 있다. 4. 수면부족. 9세와 10세 아이들의 75%는 성적에 영향을 끼칠 정도로 수면이 부족하다. 5. 정신질환 비율의 증가. 전자기기 과다 사용은 우울증, 불안감, 애착장애, 주의력 결핍 장애, 자폐증, 조울증, 정신병, 어린이 행동장애의 원인이 된다. 6. 공격성 증가. 미디어의 노골적인 성

---

6) "교황 '아이에게 매 들 필요있다'…체벌 논란 재점화", 〈연합뉴스〉 (2015.2.6).

7) 자세한 내용은 박종석, 『구약성서의 교육』 (서울: 사랑마루, 2014), 272-84 참조.

8) "12세 미만 아이에게 전자 기기를 금지해야 하는 10가지 이유", 〈The Huffington Post〉 (2014.3.15).

행위, 살인, 강간, 고문, 절단 등의 성적이고 폭력적 내용은 아이들의 공격성을 증가시킨다. 7. 디지털 치매. 초고속 미디어는 집중력과 기억력을 퇴화시킬 뿐만 아니라 주의력 결핍의 원인이 되기도 한다. 뇌의 활동이 감소하기 때문이다. 집중할 수 없으면 배우지도 못한다. 8. 전자 기기 중독. 특히 부모의 관심으로부터 소외되어 전자 기기에 애착을 갖게 되어 중독될 수 있다. 부건복지부늬 「2013년 한국 아동 종합 실태조사」에 따르면, 인터넷·스마트폰 등 매체중독 고위험에 포함되는 초등학생은 16.3%에 달했다.[9] 9. 심각한 전자파 노출. 2011년 세계보건기구(World Health Organization)는 휴대폰과 그 외 무선 기기에서 방출되는 전자파를 인체 발암 가능 물질로 분류했다.

미국 소아과학회(American Academy of Pediatrics)와 캐나다 소아과 협회(Canadian Society of Pediatrics)는 0세~2세 유아들이 절대 전자 기기에 노출되어서는 안 되며, 3세~5세는 하루 한 시간, 6세~18세는 하루 2시간으로 노출을 제한해야 한다고 발표했다. 2013년 현재 우리나라 10대 청소년의 주평균 인터넷 이용시간은 14.1시간이다.[10]

2013년 휴대전화를 보유하고 있는 초·중·고등학생 중 남학생은 게임(25.2%)을, 여학생은 채팅(33.6%)을 다른 기능보다 많이 이용하고 있는 것으로 나타났다.[11] 2013년 초·중·고등학생의 77.1%가 소셜네트워크서비스(SNS) 계정을 보유하고 있다.[12] 전자 기기 이용은 일종의 습관이다. 안하면 안하고 살 수도 있다. 우리 아이들은 아홉 살이 될 때까지 TV를 안 보았다. 다른 집에 가서도 TV를 보지 않았고 오히려 꺼버리기도 했다. 자녀의 전자 기기 과다 사용 방지를 위해서는 부모가 자녀의 습관을 건전하게 형성해야 한다.

아이들은 놀아야 한다. 재미있게 놀고 깔깔대고 웃으며 기쁨을 맛보면서 살아야 할 권리가 있다.[13] 놀지 못하는 우리나라 아이들은 불행하다. 우리나라 아이가 느끼는 삶의 만족도는 60.3점으로 OECD 국가중 최저다.[14] 그들을 불행하게 하는 것이 공부다.[15] 하루 평균 학원 3곳 이상을 가는 초등학생들은

9) 보건복지부·한국보건사회연구원, 「2013년 한국 아동 종합 실태조사」(2013.12), 204.
10) 통계청·여성가족부, 『2014 청소년통계』(2014.7), 32.
11) 통계청·여성가족부, 『2014 청소년통계』, 6. 청소년들이 게임을 즐기는 가장 큰 이유는 '재미'다. 학교와 학원 수업 등의 제한된 환경 속에서 가장 쉽게 접할 수 있고 재미있는 것이 바로 '게임'이다. 인터넷 등의 게임에 대한 교육적 검토는 박종석, "컴퓨터 게임의 기독교교육적 검토", 「기독교와 교육」 10 (부천: 서울신학대학교 기독교교육연구소, 2002), 46-68; 박종석, 『성서적 신앙공동체 교육』(파주: 한국학술정보[주], 2008), 356-92 참고.
12) 통계청·여성가족부, 『2014 청소년통계』, 34.
13) Oprah Winfrey, *What I Know for Sure*, 송연수 역, 『내가 확실히 아는 것들』(서울: 북하우스, 2014), 45.
14) 보건복지부·한국보건사회연구원, 「2013년 한국 아동 종합 실태조사」, 200.

42.1%다.16)

"아주 먼 옛날, 어린아이들이 함께 살고 있었다. 해가 떠서 질 때까지 하루 종일 그들은 뛰어놀고, 의심나는 것을 묻고, 이상한 장소에 가 보고, 강 언덕을 뒹굴고, 조약돌, 새털, 고무줄, 나뭇가지를 모으면서 놀았다. 아이들은 재잘거리며, 울다가 웃기도 하고 서로 껴안기도 했다. 때로는 거인 이야기를 하기도 하고 새끼 고양이를 데리고 놀며 즐거워하였다. 바람이 불어와서 뺨에 스칠 때 아이들의 눈은 반짝거렸다. 그런데 이 아이들의 곁에 있던 어른들은 걱정이 되어 언제부터 아이들을 가르칠 것인가, 무엇을 가르치고 어떻게 가르쳐야 할까를 고민하고 열심히 토론하였다. 이런 토론은 논쟁이 되어 오래 계속되었고, 여러 해 동안 추운 겨울은 뜨거운 논쟁으로 이어졌다. 그러는 동안 어느덧 아이들은 다 자랐다. 문득 어른들은 "이를 어쩌지, 아이들에게 한 가지도 제대로 못 가르쳤는데…"하고 근심에 빠졌다. 그렇지만 아이들은 아무 문제없이 늘 행복하게 지냈다. 이미 다 자란 아이들은 모든 일을 처리 하는데 현명했고 넓은 세상의 경이로움에 감탄했다. 이것을 본 어른들은 저절로 놀랄 수밖에 없었다."17)

부모 입장에서는 아이가 놀아야 하는 것은 알지만 그렇다고 공부를 안 시킬 수도 없어 갈등이다. 중요한 것은 공부를 하더라도 아이가 행복할 수 있다면 될 것이다. 그 일에 도움되는 요소가 정서지능(EQ: Emotional Quotient)이다. IQ(Intelligence Quotient)가 높은 아이보다 EQ가 높은 지혜로운 아이가 행복하고 성공한다는 것이 이미 밝혀졌다. 정서지능이란 피터 샐로비(Peter Salovey)와 존 메이어(John D. Mayer)가 최초로 사용한 개념이다.18) 그들에 의하면 정서지능이란 사회지능의 한 하위요소로서, 자신과 타인의 감정과 정서를 점검(monitor)하고 그것들의 차이를 변별(discriminate)하며, 생각(thinking)하고 행동(actions)하는데 정보를 이용할 줄 아는 능력(ability)이다. 그 구성 요소는 자신과 타인의 정서를 평가하고 표현하는 능력(정서의 인식과 표현 영역), 자신과 타인의 정서를 조절하는 능력(정서조절 영역), 정서를 적응적인 방식으로 활용하는 능력(정서활용 영역) 등 세 가지다.19) 문용린은 그것을 정서인식 능력, 정

---

15) 보건복지부·한국보건사회연구원, 「2013년 한국 아동 종합 실태조사」, 188.
16) "'내 꿈은 가수인데…' 수학에 한자까지 하루 9곳 학원 순례", 〈동아일보〉 (2014.4.8); 보건복지부, 「2013년 한국 아동 종합 실태조사」, 417-33 참고.
17) Otto Weininger, *Play and Education*, 강선보 역, 「놀이와 교육」(서울: 재동문화사, 1988).
18) Peter Salovey and John D. Mayer, "Emotional intelligence," *Imagination, Cognition and Personality* 9:3 (1990), 185-211. 하지만 유명한 이는 대니얼 골만(Daniel Goleman)이다. Daniel Goleman, *Emotional Intelligence: Why It Can Matter More Than IQ*, 10th Anniversary Edition, 한창호 역, 「EQ 감성지능」(서울: 웅진지식하우스, 2008).

서표현 능력, 정서이입 능력, 정서조절 능력, 그리고 정서활용 능력 등 다섯 가지로 확대했다.[20] 그 내용의 예를 들면 다음과 같다. 정서인식: 얼굴 표정만 보고도 그 사람이 화가 났는지 알 수 있다. 정서표현: 외톨이로 혼자 다니는 아이를 보면 불쌍하게 느낀다. 감정이입: 친구가 울 때 친구의 기분을 바꾸어 주기 위해 노력한다. 정서조절: 놀이터에서 친구가 밀었을 때, 화가 나지만 참는다.[21]

정서능력은 자신의 감정과 충동을 절제하고 통제하며, 타인들의 감정에 대해 예민하게 느끼고 감정을 표현하고, 인내심을 유지하며 자신의 마음을 통제할 수 있는 능력이다. 정서지능은 아이가 행복하고 성공적인 삶을 살아가는 데도움이 된다. 아이의 정서지능을 높이기 위한 구체적 방법에는 '감정코칭'이 있다. 감정코칭은 아이의 감정을 이해하고 공감해서 아이의 자기결정력을 형성하고자 한다. 감정코칭은 대인관계뿐 아니라 학습 향상, 자신감, 건강, 집중력 등 다방면에 효과가 있다.[22] 감정코칭은 5단계로 나뉜다. 존 고트먼(John M. Gottman)은 아이의 감정변화 순간을 찾아 경청한 뒤 표현하게 하고 구체적으로 해결할 수 있도록 하는 일련의 단계들로 구성된다. 1. 1단계: 아이의 감정 인식하기. 감정코칭은 아이가 감정을 보일 때 시작된다. 행동에 숨겨진 감정의 내용이 무엇인지 포착해야 한다. 아이의 감정을 제대로 읽지 못할 경우에는 물어본다. 2. 2단계: 감정이 드러나는 순간을 기회로 삼기. 강한 감정이 표출될 때를 놓치지 말아야 한다. 그때 감정을 수용하고 공감해주면 신뢰와 단단한 애착을 형성할 수 있다. 3. 3단계: 아이의 감정을 공감하고 경청하기. 아이가 감정을 보일 때 잘 들어주고 공감해주는 단계다. 아이 스스로 자기 감정을 들여다보고 이야기할 수 있도록 해야 한다. '왜?'라는 말은 공감의 맥을 끊는다. 대신에 '무엇'과 '어떻게'로 이어가야 한다. 아이가 하는 말을 따라 하면 감정 공감이 쉽다. 기회를 봐서 '왜?'라고 물어 볼 수 있다. 4. 4단계: 아이의 감정을 표현하도록 도와주기. 감정은 모호하다. 이 단계는 자신의 감정의 정체가 무엇

---

19) 이들은 이것을 나중에 네 가지로 확장했다. ① 정서의 지각, 인식, 표현 영역(Perception, Appraisal, and Expression Emotion), ② 정서의 사고 촉진 영역(Emotional Facilitation of Thinking), ③ 정서지식의 활용 영역, ④ 정서의 반영적 조절 영역(Reflective Regulation of Emotion). John D. Mayer and Glenn Geher, "Emotional Intelligence and the Identification of Emotion," *Intelligence* 22:2 (March-April 1996), 89-113.
20) 문용린, "한국 학생들의 정서지능 측정연구: 새로운 지능의 개념, 감성지능", 「Peter Salovey 교수 초청강연 자료집」(서울: 삼성생명 사회정신건강연구소, 서울대교육연구소, 1996); 문용린, 「종합적성진로진단검사」(서울: 대교교육정보연구소, 1997).
21) 보건복지부·한국보건사회연구원, 「2013년 한국 아동 종합 실태조사」, 216.
22) John M. Gottman·최성애·조벽, 『존 가트맨·최성애 박사의 내 아이를 위한 감정코칭』(서울: 한국경제신문 한경BP, 2011).

인지를 분명하게 확인하는 단계다. 자기의 감정이 어떤 것인지 모르면 제대로 대처할 수 없기 때문이다. 아이가 스스로 자기 감정을 표현할 단어를 찾도록 도와준다. 5단계: 아이 스스로 문제를 해결할 수 있도록 하기. 이 단계는 1. 한계 정하기(먼저 공감하고 행동의 한계를 정해준다. 문제는 '감정'이 아니라 '잘못된 행동'임을 아이가 깨닫도록 한다). 2. 아이가 원하는 목표 확인하기(직면한 문제와 관련해 무엇을 성취하고 싶은지 직접 묻는다). 3. 해결책 찾아보기(부모가 전적으로 나서지 않고, 아이가 스스로 생각해내도록 격려한다). 4. 해결책 검토하기(아이가 제시한 해결책을 하나씩 살펴보고 어떤 방법을 시도할지 결정한다). ⑤ 아이가 스스로 해결책을 선택하도록 돕기(한두 가지 방법을 선택해 시도하도록 한다. 부모의 의견과 지침을 제공하기 좋은 단계다. 아이가 옳은 결정을 내리는 것도 중요하지만 실수를 통해서도 교훈을 얻는다는 사실을 알려줘야 한다. 효과가 없는 해결 방법을 선택했다면 효과가 없었던 이유를 아이가 분석하도록 유도한다)로 구성된다.[23]

청소년부

청소년이 고민하는 문제를 통해 청소년을 살펴보자. 2012년 현재, 우리나라 청소년이 고민하는 문제는 '공부(32.9%)', '직업(25.7%)', '외모,건강(16.9%)' 순으로 나타났다.[24] 청소년은 심한 스트레스를 받고 있다.[25] 2013년 기준, 예상할 수 있듯이 아동보다(4점 만점, 2.02) 청소년의 스트레스 지수가 더 높다(2.16). 스트레스 점수가 가장 높은 항목은 '숙제나 시험' 때문에 오는 스트레스로 2.47였고, 그 다음은 성적 때문에 부모님으로부터 받는 스트레스였다(2.30). 대학입시 또는 취업에 대한 스트레스도 2.18로 높았고, 부모님과의 관계에서 오는 스트레스는 평균 2.17이었다. 반면, 키, 몸무게, 생김새 등 신체특성 때문에 받는 스트레스는 2.0내외로 높은 편은 아니었다. 종합하면 우리나라 청소년이 받는 스트레스는 학업 및 부모와의 관계 갈등에서 주로 기인함을 알 수 있다.[26] 전체적으로 학교생활 관계에서 스트레스를 받고 있다. 2012년 여자청소년 10명중

---

23) Gottman·최성애·조벽, 『존 가트맨·최성애 박사의 내 아이를 위한 감정코칭』, 4부.
24) 통계청·여성가족부, 「2014 청소년통계」, 14.
25) 스트레스는 '적응하기 어려운 환경에 처할 때 느끼는 심리적·신체적 긴장 상태'다. 그런 상태가 지속되면 심장병·위궤양·고혈압 같은 신체 질환과, 불면증·노이로제·우울증 등의 심리적 부작용이 나타난다.
26) 보건복지부·한국보건사회연구원, 「2013년 한국 아동 종합 실태조사」, 188.

7명(69.6%)은 '학교생활'에서 스트레스를 받고 있으며, 남자청소년(55.2%)에 비해 14.4% 높다.[27)]

학교 폭력 문제를 빼놓고 청소년 문제를 이해할 수 없다. 학교폭력이란 학교 내외에서 학생을 대상으로 발생한 상해, 폭행, 감금, 협박, 약취·유인, 명예훼손·모욕, 공갈, 강요·강제적인 심부름 및 성폭력, 따돌림, 사이버 따돌림, 정보통신망을 이용한 음란·폭력 정보 등에 의해 신체·정신 또는 재산상의 피해를 수반하는 행위를 말한다.[28)] 2012년 현재 중·고등학생의 폭력피해 경험은 5.6%이며, 폭력피해 이유는 '특별한 이유 없다'가 51.8%로 가장 많았다.[29)] 피해유형별로는 언어폭력(35.4%)〉 집단따돌림(16.8%)〉 폭행(11.8%)〉 스토킹(10.1%)〉 사이버 괴롭힘(9.9%) 〉 금품갈취(7.6%)〉 강제심부름(4.4%)〉 추행(4.0%) 순이었다. 남학생은 폭행, 스토킹, 금품갈취의 상대적 비중이 높았고, 여학생은 집단따돌림, 사이버 괴롭힘 비중이 상대적으로 높게 나타나 성별에 따라 피해유형 간 비중이 다르게 나타났다.[30)] 가해자는 '같은 학교 동급생', 피해 장소는 '교실', 피해 시간은 '쉬는 시간' 비중이 상대적으로 높게 나타났다.[31)] 가해이유는 '장난으로', '피해학생이 마음에 안 들어서'의 순으로 나타났으며, 남학생은 '장난으로'의 응답비중이, 여학생은 '마음에 안 들어서'의 응답비중이 높았다.[32)]

학교폭력 최초 발생 연령이 낮아지고 있다. 초등학교 때 벌써 폭력을 행사하고 피해를 경험한 학생이 각각 58.0%, 53.6%다. 중학생의 학교폭력 발생 비율이 급증하고 있다. 학교폭력에서 가해자와 피해자 구분은 불분명하다. 학교폭력 피해 경험이 있는 학생이 다시 학교폭력을 당하지 않기 위해 다른 학생에게 학교폭력을 행사하는 피해와 가해의 악순환이 지속되고 있다. 과거 학교폭력이 신체적 폭력이었던 데 비해, 최근에는 강제적 심부름, 사이버 폭력, 성적 모독 등 언어적·정신적 폭력이 증가하고 있습니다. 특히, 언어적·정신적 폭력은 휴대전화 문자 등 SNS 등을 통해 손쉽게 반복적으로 이루어지고 있어 그 심각성을 더하고 있다.[33)]

학교폭력을 예방하기 위해 학교와 정부가 노력하고 있다. 학생들은 학교폭력을 신고하여 자신을 지킬 수 있다. 학교폭력의 피해자들은 누군가의 도움을

---

27) 통계청·여성가족부, 『2014 청소년통계』, 4.
28) 「학교폭력예방 및 대책에 관한 법률」 제2조제1호.
29) 통계청·여성가족부, 『2014 청소년통계』, 37.
30) 교육부·한국교육개발원, 「2014년 2차 학교폭력 실태조사」 (2014.11), 2-3.
31) 교육부·한국교육개발원, 「2014년 2차 학교폭력 실태조사」, 4-5.
32) 교육부·한국교육개발원, 「2014년 2차 학교폭력 실태조사」, 7.
33) "학교폭력 개요", 〈생활법령정보〉 (법제처).
   http://eclick.law.go.kr/CSP/CnpClsMain.laf?csmSeq=635&ccfNo=1&cciNo=1&cnpClsNo=1

바라고 있다. 그래서 '누가 괴롭힌다.'든지 하는 말은 폭력을 당하고 있을 가능성이 크기 때문에 유의해야 한다. 아이들끼리 그 시기에 다 겪은 일반적인 일로 생각해서는 안 된다. '사이좋게 지내라든지, 너 때는 다 그렇다'라는 식으로 넘어갈 경우, 아이들은 부모를 신뢰하지 못하게 되어서 다음에는 폭력 문제만이 아니라 어려운 일에 대해 말을 안 하게 된다. 아이들의 지나가는 듯 한 말에도 그 안에 무슨 내용이 담겨 있는 지를 예리하게 낚아챌 수 있어야 한다.

청소년들의 외모에 대한 관심은 갑작스럽게 증가하였다. 이에는 크게 개인적 이유와 사회적 원인이 있다. 개인적으로는 예뻐지려고 하는 이유가 있다. 그런데 왜 이뻐지려고 하느냐 할 때 사회적으로 대중매체의 영향이 있고 외모를 중시하는 사회분위기 탓이 크다 할 것이다. 연예 산업이 크게 발전하면서 연예인들의 외모를 모방하려는 학생들이 늘어났다. 이에 따라 소위 틴 마케팅이라고 하는 10대들을 겨냥한 화장품,[34] 의류 산업[35]이 증가하게 되었다. 10대들은 예쁘고 잘 생긴 연예인들이 성공하는 것을 바라보면서 현대 사회에서는 외모 또한 경쟁력이 된다는 사실을 깨닫는다. 성형외과개업의들은 미성년수술이 전체 미용 수술의 20~30%를 차지하는 것으로 추산한다.[36]

한편, 정보통신산업, 특히 SNS의 발달로 과거의 진지한 지속적 교류에서 보다 더 넓은 그러나 가벼운 인간관계로 바뀌었다. 이 같은 순간적 영상적 만남에서는 자연스레 타인의 외모에 시선이 갈 수밖에 없고 타인에게 비쳐질 자신의 모습에 신경을 쓸 수밖에 없다. 여기에 십대들은 과거보다 이성을 만나고 교제할 수 있는 기회를 더 많이 갖게 된 데도 원인이 있다. 1960 년대에 시작된 가족계획 정책을 기점으로 우리나라의 출산율은 빠른 속도로 감소하였다. 이후 여성들의 사회진출이 확대되고 자녀 양육비가 높아지면서 출산율은 계속 감소되었다. 여성 1명이 평생 낳을 것으로 예상하는 평균 출생아 수를 뜻하는 합계출산율은 1970년 4.53명에서 1983년 2.06명, 이후 30년 이상 2.0 이하를 보이고 있고, 2013년 현재 1.178명으로 크게 감소하였으며 이는 세계 최하위 수준이다(세계 224개국 중 220위).[37] 출산율 저하는 자녀에 대한 투자비용 증대로 나타났고 외모에 신경을 쓸 수 있는 여유를 주었다.[38]

자녀들이 외모에 신경 쓰는 것을 부정적으로만 볼 필요는 없다. 사람이 살

---

34) 예를 들어, UNICLO, H&M, ZARA 등.
35) 예를 들어, 청소년화장품 브랜드인 nana's B가 대표적이다.
36) "졸업앨범 찍기 전에… 성형외과로 몰려드는 중3", 〈조선일보〉 (2012.7.19).
37) 통계청, 「2013년 출생 통계」 (2014.8), 25; "애들 키우기 힘든 나라…한국 출산율 세계 최하위", 〈연합뉴스〉 (2014.6.16).
38) 홍리경, 「청소년들의 외모에 대한 관심이 증가한 원인」 (한국사회학회, 2012).
   http://www.ksa21.or.kr/disser/3은상_홍리경.PDF

아가는데 반드시 필요한 것이 의식주라면 그것을 제대로 알고 누릴 줄 알아야 한다. 그런데 대부분의 사람들은 옷을 어떻게 입어야 하는지, 몸에 맞는 옷이 어떤 것인지 조차 모르고 지낸다. 이왕 입는 옷이라면 멋있게 입는 것이 좋다. 청소년 시기에 멋이 무엇인지 알아 멋진 사람이 되어 나쁠 것이 없다. 화장의 경우도 자기 얼굴에 맞는 화장을 못하는 여성들이 많다. 같은 화장을 하더라도 자기 얼굴에 맞는 스타일로 한다면 자신의 아름다움을 더욱 드러낼 수 있을 것이다.

10대 자녀를 둔 부모의 20계

다음은 십대 자녀를 둔 부모들을 위한 실제적 지침이다. 자녀에게 요구가 아니라 요구할 내용을 먼저 보여주는 부모가 되는데 주안점을 둔다.

1. 성장하는 자녀의 연령에 맞추어 부모의 양육 태도를 수정하라.
2. 성인으로 대접받기를 바라는 그들을 이해하라.
3. 자녀가 부모의 뜻을 거역해도 부모는 그들을 거절하지 말라.
4. 자녀의 자존심이 상할 때가 있음을 알아야 한다.
5. 자녀의 친구를 절대로 비난하지 말라.
6. 십대의 반항은 그들 자신의 혼돈을 위장하려는 것이다.
7. 자녀들에게 실패를 스스로 경험할 수 있는 기회를 주라.
8. 어떤 경우에도 자녀를 남과 비교하지 말라.
9 자신의 잘못을 자녀에게 사과할 줄 아는 부모가 되라.
10. 자녀보다 성숙한 부모가 되라.
11. 자녀들에게 대화의 문이 언제나 열려있음을 믿게 하라.
12. 언젠가는 부모를 떠날 자녀임을 각오하라.
13. 자녀의 정서는 부모의 화평 속에서 자란다.
14. 하늘에 정직한 부모는 자녀의 불행을 보지 않는다.
15. 공부보다는 책임과 질서를 잘 지키는 자녀로 키우라.
16. 자녀에 대한 부모의 역할을 물질로 보상하지 말라.
17. 문제가 일어나기 전에 예비 상담을 받도록 하라.
18. 자녀들에게 아름다운 추억을 많이 심어 주라.
19. 감사하는 부모의 생활 속에서 자녀를 키우라.
20. 기도하는 부모의 모습을 자녀들에게 심어 주라.[39]

청년부

이 시대 청년들은 딱하다. 그 나이에 당연히 누려야 할 것들을 포기해야 하는 세대이기 때문이다. 경제적인 어려움으로 연애·결혼·출산, 이렇게 세 가지를 포기한 청춘을 이르러 '삼포세대'라고 한다. 이것이 4년 만에 그 숫자가 늘었다. 오포세대다. 취업을 위해 인간관계를 포기하고, 내 집 마련에 대한 꿈을 접었다는 내용이다. 더 절망적인 것은 자신은 모든 것을 포기한 자포세대라고 하는 이도 심심치 않다. 청년들은 앞으로 경제가 성장하기를 바라는 것이 아니라 완전히 붕괴되고 새롭게 시작되기를 바란다.40) 더 이상 바랄 것이 없다는 뜻이다. 2011년 내각부가 실시한 「일본 국민 생활 만족도 조사」에 따르면, '현재 생활에 만족한다'고 답한 20대 비율이 무려 70%를 넘었다는 내용과 비슷하다. '사회가 더 나아질 것 같지 않은 상황에서 당장 먹고살기에는 부족함이 없는 현재를 수동적으로 받아들이는 절망적 행복'이라고 할 수 있다. '희망이 없기에 행복하다'는 이 소위 '사토리 세대(さとり世代)'는 욕망을 억제하며 소비를 줄이고 자급자족하며 살아간다.41) 그리고 한국의 청년들 역시 사회나 국가에 요구하는 대신 체념하고 욕망을 포기하며 새로운 삶의 양태를 만들어 가고 있다.

청년들의 이와 같은 자포자기의 삶은 직업 때문이다. 취업을 할 수 없으니 어떻게 생활을 할 수 있겠는가. 2015년 5월 13일 통계청이 내놓은 고용동향에 따르면 4월의 청년실업률은 10.2%로 관련 통계가 작성되기 시작한 1999년 6월 이후 4월 기준으로 최고치를 기록했다. 국제노동기구(ILO) 기준에 따라 정부 통계에서 빠져 있는 사람들까지 포함시키면 청년층의 '사실상 실업률'42)은 20%를 훌쩍 뛰어넘을 것으로 추산된다. 공식 실업률보다 2배가량 높은 수치로 IMF 환란 수준의 취업률이라고 한다.

취업 문제와는 상관없이 직업에 대해, 한국직업능력개발원은 2014년말 '한국의 직업지표 연구'를 통해 10년 후 전망이 좋은 상위 20개 직업을 선정해 발표했다. 이는 보상, 일자리 수요, 고용안정, 고용평등, 발전 가능성, 근무여건, 직업 전문성 등 각 영역별로 10년 후 전망에 대해 점수를 매겨 종합 순위를 정한 것이다.43)

---

39) 〈국민일보〉(1995.12.2).
40) "벼랑 끝에 몰린 청년, 왜 '붕괴'를 택했나?", 〈KBS 뉴스〉(2015.2.12).
41) Furuichi Noritoshi, 絶望の国の幸福な若者たち, 이언숙 역, 『절망의 나라의 행복한 젊은이들』(서울: 민음사, 2014).
42) 사실상의 실업자는 공식 실업자에 ① 더 많은 시간을 일하고 싶은 청년 근로자(시간 관련 추가 취업 가능자), ② 구직활동을 안 하고 있지만 취업을 희망하고, 취업할 의지도 있는 청년(잠재경제활동인구)을 합한 것이다.

[표7] 현재와 비교하여 10년 후 직업 전망이 좋은 상위 20개 직업

순위	직업명	순위	직업명
1	가스·에너지 기술자 및 연구원	11	자연과학 연구원
2	보건 위생 및 환경 검사원	12	수의사
3	항공기 정비원	13	상품기획 전문가
4	음식서비스 관련 관리자	14	판사 및 검사
5	사회복지사	15	보험 심사원 및 사무원
6	생명과학 연구원	16	항공기 조종사
7	소방공학 기술자 및 연구원	17	관제사
8	경영 및 진단 전문가	18	임상심리사 및 기타 치료사
9	재활용 처리 및 소각로 조작원	19	경찰관
10	자동차조립라인 및 산업용 로봇 조작원	20	소방관

한편 2010년 한국직업능력개발원의 직업 전망에 따르면 향후 10년 전망이 밝지 않은 직업은 다음과 같다.[44]

[표8] 10년 후 전망이 밝지 않은 직업

순위	직업명	점수
1	초등학교 교사, 대학교수	19
2	우편물 집배원	21
3	중·고등학교 교사	23
4	이용사, 임상병리사, 성직자	24
5	아나운서 및 리포터	26

---

43) "'판·검사, 의사보다 좋다'···10년 후 유망 직업 1~10위는?", 〈동아일보〉(2014.11.11).
44) "10년 후 유망 직업", 〈매경이코노미〉1592 (2011.2.2-9).

장년부

청년은 결혼을 하여 가정을 꾸민다. 그 때부터 그의 최대 관심은 어떻게 행복한 가정을 꾸미느냐가 된다. 서별님은 가정을 전인적 유기체로 본다. 이는 가정을 한 인간의 성격과 동일하게 보는 것인데, 다만 우리 몸의 지체에 해당하는 것을 가족으로 대체한 것이다. 즉 가정은 부모와 자녀 사이, 그리고 자녀들의 유기체적 관계 안에서 유지되고 성립되는 하나의 몸이라는 것이다. 그럴 경우 건전한 유기체적 관계가 이뤄지지 않는 가정은 모양뿐이지 본질적으로 가정이라고 보기 어렵다.

〈그림2〉 유기체적 가정의 구성요소와 상호 개념

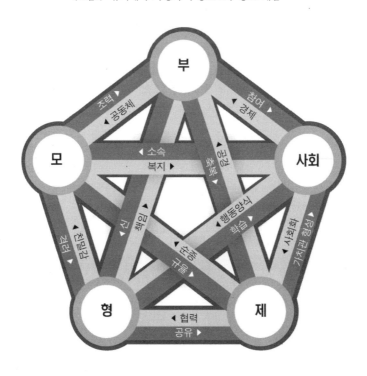

가정을 구성하는 요소로 구성원을 부모, 자녀, 자녀들 사이, 그리고 가정이 그 안에 있는 사회를 포함시켜 다섯 가지로 보고 그것들 사이의 관계가 어떤 성격이어야 하는지를 말한다.[45] 이를 그림으로 표현하면 그림3과 같다.

가정을 세워나가는 일은 생각처럼 쉽지 않다. 어찌 보면 대단히 복잡한 일이고 그래서 어렵다. 하지만 건강하고 행복한 가정 세우기의 어려움을 인식하는 것 자체가 시작이다. 그리고 침착하게 건전한 가정의 그림을 항시 염두에 두고 살피며 필요한 행위를 착실히 해나가야 할 것이다.

쳇바퀴 돌듯 하는 생활이 이어지면서 몸이 붇고 머리도 벗겨지기 시작한다. '아저씨'와 '줌마'가 되어가는 것이다. 친구의 부푼 배를 쿡쿡 찌르며 킥킥대고 패이기 시작한 주름을 안줏거리로 삼게 될 날이 올 줄 몰랐다. 젊은 시절에는 나이가 나를 따라왔으나 이제는 나이가 나를 앞서 나가고 있다. 중년. 아이들도 웬만큼 크고 자유로워져야 할 터인데, 여전히 방향 감각 없이 길을 헤매고 있는 자기 자신이 서글프다. 아름다운 꽃을 봐도 심드렁하기만 하고, 사람들을 봐도 반갑지 않고, 의욕도 느낌도 없이 습관처럼 살고 있다. 거기다 중년의 안정은 꿈꿀 수 없는 시대가 되었으니 젊은 날처럼 여전히 불안하다. 장영희 교수는 중년의 삶을, 화려함을 잃은 흑백 영화에 비유했다.

"누군가 내 지나간 삶의 소중하고 특별한 순간들을 영화 필름에 담는다면 나의 십대와 이십대는 다양하고 경이로운 경험과 열정으로 가득한 컬러 무비가 될 테다. 하지만 중년에 들어서부터는 아마도 뿌옇고 불분명한 그림자로 채워진 흑백 영화나, 아니면 완전히 공백 필름이 될 것이다."[46]

인생의 어느 한순간 누구에게나 커다란 봉우리를 넘는 시간이 있다. 죽을병에 걸릴 수도 있고, 사랑하는 사람이 떠나버릴 수도 있고, 갑자기 가난해질 수도 있고, 직업을 잃을 수도 있다. 고통의 봉우리를 넘는 방법은 고통에 대항하는 방식이 있지만 오히려 고통을 받아들이는 방식도 있다. 고통이 자신의 것이 아니라고 부정하면 또 다른 고통이 찾아온다. 삶이란 즐겁고 아름다운 것만은 아니다. 사는 건 어차피 고통스러운 것일 가능성이 더 크다. 고통과 아픔을 거부한다면 고통의 크기는 더 커지고, 아픔의 시간은 더 길어질지 모른다. 때로는 우리가 받아들이고 허락한 그 아픔과 고통이 우리의 삶을 더 단단하게 해준다.

---

45) 서별님, 「전인적 유기체로서의 기독교가정교육론에 관한 연구」 석사학위논문 (서울신학대학교 대학원, 2011).
46) 장영희, 『내 생애 단 한번: 때론 아프게, 때론 불꽃같이』 (서울: 샘터, 2010).

노년부

노인이 되면 입맛이 달라진다. 자주 옛날 일을 회상한다. 노년은 사회와 갈등을 빚던 젊음의 반항이 수그러들고 사회적 가치에 순응하는 삶으로 안착한다. 육체는 노쇠하여 마음뿐이지 몸이 따라주지 않고, 그 사실을 인정하지 못해 무력감과 회한이 쌓인다. 하지만 아직도 그들에게는 사랑이 남아있어 젊음을 연장하려 한다.[47] '울음'이라는 낱말에도 눈에 눈물이 비친다. 이제껏 향해서 큰 소리 쳐대던 자식이 가끔 무서울 때가 있다. 아침밥을 먹었는지, 무엇을 먹었는지 깜박 기억이 안 난다. 늙지 않기 위해 시간이 흐르는 것에 초조해 하고 건강에 조바심을 낸다. 시간을 양으로가 아니라 질로 그리고 과거나 미래가 아닌 현재 경험하는 시간으로 지내야 한다. 나이가 들고, 늙고, 병이 드는 것은 자연스러운 섭리이고, 언제까지나 건강을 유지할 수 있는 것이 아님을 인정해야 한다. 젊음을 연장하려는 안타까운 시도는 젊음을 시간으로 생각하기 때문이다. 그러나 젊음은 인생의 한 시기가 아닌 정신 상태를 뜻한다. "젊음은 의지의 도약이며, 상상력의 도발, 감정의 응축, 용기가 두려움을 이기는 일이며 모험심이 게으름을 제압하는 일이다."[48]

우리 사회에서 노인은 막강하다. 정권을 창출하고 현재의 번영을 자신들의 공으로 돌리고 그러니 공경을 받아야 한다고 한다. IT 강국으로서의 대한민국이 박정희 때문이라고 하자. 컴퓨터 등을 만드느라고 수고들 많이 하셨다고 하자. 그래서 훌륭하다고 하자. 하지만 젊은이들이 그런 말을 하는 노인들에게 배울 게 없다는 게 너무 아쉽다. 노인의 힘은 지혜로 보여주어야 한다. 나는 교회뿐만 아니라 이 나라도 노인들의 지혜에 기댈 수 있는 나라가 되기를 정말 간절히 바란다. 그러나 현실은 그렇지 않다. 왜 그럴까. 일단 그들은 학력이 낮지만 무엇보다 인생 자체에 대한 배움이 없고 인생의 경험들을 정리할 수 없기 때문이다. 미국의 소설가 폴 오스터(Paul Auster)는 회고록에서 치열하게 삶과 싸우며 실패의 쓴맛을 보느라 악전고투하던 자신의 젊은 시절에는 살아온 삶을 돌아보며 정리할 만한 여유가 없었다고 고백한다. 하지만 그 끝에 서니 불시에 출몰한 인생의 사건들을 건져 올리고 정리할 여유가 생겼다. 자신의 삶이 다른 사람들의 삶과 어떻게 연결되는지, 그리고 타인의 삶을 통해 자신의 삶을 되돌아보게 되는 인생을 회고한다.[49] 노년은 자신의 삶을 되돌아보게 되는 따뜻한

47) Julian Barnes, *Lemon Table*, 신재실 역, 『레몬 테이블』(파주: 열린책들, 2008). 이 책은 노년, 그 마지막 삶의 진실과 사랑을 보여주는 11편의 단편소설 모음집이다.
48) Anselm Grün, *Leben Ist Jetzt: die Kunst des Älterwerdens*, 김진아 역, 『노년의 기술』(파주: 오래된 미래, 2010), 40.

경험을 해야 할 시기다.

하지만 성공적인 노년은 마치 물 위에 돌을 던졌을 때 동심원이 겹겹이 에 워싸면서 넓게 퍼져 나가듯이 성인의 발달도 이전 단계의 발달을 거쳐야 한다. 거쳐야 할 발달 과제는 다음과 같은 여섯 가지 단계다. 1. 청소년기에는 부모로 부터 독립적인 존재로 설 수 있는 정체성이 확립되어야 한다. 2. 자기중심주의 를 극복하고 상호관계를 통해 동료들과 어울릴 수 있도록 친밀감을 가져야 한 다. 3. 성인은 사회는 물론 자기 자신에게도 가치 있는 직업을 찾아 그 분야에 서 성공을 해야 한다. 4. 생산적 성취를 이루어야 한다. 5. 다음 세대에게 과거 의 전통을 물려주는 의미의 담지자가 되어야 한다. 6. 개인은 물론 전 세계의 평화와 통일을 위해 통합의 과제를 완성해야 한다. 이 과제들 중 노년기에 해 당하는 발달 과제는 네 번째부터 여섯 번째다.50)

죽음 맞기 교육

인생에서 안타까운 것은 인생은 한번인데 살아보지 못하고 산다는 것이다. 그 래서 누구도 인생을 어떻게 살아야 하는지 모르고 인생을 시작하며, 인생을 다 살고 난 뒤에야 인생을 어떻게 살았어야 하는 지 조금 깨닫는다. 그것은 노인 에게 주어진 일종의 특권이다. 목회는 노인들에게 인생을 정리할 수 있는 시간 을 주고 노인으로서 갖추어야 할 내용을 가르쳐야 한다. 대부분의 교회에서 노 인 프로그램은 건강과 오락과 관련된 내용으로 꾸며진다. 그런 내용도 필요하 지만 다른 내용의 교육도 필요하다. 이 교육은 크게 두 가지다. 하나는 자신이 곧 맞이할 죽음에 대한 교육, 다른 하나는 다음세대를 위한 인생 경험의 정수 인 지혜다. 노년의 과제 중에는 죽음에 대한 준비가 포함되어야 한다. 죽음은 생명과 그리고 죽음 이후의 세계와 더불어 생각해야하기에 무척 복잡하고 파악 이 불가능해 보이는 문제다. 그래서 죽음에 대해서는 생물학적, 물리학적, 철학 적, 역사학적, 심리학적, 종교적 등 여러 입장에서 언급한다.

죽음은 외롭고 두렵다. 죽음은 불안, 두려움, 공포의 근원이다. 그래서 죽음 을 불멸하려는 여러 가지 시도를 함으로써 부정하려고 한다. 1. 몸과 세상 속에 머문 채 죽음을 피하려 한다. 불로초나 회춘, 연금술, 호르몬 요법, 줄기세포,

49) Paul Auster, *Winter Journal*, 송은주 역, 『겨울일기』 (파주: 열린책들, 2014).
50) George E. Vaillant, *Aging Well: Surprising Guideposts to a Happier Life Harvard Study of Adult development*, 이덕남 역, 『10년 일찍 늙는 법 10년 늦게 늙는 법: 하버드 대학 성인 발 달 연구』 (서울: 나무와숲, 2004).

유전자 조작 및 나노 기술 등의 형태가 여기에 포함된다. 2. 부활이다. 부활은 내가 곧 몸이라는 물리적 유기체가 죽음을 받아들이는 것과 동시에 다시 소생해서 살 수 있다는 것이다. 종교적 믿음, 냉동 보존술 등이 여기 포함된다. 3. 영혼불멸이다. 육신은 죽지만 영혼은 계속 존재한다는 것이다. 디지털 세대의 새로운 불멸설인 나의 마음과 정수는 컴퓨터에 업로딩해 계속 살아갈 수 있다는 생각이 이에 속한다. 4. 유산이다. 명성, 생물학적 유산인 자녀, 국가 사회에 대한 영향력 등이 여기 속한다.51)

인간의 문화 역시 죽음에 대한 공포에서 벗어나기 위한 방법이라고 한다. 이를 공포관리이론이라고 한다.52) 이 이론에 따르면, 죽음이 현저해 질 때 (mortality salience), 사람들은 1. 자신이 소속된 문화적 세계관을 보호하고, 2. 자존감을 높이려는 동기를 발달시킴으로써, 죽음의 위협으로부터 자기를 의식적 혹은 무의식적으로 방어한다는 것이다. 죽음에 대한 단순한 생각 혹은 죽음과 관련한 이미지 또는 문구에의 단순한 노출만으로도 인간의 사고와 행동이 변화하는 양상은 굉장히 다양하다. 예컨대, 사람들에게 죽음의 이미지를 노출시키면,53) 1. 성적 본능의 욕구가 줄어들기도 하고,54) 2. 내집단 편향이 강해지고, 3. 민족주의적인 소비를 하게 되며, 4. 전형적 제품에 대한 선호가 증가하고, 5. 고급제품을 더 선호하고, 6. 충동구매 성향이 높아진다. 또 긍정적인 영향으로는 7. 이타심과 기부 증가,55) 8. 긍정적인 단어를 더 많이 연상하고, 9. 운동을 더 적극적으로 하려는 경향이 높아질 수도 있다.56)

---

51) Stephen Cave, "The 4 Stories We Tell Ourselves about Death," ⟨TED.com⟩ (Dec 2013).
52) "공포 관리 이론(terror management theory), 『심리학용어사전』(한국심리학회, 2014. 4). 공포 관리 이론에 대해서는 Ernest Becker, *The Denial of Death*, 김재영 역, 『죽음의 부정: 프로이트의 인간 이해를 넘어서』(서울: 인간사랑, 2008); Thomas A. Pyszczynski, Sheldon Solomon, Jeff Greenberg, *In the Wake of 9-11: The Psychology of Terror* (American Psychological Association, 2003) 참고.
53) 중앙대학교 소비자 및 광고심리연구실, http://blog.naver.com/kinjei?Redirect=Log&logNo=220190414967.
54) 성적 본능은 인간도 언젠가 죽는다는 , 즉 인간도 동물이라는 사실을 일깨우기에 성적 자극을 무의식적으로 부정하게 된다. "EBS 생사탐구 대기획 DEATH 데스 1부 메멘토모리: 좋은 죽음 나쁜 죽음" (2014.11.3). 그리고 『EBS 다큐프라임 죽음: 국내 최초, 죽음을 실험하다!』(서울: 책담, 2014) 참고.
55) 사람들이 지하철역사 안과 도로에 비치된 죽음 관련 포스터를 보면서 스치듯 지나가게 된다. 그리고 포스터와 조금 떨어진 곳에서 베이비 박스에 버려진 아이들을 위한 모금 캠페인을 진행하고 있다. 조건이 비슷한 두 지역에서 포스터가 붙어있던 지역의 기부금액은 포스터가 없던 곳보다 약 4배 이상 모금되었다. "EBS 생사탐구 대기획 DEATH 데스 1부 메멘토모리".
56) 한 그룹은 자신의 죽음에 대해, 다른 그룹은 치통에 관한 운동이 장소에 장수에 미치는 영향에 대한 기사를 읽고 운동을 한다. 그리고 미래의 운동 의지에 대한 설문에 죽음에 대한 글쓰기 그룹은 5점 만점에 4점, 치통에 대한 글쓰기 그룹은 3.4점으로 나타났다. "EBS 생사탐구 대기획

죽음에 대한 두려움은 누구에게나 올 수 있다. 그런데 이런 외로움과 두려움 역시 죽음의 일부다. 죽음의 문턱은 누구나 혼자 넘어야 한다. 이 죽음의 강을 건너야 하는 두려움은 자신의 삶에 대한 있는 그대로의 인정, 즉 나의 삶은 나름대로 의미가 있었다는 사실을 수용할 때 외로움과 두려움에서 해방될 수 있다.57)

노마 보위(Norma Bowe) 교수의 죽음 수업의 내용은 자신의 추도사 쓰기, 유서 쓰기 등을 통해 죽음에 대해 생각하게 하고, 시체 안치소, 공동묘지, 교도소, 호스피스 병동, 화장터, 장례식장을 방문하는 내용 등으로 구성되어 있다. 장례식장에서는 자신의 관을 고르기도 한다.58)

타인을 향해서는 지혜

노년은 삶의 열매를 거두는 시기다. 이 열매는 나 자신에게만 기쁨과 즐거움을 주는 것이 아니라 타인의 삶에서도 기쁨의 씨앗이 되어야 한다. 노년은 성장, 성숙, 그리고 완성의 가능성이 인생의 어느 시기보다 높은 때다.59)

노년을 인생의 겨울이라고 하자. 더 이상 봄이 오지 않는 마지막 겨울. 그때. '내 생에 마지막으로 지켜야 할 것, 마지막으로 가지고 갈 수 있는 단 한 가지는 무엇일까?'라고 물어보자. 공지영은 그것을 사랑이라고 한다. '사랑은 신의 다른 이름이고 우주의 다른 이름이다.'60) 라고 정의한다.

"삶은 낯선 여인숙에서의 하룻밤과 같다." 아빌라의 성녀 데레사(St. Theresa of Avila)의 말이다. 그리고 "우리는 사랑하는 법을 배우기 위해 이 지상에 머문다."61) 엘리자베스 퀴블러 로스(Elizabeth Kübler-Ross)는 죽음과 사랑을 연결시킨다. 우리는 바로 지금 서로 사랑해야 한다. 왜냐하면 그 사랑은 죽음 이후에도 지속되기 때문이다. 환자가 죽음에 직면할 때 가장 사랑하는 존재가 그 죽음을 도우러 나타나며 그 사랑 속에서 환자는 더없이 평화롭게 임종을 맞게 된다는 것이다. 죽음을 통해 진정한 화해가 이뤄지며 죽음을 통해 사랑은 완성

DEATH 데스 1부 메멘토모리".

57) Grün, *Leben Ist Jetzt*, 40.
58) Erika Hayasaki, *The Death Class: A True Story about Life*, 이은주 역, 『죽음학 수업』(서울: 청림, 2014). 그리고 "EBS 생사탐구 대기획 DEATH 데스 3부 카르페 디엠: 행복의 문을 여는 열쇠, 죽음" (한국교육방송, 2014)도 참고.
59) Grün, *Leben Ist Jetzt*, 9.
60) 공지영, 『높고 푸른 사다리』(서울: 한겨레출판, 2013).
61) 공지영, 『높고 푸른 사다리』.

된다.62)

죽음과 관련해서 노년에 자신의 죽음을 이해하는 일은 중요하다. 또한 죽음에 임박한 사람들은 마음에 "나는 한 때 이곳에 존재했었다."고 말하려는 듯이 열심히 자신의 사진을 찍는다고 한다. 그러다가 시간이 지나면 더 이상 사진을 찍지 않는다고 한다. 사진이 영원할 수 없다는 것을 깨달았기 때문이다. 그리고 중요한 것은 마음, 그리고 사랑하는 사람들의 마음이라는 것을 알았기 때문이다. 영원히 남는 것은 사랑을 주고 사랑을 받은 것. "당신이 느낀 사랑과 당신이 준 사랑은 결코 사라질 수 없다는 사실을."63)

사진과 관련된 방법 하나를 생각해 보자. 사진을 찍거나 찍은 사진을 보며, "사진은 영원히 남을까요?"라고 묻는다. "영원히 남는 것은 무엇일까요?" 하고 묻는다. 이때 '하나님의 말씀'이니 '선행'이니 하는 추상적 대답을 하지 않게 한다. 결론은 '마음'이라고 하고 사랑했던 마음과 사랑하는 마음을 받은 경우를 상기해 사랑으로 죽음에 의미를 부여토록 이끈다.

죽음 이후

사람들은 죽음에 대한 두려움 때문에 죽음 이후에 생명이 계속되기를 바라며, 죽음 이후의 세계에 대한 경험을 보고한다. 수백 명의 말기 환자들을 대상으로 한 임상연구를 대상으로 한 죽음의 과정에 대한 연구로64) 유명한 퀴블러 로스

---

62) Elisabeth Kübler-Ross, *On Life After Death*, 최준식 역, 『사후생: 죽음 이후의 삶의 이야기』 (서울: 대화문화아카데미 대화출판사, 2009).

63) Elisabeth Kübler-Ross and David Kessler, *Life Lessons: Two Experts on Death and Dying Teach Us About the Mysteries of Life and Living*, 류시화 역, 『인생 수업』 (서울: 이레, 2006), 103.

64) 그녀에 따르면, 죽음의 과정은 5단계(부정-분노-타협-우울-수용)를 거친다. 1단계는 부정 (Denial)의 단계다. 암과 같은 죽음의 선고를 받은 대부분의 사람은 처음에는 그 사실을 강하게 부정한다. 자신에게 임박한 죽음을 부인한다. 이 단계에서는 환자가 현실적인 견해를 갖도록 시간적 여유를 주어야 한다. 2단계는 가장 힘든 분노(Anger)의 단계다. '그 많은 사람 중에 하필 왜 난가?' 원망하며 자신이나, 가족, 병원 직원 등에게 분노한다. 신을 저주하거나 주위 사람들에게 화를 내고 짜증을 낸다. 분노에 대한 반응은 환자의 분노를 증폭시키므로, 차라리 분노를 표현하도록 하고 아직도 가치 있는 인간이고 존경과 이해와 관심을 받고 있다는 것을 느끼도록 해 주어야 한다. 3단계는 비교적 짧은 타협(Bargaining)의 단계다. 죽음 앞에서 신이나 절대자에게 어떻게든 죽음을 연기하려고 타협을 시도한다. 환자의 그런 태도를 묵살하지 말아야 한다. 4단계는 우울(Depression)의 단계다. '이젠 희망이 없다'고 단념하고 절망하는 시기다. 사랑하는 사람과의 이별, 남아 있는 가족들에 대한 걱정, 자신의 무력감에 대해 울기도 하고 조용히 있기도 한다. 슬퍼하도록 배려하면서 옆에서 귀담아 들어주고 부드럽게 대해야 한다. 5단계는 수용(acceptance)의 단계다. 죽음을 인정하고 받아들이는 단계다. 죽음을 수용한 후에는 의미 있는 일을 하려고

는 근사체험(육체이탈 체험) 사례 2만여 가지를 연구하여 죽음 이후의 삶은 실재한다고 주장했다.[65] 하지만 이를 반대하는 사람들은 임사체험은 뇌에 기반한 현상 또는 뇌가 만들어낸 환각이라고 주장한다. 하지만 최근 뇌의학의 권위자인 이븐 알렉산더(Eben Alexander) 하버드대 의대 교수는 자신의 경험을 들어 뇌가 꺼져도 의식이 계속 존재한다고 주장했다.[66] 그는 2008년 11월, 성인이 자연발생적으로 걸리는 비율은 연간 천만 명 중의 한 명 꼴 이하인 대장균성 박테리아성 뇌막염으로 혼수상태에 빠졌다. 그동안 그의 뇌는 전혀 작동하지 않았다. 인간의 고유한 면을 담당한다는 대뇌 신피질이 이미 꺼져버린 상태였다. 7일 째에 이르러 그는 다시 깨어났다. 그의 말대로라면 그의 임사체험은 물리적 뇌의 한계에서 벗어나 완전히 독립적으로 존재하는 의식의 세계가 있음을, 즉 우리의 삶이 육체나 뇌의 죽음과 더불어 끝나는 게 아님을 보여준다.

사랑과 소소한 일상

죽음이 주는 지혜 중의 하나는 역설적이게도 생명이다. 즉 삶이다. 죽음의 공포로부터 벗어나는 길은 죽음을 피하는 것이 아니라 죽음을 인정하되 우리가 주장할 수 없는 것으로 수용하는 것이다. 스테픈 케이브(Stephen Cave)는 그것을 책에 비유한다. 우리 생애를 한 권의 책이라고 한다면 우리가 알 수 있는 것은 출생과 죽음 사이, 오직 그 중간의 지면들이다. 탄생과 죽음을 상징하는 표지에 대해서는 모른다. 우리가 알 수 없고 통제할 수 없는 앞 뒤 표지를 두려워하는 것은 의미가 없다는 것이다. 오직 중요한 것은 그것이 좋은 이야기가 되도록 하는 것이다.[67] 우리에게 중요한 것은 일상의 삶이다. 결국 그 소소한 일상 속에 우리의 모든 것이 담겨 있기 때문이다.

한다. 신체는 극도로 지치고 쇠약해진 상태다. 혼자 있고 싶어 하기도 하고 말보다 무언으로 의사소통을 한다. 머나먼 여정을 향해 떠나기 전에 취하는 마지막 휴식의 시간이다. Elisabeth Kübler-Ross, *On Death and Dying: What the Dying Have to Teach Doctors, Nurses, Clergy and Their Own Families*, 성염 역, 『인간의 죽음: 죽음과 임종에 관하여』 (서울: 분도, 1997); 김진욱 역, 『죽음의 순간』 (서울: 자유문학사, 2000); 이진 역, 『죽음과 죽어감』 (파주: 이레, 2008).

65) Kübler-Ross, *On Life After Death*.

66) Eben Alexander, *Proof of Heaven: A Neurosurgeon's Journey into the Afterlife*, 고미라 역, 『나는 천국을 보았다』 (파주: 김영사, 2013).

67) Cave, "The 4 stories we tell ourselves about death."

"인생은 순간으로 이루어져 있습니다. 긴 회색 시멘트 바닥 위에 반짝이는 작은 조각이 놓여 있는 것과 비슷합니다. 그런 것이 자연스럽게 다가와 알게 되면 좋겠지요. 하지만 지금처럼 바쁘게 사는 생활에서는 그것을 저절로 알 수 없습니다. 삶의 여백을 만들고, 그걸 사랑하고, 사는 법, 진짜로 사는 법을 스스로 배워야 합니다."[68]

삶의 순간들을 한 순간도 무시하지 않고 소중하게 여기고 정성스럽게 살아가는 모습이야말로 생을 살아온 노인의 모습이어야 한다. 그런 노년을 후손들이 기억한다.

"이상하다. 이 지상을 떠난 사람의 자취는 그가 남긴 사물에서가 아니라 그를 기억하는 사람들의 마음속에서 발견된다. 죽어서 삶이 더 선명해지는 사람이 있다. 죽어서야 비로소 사람들의 마음속에서 살아나는 사람이 있다. 살아 있었으면 그저 그렇게 내 곁을 스쳐 지나갔을 평범하고 시시한 한 사람의 생이 죽어서야 모든 이의 삶 속에 선명해지는 것. 아마 대표적인 이가 예수이었겠지. 죽은 몸이 벌떡 일어나지 않아도 그것이 어쩌면 부활이 아닐까."[69]

소그룹의 영성

영성은 대체로 개인적이고 내적인 차원에서만 고려된다. 그러나 영성에는 또한 사회적 차원이 있다. 사실 영성발달은 개인의 밖으로부터 시작된다. 신학적으로 그것을 하나님의 주도권이라고 할 수 있을 것이다. 한편 영적 형성은 하나님에 의해 시작되고 개인이 응답하는 내적 과정일 뿐만 아니라 부분적으로는 개인이 교회에서 주로 몸을 담고 있는 소그룹으로부터의 획득이기도 하다. 소그룹이 지닌 신앙적 전통과 분위기는 거기에 속한 개인에게 영향을 미친다. 인간에게는 본성적으로 양심이라고 하는 유사 신앙이 있고, 하나님과의 개인적 교제 형태의 신앙이 있을 수 있으나, 보다 모양을 갖춘 신앙은 그 소그룹의 내용을 내면화시킬 때 시작된다.

이와 같은 소그룹은 영성 교육의 문맥이 된다. 엘리자벳 리버트(Elizabeth Liebert)에 따르면, 소그룹 내에서의 신앙발달의 단계를 세단계로 구별한다. 첫번째 단계는 준수 단계(Conformist Stage)로 보통 사춘기에 시작하지만 성인기

68) Anna Quindlen, *A Short Guide to a Happy Life*, 공경희 역, 『어느 날 문득 발견한 행복』(서울: 뜨인돌, 2001).
69) 공지영, 『높고 푸른 사다리』, 170.

에 고정될 수 있다. 이 단계의 사람은 그룹들 사이의 차이를 알지만 그룹 내 개인들 사이의 차이는 모른다. 그들의 가치는 그들 각자 그룹으로부터 무비평적으로 점유되는 경향이 있다. 두 번째 단계는 양심적 단계(Conscientious Stage)다. 이 단계에서는 그룹보다는 자아 안에 권위를 재배정하는 것이 포함된다. 자아 지식 추구가 참으로 시작되는 곳이 여기다. 세 번째 단계는 간개인적 단계(Interindividual Stage)다. 개인은 다른 개인의 자아들이 서로 다르며 정서적 의존과 독립이 공존한다는 것을 알기 시작한다.[70] 이와 같은 신앙공동체의 영적 지도[71]의 과제는 하나님께서 하신 일을 영화롭게 하는 것이다. 영광을 돌리는 것이다. 이 같은 영적 지도는 목회적 차원에서 사고, 정서, 그리고 선택이라는 세 가지 보완적인 측면을 연합시키는 방향으로 나가야 한다.[72]

---

70) Elizabeth Liebert, *Changing Life Patterns: Adult Development in Spiritual Direction* (St Louis: Chalice Press, 2000), 77-135.

71) 리버트는 목회 행위를 둘러싼, 영혼을 돌보는 "영적 안내"(spiritual guidance)를 개인의 독특한 환경과 하나님과 개인의 관계에 주목하는 "영적 지도"(spiritual direction)와는 구분하였다. Liebert, *Changing Life Patterns*, 1. 이와는 달리 여기서는 "영적 안내"라는 말의 소극성 때문에 좀 더 적극적인 "영적 지도"라는 말을 썼다.

72) Liebert, *Changing Life Patterns*, 169, 186.

4장 회중, 신앙의 터전

I. 신앙을 형성시키는 회중

회중의 의미

회중(congregation)은 기독교신앙공동체의 원형으로 교회의 구성원들이 모두 모인 전체 모임을 말한다. 하나님께서 히브리 민족을 부르셨을 때, 그분은 개인을 부르신 것이 아니라 하나의 공동체인 회중을 부르셨다. 구약에 의하면 하나님이 히브리 백성을 애굽에서 종노릇하던 생활에서 구원하여 '하나님의 백성'을 삼으셨다(출 14-15장). 하나님의 구원의 부르심에 응답하는 언약 공동체로서의 '회중'이 태어난 것이다. 신약에서는 오순절에 베드로의 설교로 회개하고 그리스도를 믿게 된 사람들로 회중으로서의 초대 교회가 탄생했다. 회중은 단순히 사람들의 모임이 아니라 하나님과, 예수 그리스도와의 관계를 통해 신앙적으로 하나로 일치된 모임이며 조직이다. 한 사람의 건강도는 부모로부터 물려받은 유전적 환경과 후천적인 생활환경의 영향에 좌우 된다. 마찬가지로 신자 개인과 소그룹의 영적인 건강도 그가 어느 회중에 속하였느냐에 좌우된다.

성경의 모든 가르침은 근본적으로 회중이라는 공동체를 기초로 하고 또 이 공동체 형성을 위한 것이다.[1] 교회에서 회중은 교회에 포함된 모든 구성원들이며 회중으로서의 성격은 일정한 단위로 형성되었을 경우를 말한다. 일반적으로는 전 교인이 모인 예배를 생각할 수 있다. 하지만 그런 모임은 사실상 년중으로 치더라도 몇 차례 안 될 것이기 때문에 교회구성원 전체를 가리키는 단위로 보는 것이 현실적이다. 목회에서 회중이라고 할 수 있는 공동체가 없다면 신앙 안에서 사람들을 양육시킬 자리가 없다. 존 H. 웨스터호프 3세(John H. Westerhoff III)에 따르면, "신앙공동체는 궁극적으로는 하나님으로부터 받은 은혜의 선물이요, 우리가 성례전 속에서 축하하고, 예찬하며, 복음의 심판과 격려 아래에서 살아가게 되는 생활을 통해서 승인되는 비의"다.[2] C. 엘리스 넬슨(C.

---

1) C. Ellis Nelson, ed., *Congregations: Their Power to Form and Transform*, 김득렬 역, 『회중들: 형성하고 변형케 하는 회중의 능력』(서울: 한국장로교출판사, 1996), 1.
2) John H. Westerhoff III, ed., *A Colloquy on Christian Education*, 김재은   역, 『기독교 교육논

Ellis Nelson)에게 있어 회중이란 '신자의 공동체'(community of believers)를 의미한다.[3] 회중은 그리스도의 구속신앙에 의해 형성되어 변화와 영향을 추구하는 공동체며, 개인의 신앙이 형성되고 변형되어가는 강력하고 자연스러운 목회의 터전(장)이다.[4] 넬슨에 따르면 신앙공동체로서의 회중은 다음과 같다.

> "신자의 공동체란 무엇보다 그리스도의 주되심에 순종하는 그룹이다. 이는 반드시 충분한 기간 동안 얼굴과 얼굴을 대하는 인격적 관계가 있어야 하며 그룹으로서 성서의 하나님에 대한 공통적인 헌신 아래 함께 예배하고 일하며 공부하는 모습을 지녀야 한다. 이들에게 공통적인 것은 신앙이며 신앙의 결과로서 헌신과 상호 돌봄, 공동체에 대한 책임을 포함한다."[5]

회중을 단위로 하는 섬김은 현실적으로 아무래도 그 크기가 전제되어야 한다. 대부분의 목회자가 많은 사람을 구원시켜야 한다는 명분으로 큰 교회를 지향한다. 하지만 회중을 품은 교회가 할 일이 영혼들을 섬기고 그들을 주를 닮아가는 제자로 훈련시키는 것이라면 어떻게 많은 사람들을 놓고 그렇게 할 수 있겠는가. 이는 절대 양립할 수 없는 문제다. 이루어봤자 명예와 돈이라는 올무만 남는 큰 교회에 대한 야망을 접지 않으면 진정한 교회의 꿈을 이룰 수는 없다. '작은 교회는 실패한 목회의 변명이고 작은 교회 목회자는 실패자다. 큰 교회가 주님 보기에 아름답다.'라는 어느 대형교회 목사의 말은 한심하다. 평생을 교회 다녀도 그 목사와 손 한 번 잡지 못하는 교회가 제대로 된 교회인가? 지독하게 병든 교회가 아닌가? 위에서 웨스터호프는 적정한 회중의 규모는 300명 선이라고 말했지만, 어떤 이는 200명 선을 주장할 수 있다. 회중을 대상으로 한 교육을 염두에 둔 교회의 크기에 정답은 없는 것 같다. 그래서 모호하기는 하지만 회중 전체가 한 눈에 들어오는 정도가 적당한 크기가 아닌가 한다.

회중의 성격

웨스터호프에 따르면, 회중이 그 역할을 다하기 위해서는 다음과 같은 성격을

총」(서울: 대한기독교출판사, 1978), 11.
3) C. Ellis Nelson, *Where Faith Begins*, 박원호 역, 『신앙교육의 터전』(서울: 한국장로교출판사, 1996), 97-98.
4) Nelson, *Where Faith Begins*, 101.
5) Nelson, *Where Faith Begins*, 34.

지녀야 한다. 첫째, 회중은 기본적으로 공통의 기억과 전승, 곧 삶에 관한 공통적인 이해와 삶의 방식, 그리고 공통의 목적과 의지를 공유하고 있어야 한다. 신앙공동체는 이해, 가치, 방침을 공유해야 한다. 신앙공동체는 분명한 자기 동일성을 지니고 있어야 한다. 자신이 믿는 신앙의 내용에 관한 일치가 있어야 한다. 신앙의 공동체가 지나치게 다양성을 용인할 경우 자신의 정체성에 위협을 초래할 수 있다. 둘째, 회중은 구성원들이 의미와 목적을 지닌 상호작용을 할 수 있을 정도의 규모여야 한다. 보통 공동체 구성원들이 상호작용과 친숙한 교제를 하기 위해서는 적정 인원인 300명을 넘어서는 곤란하다. 그 인원을 초과할 경우 신앙을 유지하고 전달하고 전개해 나가는 데 필요한 신앙공동체 내부의 상호 연관 작용을 보장할 수 없다. 현실적으로 신앙의 공동체가 친밀한 교제와 서로에 대한 배려를 경험할 수 있고, 신앙과 생활의 어려움을 서로 나눌 수 있는 유대가 형성되기 위해서는 소규모를 유지하는 일은 중요하다. 셋째, 회중에는 최소한 3대가 공존해야 한다. 내용상 3대란 미래를 향한 환상과 꿈에 사는 3세대, 현재에 사는 2세대, 그리고 과거의 기억에 사는 1세대를 이름이다. 이들 세대들이 회중 내에서 의미를 지니기 위해서는 단순히 함께 공존하는 데서 그치는 것이 아니라 다른 세대와 상호작용이 있어야 한다. 그럴 때 그들 세대들은 진정한 자신들의 고유한 세대가 되며, 자신들의 존재 의미에 충실하게 되는 것이다. 교회 현장에서 이들 세 세대가 뚜렷한 현상으로 나타나는 곳은 역사가 오래된 교회에서다. 그런데 종종 3대를 소유한 장점을 살리지 못하고 오히려 폐쇄적으로 작용하는 경우를 보게 된다. 1세대의 경험과 경륜이 2세대에게 발전적으로 전수되어 3세대를 키워내는 자산으로서 활용될 수 있는 상호작용을 촉진할 수 있어야 한다. 넷째, 참다운 회중은 모든 세대가 각자 지닌 다양한 역할과 기능을 모두 통합할 수 있어야 한다. 역할과 기능, 그리고 은사들은 개별적으로 볼 경우 어긋나게 보이는 것이라도 회중 전체적으로 볼 때 하나의 통일성을 이룰 수 있어야 한다. 회중은 무엇보다 자기 정체성을 확보해야 하는데, 이 정체성은 구성원들의 역할과 기능의 단일성으로부터가 아니라 오히려 구성원들의 다양성과 차이성에도 불구하고 본질적인 면에서 드러나는 통일성이다. 그리하여 교회 안에 있는 교역자, 평신도의 하나됨과 교회의 사명에서 어느 것도 사각 지대에 처하게 되는 일이 없는 서로에 대한 관심의 시선과 격려, 그리고 배려를 통하여 하나의 회중을 이루어 가는 과정이 필요하다. 회중은 정신은 특수하고 다양한 재능들이 존중되고 상호 간의 이해 속에 조화를 이루어 가는 데서 발견된다.

넬슨에게 섬김의 장인 회중은 어떤 성격을 지니는가. 우선하는 특징은 회중은 공동체적 실재로서 교회의 기본 단위라는 것이다.[6] 넬슨은 교회라는 용어가

주는 제도적 인상과 구별하기 위해 '회중'이라는 용어를 쓴다. 이를 통해 넬슨은 공동체적 실재(communal reality)로서의 교회의 공동체성을 강조하고자 한다. 그럼에도 불구하고 회중은 현실적이다. 그것은 한 지역적 회중, 즉 일정한 크기와 직분을 갖고 기독교 신앙의 일정한 원리에 따라 사는 실체다. 넬슨은 공동체와 개교회를 구별한다. 개교회가 공동체는 아니다. 다만 개교회는 공동체가 되어야 한다. 신앙공동체는 자의식적 신자들의 연합(a self-conscious association of believers)이다. 이와 같은 공동체는 신자들이 어떤 다양한 상황 속에서도 서로 얼굴과 얼굴을 마주 대할 수 있는 위치에 있을 만큼 충분히 서로 지속적인 사귐을 갖고 있으며, 그들 상호 간에 발전시킨 계획들과 활동들을 수행함에 있어서 협력하는 집단으로 기능을 발휘할 수 있을 만큼 충분히 안정되어야 한다.7)

나머지 회중의 특징들은 이렇다. 둘째, 회중은 그리스도의 구속 신앙에 의해 형성된다. 회중의 본질은 예수 그리스도에 대한 신앙을 공유하는 사람들의 공동체다.8) 셋째, 회중은 변화와 영향을 추구하는 공동체다. 이 회중은 머리이신 그리스도를 중심으로 그의 몸을 이루기 위해 서로 섬기며 사랑 안에서 자라난다(고전12; 엡 4:1-16). 동시에 회중은 세상에 대한 구속의 책임을 느끼는 공동체다. 넷째, 회중은 개인의 신앙이 형성되고 변형되는 강력하고 자연스러운 교육의 터전이다. 회중은 그 안에서 기독교 신앙과 신념이 전달되며 해석되고 적용되며, 동시에 현재 살아계신 하나님의 인도와 성령의 역사에 개방적 자세를 갖는 역동적이고 살아있는 공동체다. 그리스도인들은 이 회중 안에서 신앙의 의미를 재고하고 신앙적 경험들을 공유하며 삶의 지침을 발견함으로 신앙이 성숙해지는 장이다.9) 다섯째, 회중은 그리스도인들이 기독교 전통과 종교적 경험, 그리고 그와 대조되는 사회적 가치들을 통합하여 사회적 자아상을 형성하는 매개다.10) 여섯째, 회중은 기독교적 신념에 배치되는 세속 문화와 긴장 관계에 있는 반문화적 공동체다.11)

---

6) Nelson, *Where Faith Begins*, 100.
7) Nelson, *Where Faith Begins*, 98.
8) C. Ellis Nelson, *How Faith Matures*, 문창수 역, 『신앙성숙을 위한 신앙교육론』 (서울: 정경사, 1994), 155.
9) Nelson, *How Faith Matures*, 110, 120, 156-57.
10) Nelson, *How Faith Matures*, 51.
11) Nelson, *How Faith Matures*, 174.

II. 신앙을 변형 시키는 회중

회중의 사회화

회중은 어린이에서부터 성인에 이르기까지 전 성도들에게 그리스도인의 삶을 교수하고 실천하는 교육의 주체이자 교육의 장이다. 회중은 구성원들로 하여금 기독교 전통의 전승과 종교적 경험에 영향을 미치는 사회적 가치들과 종교적 신념들을 조화시킬 수 있는 사회적 자아상을 갖게 하고, 기독교적 신념에 상반되는 세속문화에 저항하며 사회의 건전한 비판자로서의 역할을 인식하며 그리스도인의 삶을 해석하고 살아가게 하는 배움의 장소다.

회중을 목회자가 교육해야 할 대상으로 생각해서는 안 된다. 회중 자체가 교사이자 학습자다. 회중중심교육은 회중이 교육의 출발점이고, 회중 안에 목적, 장소와 내용 및 과정이 모두 포함되어 있으며, 회중 구성원들 간의 상호작용이 가장 의미 있는 교육과정이다.

회중 안에서 사회화가 일어난다. 사회화는 회중의 삶에 참여하고 상호작용하는 가운데 일어나는 신앙문화화 과정이다. 회중에게 신앙을 전달하고 형성하는 가장 좋은 방법은 회중 안에서 삶을 함께 하는 사회화과정을 통해서다.[12] 나아가 회중의 형성화(formation)는 신앙에 근거한 신자의 모습을 스스로 만들어가는 작업이자 아울러 이 신앙을 삶과 일의 현장에서 어린이와 성인 개종자에게 전수하는 과정이다.[13] 회중 교육은 회중을 위한 회중의 교육이다. 목회자는 다만 회중이 그와 같이 작동되도록 분위기를 조성하고 자극해야 한다.

우선 회중은 교회 생활을 통해 전통 안에 나타난 하나님의 현존을 경험해야 한다. 회중은 예배, 교육, 그리고 봉사를 통해 현재의 삶에 대한 하나님의 뜻을 깨달아야 한다. 그와 같은 회중적 생활 안에서 개인의 신앙은 공유하는 경험들을 통해 성숙할 수 있을 것이다. 회중교육은 신앙이 회중 안에서 형성되고 성장할 수 있다는 것을 전제로 한다. 먼저 신앙의 형성은 전승을 통해 일어난다. 성경에서 전달된 역사적 전통과 현재의 계시적 경험이 결합됨으로써, 과거에 임재 하셨던 하나님을 오늘도 임재하시는 하나님으로 믿는 신앙이 형성된다. 넬슨은 이 신앙의 내용을 성경적 전통에 기초한 기독교적 자아정체성, 기독교적 세계관, 그리고 기독교적 가치체계로 본다.[14] 기독교적 자아정체성은 두 가

---

12) Nelson, *Where Faith Begins*, 183-85.
13) C. Ellis Nelson, *Growth in Grace and Knowledge: Lectures and Speeches in Practical Theology 1949-1992* (Austin, TX: Nortex Press, 1992), 241.

지 성격을 띤다. 하나는 예수 그리스도를 통해 구속받아 그리스도 안에 있는 새로운 피조물이 되었다는 개인적 성격이고, 다른 하나는 예수 그리스도에게 공통의 헌신을 드리는 자발적인 교제의 모임으로서의 회중에 속한다는 공동체적 성격이다.[15] 기독교적 세계관이란 사람이 신앙 안에서 세상을 바라보는 방식이며, 또한 사람이 신앙 안에서 세상과 관계하면서 살아가는 방식이다. 기독교적 가치체계란 신앙공동체내의 상호작용의 산물로서 그 안의 사람들이 바람직하다고 생각하는 것이며 양심에 형성되는 것이다.[16]

신앙 형성의 통로

이와 같은 신앙의 내용들은 어떻게 형성될 수 있는가. 넬슨은 신앙을 형성하는 공동체의 통로를 네 가지로 본다. 그것은 예배, 교제, 성경 탐구, 그리고 사회적이고 윤리적인 사건이다. 신앙은 신앙공동체에서 예배를 통해 잉태되며, 교제를 통해 작용하게 되고, 탐구를 통해 의미 있게 되며, 사회적 이슈(사건)를 다룸으로 윤리적으로 활성화되기 때문이다. 신앙은 예배를 통해서 배양된다. 회중은 설교나 가르침을 통해 신앙과 행위에 대한 사도적 규범과 기독교 전통들을 전달받을 때 그리스도에 대한 공통의 신앙의 토대 위에 서게 된다. 교제는 신앙을 활동케 한다. 교제는 신앙의 내용들의 실제적 경험이다. 자아정체감, 세계관, 그리고 가치체계 등의 신앙의 내용들은 공동체 안에서 교제를 통해 실제의 경험으로 연결할 때 신앙의 자원이 된다. 성경 탐구는 신앙을 의미 있게 한다.[17]

공동체는 이슈에 직면해서 신앙이 윤리적으로 생명력을 갖게 한다. 사회의 윤리적·도덕적 이슈들에 직면하여 이를 적합하게 다룸으로써 신앙이 윤리적으로 활성화되고 생명력을 갖게 된다는 것이다. 성경적 신앙공동체는[18] 현실의 문제

---

14) Nelson, *Where Faith Begins*, 95.
15) Nelson, *Where Faith Begins*, 100-101.
16) Nelson, *Where Faith Begins*, 43-46, 151, 179.
17) Nelson, *Where Faith Begins*, 102-20.
18) 넬슨은 성경에서 대표적인 공동체로 사도행전 공동체(사도행전 13장 이하)와 고린도 공동체(고린도전서 5-12장)를 든다. 사도행전 공동체는 복음의 전달과정에서 논쟁, 토의, 설교, 설교에 대한 토의, 가르침, 가르침에 대한 토의, 일상의 대화와 같은 방법 등을 통해 복음의 참 의미를 삶 가운데 심었다. 고린도 공동체의 경우, 특히 윤리적 문제들에 대해서 성경에 대한 해석, 문제에 대한 검토, 설교, 가르침의 과정들을 통해서 윤리적 책임을 다하고자 했다. Nelson, *Where Faith Begins*, 111, 115.

들을 성경적 하나님과 신앙과 분리시키려는 유혹에 맞섰다. 교회는 이 현실의 문제를 외면해 왔다. 그러나 이 현실의 문제, 즉 사건들은 회중의 신앙적 사회화와 긴밀하다. 넬슨에 따르면 사건의 성격은 다음과 같다.[19] 1. 사건은 의미의 단위들이다. 따라서 사건 없이는 의미도 없다. 2. 사건은 본질적으로 교육적이다. 그러므로 사건을 다루지 않는 교육은 진정한 교육이라고 보기 어렵다. 3. 사건에서 일어나는 배움은 결코 중립적이지 않다. 사건이 가치중립적이지 않고 객관적이지 않다는 말이며, 중립적으로 다루어져서는 안 된다는 말이다. 4. 사건적 배움은 구체적이다. 구체적이지 않은 것은 추상적인 명분으로 도피하며 거짓이 되기 쉽다. 5. 사건들은 사회적이다. 사건은 너의 문제가 아닌 나와 우리와 관련된 것이다. 6. 사건들은 삶에 주어진 것들이다. 사건을 피해 가는 것은 삶에 대한 불성실이다. 7. 사건들은 현실의 단편들이다. 그러므로 사건을 인정하고 수용해야 한다. 8. 사건들은 대개 갈등을 내포한다. 갈등을 외면한다고 평화가 찾아오는 것은 아니다. 사건을 이렇게 생각하면 사건은 신앙 교육의 터다. 하나님께서 우리에게 모든 사건을 주신 것은 아니겠지만 주어진 사건들 안에서 하나님의 뜻을 찾아 그대로 이루어지도록 하는 것은 우리의 의무다. 사건은 우리의 현실이며 삶의 자리다. 우리는 사건이 일어나는 현실을 피할 수 없는 지상의 존재다. 우리는 지상에서 천상을 바라보며 사건들을 사랑과 정의로 치유하고자 하는 순례적 학습자들이다.

회중의 신앙형성과 신앙성숙을 위해 넬슨이 택한 교육전략은 먼저 '회중교화'(Congregational Edification)다. 회중교화 전략이란 신자들이 회중으로 활동하게 하고, 설교와 교육과 같은 수단들을 통해 회중의 사고방식을 형성시키며, 조직화된 연구그룹과 단기간의 훈련그룹에 참여하게 함으로써, 기독교 전통을 비판적으로 평가할 수 있게 하는 비판적 지성을 계발하는 것이다. 나아가 가정과 사회에서도 영향력을 행사하는 성숙한 성인들의 지도력을 계발하는 전략이다.[20] 두 번째 전략은 중앙연구그룹(Central Study Group)이다. 회중중심교육은 모든 회중 구성원들을 대상으로 하지만, 이 그룹은 회중 양육의 중추적인 역할을 담당할 사람들을 위한 조직이다.[21] 중앙연구그룹의 주된 역할은 회중의 삶과 영적 필요들과 관련된 주제들에 대한 연구다. 이는 구체적으로 회중들의 삶의 상황에서 일어나는 사건들, 곧 종교적 경험들을 기독교 전통의 신념들과 연결하여 지속적으로 연구하고, 전체 회중과 함께 그들의 이해와 확신들을 공

19) Nelson, *Where Faith Begins*, 87-93.
20) Nelson, *Where Faith Begins*, 190-99.
21) Nelson, *How Faith Matures*, 204-18.

유함으로써, 회중의 집합적 인격(corporate personality)인 기독교적 사고방식을 형성시키고자 하는 것이다. 중앙연구그룹의 구성은 사역자들과 이에 관심 있는 제직들과 평신도 지도자들로 이루어진다. 이 그룹의 규모는 회중의 규모와 수준을 감안해야하지만 대체로 30-40명을 적정한 인원으로 본다. 이 그룹의 모임은 주1회, 1시간 15분을 넘지 않도록 한다. 넬슨은 이 그룹에 기획위원회도 필요하다고 본다. 위원회는 사역자가 임명한 4-10명 사이로 구성되며 월 1회 정도 융통성 있게 모이며 매년 재구성한다. 위원회는 중앙연구그룹의 연구 주제를 선정하고 교육의 과정을 감독하며 필요한 변화나 수정하는 일을 한다. 넬슨의 회중 교육은 회중 내에서의 해석활동, 기독교적 사고방식과 비평적 지성 계발, 지도력 계발, 그리고 회중적 교육과정을 개발하는 것이다. 이에 대한 관리는 중앙연구그룹을 통해서 한다. 이러한 전략을 통해 회중은 하나님 경험과 기독교 전통을 통합하여 신학적 실천 능력을 배양하게 되며, 복음을 사회 문화와 세계 내 사건들 안에서 해석할 수 있는 능력을 키우게 된다.

5장 교회가 있는 사회

I. 돈이 주인이 된 사회

지금까지 사회에 대한 교회의 입장과 태도는 무관심하거나 권위주의적인 것이었다. 교회는 마치 높은 성벽위에 위치한 고고한 성이나 바다 한 가운데 외롭게 자리 잡은 섬으로 존재해왔다. 하지만 현실적으로 그와 같은 관계는 불가능하다. 교회는 사실 이미 사회 안에 있다. 교회는 사회 안에 존재하면서 사회로부터 영향을 주고받고 있다. 교회를 사회와의 관계에서 보는 관점은 대단히 중요하다. 교회의 본질이 복음의 전파라면 복음을 전해야 할 사람들이 있는 사회를 배제한다는 것은 앞뒤가 안 맞는 행위다. 한편 교회의 신자들은 사회인으로 사회적 영향을 다방면에서 받고 있다. 그런 그들에게 사회적이지 않은, 시대에 뒤진 성격의 목회적 접근을 할 수는 없다. 그런 식의 자세는 더욱 교회를 사회로부터 고립시킬 뿐이다. 복음의 진리는 변하지 않더라도 그 전달 방법은 사회와 문화에 친근한 방법들을 사용해야 한다. 복음의 효과적 전달과 신자들에 대한 교육의 효과를 높이기 위해서 교회를 사회 안의 단위로 보면서 그 상호작용에 주의를 기울이는 것이 필요하다.

우리 사회는 경제적으로 자본주의 사회다. 지금은 자본주의가 낭만 정도로 여겨지는 가혹한 신자유주의 경쟁체제에 처해 있다. 세계 내에서 목회의 큰 환경은 자본주의고 오늘날에는 소위 신자유주의라고 할 수 있다. 자본주의는 말 그대로 자본을 중심으로 돌아가는 사회다. 그런데 이 자본에는 대체로 권력이라는 절친이 함께 한다. 현실적으로 자본이 권력이고 권력이 자본이 되는 사회가 자본주의 시스템이다. 목회 역시 자본주의 안에 있다. 당장 자본주의는 당신이 목회하는 양들의 생활과 긴밀한 관계가 있다. 성경에서 돈에 대해 경계하라는 것은 주인으로서의 힘을 행사하기 때문이다.

> "한 종이 두 주인을 섬기지 못한다. 그가 한 쪽을 미워하고 다른 쪽을 사랑하거나, 한 쪽을 떠받들고 다른 쪽을 업신여길 것이다. 너희는 하나님과 재물을 함께 섬길 수 없다."(눅 16:13; 참고 마 6:24)

재물에 대한 숭배는 거짓 신학에 의해서 뒷받침된다. 소위 '번영신학'이다.

번영신학은 '하나님은 인간이 세상에서 가난하고 병들고 절망 가운데 사는 것을 원하지 않으며 물질적으로 풍요한 삶을 살도록 축복하기를 원한다. 물질적 축복은 건강하게 장수하고 부자가 되어 성공적인 삶을 사는 것이다'라고 주장한다.[1] 이에 덩달아 청부론은 하나님 앞에서 깨끗하고 경건한 신앙을 가진 신자가 복으로 받는 부와 풍요에 대한 믿음을 주장한다.[2] 이와 같은 주장들은 예수 그리스도를 따르기 위해 세상을 포기하지 않아도 될 뿐만 아니라 중산층과 중산층 진입을 원하는 사람들에게 영합한다. 청부론은 일단 그리스도인의 삶의 목적을 흐릿하게 한다. 그리고 사람이 재물을 통제할 수 있다는 신뢰가 지나치다.[3]

자본주의와 세계화의 적자인 신자유주의 사회에서 그리스도인이 재물을 어떻게 사용할 것이냐 하는 문제는 중요하지만 적절치는 않다. 자본주의의 병폐인 부익부빈익빈의 사회에서 재물에 대해 어떤 자세를 취하느냐 하는 논쟁은 사치에 불과하다. 우리 사회뿐만 아니라 교회 안에도 생계를 걱정해야 하는 사람들이 적지 않기 때문이다. 그리고 「목회와 신학」이 2014년 2월 11-23일 전국 교회 목회자 904명을 대상으로 설문 조사를 한 결과 전체 목회자의 66.7%가 보건복지부가 규정한 월 최저생계비(4인 가족 기준 163만 원)에 못 미치는 사례비를 받는 현실이다. 그러니 목회자 이중직 논의도 부질없는 말들이다.[4] 생활고 때문에 목사가 보이스 피싱(voice phishing)에 가담하는 현실이니 타락을 조장하는 자본주의 사회의 가혹함을 알 수 있다.

자본주의 사회에서 경제적 압박은 일반인들에게도 예외가 아니다. 청년실업률은 연일 최고치를 경신한다. 청년들은 직장을 잡지 못해 연애와 결혼과 자녀 출산 세 가지를 포기하는 '3포세대'로 살아갈 수밖에 없다. 요즘은 3포세대를 넘어 '5포세대'가 늘고 있다. 대인관계와 내 집 마련까지 포기한다는 얘기다. 여기에 '희망'과 '꿈'마저 내려놨다는 '7포세대'라는 용어까지 등장했다.[5] 죽음에 이르는 병인 절망이 이 사회를 점거하고 있다. 가계 경제는 날로 악화되고 있다. 경제성장률과 가계소득 증가율을 비교해 보면, 한국은 그 격차가 세계에서 가장 크다. 나라 전체로는 소득이 늘어났지만 그 소득이 일하는 사람들에게 임금으로 제대로 지급되지 않았다는 뜻이다. 왜 이런 일이 일어난 것일까?

1) 류장현, "번영신학에 대한 신학적 비판", 「신학논단」 61 (연세대학교 연합신학대학원, 2010), 9-10.
2) 김동호, 『깨끗한 부자』(서울: 규장, 2001) 참고.
3) 김영봉, 『바늘귀를 통과한 부자』(서울: 한국기독학생회출판부, 2003) 참고.
4) "목회자의 이중직", 〈목회와 신학〉 (2014·4).
5) '3포 세대' 옛말, '5포·7포 세대' 증가, 〈YTN〉 (2015.3.4).

1997년 IMF 구제금융 사태 이후 기업에 우호적인 규제가 도입되고 노동자들에게 적대적인 정책들이 시행되었기 때문이다. 해고는 쉬워졌고 비정규직 채용은 일반화됐다. 그러면서 전반적으로 일하는 사람의 협상력은 낮아졌다.6) 지금 삼성전자와 현대자동차 두 기업이 보유한 현금은 100조원에 육박한다. 정부 1년 예산의 4분의 1이나 된다. 그 돈은 기업의 생존과 성장을 위한 것이라고 둘러댄다. 노동자들의 기본임금을 인상해야 한다고 하면 기업들은 투자도 하지 않으면서 투자가 위축된다고 공갈을 친다. 대기업의 변명과 명분 뒤에는 오너의 사익이 숨어 있다. 영화 '예스맨 프로젝트'(The Yes Men Fix the World, 2009)는 이런 질문을 직설적으로 묻는다. 영화는 아주 재미있는 방법으로 세상의 기득권을 가진 소수의 탐욕에 대해서 이야기한다. 그들은 사회적으로 문제를 일으키고 책임을 회피하는 회사들을 가장해 책임을 지겠다는 공표를 한다. 그렇다고 회사들이 잘못을 시정하는 것은 아니다. 회사라는 명함 뒤에는 기업주가 있고 결국 그들의 탐욕이 핵심이기 때문이다. 결국 공평하지 못한 부는 인간의 내면 안에 있음을 지적하는 영화 '데블즈 애드버킷'(Devil's Advocate, 1997)이 옳았다.7) 영화는 개인의 양심이 집단의 구조적 악마성 안에서 어떻게 변화하며 고통 받는지 보여준다. 어쨌든 대기업의 사회적 책임 회피로 인한 가계소득 정체는 성장 정체로 이어질 것이다. 가계소득 부진이 가계부채 증가로 이어지고, 이미 가계부채가 국가 경제를 위협하는 수준에 이르렀다고도 한다.8) 소득 부진과 부채 부담으로 가계가 소비를 줄이게 되고, 이는 전체 경제를 위협하게 될 것이다. 이 위험에서 대기업도 예외는 아니다.9)

"욕심이 잉태하면 죄를 낳고, 죄가 자라면 죽음을 낳습니다."(약 1:15)

---

6) Dean Baker, *The United States since 1980*, 최성근 역, 『가장 최근의 미국사: 1980-2011』 (서울: 시대의창, 2012) 참고.

7) 데블즈 애드버킷은 악덕변호사나, 악마의 대언자를 의미한다. 지금은 폐지되었지만 가톨릭에서는 이 말이 어떤 인물을 성인(聖人)으로 인정해서는 안 되는 증거를 수집하는 역할을 하는 사람에게 사용된다. "Devil's advocate," 〈Wikipedia〉.

8) "그동안 정부는 고소득(소득 4-5분위) 가구가 전체 가계부채의 70%를 보유하고 있기 때문에 가계부채 문제가 심각하지 않다고 인식해왔다. 하지만 연구원이 지적한 것과 같이 저소득층의 악성 가계부채가 빠르게 증가한다면 가계부채 문제가 우리 경제에 큰 부담 요인이 될 것으로 예상된다." "LG硏 '저소득층 가계부채 위험 더 빠르게 악화", 〈ChosunBiz〉 (2015.3.22.); "1998년 외환위기 당시 '한국 창조 보고서'를 통해 IMF 위기 극복방안을 제시했던 세계 1위 컨설팅 회사 맥킨지가 최근 한국경제를 '잠재적 가계부채 위험국'으로 분류하고 가계부채 위험성을 경고했다." "맥킨지 '한국, 가계빚 더 악화··7대 취약국가' 경고", 〈이데일리〉 (2015.2.5).

9) 이원재, "'부의 상향재분배'라는 타살", 〈한겨레21〉 1004 (2014.3.27.).

문제는 탐욕의 경제로 인해 사람들이 내적으로 외적으로 죽어나간다는 것이다. 생계 곤란은 마음에 절망을 심고 더 이상 견디지 못할 때 죽음을 택하게 된다. 1992년 한국의 자살률은 10만 명당 8.2명이었다. 그러던 것이 2013년 33.5명까지 수직 상승했다. 이 수치는 OECD 국가 중 가장 높은 수치인 것은 물론이다. OECD 회원국 평균은 12.8명이다. 한편 돈에 대한 사랑은 윤리 의식의 실종으로 나타난다. 한국투명성기구가 2012년 7월부터 11월까지 약 4개월 동안 국내 15세 이상 2012명을 대상으로 실시한 설문조사에서 '부자가 되는 것과 정직하게 사는 것 중 어느 것이 더 중요한가?'를 묻는 질문에 15~30세 남녀는 40.1%, 31세이상은 31%가 '부자가 되는 것이 정직하게 사는 것보다 더 중요하다'고 응답했다. 투명사회운동본부도 '10억이 생긴다면 잘못을 저지르고, 1년 정도 감옥에 들어가도 괜찮다', '자신의 이익을 위해 탈세를 해도 괜찮다' 등 정직과 관련된 25개 질문을 응답자들에게 했다. 그 결과 청소년의 33%가 '10억이 생긴다면 잘못을 하고 1년 정도 감옥에 들어가도 괜찮다'고 응답한 반면 20대는 44.7%, 30대는 43%, 40대는 36.1%, 50대 이상은 32.5%가 '괜찮다'고 답했다. 성인들의 윤리의식이 더 심각했다.

　자본주의 사회에 대한 비판은 셀 수 없이 많다. 여기서 그와 같은 내용을 되풀이하는 것은 쓸데없는 짓이다. 우리에게는 사회를 바꿀만한 힘이 없다. 대기업을 중심으로 한 자본의 독점적 지배의 아성은 견고하여 그 누구도 무너뜨릴 수 없다. 그렇기 때문에 우리는 우리가 할 수 있는 일을 해야 한다. '개인이 바뀌지 않으면 전체가 바뀔 수 없고 전체가 바뀌지 않으면 개인이 바뀔 수 없다'는 말은 옳다. 하지만 우리는 이 말 전체가 아닌 전반부와 관계할 수 있을 뿐이다.10) 우리가 할 수 있는 일은 먼저 돈이 전부가 아니라고 돈이 인생의 목

---

10) 자본주의는 다른 체제로 대체되기 보다는 좀 더 성숙해진다는 자신감에도 불구하고(Anatole Kaletsky, *Capitalism 4.0: The Birth of a New Economy in the Aftermath of Crisis*, 위선주 역,『자본주의 4.0: 신자유주의를 대체할 새로운 경제 패러다임』[서울: 컬처앤스토리, 2011]) 자본주의 대안에 대한 모색은 활발하다. 예를 들어, 폴 R. 크루그먼(Paul R. Krugman) 등의 케인즈주의(Keynesian)로의 복고(Paul R. Krugman, *The Conscience of a Liberal*, 예상한 외역,『폴 크루그먼, 미래를 말하다』[서울: 웅진씽크빅: 현대경제연구원BOOKS, 2008]); 칼 폴라니(Karl Polanyi)의 호혜적 자본주의(Karl Polanyi, 홍기빈 역, 『전 세계적 자본주의인가 지역적 계획경제인가 외』책세상문고·고전의세계 15 (서울: 책세상, 2002); 사회적 기업, 협동조합, 마을 만들기 등 '사회적 경제' 운동(최혁진, "원주 사회적 경제운동의 방향과 비전"[2011.3] [희망제작소 사회적경제센터]; 장원봉, "사회적 경제와 협동조합운동,「녹색평론」100[2008.5-6]); 강수돌, 『살림의 경제학』 (서울: 인물과사상사, 2009). '살림의 경제학'이라는 개념은 칼 마르크스(Karl Marx)의 죽은 노동에 대비되는 '산 노동', 마하트마 간디(Mahatma Gandhi)의 자립·자치의 경제인 '스와데시'(Swadeshi), 이반 일리히(Ivan Illich)의 '토착적 생계', 에른스트 F. 슈마허(Ernst F. Schumacher)의 '인간회복의 경제', 김지하의 '살림의 미학', 바바라 브란트(Barbara Brandt)의 '총체적 삶의 경제학'(*Whole Life Economics: Revaluing Daily Life* [Philadelphia:

표가 되어서는 안 되며 돈이 행복을 가져다주는 것이 아님을 큰 소리로 외쳐야 한다. 인생의 목표는 행복이고, 돈은 절대 행복을 가져오지 않는다고 전해야 한다. 물질적인 면에서 엄청난 성장을 하였고, 따라서 훨씬 편리한 생활을 하면서도 사람들은 우울증과 스트레스에 시달리며 '더 힘들어졌다'고 말한다. 더 잘살게 되었다고 행복한 것은 아니다.[11] 이는 브리티시콜롬비아대학교의 엘리자베스 던(Elizabeth Dunn) 교수가 진행한 일련의 연구에서 나온 결과다. 던 교수는 캠퍼스에서 만난 학생들에게 돈을 주고 일부에겐 그들 자신을 위해 쓰라고, 일부에겐 다른 사람을 위해 쓰라고 했는데 후자쪽이 더 큰 행복감을 느꼈다.[12] 돈에 대한 우리의 욕망은 진정한 것이 아니다. 그것은 르네 지라르(René Girard)가 『낭만적 거짓과 소설적 진실』에서 말한 간접화된 욕망이다. 즉 자신의 내적 욕망을 채우기 위한 수직적 초월의 욕망이 아니라 주변 사람들의 척도나 기준을 중개자(médiateur)로 삼은 욕망이다.[13] 진정한 욕망에는 익숙지 않아 두려움이나 불편함이 수반될 수 있으나 자연스러운 것이다.[14] 돈은 내적 욕망으로부터 나오는 진정한 행복의 위장이다.

돈은 지도자로서의 인정에 척도가 된다. "28년 된 낡은 자동차를 끌며 월급의 90%를 기부하는 대통령", "노숙자에게 대통령궁을 내주는 대통령" 이런 소

New Society, 1995]), 홀거 하이데(Holger Heide)의 '생동성 경제', 김종철의 '땅의 옹호론' 등을 밑거름으로 한다(73-74쪽); 토마스 피케티(Thomas Piketty), *Capital in the Twenty-First Century*, 장경덕 외 2인역, 『21세기 자본』(파주: 글항아리, 2014); 리차드 울프(Richard Wolff)의 노동자 자치 회사(Worker's Self-Directed Enterprise, Richard Wolff, *Democracy At Work: Workers' Self-Directed Enterprises* [Haymarket Books, 2012]); 이매뉴얼 M. 월러스틴(Immanuel M. Wallerstein)의 공동체적인 우애와 사회적 연대에 기초한 자연친화적인 생활방식; 랜들 콜린스(Randall Collins)의 사회주의적인 소유와 강력한 중앙적 규제와 계획을 의미하는 비자본주의 시스템 (Immanuel Wallerstein, Randall Collins, Michael Mann, Georgi Derluguian, and Craig Calhoun, *Does Capitalism Have a Future?*, 성백용 역, 『자본주의는 미래가 있는가』 [서울: 창비, 2014]; 생태사회(김용민); 공동체적 자본주의 (백종국, 『한국 자본주의의 선택』 [서울: 한길사, 2009]); 프라밧 R. 사카르(Prabhat R. Sarkar)의 프라우트(Progressive Utilization Theory; 진보적 활용론 또는 최대활용)체제-생태영성자급공동체. Dada Maheshvarananda, *After Capitalism: Prout's Vision for a New World*, 다다 칫따란잔아난다 역, 『자본주의를 넘어: 프라우트: 지역공동체, 협동조합, 경제민주의, 그리고 영성』 (서울: 한살림, 2014).

11) Gregg Easterbrook, *The Progress Paradox: How Life Gets Better While People Feel Worse*, 박정숙 역, 『진보의 역설: 우리는 왜 더 잘살게 되었는데도 행복하지 않은가』 (서울: 에코리브르, 2007).

12) Andrew Blackman, "'돈이 많을수록 행복하다'고 믿는 당신을 위한 조언", 〈월스트리트저널〉 (2014.11.20).

13) René Girard, *Mensonge Romantique et Vérité Romanesque*, 김치수송의경 공역, 『낭만적 거짓과 소설적 진실』 한길그레이트북스 53 (서울: 한길사, 2001).

14) 김다은, 『너는 무엇을 하면 가장 행복하니?』 (서울: 월인, 2014).

리를 듣는 사람은 호세 무히카 전 우루과이 대통령이다. 2009년 대통령에 당선된 뒤 국민들의 강력한 지지와 인기를 받으며 2015년 3월, 취임 때보다 더 높은 지지율(65%)로 임기를 마쳤다.15) 목회자의 경우도 마찬가지다. 대표적으로 한경직 목사가 있다. 그는 한 마디로 '삶이 깨끗한 청빈의 사람'이었다. 그는 가장 좋은 옷을 입고 가장 멋진 자동차를 탈 수 있었는데도, 소매가 닳아빠진 옷을 입었고 버스를 타거나 남의 차를 빌려 타곤 했다. 가장 안락한 아파트에 살 수 있었는데도, 그것을 마다하고, "월세 방에 사는 교인들이 얼마나 많은데" 하면서 산꼭대기 20평짜리 국민주택 [교회사택]에 들어갔다. 1973년 은퇴한 한경직 목사는 교회가 목동에 사택을 마련해줬지만 이를 마다하고, 15평 남짓한 남한산성의 허름한 사택으로 들어갔다. 교회에서 매월 생활비를 지급했지만, 이마저도 교회 행정처에 맡겨 어려운 이웃들을 돕는 일에 쓰도록 했다. 청렴한 목회자의 대명사로 불리는 고 한경직 목사. 그는 통장, 집, 재산이 없는 '3무의 삶'을 실천했다.16) 청빈이 그의 삶의 전부는 아니었지만 중요한 부분이었다. 청빈을 통해 존경 받는 지도자들의 가난은 자발적 가난이기에 존경받는 것이다. 그와 같은 분들을 바라보면서 그분들이니까 가능하다고 말할 수 있다. 그러나 취소한 우리는 부자가 되려는 욕심, 그리고 돈의 노예는 되지 않겠다는 다짐, 돈 때문에 비굴해지지는 않는다는 결심이 필요하다. 돈이나 지위로 사람을 판단해서도 안 될 것이며 가난한 사람에게 무관심하거나 무시하는 일은 없어야 할 것이다. 가난한 사람들은 지금 고통 받고 있는 이들이며 당신의 위로가 필요한 사람들이기 때문이며 예수의 사랑받는 이들이기 때문이다. 우리는 가난한 자로서 가난한 사람들과 함께 함으로써 예수를 섬기는 사람이 되어야 할 것이다.

다시 한 번 상기하자. 성공하는 목회, 부흥하는 목회는 없다. 뱀의 혀처럼 우리를 유혹하는 그런 목회는 껍데기다. 높아짐을 추구하는 성공은 낮아짐을 추구하는 예수께 혐오스러운 것이다. 숫자를 추구하는 부흥은 자본주의의 덫일 뿐이다. 목회에 성공이나 부흥은 없다. 오직 바른 목회와 그릇된 목회만 있을 뿐이다.

---

15) Miguel A. Campodonico, *Antes del silencio bordaberry Memorias de un Presidente uruguayo*, 송병선·김용호 공역,『세상에서 가장 가난한 대통령 무히카』(파주: 21세기북스, 2015).

16) 김명혁, "목회자 한경직 목사",「한경직목사 탄신 100주년기념행사자료집」(서울: 한경직목사기념사업회, 2008), 136-225; 김명혁,『목회자 한경직 목사 부흥사 이성봉 목사』(서울: 성광문화사, 2003).

II. 삶의 질 향상을 위한 정치

정치와 종교

정교일치로부터 정교분리로의 이행은 인류 발전의 한 표지다. 인류 역사에서 종교와 정치의 일치를 추구하려는 움직임은 여러 가지로 폐해를 끼쳤다. 전통적으로 정치는 종교로부터 정당성을 획득하고자 했다. 하지만 그 결과는 광신주의와 폭력, 메시아주의와 종말론 등으로 이어지는 고리였다. 종교와 정치의 관계의 역사는 오래고 험하다.[17] 『리바이어선』(Leviathan)[18]에서 절대군주를 '지상의 신'으로 규정한 토마스 홉스(Thomas Hobbes)의 철학은 기독교 세계에 대한 반발이라기보다는 정치가 종교를 이용한 경우로 보아야 할 것이다. G. W. 프리드리히 헤겔(G. W. Friedrich Hegel)은 민족과 사회를 통합시키기 위해 민족종교를 내세웠다. 1차 세계대전 이후 독일에서는 종말론이 횡행했고, 나치주의와 공산주의를 옹호하는 자유주의 신학의 움직임도 있었다. 메시아주의적 정치신학의 부활은 아돌프 히틀러(Adolf Hitler)와 나치에 악용되어 세기적 비극으로 이어졌다. 조지 W. 부시(George W. Bush) 정권의 등장과 기독교 근본주의자들의 입지 강화로 신권정치가 부활하고 있는 우려도 낳았다.[19] 종교와 정치의 관계의 내력이 이러하기에 종교는 정치와 엄격히 분리되어야 하는 것으로 암묵적으로 인정되고 있다.

보수와 진보

정치에 대한 관심은 다분히 경제 때문이다. 하지만 집권 세력 누구도 국민들에게 경제적 안정을 줄만큼 유능하지 못하다. 그와 같은 정부의 무능에 대한 암

---

17) 그것을 거슬러 올라가면 독일의 나치주의와 러시아 공산주의, 유대교의 메시아주의, 자유주의신학, 헤겔의 부정론, 칸트의 근본악, 장 자크 루소(Jean-Jacques Rousseau)의 『에밀』 (Jean-Jacques Rousseau, Émile, ou, De l'éducation, 김중현 역, 『에밀』한길그레이트북스 57 [파주: 한길사, 2003]; 이용철문경자 공역, 『에밀 또는 교육론』 45-46, 한국학술진흥재단 학술명저번역총서 [파주: 한길사, 2007]), 홉스의 『리바이어던』, 분리주의와 그노시스주의 (Gnosticism)와 그것이 태동하기 이전인 자연주의에까지 이른다.

18) Thomas Hobbes, Leviathan, 진석용 역, 『리바이어던』 1-2, 한국연구재단 학술명저번역총서 (서울: 나남, 2008).

19) Mark Lilla, The Stillborn God: Religion, Politics, and the Modern West, 마리 오 역, 『사산된 신: 종교는 왜 정치를 욕망하는가』(서울: 바다출판사, 2009).

묵적 인정은 진보와 보수 간의 정쟁으로 일반화된 상황이다.

진보와 보수의 근본적인 차이점은 문제의 원인에 대해 전자는 사회의 구조, 그리고 후자는 개인의 능력으로 본다는 점이다. 예를 들어, 현재 문제가 되는 청년실업 문제에 대해 진보는 그 책임이 일자리를 충분히 만들지 못한 정부 탓으로 돌리지만 보수는 내가 능력이 부족해서 취업을 못하는 것이라고 생각한다. 일자리가 없는데 실력이 있다고 해서 취업이 되는 것도 아니고 아무리 일자리가 없어도 뛰어난 능력을 가진 사람은 취업을 할 수도 있기 때문이다. 어떤 면에서는 둘 다 맞는 말이다.

진보와 보수는 문제 해결을 위해 협조 해야지 싸워서는 안 된다. 협력한다고 해서 고칠 점이 사라지는 것은 아니다. 진보의 경우를 보자.[20] 무엇보다 진보는 '있는 그대로의 세상'을 인정하지 않는다. 다른 대부분의 사람이 어떻게 말하건 "많다고 그들이 옳은 것은 아니다"는 생각을 갖고 있다. 진보는 현실이 어떻든 자신의 정체성과 소신을 펴는데 당당하다. 진보든 보수든 사회에 기여하기 위해서는 서로 타협해야 한다. 이것이 바로 협조이고 협력이다. 진보가 할 일은 정의감과 도덕적 우월감의 과시가 아니라 현실에 대한 인정과 타협이야말로 세상을 변혁하는 시작임을 인식하는 것이다. 진보는 보수를 '수구 꼴통', '일베충'이라고 무시하고, 보수는 진보를 '싸가지 없다', '감성 팔이'라고 매도하는 우리 현실에서, 조너선 하이트(Jonathan Haidt)의 말에 귀를 기울일 필요가 있다. 그는 "이 시대 중요한 문제들은 모두 옳음과 옳음의 싸움이 될 것"이라고 주장했다.[21] 어느 한쪽이 옳고 다른 쪽이 '틀린' 이념적 전투로 접근해선 안 된다는 얘기다. 일찍이 칼 R. 포퍼(Karl R. Popper)가 한 말도 이에서 벗어나지 않는다. 그는 전통적 철학을 궁극적 근거를 바탕으로 진리를 획득할 수 있다고 믿는 '진리현시설'(doctrine of manifest truth)이라고 비판한다.[22] 이 주장은 사회로 와서 민주주의와 연결된다. 그에 따르면 민주주의는 자기주장이 아니라 오히려 나의 주장이 틀릴 수 있다는 가능성이지만 노력함으로써 그 이상에 다가갈 수 있다.[23] 진리의 원천이라 여겨져 온 이성과 경험도 그릇될 수 있다면

20) 강준만, "'싸가지 없는 진보'를 넘어서", 〈한겨레〉 (2014.9.21).
21) Jonathan Haidt, *The Righteous Mind: Why Good People Are Divided by Politics and Religion*, 왕수민 역, 『바른 마음: 나의 옳음과 그들의 옳음은 왜 다른가』 (서울 : 웅진지식하우스, 2014).
22) 이에는 플라톤(Plato)의 이데아(Idea), 아리스토텔레스(Aristotle)의 에이도스(Eidos), 프랜시스 베이컨(Francis Bacon)의 귀납을 비롯한 존 로크(John Locke)와 데이비드 흄(David Hume), 르네 데카르트(René Descartes)의 연역을 비롯한 바뤼흐 스피노자(Baruch de Spinoza)와 고트프리트 라이프니츠 (Gottfried W. Leibniz), 임마누엘 칸트(Immanuel Kant)의 선천적 종합 판단 등이 속한다.

권위와 전통은 어떠하겠는가. 더구나 진보와 보수는 도대체 무엇이란 말인가.

강준만에 의하면 소위 진보 진영의 인사라 불리는 이들은 2008년 이후에는 보수가 40%, 중도가 35%, 진보가 25%일 정도로 이념 지형이 보수화됐는데 이를 직시하지 않고 과거 민주화운동 시절의 '도덕적 우월성'에 갇혀 있다.24) 선민의식이 결정적 순간에는 당내 분열을 야기하는 요인이 되기도 한다. 우월감에 차서 상대방을 일깨우려는 행태, 자신과 다른 의견을 가진 이에게 무례한 언사를 일삼는 '싸가지' 없는 모습을 자주 보였다.25) 이 '싸가지'는 진보진영 내에서도 조심할 줄 모른다. 툭하면 계파 갈등으로 내홍을 겪고, 탈당과 분당이 버릇처럼 된 이유이기도 하다. 비판만 일삼다 보니 국민적 신뢰를 얻을 수 있는 정책 대안을 제시하지 못하고 있다. 그 결과 진보는 그들이 이루고자 하는 개혁의 문턱에도 가보지 못하고 자책골로, 또는 어부지리로 보수에게 승리를 안긴다. 보수나 진보나 상식적으로 중요한 것이 무엇인지에 대한 합의가 있어야 한다. 그리고 도저히 참을 수 없는 상대의 처신을 참아내고 지혜롭게 협조할 줄 알아야 한다.

진보와 보수 문제와 관련해서 목회자는 둘 다를 아우를 수 있는 폭을 가져야 하며 그 둘 사이의 연합을 위해 애써야 한다. 그런 이 중에 남아프리카공화국의 넬슨 만델라(Nelson R. Mandela)가 있다. 그의 위대함은 인종차별정책인 아파르트헤이트(Apartheid)를 폐지시킨데 있지 않고 적대적이었던 흑인과 백인이 하나가 되게 했다는 점에 있다.26) 목회자는 발전과 평화를 위해 자신의 성향을 떠나 좌와 우가 연합할 수 있는 일에 힘써야 한다.

진보와 보수 문제의 바탕에는 현실이 있다. 현실을 어떻게 보느냐가 아니라 현실이 안정적이기를 원한다. 현실의 안정을 기득권 때문에 현상 유지로 본다거나 이상을 내세워 현실을 무시하거나 외면해서는 안 된다. 현실과 관련해서 내가 생각하는 것은 현실을 어떻게 규정하느냐다. 나의 현실은 일단 내가 영향을 미칠 수 있는 것이고, 내가 중요하게 생각하는 문제와 관련된 것이다. 투표는 나 자신을 포함해 국민의 행복에 큰 영향을 끼는 행위다. 여기서 나는 국민보다는 우선 나를 생각하는 투표여야 한다고 생각한다. 사익이나 이기, 그리고 이념적 성향이 아닌 목회자로서 내 이웃의 삶을 향상시킬 수 있는 후보가 누구

23) Karl R. Popper, *The Open Society and Its Enemies*, 이한구 역, 『열린사회와 그 적들』(서울: 민음사, 2006).

24) "친노는 왜 민심을 얻지 못했나: 폐쇄성·우월감·대안 없는 비판… 친노, 그들만의 정치", 〈서울신문〉(2015.5.1).

25) 강준만, 『싸가지 없는 진보: 진보의 최후 집권 전략』(서울: 인물과사상사, 2014).

26) Nelson Mandela, *Long Walk to Freedom: The Autobiography of Nelson Mandela*, 김대중 역, 『자유를 향한 머나먼 여정: 넬슨 만델라 자서전』(서울: 아태평화출판사, 1995) 참고.

냐를 엄정하게 판단하고 해야 한다는 것이다.

목회자와 정치

목회자들도 정치라는 것을 한다. 목회자의 정치는 뭔가 달라야 할 것 같은데 사회에서와 똑같이 어떤 자리를 차지하기 위해 이합집산하는 식의 행동을 정치라고 한다. 그럴 수 있다 해도 그 과정 역시 사회에서와 같이 돈을 쓰고 모략을 한다. 교단에서는 총회장 선거에 돈 보따리가 풀리고, 교회 청빙에도 돈이 오고간다. 학교에서는 총장 후보자들이 이사들의 표를 잡기 위해 모든 인맥을 동원한다. 학회에서도 회장을 하기 위해 술수를 부리는 교수를 보았다.

나는 지도자감이 그렇게 많은 줄 몰랐다. 무슨 선거만 있으면 여러 후보들이 난립하기 때문이다. 스스로들 꼴뚜기가 뛰니까 망둥이도 뛴다고 한다. 그들은 자신을 포함한 상대 후보들을 그렇게 비하한다. 그들은 확실히 지도자 감이 아니다. 원래 성경적 지도자는 남보다 자신이 부족하다고 여기거나 다른 사람 위에 군림하지 않고 섬기는 사람이다. 그런데 남이 하는 짓을 덩달아 흉내 내어 웃음거리가 되고 있으면서도 자신은 예외인줄 아는 어리석은 자니 어찌 지도자감이겠는가. 하나님의 말씀을 강력하게 전하는 목회자들이 왜 "또 너희는 지도자라는 호칭을 듣지 말아라. 너희의 지도자는 그리스도 한 분뿐이시다."(마 23:10)라는 말씀은 외면하는 것일까. 예수의 말을 듣지 않아야 지도자인가(요 7:48). 지도자는 남을 다스리는 사람이 아니라(눅 22: 25) 섬기는 사람임을 지도자의 지존이신 예수께서 말씀하셨다.

> "그러나 너희끼리는 그렇게 해서는 안 된다. 너희 가운데서 위대하게 되고자 하는 사람은 누구든지 너희를 섬기는 사람이 되어야 하고, 너희 가운데서 으뜸이 되고자 하는 사람은 너희의 종이 되어야 한다. 인자는 섬김을 받으러 온 것이 아니라 섬기러 왔으며, 많은 사람을 위하여 자기 목숨을 몸값으로 치러 주려고 왔다."(마 20:26-28; 막 10:43-45)

> "너희 가운데서 으뜸가는 사람은 너희를 섬기는 사람이 되어야 한다."(마 23:11)

> "그러나 너희는 그렇지 않다. 너희 가운데서 가장 큰 사람은 가장 어린 사람과 같이 되어야 하고, 또 다스리는 사람은 섬기는 사람과 같이 되어야 한다. 누가 더 높으냐? 밥상에 앉은 사람이냐, 시중드는 사람이냐? 밥상에 앉은 사람이 아니냐? 그러나 나는 섬기는 사람으로 너희 가운데 있다."(눅 22:26-27)

지도자가 할 일은 "하나님의 말씀을 일러주"고, 사람들이 본받을 만큼 삶과 죽음을 통해 믿음의 본을 보이는 것이다(히 13:7). 지도자는 지위 때문에 복종해야하는 사람이 아니라 곧은 말을 해서 순종을 끌어내는 사람이다. 그는 신자의 영혼을 지키고 그것을 하나님 앞에서 책임지는 사람이다(히 13:17).

그러므로 이제는 지도자로 나선 자들에 대해 냉소를 보내야 한다. 꼴뚜기와 망둥이들을 존경하는 사람이 없듯이 지도자는 존중은 하되 존경해서는 안 된다. 말이 좀 과격하게 들릴지 모르겠으나 당신은 국가 사회나 교회에서 어떤 존경할만한 지도자를 보았는가? 지도자로 나서는 것 자체를 부끄러워하는 풍토가 조성될 때 교회가 교회다워질 것이다.

그렇지만 목회자가 정치를 해야 할 때도 있다. 앞에서 말한 것처럼 주님을 위해, 교회를 위해, 그리고 신자들을 위해 정치를 해야 할 때가 있는 것이다. 이와 같은 정치는 명예와 권력과 부를 좇는 정치와는 달리 하나님의 말씀과 숭고한 가치와 이념을 구현하기 위한 것이다. 우선 목회자의 최저생계비 보장 문제다. 보건복지부 기준으로 2015년 4인 가족 최저생계비는 166만 8329원이다.

[표9] 2015년 최저생계비

구 분	1인가구	2인가구	3인가구	4인가구	5인가구	6인가구
생계비	`617,281	1,051,048	1,359,688	1,668,329	1,976,970	2,285,610

(단위: 원/월)

[표10] 2014년 4인 표준가구 최저생계비 비목별 구성

비목	금액(원)	비율(%)
최저생계비	1,630,820	100.0
식료품비	605,423	37.1
주거비	290,626	17.8
광열수도비	116,178	7.1
가구집기비	46,338	2.8
피복신발비	67,854	4.2
보건의료비	68,256	4.2
교육비	74,910	4.6
교양오락비	31,483	1.9
교통통신비	153,411	9.4
기타소비지출	91,591	5.6
비소비지출	84,750	5.2

우리나라 목회자의 2/3 정도는 최저생계비에 못 미치는 생활을 꾸려가고 있다. 최소한의 인간적 생활을 위해 필요한 생활비 대책은 교단이 앞장서서 추진해야 할 것이다.

목회자가 정치 일선에 나서는 경우가 있을 수도 있겠으나 일반적으로는 금기시되고 있다. 그렇다면 목회자는 정치는 목회와는 전혀 무관한 일이라고 신경을 쓰지 말아야 하는 것인가. 목회자가 직접 정치 일선에 뛰어들지 못해도 정치인 신자가 있다면 그가 바른 정치인이 되도록 훈계해야 하고, 정치를 꿈꾸는 사람들에게 이상을 제시할 수 있을 것이다. 우리나라 국회에는 의외로 그리스도인이 많다. 2015년 현재 전체 국회의원 300명 가운데 개신교인이 106명을 차지하고 있다. 국회가 이러니 정부나 사회의 요직에는 또 얼마나 많은 신자들이 있을 것인가. 신자가 많은 것이 자랑이 아니라 걱정이 되는 시대다. 목회자 역시 우리 교회에 높은 사람이 있다고 자랑할 것이 아니라 권위를 갖고 주어진 자리에서 책임을 갖고 바르게 처신하도록 가르쳐야 한다. 나는 잘못된 지도자들에 대한 책임이 목회자에게 있다고 생각한다. IMF를 자초한 대통령, 사자방으로 국민의 혈세를 낭비한 대통령, 그들은 모두 목회자의 지도를 받았어야 할 교회의 장로 아닌가.

신앙의 지도자가 얼마나 위대한 일을 할 수 있는 지를 보여주는 영화가 있다. '어메이징 그레이스'(Amazing Grace)다.[27] 18세기 영국의 유능한 국회의원 윌리엄 윌버포스(William Wilberforce). 그는 하나님께 봉사하는 가장 좋은 방법은 그가 가진 정치적 영향력을 노예무역이라는 불의와 싸우는 것이라고 생각한다. 윌버포스는 1787년부터 20여년 동안 각고의 노력 끝에 마침내 1807년 노예무역 폐지법안이 의회를 통과했고, 1833년 7월에는 노예의 완전해방을 규정하는 법안이 상원을 통과됐다. 한 사람 지도자의 섬김이 수많은 영혼들을 구한 것이다. 지도자는 개인이 아니다. 그 한 사람에 의해 수많은 사람을 살리기도 하고 죽이기도 한다. 지도자의 이런 중요성 때문에 목회자는 특히 아동이나 청소년들을 장래의 지도자라 생각하고 지도자 교육을 시켜야 한다. 우리가 지도자 하나를 잘 키우면 그로써 큰일을 하는 것이고 하나님 나라를 이 땅에 구체적으로 실현할 가능성이 높아지게 된다.

---

27) 우리에게 '나 같은 죄인 살리신'으로 알려진 찬송이다. 존 뉴턴 목사는 1700년대 중반 그레이하운드라는 노예선의 선장으로 일했다. 자신의 잘못을 뉘우치고 신앙에 귀의한 후, 1773년 1월1일 예배 때 쓰려고 만든 곡이다. 다윗 왕이 여호와가 그와 그의 집을 선택한 것을 찬미하는 내용(대상 17:16=17)에서 영감을 받아 만들었다. 이 노래는 약물중독과 알코올중독 치료 때 많이 쓰인다.

III. 가상현실을 향하는 정보화세계

정보사회의 구성

정보라는 말은 시대에 따라 그 의미가 달랐다. 문자가 발명되기 이전의 정보는 말을 통해 이루어졌다. 이 구두커뮤니케이션의 단계에서는 음성과 억양을 통해 말의 의미가 전달되기 때문에 기억력이 중요하다. 문자가 발명되자 정보는 기록된 문자를 통해 이뤄졌다. 이 글자커뮤니케이션의 단계에서는 단어와 사물, 그리고 문장과 문장 사이의 관계를 논리적으로 규명하는 일이 중요하다. 전자산업의 발달은 이미지를 통한 정보를 용이하게 했다. 그리하여 이 전자커뮤니케이션의 단계에서는 음성과 기호, 그리고 이미지가 동시에 전달되는 통합적이며 입체적인 형태의 정보가 출현하게 되었다. 더구나 후기정보사회에서 정보는 대인간의 범위가 사물과, 그리고 사물과 사물의 정보전달 단계로까지 확장되고 있다.[28] 오늘날에는 정보에 대한 정의까지 바뀌고 있다. 정보는 컴퓨터에 적합하도록 부호화되어(coded) 이해, 저장, 가공, 전달 및 출력되는 모든 것을 뜻하는 데이터를 특정 상황에서 평가한 것으로 볼 수 있다.[29] 이처럼 정보는 특정 상황과 연관되어 있어서 각 주체와 외부와의 상호작용에 의해서 형성된다. 정보화사회에서 정보는 축적되고 가공되며 창조된다. 정보는 연속성과 계승성, 가공성과 창조성이란 특징을 띤다. 정보화 시대의 지식과 정보의 이와 같은 특징은 새로운 사유 방식, 삶의 유형, 그리고 사회관의 도래에까지 영향을 미치고 있다.

정보화사회는 기존의 산업사회와는 질적으로 다르다. 1. 우선 시간관의 변화를 살펴보면, 산업사회는 시간이 과거에서 현재를 거쳐 미래로 직선운동을 하는 것으로 상정하는데, 이 직선적인 시간관은 미래를 위해서 현재를 투자하는 미래지향적인 사고방식을 강화시켜 주었다. 이로 인해 인간의 지식, 부 그리고 역사가 진보한다는 믿음을 형성시킴으로써 산업사회의 독특한 원동력이 형성되었다. 그러나 정보사회의 핵심인 디지털 정보는 단선적인 정보운용 방식에서 벗어나서 시간적 가역성을 가능하게 한다. 이 가역성으로 인해서 과거와 현재

---

28) 차두원·진영현, 『초연결시대, 공유경제와 사물인터넷의 미래: 거의 모든 것이 공유되고 연결되는 거대한 경제혁명 IoT』 (서울: 한스미디어, 2015). 'IoT'는 사물인터넷, Internet of Things의 약자다.

29) 권용혁, "정보화 시대의 삶과 규범", 『철학』 56 (한국철학회, 1998.8), 336. 정보의 특성에 대해서는 한복희·기민호 편저, 『정보사회론』 (대전: 충남대학교 출판부, 1993), 17 이하, 24-26 참고.

의 정보와 자료가 혼합 편성되며 그것들의 논리적 선, 후 관계 역시 뒤섞임으로써 기존의 의미 생산 구조의 변경을 초래한다. 2. 공간편성의 방식 역시 달라졌는데, 산업사회에서의 제한적이며 내부 결속 중심의 공간 이해 방식에서 벗어나서 정보화사회에서는 공간적 배열의 수평적 확대가 사이버공간에서 가능하게 됨으로써 물리적 공간의 한계를 뛰어넘어 모든 지구를 하나의 접근 가능한 압축된 공간으로 만들게 되었다. 이는 논리적 가능성이라는 측면에서 본다면 기존의 시간/공간 배열 방식에 기반을 둔 사유 체계와 사회 구성 방식의 전면적인 변화를 예고한다. 예를 들면, 개인은 지역을 벗어나 세계 어느 지역과도 직접적 연결이 가능해지기에 지역의 세계화나 개인의 세계시민화가 가능하게 되었다. 지역적 대면적 공동체가 지역을 초월한 이해관계나 문제 중심의 공동체로 변화될 가능성도 있다.30) 3. 조직의 성격 역시 변할 것이다. 전통적인 수직적 위계적 조직은 수평적인 다중 접촉을 기반으로 하는 네트워크형으로 변화를 겪을 것이다. 이 같은 조직 형태에서는 구성원들의 관계 역시 상대적으로 평등한 상호 관계가 형성될 것이다.31)

정보화사회를 산업사회와 비교하여 획일성과 중앙통제적인 방식을 특징으로 하는 산업사회에서의 대중매체와는 달리, 정보화사회에서는 쌍방향 통신매체가 주로 사용됨으로써 다원적이고 분권화된 특징을 띠게 된다. 그래서 산업사회는 정보와 매체의 독점과 조작을 통해 사람들을 지배할 수 있었지만 정보사회에서는 그럴 수 없다는 것이다. 네트워크의 분기점인 노드(node)와 노드가 연결되어 네트워크를 구성하고, 또 다른 네트워크들과의 연결을 통해 힘을 모은다. 이 새로운 인터넷 권력은 온라인을 바탕으로 오프라인으로까지 진출한다.

"지구화와 정보혁명 시대를 맞이하여 인터넷을 기반으로 한 사회운동이 국민국가의 내부와 외부에서 출현하고 있다. 민감한 정치사회적 이슈에 대해서 자신들의 주장을 개진하는 개인과 단체, 하다못해 테러집단들까지도 인터넷에 의지하여 행동을 조직한다. 휴대전화와 유·무선 인터넷으로 무장한 스마트몹(smart mob)들이 깜짝 시위를 통해서 자신들의 의사를 표현하기도 한다. … 광우병 우려가 있는 미국산 쇠고기 수입문제를 놓고 인터넷 토론방에서 의견을 결집해 시청 앞으로 나선 소위 촛불집회의 사례가 바로 그것이다."32)

---

30) Gernot Wersig, *Die Komplexitat der Informationsgesellschaft* (Konstanz, 1996), 19 이하 재인용. 권용혁, "정보화 시대의 삶과 규범", 340.
31) John Naisbitt, *Megatrends: Ten New Directions Transforming Our Lives*, 이창혁 역, 『메가트렌드: 현대인의 생활을 변화시키는 10대 조류』(서울: 21세기 북스, 1992), 201-27.
32) 김상배, 『정보 혁명과 권력 변환: 네트워크 정치학의 시각』한울아카데미 1288 (파주: 한울, 2010), 24.

인터넷 상의 자발적 조직은 전에 없던 신생 권력이지만 아직은 그 힘이 미력하다. 자발적 세력이라는 특성이 민주사회를 유지시키는 힘이지만 힘의 강도를 보장하는 것은 아니다. 한편 힘의 강력을 떠나서 우리는 정보의 내용을 문제 삼아야 한다.

정보사회의 현실

지식 생산은 말 그대로 기하급수적으로 늘어나고 있다. 그 모든 정보를 알 필요도 없고 이용할 수도 없다. 대부분의 인터넷 이용자는 모바일 등을 이용하여 주로 검색, SNS, 그리고 쇼핑 등을 한다. DMC미디어의 2014년 6월 보고서에 따르면,[33] 우리나라 12세 이상의 남녀는 하루에 두 시간 정도 소셜미디어를 이용한다. 대부분 젊은이들은 스마트폰을 이용하여(83.7%) 소셜미디어를 이용한다. 주 이용 소셜미디어는 페이스북(77.4%)〉블로그(29.8%)〉카카오스토리(29.5%)〉밴드(22%)〉유투브(15.8%)〉트위터(8.9%)〉인스타그램(8%)〉핀터레스트(2.2%)〉링크드인, 구글플러스(2%) 순이다. 페이스북, 블로그, 유튜브, 인스타그램은 낮은 연령층에서 많이 이용하고, 카카오스토리, 밴드는 높은 연령층에서 많이 이용한다. 페이스북, 트위터는 여성이, 밴드, 유튜브는 남성이 많이 이용한다. 관심 컨텐츠는 남자는 IT/ 미디어, 여자는 생활/문화 컨텐츠 선호가 높다.

우리나라의 스마트폰 보급률은 79.4%로 OECD 회원국의 평균보다 4.6배나 높은 수치다. 잠들기 직전까지 우리나라 사람들은 하루 평균 4시간 가까이 스마트폰을 사용하고 있으며, 출퇴근, 등하교 등 이동시간과 휴식시간 등 틈날 때마다 스마트폰을 이용하는 것으로 나타났다. 조사결과에서 보듯이 상당수의 사람이 하루에 두 시간 정도를 페이스북에 매여 살고 있다. 이미 일상생활에 깊이 파고든 스마트폰, 편리함을 주는 것도 사실이지만 스마트폰 중독이라 할 정도의 과다 사용으로 인한 건강문제도 많아 주의가 필요하다. 스마트폰의 과다사용으로 인한 문제 중에 '디지털 격리 증후군'이 있다. 스마트폰으로 소통하는 것이 직접 만나는 것보다 더 편하게 느껴지는 것을 디지털 격리 증후군이라 한다. 직접 만나서 함께 있을 때도 서로 얼굴을 마주하고 이야기하기보다는 각자 스마트폰만 하기 바쁘다. 스마트폰의 지나친 사용은 감정 교감을 저하시킨다. 어린아이가 사람과 소통하지 않고, 스마트폰 등을 너무 많이 보게 되면 다

---

33) http://www.dmcreport.co.kr/content/ReportView.php?type=Market&id=5708&gid=10.

른 사람의 감정을 읽는 능력이 떨어진다고 미국 UCLA대학 연구팀이 발표한바 있다. 또한, 실험 참가자 중 절반을 스마트폰, 컴퓨터 사용 등을 금지하고 자연 속에서 5일 동안 생활하게 한 결과 공감능력과 타인의 감정을 이해하는 능력이 개선된 것으로 나타났다.[34)]

    미래창조과학부와 한국인터넷진흥원의 인터넷 이용 조사 대상은 만 3세 이상이다. 어린이의 스마트폰 사용은 심각할 정도다. 2014년 8월 청소년정책연구원과 육아정책연구소가 수도권 지역 영·유아 부모 1,000명을 대상으로 조사한 바에 따르면, 영·유아 스마트폰 이용률은 53.1%다. 문제는 스마트폰 최초 이용 시기인데, 유아는 2.86세, 영아는 0.84세로 나타났다. 영아 중에는 30.2%가 1세 이하, 47.9%가 2세 이하, 61.8%가 3세 이하일 때 스마트폰에 처음 노출됐다. 스마트폰 이용 시간은 영아가 유아보다 더 긴 것으로 나타났다. 전체 응답자의 영·유아 자녀 36.7%는 하루에 평균 30-40분 스마트폰을 이용한다.[35)] 아동의 장시간 미디어 이용은 신체적으로는 시력저하, 수면장애 등의 문제를 일으키며, 언어 발달이 지체되고 주의가 산만하고, 대인관계에서의 문제와 폭력성 발현 등의 부정적 현상이 나타날 수 있다. 특히 우뇌가 발달해야 하는 직관적 사고기에 좌뇌가 과도하게 발달하여 좌·우 뇌균형이 깨진다. 따라서 만 6세 이하는 스마트폰 사용을 완전히 차단해야 하고, 만 7세 이상의 아동들도 하루 30분 미만으로 사용을 제한하는 것이 좋다. 대신 아이와 함께 등산, 자전거타기, 산책 등 몸을 움직이는 활동을 해야 아이의 균형적인 뇌 발달에 도움을 준다.[36)]

미디어와 목회

'미디어금식'이란 말이 있다. 미디어와 의도적으로 접촉하지 않는 것을 말하는데, 특히 고난주간에 동참의 의미로 행해지는 것 같다. 이 경우 미디어란 말은 고난과 반대되는 쾌락이나 안락함의 상징이다. 고난을 신체적 감각적 고통과 불편함 등과 동일시하는 것도 문제지만 그 상징이라고 생각하는 미디어를 한시적으로 단절하는 위선은 개그처럼 느껴진다. 미디어를 금욕의 개념보다는 절제의 차원에서 계기를 마련하는 기간으로 삼아야 할 것이다.

---

34) "스마트폰' 때문에 생긴 건강 문제 7가지", 〈하이닥〉 (2015.3.4).
35) 이정림, "영유아 스마트폰 노출 실태 및 보호 대책 방안", 「육아정책포럼」 40 (육아정책연구소, 2014·여름), 17-26.
36) "6세 전에 스마트폰 몰입하면 뇌에 이런 문제가!", 〈헬스조선〉 (2013.2.17).

인터넷 등 네트워크 상에서 접할 수 있는 정보들의 정체를 아는 것은 중요하다. 우선 인터넷 상의 정보는 공짜이다. 그래서일까 대부분의 정보는 가볍다. 쓸만한 정보를 왜 공짜로 제공하겠는가. 그러니 인터넷 상에서 필요한 최상의 정보를 획득할 생각은 안 하는 게 좋다. 간혹 좋은 정보를 발견할 수 있는데, 이 정보 선별과 판별력을 기를 필요가 있다. 또 하나 인터넷 상의 정보는 하나의 간이역으로 또는 가이드로 생각해야 한다. 인터넷은 내가 찾고자 하는 정보가 어디에 있는 지를 가르쳐 주는 중간 다리 역할은 비교적 잘 수행하는 듯하다. 정보화 시대에 개인은 1. 목적에 맞게 정보를 검색하고 정보를 평가할 수 있는 능력이 있어야 하며, 2. 장소에 상관없이 자유롭게 네트워크에 접속할 수 있는 정보통신 환경인 유비쿼터스(Ubiquitous) 기술에 대한 이해력을 가져야 하며, 3. 자기 주도적 학습(self-directed learning) 능력이 있어야 한다.

목회자 거의 대부분은 SNS를 사용할 것이다. 개인적 목적의 지나친 SNS 사용은 금해야 할 것이다. 하지만 시간과 장소의 제약을 받지 않고 신자들과 연결시켜준다는 점은 장점이다. 이 연결성을 개별적 신앙 지도나 상담 등에 활용할 수 있다. 하지만 명절이나 추석, 또는 성탄절이나 부활절에 성의 없이 형식적인 메시지를 보내는 것은 삼가야 한다. 문자의 내용은 수신자에게 독점적이어야 한다. 또 어떤 목사는 이른 시간에 문자를 보내 좋은 아침을 망친다. 문자에도 예의가 있는 법이다. 문자나 카톡은 부담 없이 이용할 수 있기 때문에 상대방을 배려하면서 신경을 써야 하는 매체다.

IV. 인본적 문화

고상한 문화 추구

문화(세상)를 바라보는 기독교의 입장은 여러 가지다. 단순하게는 신앙과 문화는 분리되어야 한다는 입장(Tertullian)이 있고, 다른 한쪽에는 신앙은 문화에 관계해야 한다는 입장(Origen)이 있다. H. 리처드 니버(H. Richard Niebuhr)는 신앙과 문화의 관계를 더 세분한다.37) 첫째 모델은 문화에 대립되는 그리스도다. 이 같은 관계에서 교회는 사회로부터 자신을 게토(Getto)화 한다. 둘째, 문화와 역설 속에 있는 그리스도다. 이 입장에서 교회는 사회와 긴장 관계에

---

37) H. Richard Niebuhr, *Christ and Culture*, 김재준 역, 『그리스도와 문화』(서울: 대한기독교서회, 2002); 홍병룡 역 (서울: 한국기독학생회 출판부, 2007).

처한다. 셋째, 문화변혁자로서의 그리스도다. 이럴 때 교회는 개혁적이다. 니버의 신앙과 문화의 관계 모델은 유효기간이 지났거나 약효가 크게 감소했다. 교회는 문화에 어떤 영향도 끼칠 수 없는 무력한 존재가 되었기 때문이다. 오히려 교회는 날로 세상 문화의 영향으로 세속화의 길로 치닫고 있다.

우리 사회의 문화 저변에는 소위 '3S'라고 하는 스포츠 (sports), 섹스(sex), 그리고 스크린(screen)의 잔재가 짙게 남아있다. 이는 본디 12·12 군사 반란, 5·17 쿠데타, 5·18 광주 민주화 운동 무력 진압을 거쳐 집권한 전두환의 제5공화국 정부가 정부에 대한 불만으로부터 국민들의 관심을 돌리기 위해 김을 빼는 '배기'정책이었다.38) 현대 문화의 중추인 이 3S는 축제 분위기로 사람들의 혼을 빼는 것과 같고 최면의 수단과 같은 것임을 알고는 있어야 한다.

교회에서 문화 프로그램은 유명 인사의 강연이나 음악회 등이다. 교인체육대회를 하기도 한다. 독서를 권하기도 한다. 무엇을 하든 문화 향유가 경쟁이 되어서는 안 되고 함께 누리는 방향으로 계획되어야 한다. 단순한 즐거움과 수준 있는 교양 사이의 조화도 잃어서는 안 된다.

스포츠와 운동

현대인들은 스포츠에 열광한다. 축구와 야구에 열광하며, 대형 국가적 대회가 있을 경우에는 피겨스케이트, 수영 등도 인기를 끈다. 스포츠는 18세기 영국의 사회변화에서 비롯한 '사회적 발명품'이다.39) 그래서 스포츠는 좋은 평가를 받기도 한다. 현대의 스포츠 행위에는 억압된 감정의 격렬한 표출에 의한 상징적 저항, 문화적 해방, 그리고 집합적 열정이 내장되어 있다는 것이다.40) 하지만 테오도르 아도르노(Theodor Adorno)는 "스포츠 행사야말로 전체주의적 대중집회의 모델이었던 것이다. 그것들은 사회적으로 묵인되는 난폭성으로서, 잔인성

---

38) "이제는 말할 수 있다 95: 스포츠로 지배하라!-5공 3S정책" 〈MBC〉 (2005.5.22). 유사한 것으로는 포르투갈의 '3F'(Três F) 정책이 있다. 독재자 안토니우 드 O. 살라자르(António de O. Salazar)는 독재를 유지하기 위해서 우민화정책으로 축구(Futebal), 파티마(Fatima)의 성모발현 사건(종교적 기적, 신비주의), 파두(Fado, 포르투갈 전통 가요)를 이용하였다.

39) Norbert Elias and Eric Dunning, *Quest for Excitement: Sport and Leisure in the Civilising Process*, 송해룡 역,『스포츠와 문명화: 즐거움에 대한 탐구』생각하는 거울 4 (서울: 성균관대학교출판부(SKKUP), 2014), 315.

40) 리처드 호가트(Richard Hoggart), 레이먼드 윌리엄스(Raymond Williams), 스튜어트 홀(Stuart Hall), 에릭 홉스봄(Eric Hobsbawm), 그리고 에릭 더닝(Eric Dunning) 등이 이 같은 입장을 취한다. 정윤수, "그라운드의 두 얼굴", 〈주간경향〉 1101 (2014.11.18)

과 공격의 계기를 권위주의적이고 훈련된 경기규칙 엄수와 결합시킨다."고 분석하였다. "스포츠에는 단지 폭력을 가하려는 열망만이 아니라 스스로 복종하고 감수하려는 열망도 포함"되어 있다고 말한다.41)

목회자는 스포츠와 운동의 본래 정신을 되찾아야 한다. 우선 간접적 체험보다는 운동을 직접 해야 한다. 혹독한 목회를 감당하기 위해서는 운동을 통해 체력이 보강되어야 한다. 보통은 일주일에 40분 이상 세 차례 정도는 해야 되는 것으로 알려져 있다. 그러나 최근에는 일주일에 450분 이상 운동하는 것이 좋다는 연구결과도 나왔다.42) 운동의 중요성은 아무리 강조해도 부족하다. 운동 시간은 허비하는 시간이 아니라 일을 더 할 수 있도록 도와주는 수단으로 보아야 한다. 나이가 들면 근육량이 줄어 성인질환과 신체장애가 생길 수 있기 때문에 근육운동을 병행해야 한다. 근육운동은 근력과 지구력을 키우기 위한 웨이트 트레이닝(weight training)을 말한다. 유산소운동으로 권장하는 걷기, 뛰기, 그리고 자전거타기 등은 무릎에 부담을 주기 때문에 조심스레 해야 한다. 운동 후에는 충분한 휴식을 해야 한다. 한편 건강을 핑계로 지나치게 몸에 몰두하는 것은 잘못이다. 우리는 그만큼 정신의 가치도 중요하며 몸에 투자하는 만큼 정신의 풍요를 위해서도 단련을 해야 한다. 고대 그리스의 스토아 철학자인 에픽테토스(Epicteros)가 말했다.

"생활에 있어서 지나치게 많은 시간을 육체적인 것에 집중해서는 안 된다. 예를 들면 음식을 탐한다든지, 또는 오락과 유흥에 몰두한다든지 하는 것은 그 사람의 품성을 낮추는 결과가 된다. 사람은 그의 많은 시간과 행동을, 정신을 위해서 사용하지 않으면 안 된다."

하지만 이 말은 몸과 정신을 별개의 실재로 보는 이원론이다. 우리는 운동을 할 때 정신으로 대변되는 일로부터 떠나 일종의 여유와 휴식을 갖게 되며 그것이 운동 후의 일에 참신하게 작용하게 된다. 운동은 건강 자체보다 목회자가 해야 할 이웃 섬김을 위해 필요하다. 그러니 운동을 하되 사명이라 생각하고 심하게 열심히 해야 한다.

---

41) 정윤수, "그라운드의 두 얼굴"; 이순예, 『아도르노: 현실이 이론보다 더 엄정하다』 인문고전 깊이읽기 17 (서울: 한길사, 2015) 참고.
42) 미국 보건당국의 권고운동량은 주당 150분이다. 그런데 하버드대 연구팀은 최적운동량을 주당 450분으로 권한다. 〈연합뉴스TV〉 (2015.4.25).

영화에 대한 입장

1,000만 관객을 돌파한 영화들이 있다. '아바타', '괴물', '도둑들', '7번방의 선물', '광해, 왕이 된 남자', '왕의남자', '태극기 휘날리며', '해운대', '변호인', '실미도', '인터스텔라', '겨울왕국'(순위순) 등이다. 2015년 3월 현재, 우리나라의 인구는 약 51,378,174명이다. 1,000만 명이 영화를 봤다면 다섯에 한 명이 보았다는 말이다. 엄청나다. 영화는 사람들을 흡입하고 사람들은 영화에 매혹된다.[43]

로버트 존스톤(Robert K. Johnston)에 따르면, 영화에 대한 기독교적 입장은 크게 다섯 가지로 나뉜다. 그것들은 회피(avoidance), 경계(caution), 대화(dialogue), 수용(appropriation), 그리고 신적인 만남(divine encounter) 등이다.[44] 회피하는 입장은 영화 자체를 악으로 보는 입장으로부터[45] 영화의 비도덕성과 성경 내용의 왜곡에 대한 반대를 포함한다. 경계하는 입장은 영화를 볼 수는 있지만 그것들이 기독교적 가치관이나 기독교의 내용을 왜곡하거나 비판할 수 있기 때문에 말하는 내용에 현혹되어서는 안 된다고 주의하는 입장이다.[46] 대화의 입장은 종교적 주제나 요소를 담고 있는 영화, 특히 그리스도와 그리스도를 은유적으로 표현하는 그리스도적 인물(Christ-figures)을 담은 영화[47] 등을 영화 그 자체로 보는 입장이다. 수용하는 입장은 영화가 인간 본성에 대한 통찰을 제공하며 그것은 기독교적 이해를 확장시킨다는 입장이다.[48] 신적인 만남의 입장은 은혜가 모든 곳에 있다는 가톨릭적 성격이 강하다.

---

43) 이하의 내용은 박종석, "기독교교육과 구원: 구원의 유인책으로서의 예수영화", 「성경과 신학」 55 (한국복음주의신학회, 2010), 165-93을 정리한 것임.

44) Robert K. Johnston, *Reel Spirituality: Theology and Film in Dialogue*, 전의우 역, 「영화와 영성」 (서울: 한국기독학생회 출판부, 2003), 53-88.

45) 예를 들어, Herbert Miles, *Movies and Morals* (Grand Rapids, MI: Zondervan, 1947).

46) 예를 들어, Lloyd Billingsley, *Seductive Image: A Christian Critique of the World of Film* (Westchester, IL: Crossway, 1989).

47) '데드맨 워킹'(Dead Man Walking, 1995), 폴 뉴먼((Paul L. Newman)의 '탈옥'(Cool Hand Luke, 1967), '잔다르크의 수난'(La Passion De Jeanne D'Are[The Passion Of Joan Of Arc]), '뻐꾸기 둥지 위로 날아간 새'(One Flew Over The Cuckoo's Nest, 1975) 등.

48) 예를 들어, Neil P. Hurley, *Theology through Film* (New York: Harper & Row, 1970); David J. Graham, "신학에서 영화 사용하기," Clive Marsh and Gaye Ortiz, ed., *Explorations in Theology and Film: Movies and Meaning*, 김도훈 역, 「영화관에서 만나는 기독교 영성: 영화와 신학의 진지한 대화를 향하여」 (파주: 살림, 2007), 77-94.

예수영화의 유형

브루스 바빙턴(Bruce Babington)과 피터 에반스(Peter W. Evans)는 기독교 영화를 크게 세 유형으로 나눈다. 그것은 구약성경에 근거한 서사영화,[49] 로마-기독교적 서사영화,[50] 그리고 그리스도를 묘사한 영화다.[51] 윌리엄 R. 텔포드(William R. Telford)에 따르면, 영화에서 예수를 묘사하는 방식은 세 가지다. 그것들은 상징적으로, 게스트로, 주인공으로서의 출현이다. 상징적 출현은 주로 예수의 신비성을 보전하기 위한 장치로, 예수의 신체 중의 일부, 즉 한 손, 양손, 발이나 몸통을 보인다. 기독교영화에서는 주로 로마-기독교적 영화에서 이와 같은 묘사를 찾아 볼 수 있다. 예수를 게스트, 손님으로서 묘사하는 경우에는 주로 환상의 형태로 묘사하는데, '문명"(Civilization, 1916), '폼페이 최후의 날'(The Last Days Of Pompeii, 1960), '인톨러런스'(Intolerance, 1916) 등과 같은 영화에서 찾아볼 수 있다.[52] 예수영화에서 묘사되는 예수 상에 대해 살펴보자. 피터 말론(Peter Malone)에 따르면 예수 영화에서 예수는 고난 받는 구속자, 해방을 가져오는 구원자 등으로 나타나며,[53] 텔포드는 일곱 가지로 말한다. 그것들은 가부장적 그리스도('Manger', 'The King', 'The Man Nobody Knows'[1990]), 청년 그리스도('King'), 평화주의자 그리스도('Nazareth'), 혁명적인그리스도('Matteo', 'Cool Hand Luke', 'Montreal', 'Son of Man'[2006]), 신비적 그리스도('Story'), 뮤지컬 그리스도('Superstar', 'Godspell'), 그리고 인간적 그리스도('Temptation')다.[54]

---

49) 여기에 속하는 영화로는 '십계'(The Ten Commandments, 1923/ 1956), '삼손과 데릴라'(Samson and Deliah, 1949), '다윗과 밧세바'(David and Bathsheba, 1951), '탕자'(The Prodigal, 1955), '에스더와 왕'(Esther and the King, 1960), '룻 이야기'(The Story of Ruth, 1960), '소돔과 고모라'(Sodom and Gomorrah, 1962), '성서'(The Bible, 1966) 등이 있다.

50) 여기에는 '벤허'(Ben-Hur, 1925/ 1959), '십자가의 표징'(The Sign of the Cross, 1932), '폼페이 최후의 날'(Gli Ultimi Giorni Di Pompei[The Last Days of Pompeii], 1935), '쿠오바디스'(Quo Vadis?, 1951), '성의'(The Robe, 1953), '살로메'(Salome, 1953), '드미트리우스와 검투사들'(Demitrius and the Gladiators, 1954), '성배'(The Silver Chalice, 1954), '위대한 어부'(The Big Fisherman, 1959), '바라바'(Barabas, 1962) 등이 속한다.

51) Babington and Evans, *Biblical Epics*; Marsh and Ortiz, *Explorations in Theology and Film*, 218.

52) William R. Telford, "Jesus Christ Movie Star: The Depiction of Jesus in the Cinema," Marsh and Ortiz, *Explorations in Theology and Film*, 241-42.

53) Peter Malone, *Movie Christs and Antichrists* (New York: Crossroad, 1990).

54) Telford, "Jesus Christ Movie Star," 246-55.

예수영화의 활용

목회에서 예수영화는 예배에서, 성경공부에서, 프로그램 등에서 활용할 수 있다. 첫째, 예배에서의 예수영화 활용이다. 예배에서의 영화사용은 일단 설교에서다. 설교에서 영화사용은 설교가 영화에 끌려가서는 안 되고 설교의 필요에 따라 영화를 활용하는 식이 되어야 한다. 그 양에 있어서도 최소한이 되도록 해야 한다. 설교에서 영화의 사용은 예배자의 집중도를 높이며, 전인 형성의 가능성이 있어서[55] 권장할만 하나 영화 자료의 선택이 적절하지 않을 경우 오히려 예배를 방해할 수 있다.

둘째, 성경공부에서의 예수영화 활용이다. 성경공부를 위해 예수영화를 이용하는 방식에는 크게 두 가지가 있다. 하나는 복음서를 공부할 때 해당 복음서를 바탕으로 만들어진 예수영화를 이용하는 것이다. 리처드 월쉬(Richard Walsh)는 예수영화를 복음서와 짝을 지어 해석한다. 'Montreal'은 마가복음과, 'Godspell'은 예수의 가르침과, 'Matteo'는 마태복음과, 'King'은 누가복음과 'Story'는 요한복음과 짝을 짓는다.[56]

성경공부에서의 예수영화 활용의 다른 예는 구원자로서의 예수를 보여주는 사건과 연관 지어 예수영화를 이용하는 방법이다. 구원자로서의 예수영화 내용에는 기적, 십자가 처형, 그리고 부활 등이 포함될 것이다. 기적은 예수가 자연 질서를 다스리는 왕임을 나타낸다. 예수영화에서 기적은 기적 자체보다 그에 대한 반응으로('Manger'), 기적에 대한 언급을 삼가거나('King'), 심리적인 것으로 처리하거나, 기적의 은혜를 받은 자의 믿음으로 여기거나('Story'), 기적을 피하거나('Godspell'), 차라리 없는 게 나은 것으로 잘못 해석하거나('Monty'), 고대의 마술적 행위로 보는 등('Montreal') 부정적이지만, 한편으로는 'Life', 'Matteo', 'Nazareth', 그리고 'Film'에서 극적으로 처리되고 있으며, 'Jesus'와 'Miracle'에서는 가장 중요한 소재로 다루어진다. 'Jesus'에서는 기적이 신앙의 이유이고, 'Miracle'에서는 기적이 예수의 전체 이야기를 이해하는 관점을 제공한다.[57] 예수영화의 기적 장면과 함께 이용할 수 있는 영화에는 'The Magician'(1958)과 'Leap of Faith'(1992) 등이 있다.

---

55) "… 진정한 예배의 부흥은 오감뿐만 아니라 영과 생각이 함께 어우러지는 전인적 예배를 통해 가능하다." "포스트모던 시대는 전인적 예배를 원한다," 「목회와 신학」 207 (2006·9), 105.

56) Richard Walsh, *Reading the Gospels in the Dark: Portrayals of Jesus in Film*. (Philadelphia: Trinity Press International, 2003), 그리고 W. Barnes Tatum, *Jesus at the Movies: A Guide to the First Hundred Years*, revised and expanded (Santa Rosa: Polebridge, 2004) 참조.

57) Staley and Walsh, *Jesus, the Gospels, and Cinematic Imagination*, 163-64.

십자가 처형은 초기 예수영화에서는 볼거리로 제공되었다. 그 후 십자가 처형에 대한 입장은 냉철하거나('King') 격하거나('Nazareth', 'Film', 'Passion') 하는 극단적인 입장으로 나뉘었다. 공포를 통해 그 중간 입장을 택하기도 했으나('Montreal'), 십자가를 우연한 죽음으로 처리하거나('Montreal') 춤과 노래로 표현하기까지 하였다('Monty').[58] 예수영화의 희생적 죽음인 십자가 장면과 함께 이용할 수 있는 영화에는 'Cool-Hand Luke'(1967), '뻐꾸기 둥지 위로 날아간 새', '엔드 오브 데이즈'(End of Days, 1999), '스핏파이어 그릴'(The Spitfire Grill, 1996) 등이 있다.

예수영화에서 부활은 비둘기를 이용하는 식의 상징적으로('Life', 'The King'), 열린 무덤처럼 사실적으로('Matteo'), 승천과('Life', 'The King', 'Film', 'Jesus') 교회에까지('Story') 포함시킨다. 대조적으로 예수의 부활을 십자가의 그림자나('King') 빈 무덤에 놓인 옷 정도로 처리하거나 보지 않고 믿는 믿음을 부각시키거나('Nazareth'), 제자들의 가르침으로 대체한다('Montreal').[59] 예수영화의 영웅적 승리를 나타내는 부활 장면과 함께 이용할 수 있는 영화에는 '셰인'(Shane, 1953), '스타워즈'(Star Wars, 1977), '쇼생크 탈출'(Shawshank Redemption, 1994) 등이 있다.

구주이심을 보여주는 성경의 사건으로는 세례 요한의 예비, 예수의 탄생과 관련된 천사의 수태고지, 예수의 탄생, 목자와 동방박사의 방문 등이 있을 것이다. 이 같은 사건들은 대부분의 예수영화에서 다루어지고 있는데,[60] 아동의 주의를 끌 수 있을 것이다.

성경공부 진행의 두 번째 단계인 전개 단계의 첫 부분에서 성경을 살아있는 것으로 수용하기 위해 상상력을 살려 성경의 세계 속으로 들어가는 것이 필요하다.[61] 이 때 성경공부 내용과 연관된 예수영화의 사용은 성경 세계에 들어가는 문이 될 수 있다.

셋째, 프로그램에서의 예수영화 사용이다. 먼저 예수영화를 꼼꼼히 읽는 활동을 할 수 있다. 예수영화 읽기의 원리를 파멜라 M. 렉(Pamela M. Legg)으로부터 배울 수 있다. 그녀는 영화와의 대화를 통한 종교적 탐구의 방법을 네 가지로 제안한다.[62] 첫째, 감독에 대해 알아보는 것이다. 신자가 대면한 영화의

---

58) Staley and Walsh, *Jesus, the Gospels, and Cinematic Imagination*, 165.
59) Staley and Walsh, *Jesus, the Gospels, and Cinematic Imagination*, 165.
60) 이에 대해서는 Staley and Walsh, *Jesus, the Gospels, and Cinematic Imagination*, 175-76 참고.
61) Walter Wink, *Transforming Bible Study: A Leader's Guide*, 이금만 역, 『영성 발달을 위한 창의적 성서교육 방법: 인도자용 지침서』 (서울: 한국신학연구소, 2000), 35-40.
62) Pamela M. Legg, "Contemporary Films and Religious Exploration: An Opportunity for

어떠함은 감독의 배경과 의도에 크게 의존된다. 감독의 성장 배경과 종교적 배경, 사상 등을 알 때 영화를 잘 이해할 수 있다는 것이다. 예를 들어, 코폴라(Francis F. Coppola)의 가톨릭 배경이 그의 영화 대부 3부작(Godfather trilogy)에 어떻게 나타나는 지를 살피는 일이다. 둘째, 종교적 영화의 사용이다. 종교적 영화에는 성경의 내용을 다룬 것뿐만 아니라, 성경의 주제나 신앙 인물을 다룬 영화 등이 속한다. 영화에서 성경의 내용이나 주제가 어떻게 다루어졌는지를 살피는 접근이다. 예수영화의 경우, 예수의 성품인 신성, 인성, 그리고 직능인 예언자, 제사장, 왕이 어떻게 나타나는 지 살펴볼 수 있다. 셋째, 종교적 내용과 관련된 영화의 이미지와 이해. 즉 영화가 종교적일 수 있는 내용들을 어떻게 다루고 있느냐를 살피는 접근이다. 예를 들어, 영화 '사랑과 영혼'(Ghost, 1990)에서 사랑과 사후 세계가 어떻게 다루어지고 있는지를 보는 식이다. 넷째, 기존의 종교적 개념을 전복시키며 도전하고 비판적 질문을 던지는 것이다. 위의 접근이 종교적 개념에 대한 의견 제안이라면, 이 접근은 그 같은 종교적 개념을 뒤집는 것이다. 예를 들어, '포레스트 검프'(Forrest Gump, 1994)에서는 운(destiny)에 대한 상이한 관점들이 공존하며 서로 전복시킨다. 예수영화에서는 영화가 전달하려고 하는 가치관이 세속적 일반의 것과 어떻게 다른지 비교해볼 수 있다. 예수영화 보기와 읽기는 예수영화로부터 예수를 현대적으로 변용하는 등의 예수 유사영화, 그리고 예수를 상징하는 인물들을 등장시켜 예수 정신에 대해 말하는 예수 상징 영화의 순으로 그 폭을 넓혀갈 수 있을 것이다.[63]

V. 그리스도의 몸 지체들 사이의 관계 추구 목회

우리는 이 부분에서 다섯 장에 걸쳐서 그리스도의 몸인 교회를 이루는 다섯 가지 단위에 대해 목회와 연관 지어 살펴보았다. 여기서 우리가 유의할 점은 그리스도의 몸인 교회의 단위들이 따로 따로 존재하는 것이 아니라는 사실이다.

Religious Education. Part II: How to Engage in Conversation with Film," *Religious Education* 92:1(Winter 1997), 126-31.

63) 일반영화에서 종교성을 찾을 수도 있겠다. 예를 들어, 매트릭스(The Matrix, 1999)에서 구원을, '라이프 오브 파이'(Life of Pi, 2012)에서 하나님을 목말라 하는 인간을, '늑대아이'(おおかみこどもの雨と雪, 2012)에서 하나님의 모성성을, '맨오브 스틸'(Man of Steel, 2013)에서 대중 문화 속 하나님의 구원 역사를, '엔딩노트'(Ending Note, 2011)에서 죽음을 하느님께로 가는 아름다운 길로 해석하는 식이다. 하지만 이와 같은 시도는 자의적이어서 불필요한 노력이 되기 쉽다.

그것들은 몸의 지체들이 신경과 핏줄로 연결되어 있듯이 이 다섯 단위들은 실제로는 서로 연결되어 있다는 점이다. 따라서 어느 한 지체, 예를 들어 성경과 전통이라는 요소라고 할 때, 그 단위는 다른 네 가지 요소들과 연결되어 있기에 그것들과의 관계에서 검토되어야 한다는 것이다. 우리는 앞에서 이 점을 염두에 두고 각각의 요소들에 대하여 설명했다. 하지만 아직도 남은 문제가 있는데, 그리스도의 몸을 이루는 다섯 가지 요소들을 각기 다른 요소들과의 관계에서 설명한다 해도 그리스도의 몸이 이루어지는 것은 아니라는 점이다. 이와 같은 내용은 바탕일 뿐 그리스도의 몸이 살아있는 것이 되기 위해서는 그들 다섯 가지요소들 사이의 관계가 어떠해야 하는 가에 대한 규정이 있어야 되고 그러한 관계 개념이 실제로 실현될 때 그리스도의 살아있는 몸으로서의 교회가 성취된다고 할 수 있다. 그럼으로 중요한 것은 다섯 가지 구성요소들 사이의 관계 개념인데, 그 동안 목회 관련 논의에서 이 점이 간과되었다. 그 결과 교회에서 개인 따로, 부서 따로, 교회 따로 노는 것 등이 당연한 것처럼 받아들여졌다. 그러한 현실은 절대 당연한 것이 아니고 당연하게 생각해서도 안 된다.

앞서 말한 BCM 목회제도의 강점은 바로 이 간과되었던 교회의 구성 요소들 사이의 관계 개념에 주목했다는 점이다. 그리고 그 관계 개념을 나름대로 제안하고 있다는 것이다. 물론 BCM이 제시하는 관계 개념이 절대적인 것은 아니다. 사람마다 관점이 달라 다른 개념을 주장할 수 있다. 당연한 얘기다. 교회가 그리스도의 몸이고 그것을 구성하는 요소가 성경과 전통, 개인, 소그룹, 회중, 그리고 사회라는 것에 동의한다면 그들 사이의 관계 개념의 내용은 다양하게 제안할 수 있을 것이다. 바라기는 그 개념들이 상식에 어긋나지 않는 이상 무엇이라도 정하고 그 개념의 실현을 위해 노력해야 한다. 그리스도의 몸을 이루는 진정한 목회의 시작은 이 사실에 대한 인식과 그것을 이루려고 하는 노력이다. 여기서는 그와 같은 시도를 하는 목회자들에게 도움이 되도록 BCM에서 제안하는 스무 가지 관계 개념들을 제시한다. 성경과 전통, 개인, 소그룹, 회중, 그리고 사회라는 단위의 상호 관계 경우의 수는 모두 스무 가지다. 이것들 사이에는 각각 이루어져야 할 이상적 관계 개념들이 있는데, 이것을 도형으로 표시하면 그림4와 같다.

이 스무 가지 개념은 유사한 성격끼리 묶여져서 교회의 사명 안에서 교육될 수 있다. 디다케 안에서 새김마루라는 이름으로 고유성, 기억, 연대감, 그리고 공동체 정신이, 케리그마 안에서 소망마루라는 이름으로 개혁, 개방성, 이상, 그리고 변화가, 레이투르기아 안에서 믿음마루라는 이름으로 응답, 영성, 친밀감, 그리고 화해가, 코이노니아 안에서 사랑마루라는 돌봄, 지원, 성실, 그리고 활성이, 마지막으로 디아코니아 안에서 섬김마루라는 이름으로 참여, 윤리, 행동양

285

식, 그리고 문화풍토다.

<그림3> BCM 구성 단위간 관계 개념도

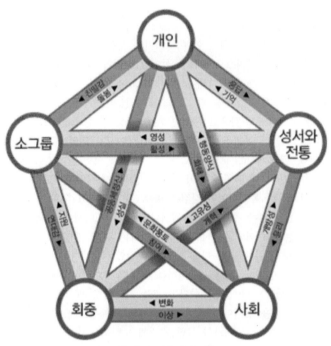

The Body of Christ Model

　　그리고 이들 관계 개념들의 실현을 위해 교육을 포함해 구체적 프로그램이
필요하다. 아래의 표를 통해 예들을 살펴보자. 다른 프로그램의 예들로는, 그리
고 구체적 실시 방법에 대해서는 기독교대한성결교회 아동과 청소년을 위한 마
이티플래너를 참고할 수 있다.64) 이 자료는 소그룹의 성격을 지닌 교회학교를
위한 자료이기 때문에 다섯 가지 구성 요소 중에서 성경과 전통, 개인, 소그룹
을 제외한 나머지 즉 회중과 사회와의 관계 개념 관련 내용에는 접근성　때문

---

64) 기독교대한성결교회 교육국, 『2015 청소년교회 교사플래너 BCM Mighty Planner』(서울: 사랑
　　마루, 2014);　기독교대한성결교회　교육국,　『2015　어린이교회　교사플래너　BCM　Mighty
　　Planner 』(서울: 사랑마루, 2014).

에 한계가 있음에도 불구하고 관계 개념을 실현을 위한 교육의 실태를 살펴볼 수 있다는 점에서 유용하다.

그리고 목회자의 경우에는 각 개념을 성취하기 위해 관련된 내용들에 대한 연구가 필요하다. 사실 BCM 뿐만 아니라 교회를 그리스도의 몸으로 형성하기 위해서는 그 몸을 이루는 교회의 구성 요소들을 전반적으로 관리하는 사람이 필요하다. 그가 목회자다. 신자들이, 또는 각 구성 요소의 책임자들이 하기도 어렵다. 그럴만한 위치에 있지 않기도 하고 책임자가 없는 경우도 있기 때문이다. 교회가 그리스도의 몸이 되기 위해서는 그 몸 전체의 상태를 주관하는 목회자의 역할이 필수적이다. 각 구성 요소들과의 균형과 조화가 늘 이루어지도록 조정하는 역할이 무엇보다 중요하다는 말이다. 그러기 위해서는 그리스도의 몸을 이루고자 하는 BCM목회제도의 내용을 잘 알아야 한다. 이를 위해서는 아래 표의 오른편에 있는 과목들에 대한 연구가 선행되어야 한다.65)

[표11] BCM 단위간 관계 개념과 교과목

교회의 사명 (마루)	구성요소 관계	관계 개념	프로그램	교과목
디다케 (새김마루)	성경과 전통→ 회중	고유성	성결역사 만화만들기	성결교회의 정신과 역사
	성경과 전통→ 개인	기억	사도신경 퍼즐게임	사도신경 이해
	소그룹→ 회중	연대감	지체 초청잔치	소그룹을 위한 목회
	회중→ 개인	공동체 정신	멘토링	공동체 부흥을 위한 교육
케리그마 (소망마루)	회중→ 성경과 전통	개혁	발전전략 기획팀	변혁의 리더십
	사회→ 성경과 전통	개방성	성결 맵 클럽	미디어 비평
	회중→ 사회	이상	샘터지기 영상팀	위대한 섬김의 인물들
	사회→ 회중	변화	기자 클럽	기독교 문화 콘텐츠
레이투르기아 (믿음마루)	개인→ 성경과 전통	응답	성결예배	신앙이란 무엇인가?
	성경과 전통→소그룹	영성	다니엘기도	영성교육
	개인→ 소그룹	친밀감	환영타임	감성 커뮤니케이션
	개인→ 사회	화해	순례클럽	관계의 심리학
코이노니아 (사랑마루)	소그룹→ 개인	돌봄	자원봉사자 훈련	돌봄과 배려
	회중→ 소그룹	지원	한국어 자랑 대회	합리적인 교육계획
	개인→ 회중	성실	창세기 미술반	교사의 자질
	소그룹→성경과 전통	활성	영화사랑마을	놀라운 전도전략

---

65) 이에 대한 자료는 『BCM 교사 에센스: 성결교회 교사대학 시리즈』 I-III (서울: 기독교대한성결교회출판부, 2008) 참고.

디아코니아 (섬김마루)	소그룹→ 사회	참여	백합봉사대	소그룹별 사회봉사
	성경과 전통→ 사회	윤리	바름이 은행	기독교 경제교육
	사회→ 개인	행동양식	디아코니아 학원	소명과 전문성
	사회→ 소그룹	문화풍토	재활용밴드	21세기 학습자 이해

이제까지 우리는 여러 이야기를 해왔다. 그 모든 내용은 목회자가 기본적으로 갖추어야 할 자질이 무엇이어야 하는 지에 관한 것이었다. 이는 내외적인 것인데 즉 목회자가 어떤 일을 어떻게 해야 하느냐 하는 것인데, 어떤 일을 하느냐가 외적인 것이라면 어떻게 하느냐는 내적인 것이다. 외적인 일은 그 성격상 내적인 것이 받쳐주지 않으면 형식으로 흐르기 쉽다. 외적인 것은 없고 내적인 것만 있으면 자칫 무능으로 흐르기 쉽다. 안과 밖이 함께 가야 하는 것이 목회의 특성이다. 결국 목회는 우리가 그리스도인이어야 하고 그러기 위한 노력이 되어야 한다고 생각한다. 목회는 그런 것이 아닐까.

나가는 글

지금 우리 사회는 불안하다. 그리고 분노한다. 불안하기에 분노한다. 교회 역시 불안하다. 그리고 사회는 교회를 향하여 분노한다. 분노하기에 불안하다. 이 책은 교회의 불안에 대해서는 대책이 없고 분노에 대해서는 변명하지 못하는 목회자들에게 대책과 변명 둘 다를 제공하려고 했다.

이 사회에 팽배한 불안과 분노가 우리에게 가르쳐 준 것은 기본에 충실하라는 것이었다. 기본을 갖추어야 할 자들이 유체이탈화법을 통해 국민에게 책임을 전가하는 이 슬픈 상황에서도 기본이 중요하다는 사실은 확실하다. 나는 이 책에서 목회에서도 가장 중요한 것은 이 기본이라 생각하고 그 기본이 무엇인지에 대해 나름대로 말하려고 했다. 다시 한 번 이를 상기하자.

먼저 교육의 범주에서 목회의 목적은 교회 부흥이나 성장이 아니라 섬김이다. 예수께서 분명히 그렇다고 말씀하시기 때문이다. 목회는 설교와 심방이 아니다. 목회는 신자들의 신앙 성장을 돕는 일이다. 신자들의 신앙이 성장하도록 섬기는 목회를 잘 하기 위해서는 대표적 말하기인 공적인 강의를 잘해야 한다. 하나님께서는 목회 이전에 목회자 자신을 주목하실 것이다. 택하여 부르신 그가 겸손한지, 언행일치가 되는 지를 살피실 것이다. 진정한 목회자에게서 진정한 목회가 나올 수 있을 것이기 때문이다. 하지만 목회자에게는 영성 외에도 그것을 담아낼 수 있는 전문성도 요구된다. 목회의 대상인 신자는 동일하지 않다. 목회자는 은사, 성격, 그리고 정서 등의 면에서 차이가 나는 신자를 '자기 같겠거니'라고 생각해서는 안 된다. 이 신자에 대한 이해는 모든 목회활동의 바탕이 되어야 한다. 목회 환경은 목회자의 가정부터 시작해서 교회 공간과 자연환경에 이르기까지 범위가 넓다. 급변하는 환경을 예의주시하며 반영하는 목회가 필요하다.

오늘날의 교회는 건강하지 못하다. 교회 건강도의 지표는 교회의 사명이다. 케리그마 등 교회의 5대 사명이 조화와 균형을 이루어야 한다. 교회는 우선 참여를 본질로 하는 코이노니아라는 기초 체력을 길러야 한다. 그 바탕 위에 성경의 의도를 바르게 전하는 케리그마를 양식으로 삼아, 레아투르기아를 통해 경건하게 하나님을 향해 나아감으로써 하나님께 대한 사랑을 표현해야 하며, 위로부터 받은 은사를 이웃 사랑이라는 명령에 순종하는 나눔의 디아코니아에서 드러내야 한다.

우리가 꿈꾸는 목회는 교회가 그리스도의 몸이 되는 것이다. 살아계셔서 하나님 우편에 앉아계신 예수 그리스도를 지상에 구현하는 것이다. 교회는 그리스도를 머리로 하는 지체로 구성된다. 그리고 그 지체는 성경과 전통을 바탕으로 신자 한 사람 한 사람으로부터 그들 소수가 모인 소그룹, 교회 전체 회중, 그리고 교회가 그 안에 있는 사회로 구성돼 있다. 성경은 우리 신앙생활의 자원이다. 그러니 이해될 수 있는 역본을 사용해야 하는데, 최소한 예배용으로는 '개역개정'을 쓰더라도 교육용으로는 '새번역'을 써야 한다. 성경 연구는 신자의 발달에 맞는 내용을 선정해 삶과 연결되도록 해야 한다. 교리는 교파마다 차이가 있지만 근본적으로는 기독교의 색채라고 할 수 있다. 교리를 경시할 때 기독교가 아니어도 좋은 이단이나 사이비에 빠지게 된다. 주기도문과 기독교의 신념을 정리한 신경은 그리스도인의 정체성 형성을 위해 심층적으로 이해해야 한다.

목회에서 섬김의 대상인 신자들을 전체적으로 이해하면 유용하겠지만 목회 활동의 효율성을 위해서는 최소한 신자들의 신앙생활과 관련된 종교적 차원은 이해해야 한다. 대체로 신자들은 발달해 가면서 하나님, 기도, 종교적 사고, 신앙의 양식, 신앙의 단계, 종교적 판단 등에서 변화를 겪는다. 신앙은 고정된 것이 아니고 늘 변화의 가능성을 지니고 있기 때문이다. 목회자는 이 신앙의 여러 차원들을 고려하면서 신앙이 성숙하도록 도와야 한다.

그리스도의 몸을 이루는 또 하나의 단위인 소그룹에 대해서는 가장 본질적인 문제가 무엇인지 알아야 한다. 영아는 자기가 사랑 받는 존재임을 느껴야 하지만 고집은 꺾어야 하며, 유아는 혈기를 죽이고 순종하도록, 아동은 그 은사를, 청소년에 대해서는 반항과 폭력을, 청년은 직업을, 장년은 가정을, 그리고 노년은 죽음 문제에 대해 바른 입장과 태도를 갖도록 도와야 한다.

신앙은 개인적 문제로 취급되었다. 그러나 연구 결과들은 도덕을 포함한 양심과 신앙이 회중 안에서 형성된다는 사실을 보여준다. 목회자는 회중이 이와 같은 기능을 잘 할 수 있도록 관련 프로그램 등을 개발해 이 잠재성이 실현되도록 해야 한다.

교회는 분명 사회라는 공간 안에 위치하지만 교회는 그 사실을 부인해 온 듯한 느낌이다. 그러나 사회 안의 교회는 부정할 수 없는 현실이다. 교회에 하나님 나라 건설을 위한 책무가 주어졌다고 할 때 교회의 사회 경시는 크게 잘못된 일이다. 교회는 사회와 더불어 변천을 겪을 수밖에 없다. 오늘날 사회는 신자유주의의 지배로 배금주의가 팽배하며 겸손과는 거리가 먼 권력을 추구하는 것을 당연시한다. 그 결과 사람들의 탐욕은 끝이 없어 빈부격차는 날로 벌어지며, 권력을 통한 사익 추구는 불의로 인한 억압과 우승열패의 불평등 사회를 만들어 가고 있다. 언론은 왜곡되고 문화는 타락했다. 이런 상황에서 교회는 사회적 시대적 흐름을 예의 주시하는 수준을 넘어 정의와 평화가 넘치는 사회가 되도록 영향을 끼쳐야 한다. 그 영향력은 교회의 도덕성 회복을 통해서일 것이다. 기술적으로는 사람들에게 익숙한 방법을 통한 성경의 불편한 진실을 전하는 방식이어야 할 것이다. 우리 교회에 나와야만 교인이 아니라, 사회 안의 불신자들을 그들이 처한 그 자리로 찾아가 섬길 수 있는 폭 넓은 목회가 요청 되는 시대다.

그리스도의 몸으로서의 교회 구조에서 잊지 말아야 할 것은 개인, 소그룹 등 그 단위 사이의 관계다. 기존의 목회에서는 그리스도의 몸을 이루는 지체들 의 단위를 인식하지 못했을 뿐 아니라 그 단위 사이의 관계에 주목하지 못했 다. 그리스도의 몸 목회의 성패는 이 단위들 간의 관계 실현 여부에 달려 있 다고 할 수 있다.

이 책에서 말하는 목회의 구조는 케리그마 등의 교회의 사명들이 목적 등의 교육의 범주들이라는 체를 통해 걸러져 성경과 전통 등의 지체로 이루어지는 그리스도의 몸을 이룰 수 있다는 것이다. 이 같은 관점은 어느 정도 새로운 것 이다. 이런 내용을 바탕으로 목회에 대한 또 다른 참신한 관점들이 출현하기를 바란다.

〈그림4〉 외젠 들라크루아, '폭풍우 속에서 잠든 예수', 1853,
캔버스에 유채, 50.8x61cm, 뉴욕, 메트로폴리탄미술관

책을 마무리하면서 외젠 들라크루아(Eugène Delacroix)의 '폭풍우 속에서 잠든 예수'라는 그림이 떠오른다. 호수 한 가운데서 풍랑이 일어 배에 물이 가득 찬

상황이다. 제자들은 죽게 되었다고 사색인데 예수께서는 태평하게 주무시고 계시다(마 8:23-27; 막 4:35-41; 눅 8:22-25). 그 상황에서 어부로 잔뼈가 굵은 제자들이 있었지만, 제자들은 대신 예수께 도움을 청했다. 마치 우리 교회를 상징하는 것 같다. 침몰하는 한국 교회는 제자들처럼 자기들의 경험에 의존해서는 안 된다. 풍랑이 잠잠해진 후에 제자들은 말한다. "이분이 도대체 누구시기에 바람과 물을 호령하시니, 바람과 물조차도 그에게 복종하는가?" 교회는 그 안에 오직 예수 그리스도를 회복할 때 위기를 벗어날 수 있다. 그림의 배경에 있는 육지 뒤로 보이는 희미한 빛은 희망이고, 그것은 그리스도의 몸을 이루는 목회다.

도식, 표, 그림 목록

주요 참고문헌

기독교대한성결교회 교육국. 『BCM 교사 에센스: 성결교회 교사대학 시리즈』 I–III .
    서울: 기독교대한성결교회출판부, 2008.
기독교대한성결교회 교육국. 『2015 어린이교회 교사플래너 BCM Mighty Planner 』.
    서울: 사랑마루, 2014.
기독교대한성결교회 교육국. 『2015 청소년교회 교사플래너 BCM Mighty Planner』.
    서울: 사랑마루, 2014.
기독교학교교육연구소. 『한국 교육의 희망 기독교대안학교 가이드』
    기독교학교교육연구신서 8. 서울: 예영커뮤니케이션, 2012.
김명신. 『대안교육: 어제-오늘-내일』. 서울: 문음사, 2002.
김명혁. "목회자 한경직 목사". 「한경직목사 탄신 100주년기념행사자료집」. 서울:
    한경직목사기념사업회, 2008: 136-225.
김세윤. 『칭의와 성화』. 서울: 도서출판 두란노, 2013.
김영봉. 『바늘귀를 통과한 부자』. 서울: 한국기독학생회출판부, 2003.
나채운. 『주기도·사도신조·축도』 개정증보판. 서울: 성지출판사, 2001.
대한예수교장로회총회 이단사이비대책위원회·이단사이비문제상담소 공저. 『우리 주변의
    이단들: 이단 경계를 위한 성경공부』 1-2. 서울: 한국장로교출판사, 2012; 2014.
류기종. 『주기도문의 영성』 예수 영성시리즈 2. 서울: kmc, 2008.
류장현. "번영신학에 대한 신학적 비판". 「신학논단」 61. 연세대학교 연합신학대학원,
    2010: 7-30.
무명의순례자. *The Way of a Pilgrim.* 엄성옥·강태용 공역. 『순례자의
    길』 기독교영성시리즈 3. 서울: 은성사, 2003.
민들레 편집실. 『대안학교 길라잡이』. 서울: 민들레, 2010.
박종석. 『기독교교육심리』. 서울: 생명의양식, 2008.
박종석. 『성서교육론』. 서울: 도서출판 영성, 2008.
서덕희. 『홈스쿨링을 만나다』. 서울: 민들레, 2008.
이동원. "강해 설교 준비와 실제". 아나톨레 13회 L.T.C. 특강. 2005.
이정구. 『교회건축의 이해: 신학으로 건축하다』. 파주: 한국학술정보[주], 2012.
이종윤. 『성경난해구절 해설』. 서울: 필그림출판사, 2004.
이종태. 『대안교육과 대안학교』 대안교육 1. 서울: 민들레, 2001.
정기섭. 『전원기숙사학교: 독일의 대안학교』. 서울: 문음사, 2007.
정행업. 『세계 교회사에 나타난 이단논쟁』. 서울: 한국장로교출판사, 2000.
조성기 편. 『나는 소망합니다: 고단한 영혼을 어루만지는 마음의 기도문 133편』. 서울:

랜덤하우스코리아, 2008.

조창한. "세계교회 건축순례". 〈기독공보〉 2282 (2000.8.25)-2377 (2002.8.10).

탁지일. 『이단』. 서울: 두란노, 2014.

허상봉. 『모네타: 하나님의 경제. 세강의 경제』. 서울: 사랑마루, 2015.

Alexander, Eben. *Proof of Heaven: A Neurosurgeon's Journey into the Afterlife.*
고미라 역. 『나는 천국을 보았다』. 파주: 김영사, 2013.

Becker, Ernest. *The Denial of Death.* 김재영 역. 『죽음의 부정: 프로이트의 인간
이해를 넘어서』. 서울: 인간사랑, 2008.

Bushnell, Horace. *Christian Nurture.* 김도일 역.『기독교적 양육』. 서울:
장로회신학대학교출판부, 2004.

Campodonico, Miguel A. 송병선·김용호 공역.『세상에서 가장 가난한 대통령 무히카』.
파주: 21세기북스, 2015.

Cape, David. and Tenney, Tommy. *God's secret to Greatness: The Power of the
Towel.* 이상준 역. 『종의 마음: 위대함에 이르는 하나님의 비밀』. 서울:
토기장이, 2008.

Daniil A. Granin. *Эма сmранная жизнь.* 이상원·조금선 공역. 『시간을 정복한
남자. 류비셰프』. 서울: 황소자리, 2004.

Druckerman, Pamela. *Bringing Up Bébé: One American Mother Discovers the
Wisdom of French Parenting.* 이주혜 역.『프랑스 아이처럼: 아이. 엄마. 가족이
모두 행복한 프랑스식 육아』. 서울: 북하이브, 2012.

Fowler, James W. *Stages of Faith: The Psychology of Human Development and The
Quest for Meaning.* 이재은 역. 『신앙의 단계들: 인간발달 심리학과 의미
추구』. 서울: 대한기독교출판사, 1986; 사미자 역. 『신앙의 발달단계』. 서울:
한국장로교출판사, 1987.

Freire, Paulo. *Pedagogía del Oprimido.* 남경태 역. 『30주년 기념판 페다고지』그린비
크리티컬 컬렉션 5. 서울: 그린비, 2010.

Fromm, Erich. *Art of Loving.* 황문수 역.『사랑의 기술』. 서울: 문예출판사, 2005.

Gallo, Carmine. *Talk Like TED: The 9 Public-Speaking Secrets of the World's Top
Minds.* 유영훈 역. 『어떻게 말할 것인가: 세상을 바꾸는 18분의 기적 TED』.
서울: 알에이치코리아, 2014.

Gardner, Howard. *Intelligence Reframed: Multiple Intelligences for the 21st Century.*
문용린 역. 『다중지능: 인간 지능의 새로운 이해』. 서울: 김영사, 2001.

Genia, Vicky. *Counseling and Psychotherapy of Religious Clients: A Developmental
Approach.* 김병오 역. 『영적 발달과 심리치료』. 서울: 대서, 2010.

Goldman, Ronald. *Religious Thinking from Childhood to Adolescence.* London:
Routledge and K. Paul, 1964.

Goleman, Daniel. *Emotional Intelligence: Why It Can Matter More Than IQ.* 10th

Anniversary Edition. 한창호 역. 『EQ 감성지능』. 서울: 웅진지식하우스, 2008.

Groome, Thomas H. *Christian Religious Education: Sharing Our Story and Vision.* 이기문 역. 『기독교적 종교교육』. 서울: 대한예수교장로회총회교육부, 1980.

Grün, Anselm. *Leben Ist Jetzt: die Kunst des Älterwerdens.* 김진아 역. 『노년의 기술』. 파주: 오래된 미래, 2010.

Haidt, Jonathan. *The Righteous Mind: Why Good People Are Divided by Politics and Religion.* 왕수민 역. 『바른 마음: 나의 옳음과 그들의 옳음은 왜 다른가』. 서울 : 웅진지식하우스, 2014.

Halverson, Delia. *New Ways to Tell the Old. Old Story: Choosing and Using Bible Stories With Children and Youth.* Nashville, TN: Abingdon Press, 1992.

Hare, Robert D. *Without Conscience: The Disturbing World of the Psychopaths among Us.* 조은경·황정화 공역. 『진단명: 싸이코패스=Psychopath: 우리 주변에 숨어 있는 이상인격자』. 서울: 바다출판사, 2005.

Harris, Judith R. *No Two Alike: Human Nature and Human Individuality.* 곽미경 역. 『개성의 탄생: 나는 왜 다른 사람과 다른 유일한 나인가』. 파주: 동녘사이언스, 2007

Havighurst, Robert J. *Developmental Tasks and Education.* 김재은 역. 『발달과업과 교육』 교육신서 213. 서울: 배영사, 1990.

Hawkins, Greg L. and Parkinson, Cally. *Reveal Where Are You?.* 『윌로크릭의 발견』. 서울: 국제제자훈련원, 2008.

Hayasaki, Erika. *The Death Class: A True Story about Life.* 이은주 역. 『죽음학 수업』. 서울: 청림, 2014.

Hoggard, Liz. *How to be Happy: Lessons from Making Slough Happy.* 이경아 역. 『영국 BBC 다큐멘터리 행복: 행복 전문가 6인이 밝히는 행복의 심리학』. 서울: 위즈덤하우스, 2006.

Johnston, Robert K. Reel. *Spirituality: Theology and Film in Dialogue.* 전의우 역. 『영화와 영성』. 서울: 한국기독학생회 출판부, 2003.

Keller, Evelyn F. *The Mirage of a Space between Nature and Nurture.* 정세권 역. 『본성과 양육이라는 신기루』. 서울: 이음, 2013.

Kübler-Ross, Elisabeth. *On Death and Dying: What the Dying Have to Teach Doctors, Nurses, Clergy and Their Own Families.* 성염 역. 『인간의 죽음: 죽음과 임종에 관하여』. 서울: 분도, 1997; 김진욱 역. 『죽음의 순간』. 서울: 자유문학사, 2000; 이진 역. 『죽음과 죽어감』. 파주: 이레, 2008.

Laxer, James. Democracy. 김영희 역. 『민주주의란 무엇인가: 나는 아름다운 것을 생각한다』 민주시민 권리장전 1. 서울: 행성B온다, 2011.

Legg, Pamela M. "Contemporary Films and Religious Exploration: An Opportunity for Religious Education. Part II: How to Engage in Conversation with Film." *Religious Education* 92:1. Winter 1997: 126-31.

Levine, Eliot. *One Kid at a Time: Big Lessons from a Small School.*
서울시대안교육센터 역. 『학교 기성복을 벗다: 학교를 넘어선 학교. 메트스쿨』.
서울: 민들레, 2009.

Liebert, Elizabeth. *Changing Life Patterns: Adult Development in Spiritual Direction.*
St Louis: Chalice Press, 2000. 77-135.

Little, Sara P. *To Set One's Heart: belief and teaching in the church.*
사미자 역. 『기독교교육 교수방법론』. 서울: 대한예수교장로회총회출판국, 1988.

Loder, James E. *The Logic of the Spirit: Human Development in Theological
Perspective.* 유명복 역. 『신학적 관점에서 본 인간 발달: 영의 논리』. 서울:
기독교문서선교회, 2006.

Loder, James E. *Transforming Moment: Understanding Convictional Experiences.*
이기춘·김성민 공역. 『삶이 변형되는 순간: 확신 체험에 관한 이해』. 서울:
한국신학연구소, 1988.

Maria Harris. *Fashion Me a People: Curriculum in the Church.* 고용수 역. 『회중
형성과 변형을 위한교육목회 커리큘럼』. 서울: 한국장로교출판사, 1997.

Marsh, Clive. and Ortiz, Gaye. Ed. *Explorations in Theology and Film: Movies and
Meaning.* 김도훈 역. 『영화관에서 만나는 기독교 영성: 영화와 신학의 진지한
대화를 향하여』. 파주: 살림, 2007.

Maturana, Humberto R. and Varela, Francisco J. *Der biologischen Wurzeln des
menschlichen Erkennens.* 최호영 역. 『인식의 나무: 인식활동의 생물학적
뿌리』. 서울: 자작아카데미, 1995.

Moreland, James P. and Reynolds, John M. *Three Views on Creation and Evolution.*
박희주 역. 『창조와 진화에 대한 세 가지 견해』. 서울: 한국기독학생회출판부,
2001.

Myers, Isabel B. *Gifts Differing: Understanding Personality Type.* 정명진 역. 『성격의
재발견: 마이어스 브릭스.Myers-Briggs. 성격유형 탐구』. 서울: 부글북스, 2008.

Nelson, C. Ellis. Ed. *Congregations: Their Power to Form and Transform.*
김득렬 역. 『회중들: 형성하고 변형케 하는 회중의 능력』. 서울:
한국장로교출판사, 1996.

Nelson, C. Ellis. *Helping Teenagers Grow Morally: A Guide for Adults.*
문창수 역. 『십대를 위한 도덕교육론』. 서울: 정경사, 1995.

Noritoshi, Furuichi. 『絶望の国の幸福な若者たち』. 이언숙 역. 『절망의 나라의 행복한
젊은이들』. 서울: 민음사, 2014.

Oser, Fritz K. and Gmünder, Paul. *Religious Judgment: A Developmental Perspective.*
김국환 역. 『종교적 판단론』. 서울: 한국장로교출판사, 2000.

Osmer, Richard R. *Teaching for Faith: A Guide for Teachers of Adult Classes.*
사미자 역. 『신앙교육을 위한 교수방법: 성인교육 교사를 위한 안내서』. 서울:
한국장로교출판사, 1995.

Packer. James I. *Growing in Christ.* 김진웅 역. 『주기도문』. 서울: 아바서원, 2013.

Peck, M. Scott. *People of the Lie.* 윤종석 역. 『거짓의 사람들: 악의 심리학』. 서울: 두란노, 1993.

Piketty, Thomas. *Capital in the Twenty-First Century.* 장경덕 외 2인역. 『21세기 자본』. 파주: 글항아리, 2014.

Rajotte, Freda. "Justice, Peace, and the Integrity of Creation." *Religious Education* 85:1. Winter 1990: 5-14.

Recits d'un pelerin Russe. 최익철 역. 『이름없는 순례자: 어느 러시아인의 순례 이야기』. 가톨릭출판사, 1988.

Richards, Larry. *735 Baffling Bible Questions Answered.* 이길상 역. 『735가지 성경난제 뛰어넘기: 명쾌하게 풀리는 성경 속의 난제들』. 서울: 아가페출판사, 1998.

Richards, Lawrence O. *Creative Bible Teaching.* 권혁봉 역. 『창조적인 성서교수법』. 서울: 생명의말씀사, 1972.

Ridley, Matt. *Nature via Nurture: Genes. Experience. and What Makes Us Human.* 김한영 역. 『본성과 양육: 인간은 태어나는가 만들어지는가』. 파주: 김영사, 2004.

Russell, Letty M. *Christian Education in Mission.* 정웅섭 역. 『기독교교육의 새 전망』. 서울: 대한기독교서회, 1972.

Schweitzer, Friedrich. *Lebensgeschichte und Religion: religiöse Entwicklung und Erziehung im Kindes und Jugendalter.* 송순재 역. 『삶의 이야기와 종교: 아동기와 청소년기의 종교적 발달과 교육』. 서울: 한국신학연구소, 2001.

Seligman, Martin E. P. *Authentic Happiness: Using the New Positive Psychology to Realize Your Potential for Lasting Fulfillment.* 김인자 역. 『긍정 심리학: 진정한 행복 만들기』.안양: 물푸레, 2007.

The Learning Bible: New International Version. New York, NY: American Bible Society, 2003.

Thomas, Gary L. *Sacred Pathways: Discover Your Soul's Path to God.* 윤종석 역. 『영성에도 색깔이 있다: 하나님과의 친밀함으로 이끄는 9가지 영적 기질』. 서울: CUP, 2003.

Tudor, Daniel. *Democracy Delayed.* 송정화 역. 『익숙한 절망 불편한 희망: 서양 좌파가 말하는 한국 정치』. 서울: 문학동네, 2015.

Vaillant, George E. *Aging Well: Surprising Guideposts to a Happier Life Harvard Study of Adult development.* 이덕남 역. 『10년 일찍 늙는 법 10년 늦게 늙는 법: 하버드 대학 성인 발달 연구』. 서울: 나무와숲, 2004.

Weber, Hans-Ruedi. "The Bible in Religious Education." Cully, Iris V. and Cully, Kendig B. Ed. *Harper's Encyclopedia of Religious Education.* San Francisco: Harper & Row, 1990.

Westerhoff III, John H. and Willimon, William H. *Liturgy and Learning through the Life Cycle*. 박종석 역. 『교회의 의식과 교육』. 서울: 베드로서원, 1992.

Wink, Walter. *Transforming Bible Study: A Leader's Guide*. 이금만 역. 『영성 발달을 위한 창의적 성서교육 방법: 인도자용 지침서』. 서울: 한국신학연구소, 2000.

Wittblum, Monika, and Lüpkes, Sandra. *Woran Erkennt Man ein Arschloch?: Für Jeden Quälgeist eine Lösung*. 서유리 역. 『내 옆에는 왜 이상한 사람이 많을까?: 재수 없고 짜증 나는 12가지 진상형 인간 대응법』. 서울: 동양북스, 2014.